HANOV·
SACHSEN
SCHWER·HAMB. OLDEN

Schätze der Philatelie

aus den Archiven der Museumsstiftung Post und Telekommunikation

Herausgegeben von

Andreas Hahn

Mit Beiträgen von

Christian Alt
Gerd Aschoff
Jan Billion
Waltraud Bohlscheid
Veit Didczuneit
Peter Fischer
Andreas Hahn
Carsten Ilm
Rainer Middelberg
Peter Platz
Frauke Rode
Guido Schweiß-Gerwin

Eine Publikation der
Deutsche Post AG
und der Museumsstiftung Post
und Telekommunikation

zugleich: Kataloge der
Museumsstiftung Post
und Telekommunikation
Band 14

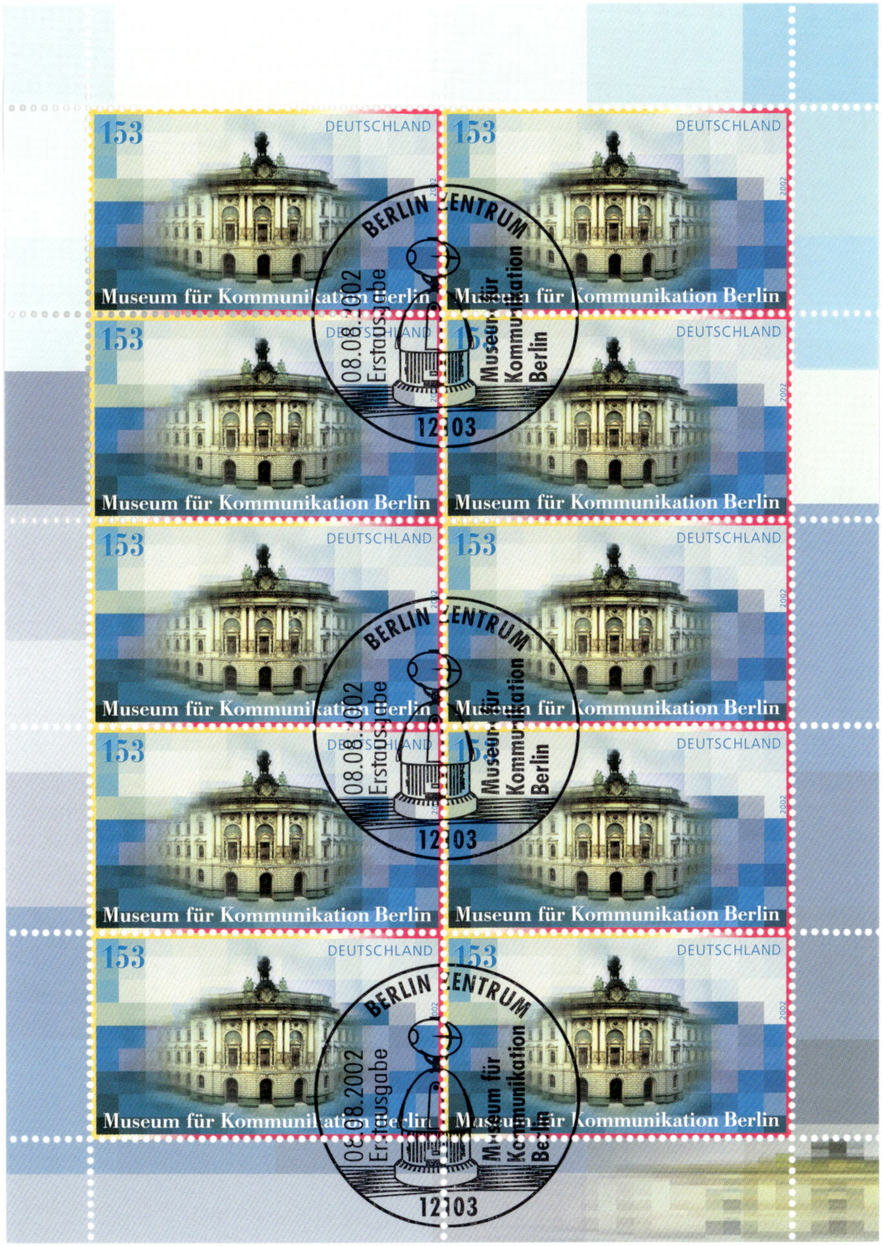

Sonderpostwertzeichen „Museum für Kommunikation Berlin“

Erstausgabe: 08.08.2002
Entwurf: Corinna Rogger, Biberach
Druck: Fünffarben-Offsetdruck, Tiefdruck Schwann-Bagel GmbH, Mönchengladbach
Papier: gestrichenes weißes fluoreszierendes Postwertzeichenpapier DP 2

Inhaltsübersicht

Vorphilatelie und Altdeutschland

Deutsches Reich und Deutsche Moderne

Ganze Welt

Vorwort

Der Mensch ist ein Sammler. Er sammelt Käfer, Bierdeckel oder Streichholzschachteln. Er hortet Münzen, alte Radios oder Spielzeugautos. Er sammelt Pilze im Wald, bunte Fußballbildchen oder Treuepunkte in der Autowaschanlage. Es muss nicht unbedingt das Seltene und Wertvolle sein, das zum Sammeln reizt. Die bunten Marken, die jedermann täglich in seinem Briefkasten findet, sind oft zum Fortwerfen zu schade; sie werden aufbewahrt und bilden gelegentlich die Grundlage von umfangreichen Sammlungen.

Viele Menschen, die auf die Philatelie angesprochen werden, bekennen gerne, selbst in ihrer Kindheit oder Jugend Briefmarken gesammelt zu haben, und sei es nur unsortiert in einer Zigarrenkiste. Wenn auch andere Interessen das Briefmarkensammeln irgendwann in den Hintergrund drängen, so gehören doch die kleinen, bunten Bildchen mit dem gezackten Rand stets zum Alltag dazu. Sie spiegeln mit ihren vielfältigen Motiven die Welt im Kleinen; selbst in den Zeiten des Massentourismus und der bunten Bilderflut der elektronischen Medien vermögen sie bei vielen Menschen noch Gefühle von Exotik und Fernweh auszulösen. Briefmarken erzählen von fremden Landstrichen und durch ihre Gestaltung vom ästhetischen Empfinden vergangener Epochen. Dem Spezialisten verraten sie viel über das wohl wichtigste Kommunikationsinstrument der vergangenen anderthalb Jahrhunderte: den postalisch beförderten Brief. Sie dokumentieren wirtschaftlichen Fortschritt und politische Prozesse, sie bezeugen kulturelle Umwälzungen ebenso wie private Tragödien.

Die jungen oder älteren Sammlerinnen und Sammler, die die kleinen Schätze ohne Ansehen von Wert in ihrer Schachtel oder in ihrem Album horten, kümmern sich selten um solche Überlegungen. Sie erfreuen sich nur an den schönen Motiven, an dem vergnüglichen Betrachten und Sortieren der Marken. Den fortgeschrittenen Sammlern indes schafft ihre Leidenschaft neben dem angenehmen Zeitvertreib über Jahre hinweg bisweilen sogar größere Werte. Erstaunlich umfangreiche Dokumente der Postgeschichte werden so oft zusammengetragen.

Selten allerdings überstehen diese kleinen oder großen Sammlungen die Zeiten. Oft werden sie nach dem Tode des Sammlers aufgelöst, die mit viel Liebe und Kenntnis zusammengetragenen Schätze werden wieder in alle Winde zerstreut. Und so bleibt es weltweit nur wenigen öffentlichen Sammlungen vorbehalten, mit Kontinuität und Beharrlichkeit umfangreiche und bedeutende Philatelie-Sammlungen über lange Zeit zusammenzutragen.

In Deutschland blicken die philatelistischen Sammlungen der Museumsstiftung Post und Telekommunikation auf eine ungewöhnlich lange Sammlungstradition von fast 150 Jahren zurück! Schon rund 10 Jahre nach der Herausgabe der ersten deutschen Briefmarken in den Königreichen Bayern, Sachsen und Preußen und etwa 20 Jahre nach der Einführung der weltweit ersten Briefmarken in Großbritannien begann die Postverwaltung des Königreiches Preußen mit der Anlage einer internationalen Vergleichssammlung von Postwertzeichen. Das Deutsche Kaiserreich und später das Deutsche Reich bauten auf dieser Grundlage für das neu gegründete Berliner Reichspostmuseum eine der weltweit umfangreichsten und bedeutendsten Sammlungen mit vielen spektakulären Seltenheiten auf. Nach dem Zweiten Weltkrieg und der deutschen Teilung befanden sich die Hauptteile dieses Archivs im Westen und wurden von der Deutschen Bundespost mit beachtlichem personellen und finanziellen Einsatz gepflegt und weiter ausgebaut.

Heute gehört das Bonner Archiv für Philatelie zu den Pfunden, mit denen die Museumsstiftung Post und Telekommunikation wuchern kann. Das Archiv hat als Teil der 1995 durch Gesetz des Deutschen Bundestags gegründeten Museumsstiftung den Auftrag, die Geschichte der internationalen und insbesondere der deutschen Philatelie zu dokumentieren und die umfangreichen Sammlungsbestände zu pflegen und zu erweitern. Die Präsentation von Sammlungsobjekten in den vier Museen der Museumsstiftung in Berlin, Frankfurt am Main, Hamburg und Nürnberg gehört ebenso zu den Aufgaben wie Leihgaben an andere Institutionen oder Beteiligung an Ausstellungen.

Die Deutsche Telekom und die Deutsche Post als die Träger der Museumsstiftung unterstützen solchermaßen durch ihr Engagement eine traditionsreiche Sammlung, deren Bestände bislang höchstens einigen Spezialisten auszugsweise bekannt geworden sind. Ich begrüße es deshalb außerordentlich, dass mit diesem Buch erstmals in der langen Geschichte des Archivs für Philatelie eine reich bebilderte Edition vorgelegt wird, die einem breiten Publikum von den Schätzen des Archivs und von der Faszination der Philatelie berichtet und dem Archiv zugleich als Auswahlkatalog dient. Allen Beteiligten an diesem Unternehmen, das von der Deutschen Post in besonderer Weise gefördert worden ist, danke ich herzlich für ihr Engagement; zu nennen sind hier insbesondere Andreas Hahn, der als Leiter des Archivs für Philatelie auch für die Objektauswahl zuständig war, sowie Peter Platz und Rainer Middelberg für die redaktionelle Betreuung. Mein Dank gilt ebenfalls Petra Broszeit, die das Gemeinschaftsunternehmen auf Seiten der Deutschen Post begleitete, sowie Michael Hofbauer und Peter Schmelzle für die Gestaltung des Kataloges.

Allen Leserinnen und Lesern wünsche ich unterhaltsame und lehrreiche Stunden bei ihrer ganz persönlichen Schatzsuche in den „Schätzen der Philatelie“ und ermuntere sie zugleich, das eine oder andere seltene Stück in den Museen der Stiftung persönlich in Augenschein zu nehmen.

Dr. Barbara Hendricks
Parlamentarische Staatssekretärin beim Bundesminister der Finanzen
Kuratoriumsvorsitzende der Museumsstiftung Post und Telekommunikation

1 Briefmarkensaal des Berliner Reichspostmuseums mit den Tafelsäulen der philatelistischen Dauerausstellung; im Hintergrund ist an der Wand der Wandtresor mit dem so genannten „Mauritius-Tableau" zu erkennen. Aufnahme um 1930.

1

Kern und Ursprung des Sammlungsbestandes der Museumsstiftung Post und Telekommunikation

Das Archiv für Philatelie und seine Geschichte

Als um das Jahr 1858 im ehemaligen Preußischen Generalpostamt in Berlin begonnen wurde, eine Sammlung von Briefmarken anzulegen, konnte wohl niemand ahnen, dass damit der Grundstock für eine der größten Briefmarkensammlungen weltweit gelegt würde und dass dies zugleich der Kern des umfangreichen Sammlungsbestandes zur Post- und Telekommunikationsgeschichte sein würde, der sich heute im Besitz der Museen für Kommunikation befindet. Der Zweck dieser allerersten Sammlung, die keine zehn Jahre nach der Einführung der ersten deutschen Postwertzeichen im Königreich Bayern (1849) und nicht einmal 20 Jahre nach „Erfindung" der Briefmarken in Großbritannien (1840) begonnen wurde, bestand zunächst in der Schulung des eigenen Personals sowie in der Bereitstellung von Anschauungs- und Vergleichsmaterial für die Grafiker und Entwerfer, die mit der Gestaltung neuer Postwertzeichen beauftragt waren. Am Anfang sammelte man die Marken der anderen altdeutschen Staaten durch Ankauf oder Tausch, später erweiterte man die Sammlung um die Markenausgaben der europäischen und außereuropäischen Staaten. Die Sammlung war auf Kartons aufgeklebt und wurde erstmals bereits auf der Wiener Weltausstellung von 1873 gezeigt. Als kurz nach der Reichsgründung durch Heinrich von Stephan in Berlin das Reichspostmuseum als Plan- und Modellkammer gegründet wurde (1872) und das neue Reichspostgebäude in der Leipziger Straße dem wachsenden Museum endlich repräsentative Räumlichkeiten bot, bildete die preußische Briefmarkensammlung gewissermaßen den Grundstock des Sammlungsbestandes. Durch den 1878 von den Mitgliedsländern des Weltpostvereins vereinbarten Austausch von Neuausgaben wuchs die Briefmarkensammlung schnell und kontinuierlich an. Um diesen Bestand einem interessierten Publikum zeigen zu können, wurden um 1880 im Briefmarkensaal des Reichspostmuseums hölzerne Drehsäulen installiert, an denen jeweils 25 Drehflügel hingen, von denen wiederum jeder beidseitig neun Kartons aufnehmen konnte. Mit diesem System konnten bereits umfangreiche Sammlungsbestände präsentiert werden.

Die Sammlung wuchs jedoch nicht nur durch den Austausch mit dem Weltpostverein, sondern auch und vor allem durch gezielte Erwerbungen. Betreut durch einen Sachverständigenbeirat, dem insbesondere der als profunder Kenner der Materie geltende Landgerichtsrat Carl Lindenberg seinen Stempel aufdrückte, gelangten bedeutende Raritäten in den Sammlungsbestand und steigerten das Ansehen und die Attraktivität der Kollektion erheblich. Da finanzielle Mittel für die auch damals schon recht kostspieligen Seltenheiten nur in sehr eingeschränktem Maße zur Verfügung standen, nutzte das Reichspostmuseum auch die Möglichkeit, mit bestimmten Händlern Tauschgeschäfte zu tätigen. Dafür wurde dem Museum sogar Markenmaterial von der Reichsdruckerei zur Verfügung gestellt – ein nicht unproblematisches Verfahren, das bereits früh Anlass zur Kritik bot. Doch hätten anderenfalls die Mittel etwa zum Erwerb der roten Mauritius im Jahr 1901 oder der blauen Mauritius auf Brief im Jahr 1903 kaum zur Verfügung gestanden. Man vereinbarte mit dem bekannten Berliner Briefmarkenhändler Philipp Kosack einen Tauschwert von 30.000 Reichsmark und stellte dem Händler dafür Kolonialmarken und Ausschnitte aus bestimmten Telegrammen, Postanweisungen und Paketkarten zur Verfügung. Die neu erworbenen Raritäten wurden zusammen mit anderen Seltenheiten aus British Guiana und aus Hawaii hinter Panzerglas in einem Wandtresor des Briefmarkensaals präsentiert. In der Folge stiegen die Besucherzahlen des Museums deutlich, Postwertzeichensammlung und insbesondere das „Mauritius-Tableau" lockten das Publikum in heute kaum vorstellbarem Ausmaß in das Haus in der Leipziger Straße.

Unter Carl Lindenberg wurde der Blick jedoch auch auf bislang vernachlässigte Sammlungsbereiche gelenkt: Nicht mehr nur Briefmarken wurden gesammelt, sondern auch Druckstöcke, Entwurfszeichnungen und später Stempel. Lindenberg knüpfte vielfältige Kontakte zu wichtigen Sammlern und Händlern, so etwa zu Kohl, Borek, Senf sowie dem bereits erwähnten Kosack und konnte so Erwerbswünsche formulieren und Lücken füllen. Bereits der 1888 von ihm erarbeitete erste Katalog der Markensammlung listet 6.561 Marken und 1.953 Briefumschläge, Streifbänder und weitere Formulare auf, und unter seiner bis zum Jahr 1928 dauernden Mitarbeit konnte die Markensammlung des Reichspostmuseums zu einer der weltweit führenden Kollektionen reifen. Ob die philatelistische Sammlung vor dem Zweiten Weltkrieg wirklich die zweitgrößte Sammlung der Welt nach der des britischen Königs war, wie gelegentlich zu lesen ist, lässt sich heute nicht mehr belegen. Fest steht jedoch, dass die Sammlung mit ihrer Dauerausstellung postfrischer Marken, der umfangreichen Parallelsammlung mit Probedrucken, gebrauchten Marken, einer Essay- sowie einer großen Bogensammlung weltweit höchstes Ansehen genoss.

Dieses Ansehen und die Schönheit der Sammlung mag auch den legendären Philatelisten und Sammler Baron Philipp La Renotière de Ferrary anlässlich einer Führung von Carl Lindenberg durch das Museum veranlasst haben, dem Reichspostmuseum 1915 wichtige Teile seiner phantastischen, mehr als zwei Millionen Marken umfassenden Sammlung mit zahllosen Weltseltenheiten testamentarisch zu vermachen. Als Ferrary 1917 in der Schweiz starb, wurde die in Paris lagernde Sammlung jedoch vom französischen Staat beschlagnahmt und nach dem Ende des Ersten Weltkriegs in einer Reihe spektakulärer Auktionen aufgelöst. Der Auktionserlös wurde dem deutschen Reparationskonto gutgeschrieben. Wäre diese Sammlung, die als bedeutendste jemals privat zusammengetragene Kollektion gilt, wirklich wie vorgesehen mit der Berliner Sammlung zusammengeführt worden, dann wäre in der Tat ein Bestand von kaum vorstellbarem Reichtum entstanden. So konnten nur sehr geringe Teile aus der Ferrary-Sammlung später noch erworben werden.

Nur als kleinen Ausgleich für diesen „Verlust" mag die Übereignung des Architekten Carl Schmidt betrachtet werden, der seine berühmte Spezialsammlung russischer Landschaftsmarken 1933 dem Museum überließ. Ansonsten machte die katastrophale Wirtschaftslage nach dem Ersten Weltkrieg auch für das Museum kostspielige Erwerbungen schwierig.

Den wichtigsten Einschnitt in der Sammlungsgeschichte markiert allerdings der Zweite Weltkrieg mit seinen unmittelbaren und mittelbaren Folgen. Mit Ausbruch des Krieges wurde die Sammlung abgebaut und sicher verpackt, im Februar 1945 wurde der größte Teil der Bestände in zwei stillgelegten Bergwerksschächten in Eisleben in der vormaligen Provinz Sachsen eingelagert. Von den Amerikanern, die diesen Teil Deutschlands zunächst

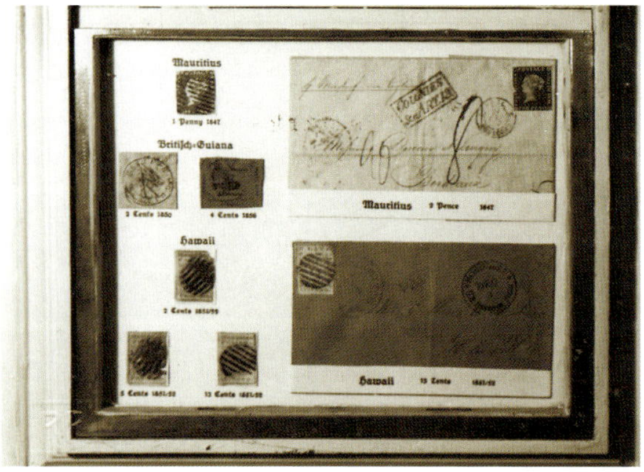

2

3

2 Der Wandtresor mit dem „Mauritius-Tableau" im Berliner Reichspostmuseum, um 1930.

3 Besucher vor einer Vitrine mit einer philatelistischen Wechselausstellung im Berliner Reichspostmuseum, um 1930.

besetzten, wurde der angeblich 1.000 Kisten (!) umfassende Sammlungsbestand geborgen und nach Wiesbaden in die amerikanische Zone gebracht. Bei der Bergung und den anschließenden Transporten und Sichtungen sollen von diesen 1.000 Kisten etwa 400 Kisten verloren gegangen sein! Genaue Listen der Verluste durch Plünderung oder Diebstahl existieren leider nicht, doch fehlten bei der Rückgabe der Sammlung 1947/48 an die Hessische Landesregierung und später an das neue Bundesministerium für das Post- und Fernmeldewesen viele wertvolle Stücke, darunter auch das erwähnte Mauritius-Tableau. Erst 1977 tauchte es, aus dem Besitz eines 1945 in Deutschland stationierten amerikanischen Soldaten stammend, in Philadelphia wieder auf und wurde von den amerikanischen Zollbehörden beschlagnahmt. Da beide deutsche Staaten Ansprüche erhoben, verblieb das Stück zunächst in den Vereinigten Staaten und kehrte erst nach der Wiedervereinigung in den sich zwischenzeitlich in Bonn befindlichen Sammlungsbestand zurück. Von den übrigen Verlusten fehlt leider meist jede Spur. In den Anfangsjahren der Bundesrepublik sollen angeblich in den Postämtern der Deutschen Bundespost regelrechte „Fahndungslisten" mit den wertvollsten Verlusten gehangen haben, die man bei einer Sichtung nach der Rückgabe der Bestände festgestellt hatte. Leider hat sich von diesen Plakaten kein Exemplar mehr erhalten.

Von der alten Sammlung war ein kleinerer Teil (insbesondere mit Stempeln und Ganzsachen) im Keller des Berliner Museums verblieben und durch Bombentreffer und Plünderungen schwer in Mitleidenschaft gezogen worden. Die Reste bildeten den Grundstock für eine Sammlung, die im Postmuseum der DDR unter vielen Schwierigkeiten langsam wieder aufgebaut wurde.

Der in den Westen gelangte Hauptteil der Sammlung wurde zunächst in Frankfurt am Main, später in Bonn als Postwertzeichenarchiv der Deutschen Bundespost weitergeführt und ausgebaut. Mit erheblichem personellen und finanziellen Einsatz wurde der Bestand gepflegt und planvoll erweitert. Aus der Sammlung wurden ausgewählte Objekte in einem heute nicht mehr existierenden eigenen Schauraum in Bonn sowie im Deutschen Postmuseum in Frankfurt am Main gezeigt, außerdem war man auf philatelistischen Messen und Ausstellungen präsent. Mit der Postreform 1995 wurden die Postmuseen in Berlin, Frankfurt am Main, Hamburg und Nürnberg zusammen mit dem Bonner Postwertzeichenarchiv in die Museumsstiftung Post und Telekommunikation überführt. Heute hat die Philatelie in der Stiftung ihren Schwerpunkt in Bonn, wo das „Archiv für Philatelie", wie es jetzt heißt, über Räumlichkeiten verfügt, die den gestiegenen Ansprüchen an Sicherheitstechnik und archivgerechte Lagerung genügen. Das Archiv stellt sein Material für die Bestückung von Dauer-

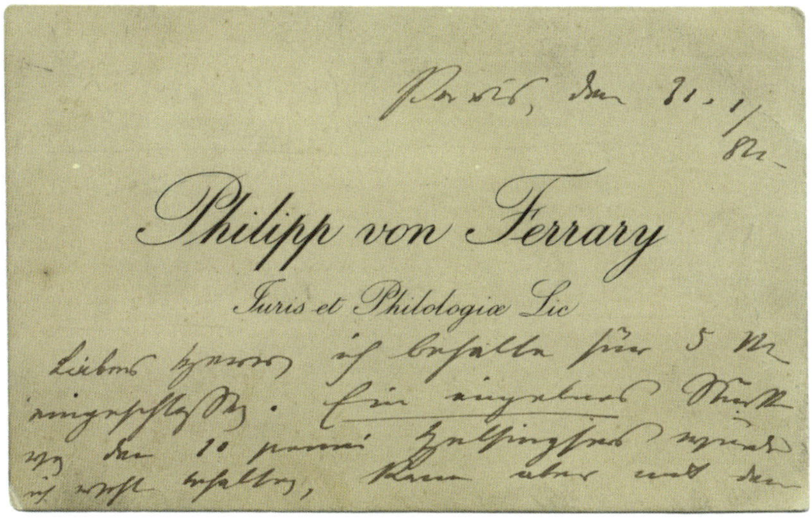

4

4 Visitenkarte des Barons Philipp La Renotière de Ferrary.

oder Wechselausstellungen in den vier stiftungseigenen „Museen für Kommunikation" sowie als externe Leihgaben an andere Museen oder Ausstellungen zur Verfügung, zudem können Besucher nach Voranmeldung Einsicht in die Bestände ihres Interesses bekommen.

Den Kern des Bestandes bilden nach wie vor die über 800 Alben der Generalsammlung mit einem Schwerpunkt auf deutscher Philatelie, daneben existieren jedoch noch eine umfangreiche Bogensammlung, eine Entwurfssammlung sowie zahlreiche Spezialsammlungen, die zum Teil als Stiftungen privater Sammler in den Besitz des Archivs gelangen und den Bestand wesentlich ergänzen. Außer diesen Stiftungen und Ankäufen sind es nach wie vor die Lieferungen des Weltpostvereins, die das Archiv stetig erweitern. Neben dem Bonner Archiv mit seiner bedeutenden Sammlung gibt es noch spezialisierte Philateliebestände in den Museen in Berlin (Markenausgaben Berlin, DDR, Druckstöcke und Stempel, Feldpost) und Nürnberg (Markenausgaben Königreich Bayern).

Erstmals in der inzwischen mehr als 140 Jahre umfassenden Geschichte des Archivs erscheint mit dem hier vorliegenden Buch ein bebilderter Auswahlkatalog, der einem breiten Publikum einen Einblick in die Philateliebestände ermöglicht. Viele der abgebildeten Objekte sind bislang nur wenigen Fachleuten bekannt gewesen, manche waren gar völlig unbekannt. Der ein oder andere Spezialist wird gewiss auch über ergänzendes Wissen verfügen, und selbstverständlich sind wir für alle Hinweise und Korrekturen dankbar.

Gleichwohl erfolgte die Objektauswahl keinesfalls nur nach streng „philatelistischen" Gesichtspunkten. Vielmehr sind auch Objekte abgebildet, die Zeitzeugen sind für bestimmte historisch-politische Zusammenhänge, die eine interessante Geschichte erzählen können oder die einfach durch ihre ungewöhnliche ästhetische Gestaltung ansprechen. Vielleicht sind gerade sie es, die dem Leser einen Eindruck vom Reichtum und der Vielfalt des Sammlungsbestandes vermitteln können.

Andreas Hahn
Leiter des Archivs für Philatelie, Bonn

1

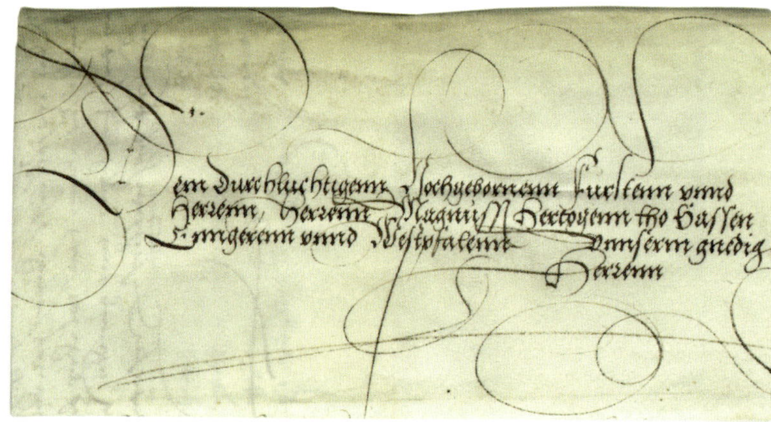

2

1 Botenbrief von 1577 des Grafen von Hachenburg. Der Botenbrief war in Zeiten, in denen noch kein für jedermann zugängliches Postliniennetz bestand, zumindest für den Adel meist die schnellste, oft aber auch die einzige Art des Nachrichtentransports.

2 Lübeck, 1539. Ein Schnörkelbrief auf Pergament des Bürgermeisters und Rats der Stadt Lübeck an den Herzog zu Sachsen-Lauenburg Magnus. Dieser Brief, einer der frühesten Lübecker Briefe, zeigt sehr schön die verfeinerte Kunst der Kalligrafie, wie sie in den Schreibstuben an den Höfen und in den großen Hansestädten gepflegt wurde.

Als die Briefmarke noch Zukunft war

Als am 1. November 1849 in Bayern die ersten Postwertzeichen eines deutschen Staates erschienen, begann im politisch noch stark zergliederten Deutschland eine postalische Ära, die neun Jahre zuvor in England ihren Anfang genommen hatte. Die Postbeförderung wurde mit einem Riesenschritt vereinfacht und für weite Bevölkerungskreise überhaupt erst erschwinglich gemacht. Ohne die Einführung der Briefmarke wäre ein heute weltweit operierendes Postunternehmen wie die Deutsche Post World Net überhaupt nicht denkbar. Doch was war eigentlich vor dieser Zeit?

Natürlich gab es in der Mitte des 19. Jahrhunderts längst Postverwaltungen. Sie unterschieden sich von althergebrachten Boten-Organisationen zumeist dadurch, dass sie ihre Dienstleistungen für die Allgemeinheit ausführten und nicht nur für ihre Besitzer. Fast allen Postverwaltungen war jedoch gemeinsam, dass sie sich – wie auch die kleinstaatlichen Strukturen in Deutschland – nur auf ein relativ kleines Gebiet erstreckten. So mussten die Teil-Gebühren jedes einzelnen Briefes, der von einem Fürstentum zum anderen transportiert wurde, erfasst und vermerkt werden.

Jede Postverwaltung berechnete für ihre Beförderungsleistung zunächst einmal ihre eigene Gebühr, um sie der nachfolgenden Postverwaltung in Rechnung zu stellen. Der Brief wurde an der Grenze regelrecht „verkauft". Bis schließlich der Empfänger am Schluss der tage- oder gar wochenlangen Beförderungskette die Gesamt-Taxe bezahlte, wurden die in einem „Gebührenbaum" handschriftlich auf dem Brief festgehaltenen Teilbeträge „ausgelegt". Davon zeugen auch so genannte Auslagestempel, die ein freies Feld für den handschriftlichen Eintrag aufwiesen.

Die Briefmarke setzte die entscheidende Wegmarke für einen deutlich erleichterten Brieftransport: Mit ihr wurde grundsätzlich die Beförderung eines Briefes vom Absender bezahlt. Das setzt voraus, dass die Gebühr vorher leicht zu berechnen ist. Die Aufteilung der Gebühreneinnahmen zwischen den beteiligten Postanstalten musste auf interne Verrechnung umgestellt werden. Absender und Empfänger blieben von ihr nun verschont.

Doch sind manche Abgrenzungen in der „Vorphilatelie" nicht ganz einfach. Es gab damals keineswegs nur Briefe, deren Gebühr immer vom Empfänger zu bezahlen war. Schon früh wurden in manchen Postgebieten Briefe auch „franco" aufgegeben, also mit vorausbezahlter Gebühr. Als Briefmarken noch nicht zur Verfügung standen, dienten eben handschriftliche Vermerke oder Stempel als Gebühren-Nachweis. Und selbst dort, wo die Briefmarke

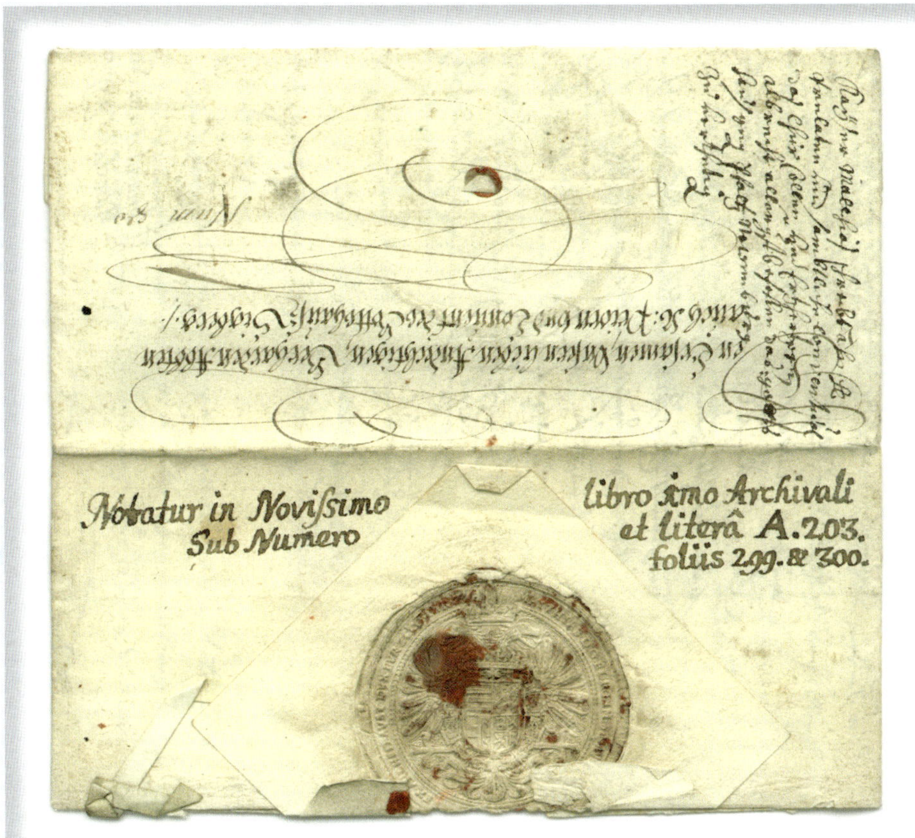

3

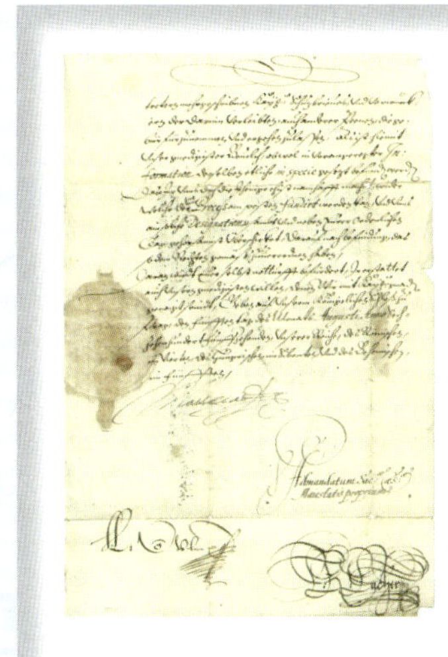

4

3 Prag, 1615. Schnörkelbrief von „Matthias, Von Gottes Gnaden erwählter Römischer Kaiser" von Prag nach Siegburg. Mit eigener Unterschrift und großem, rotem Siegel.

4 Rückseite des Briefes von Kaiser Matthias mit dem Briefinhalt und der sehr verschnörkelten Unterschrift des Kaisers.

ihren Siegeszug an den Postschaltern angetreten hatte, wurden längst nicht alle Briefe damit freigemacht. Teilweise war es dem Absender freigestellt, den Brief mit oder ohne Marke abzusenden, teilweise waren Postwertzeichen zunächst einmal nur für geläufige Beförderungsarten vorgesehen, während etwa Auslands- oder Wertbriefe weiter auf die althergebrachte Art und Weise bezahlt wurden. So wurden etwa in Baden noch 20 Jahre nach Einführung der Briefmarke zehn Prozent aller Lokalbriefe und gar 15 Prozent aller Auslandsbriefe ohne Postwertzeichen versandt. In Preußen wurden 1854 nach vier Jahren erst sieben Prozent der Postdienstleistungen auf diesem Wege bezahlt.

Doch schon beim Begriff „Vorphilatelie" geht manchem Posthistoriker das Messer in der Tasche auf. Schließlich ergibt sich erst aus der Interpretation des Begriffes „Philatelie" (griechisch philos = Freund und ateleia = Gebührenfreiheit) die Ära des Postwertzeichens. Da sich ernsthafte Philatelisten aber selbstverständlich auch mit Postsendungen und zugehörigen Formularen aus der briefmarkenlosen Zeit beschäftigen, sprechen Kenner lieber von der „Vormarkenzeit" oder der „Altbriefkunde". Würde die Grenze für ein ganzes Postgebiet schematisch am Tag der Einführung der Briefmarke gezogen, würden wesentliche Teile der Vorgeschichte ausgeblendet. Wegen dieses fließenden Übergangs sind Briefe ohne Marken aus einer Länder- oder Heimat-Briefmarkensammlung nicht wegzudenken. Auch Stempel gab es schon lange vor der Briefmarke. So wurden nach heutigen Erkenntnissen die ersten deutschen Aufgabestempel um 1717 in Mainz eingeführt.

Posthistoriker halten deshalb nicht nur genaue Kenntnisse der postalischen Bedingungen, sondern auch der politischen und wirtschaftlichen Verhältnisse der betreffenden Zeit sowie der damaligen Landesgrenzen für unverzichtbar. Warum etwa wurde für einen Brief von Aschaffenburg (Bayern) nach Speyer (Pfalz) 1846 nur das Inlandsporto von zehn Kreuzern bezahlt? Nun, Speyer gehörte damals zu Bayern. Unterfrankiert war er also nicht, wie ein Laie vermuten könnte. Auch der Inhalt eines Briefes kann bei der Deutung seines Postweges

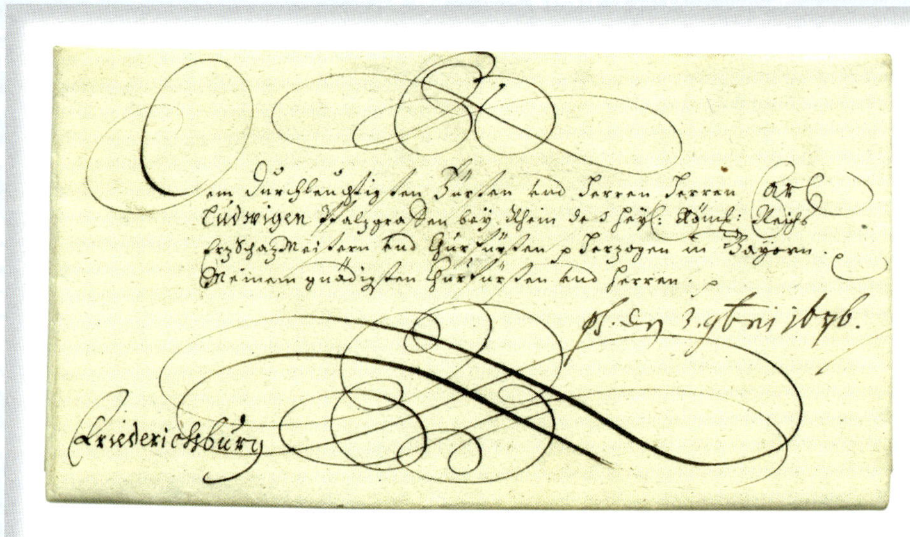

5

5 Schnörkelbrief von 1676, befördert durch Metzgerpost aus Württemberg. Die Metzger in Südwestdeutschland unterhielten während ihrer Reisen für Viehеinkäufe eigene Reitpostverbindungen, auf denen von ihnen gegen bestimmten Lohn Briefe und Nachrichten transportiert wurden. Aus dem Horn, mit dem die Metzger ihre Ankunft ankündigten, ging später das Posthorn hervor. Diese Art des Posttransports wurde übrigens vom Hause Thurn und Taxis scharf bekämpft, denn damit wurden eigene Privilegien und Einkommensquellen gefährdet.

6 Einfacher Botenbrief aus dem Jahr 1682.

7 Brief von 1721 an den Fürsten Friedrich August, König in Polen, Großherzog in Litauen etc.; der Brief steht exemplarisch für den Schriftverkehr der großen Klöster und Höfe, die über eigene Kanzleien verfügten. Äußere Form und Inhalt mit formeller Anrede, Aufzählung der Titel usw. waren einem strengen formellen Korsett unterworfen. Der meiste Schriftverkehr aus der frühen Neuzeit stammt aus höfischen und kirchlichen Quellen. Bürgerlicher Schriftverkehr hat sich oft nur in Form von Handelskorrespondenz erhalten. Erst mit der Aufklärung und der weiteren Alphabetisierung des Bürgertums tauchen auch vermehrt Briefe mit privatem Inhalt auf.

eine zentrale Rolle spielen. Und dessen Gestaltung fasziniert noch heute, wenn man einen mittelalterlichen „Schnörkelbrief" mit kalligrafisch reizvoller Handschrift betrachtet.

Eine gewisse Verwirrung bei Neueinsteigern kann auch durch die Begriffe „Porto" und „Franko" entstehen. Während wir heute wie selbstverständlich die Freimachung mittels Briefmarke als „Porto" bezeichnen, war eben dieser Begriff in der Vormarkenzeit für unbezahlt verschickte Briefe maßgeblich. Erst später entwickelte er sich zum Oberbegriff für alle gebührenpflichtigen Postsendungen, also auch für die, auf denen eine Briefmarke klebt. Franko-Briefe waren demgegenüber jene, für die der Absender die Gebühr (Taxe) zahlte.

Briefe ohne Postwertzeichen sind jedoch keineswegs automatisch als „vorphilatelistisch" anzusehen. So waren herrschaftliche Personen und ihre Behörden ebenso wie gemeinnützige Vereine und Kirchen zur „postfreien", später „portofrei" genannten Aufgabe von Postsendungen berechtigt. In das Kapitel des „Postfreitums" gehörten in Kriegszeiten auch die einfachen Soldaten. Da das wirtschaftliche Risiko der Portofreiheit zumeist beim Haus Thurn und Taxis lag, wurde vom Staat wenig unternommen. Erst Heinrich von Stephan bereitete diesem Wildwuchs um 1900 ein Ende, so dass nur noch wenige Personen, etwa

6

1721

Dem Allerdurchlauchtigsten Großmächtigsten Fürsten und Herrn Herrn Friedrich Augusto, König in Pohlen

7

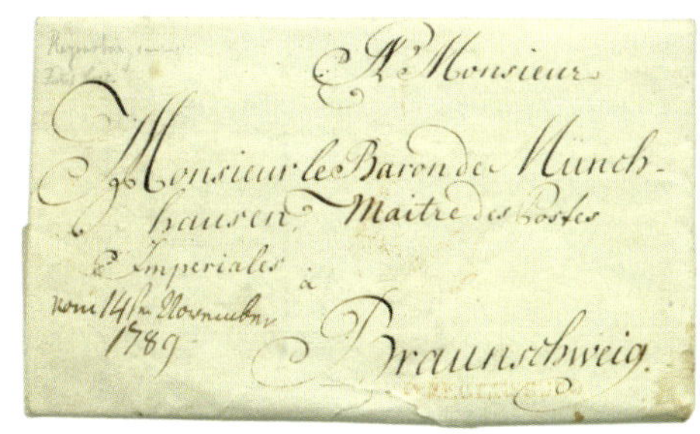
A Monsieur
Monsieur le Baron de Münchhausen Maitre des Postes Imperiales à Braunschweig
vom 14ten November 1789

8

8 Brief vom 14. November 1789 an den Baron Münchhausen, Postmeister in Braunschweig. Die Adresse dieses Briefes ist, verglichen mit den Fürstenbriefen, zwar auch von kundiger Hand geschrieben, doch ist es erkennbar keine „Kanzleischrift“ eines Berufsschreibers mehr, sondern eher die eines gebildeten Bürgers. Der Brief wird zunehmend zur „Privatsache“, zu etwas sehr Persönlichem.

die Mitglieder des Kaiserhauses, gebührenfreie Sendungen verschicken konnten. Auch der Familie Thurn und Taxis war bei der Übernahme des Postbetriebs durch Preußen die lebenslange Portofreiheit zugestanden worden.

Posthistorisch unscharf ist neben dem Porto-Begriff auch der des Postboten, denn Postanstalten und Botendienste unterschieden sich in der Regel dadurch, dass Erstere für die Allgemeinheit zugänglich waren, während Letztere Organisationen der Fürsten, Städte, Klöster oder Handelsherren waren, die nur in begrenztem Maße in öffentlichen Diensten standen. Berücksichtigt werden muss auch, dass die Beförderung eines Briefes wegen der geringen Einkommen der Volksmassen sehr teuer war, so dass es einer privilegierten, adeligen Schicht vorbehalten war, einen Brief zu versenden. Bereits in den antiken Großreichen dienten die Botenposten den Bedürfnissen ihrer Eigentümer. Im Mittelalter kamen die ersten Botenordnungen auf, in denen die Pflichten und Rechte der Botenposten geregelt waren. Die älteste bekannte Botenordnung in deutscher Sprache ist als „Der Venediger Postenn Ordnung“ aus dem Jahr 1555 bekannt.

Eine auf den ersten Blick kuriose Art der Botenpost spielte sich in Baden, der Pfalz und in Württemberg ab: die Metzgerpost. Ihre Spuren lassen sich bis in das 16. Jahrhundert zurückverfolgen (Tullingen, Württemberg, 1595). Damals nahmen Metzger auf ihren Viehkäufen in den Dörfern gegen Bezahlung Postsendungen von Behörden und Privatleuten mit.

Aus den Anfängen ging die württembergische „Post- und Metzgerordnung“ hervor, die sogar die Personenbeförderung festlegte. Es entstand ein komplettes System von Pflichten und Freiheiten, gegen die das Haus Thurn und Taxis meist erfolglos protestierte. Die zwischenzeitlich verbotene Metzgerpost lief gegen Ende des 17. Jahrhundert aus, nachdem besser organisierte Postanstalten ihr den Rang abgelaufen hatten. Erinnert die Metzgerpost uns heute nicht vielleicht ein bisschen an die Postagentur im dörflichen Edeka-Laden, wo verschiedene Geschäfte sinnvoll miteinander verknüpft werden?

1

1 Baden MiNr. 1. Brief von Freiburg nach Kippenheim, im Fernverkehr mit 3 x 1-Kreuzer-Marke freigemacht. Entwertet mit Fünfringstempel, Ortsnummer „43" (Freiburg). Dieser Brief stammt aus der Sammlung Ferrary.

Sensation in erster Ausgabe

Am Anfang steht Baden: Wegen der alphabetischen Reihenfolge eröffnet das altdeutsche Sammelgebiet im Deutschland-Katalog den Briefmarken-Reigen. Philatelistisch gesehen zeigt sich das Großherzogtum dieser Vorrangstellung durchaus würdig. Der Altdeutschland-Sammler hat hier mit insgesamt 28 Marken ein relativ eng begrenztes Sammelgebiet, der Spezialist aber auch ein großes Terrain zum Forschen und Suchen. Nicht zu vergessen die Top-Raritäten, die Baden in der internationalen Philatelie berühmt machten.

Der 1. Mai 1851 war im Großherzogtum Baden ein ganz besonderes Datum, gelangten an diesem Tag doch die ersten badischen Briefmarken an die Postschalter. Vier Freimarken mit den Werten 1, 3, 6 und 9 Kreuzer, entsprechend den damals geltenden Entfernungs- und Gewichtstarifen für Postsendungen. Die Marken zeigen nach dem Vorbild der ersten deutschen Briefmarken aus dem Königreich Bayern vom November 1849 eine Ziffernzeichnung, die den jeweiligen Nennwert hervorhebt. Daneben die Schriftzüge „Baden" und „Freimarke". Eine weitere Inschrift beweist, dass es dem Großherzogtum bei seiner ersten Markenausgabe neben der staatlichen Repräsentation auch auf die Betonung einer effizienten Briefbeförderung ankam. So steht links und rechts neben der Wertangabe „Deutsch-Oestr. Postverein/ Vertrag v. 6. April 1850".

Diesem Postvereins-Vertrag zwischen Preußen und Österreich trat Baden mit Wirkung zum 1. Mai 1851 bei. Bereits angeschlossen waren Bayern, Mecklenburg-Schwerin, Mecklenburg-Strelitz, Sachsen und Schleswig-Holstein. Der Deutsch-Österreichische Postverein bot seinen Mitgliedsstaaten große Vereinfachungen im damaligen Postwesen, wie die generelle Regelung der Postgebühren und die allgemeine Benutzung der bestehenden Postrouten. Die unmittelbare Einführung von Postwertzeichen war dabei zwar nicht zwingend vorgeschrieben, als große Erleichterung in der Portoabrechnung aber doch empfohlen.

2

3

Gleich die erste Ausgabe Badens brachte eine philatelistische Top-Rarität von Weltformat hervor: „Verkauft für 2,3 Millionen Mark", hieß es am 16. März 1985 im Wiesbadener Auktionshaus Heinrich Köhler. Zugeschlagen wurde die „9 Kreuzer blaugrün", von der bis heute nur drei gestempelte Exemplare bekannt sind, zwei davon auf vollständig erhaltenem Brief. Hierbei handelt es sich um einen Fehldruck aus der ersten Ausgabe Badens von 1851. Entstanden ist diese philatelistische Sensation nach heutiger Kenntnis durch einen Fehler bei der Herstellung. So druckte man vermutlich aus Versehen die 9-Kreuzer-Platte anstatt auf das dafür vorgesehene rosalila Papier auf das grüne der 6-Kreuzer-Marke. In dieser Portostufe wurden die Fehldrucke dann auch unerkannt verwendet und erst Ende des 19. Jahrhunderts entdeckt.

2 Baden MiNr. 2 ✶. Zehnerblock, Eckstück mit Rändern. Eine Welt-rarität aus der Sammlung Maurice Burrus.

3 Baden MiNr. 3 ✶. Zehnerblock, Eckstück mit Rändern. Eines der schönsten ungebrauchten Stücke Altdeutschlands.

4

5

4 Baden MiNr. 4 F. Brief von Orschweier an den Geheimen Legationsrat Freiherr von Türckheim in Karlsruhe mit zweizeiligem Ortsstempel „ORSCHWEIER 20. Jul. 51". Das Porto betrug sechs Kreuzer. Die Entwertung erfolgte durch den Fünfringnummernstempel „106". Der Entdecker des seltenen Fehldrucks, Carl Lindenberg, erwarb den Brief für das damalige Reichspostmuseum. Der Brief wird heute in der Schatzkammer des Museums für Kommunikation in Berlin ausgestellt.

Beide Briefe stammen aus der Korrespondenz des Freiherrn von Türckheim aus Altdorf, welches zwischen Ettenheim und Orschweier liegt. In beiden Orten gab es Poststationen, die die Türckheims wahlweise in Anspruch nahmen. So trägt einer der Briefe den Stempel „Ettenheim 25.8.51" und der andere ist „Orschweier 20.7.51" gestempelt. Anzunehmen ist, dass die beiden Türckheim-Stücke aus ein und demselben Druckbogen stammen. Das dritte Exemplar zeigt den Stempel Nr. 2 von Achern und dürfte daher aus einem anderen Bogen kommen.

Ein potenzieller zweiter Fehldruck will erst noch entdeckt werden. So besteht nämlich der Verdacht, dass die 6-Kreuzer-Marke einmal auf gelbem statt auf dem vorgesehenen grünen Papier gedruckt wurde. Da die 6 Kreuzer beim 1853 vorgenommenen Farbwechsel allerdings ohnehin in gelber Farbe herausgegeben wurde, haben lose Stücke nur wenig Aussagekraft. Ein Fehldruck wäre vielmehr nur auf Brief mit Datum vor dem Juni 1853 nachzuweisen. Außerdem müsste die Marke das spezielle Gelb der 3-Kreuzer-Marke von 1859 aufweisen. Obwohl zur Zeit der Einführung der badischen Briefmarken bereits Stempel zur

6

7

5 Die Rückseite des Briefes trägt den zweizeiligen Eisenbahn-Kursstempel: „E.B. 20. Jul. 51, Curs IV." und den zweizeiligen Ankunftsstempel: „CARLSRUHE 21. Jul. 51. A.I."

6 Baden MiNr. 4 ✱. Viererblock mit Rand. Er stammt gleichfalls aus der berühmten Sammlung des verstorbenen Schweizer Milliardärs Maurice Burrus.

7 Baden MiNr. 17b ⊙. 1 Kreuzer silbergrau, gezähnt, entwertet mit Zweikreis-Stempel "ACHERN 16. Feb." MiNr. 17b ist als Paar sehr selten anzutreffen!

postalischen Dokumentation in Gebrauch waren – darunter ein- und zweizeilige Typenstempel, Kastenstempel in verschiedenen Formen und Größen sowie Doppelkreisstempel – wurde parallel mit den Freimarken ein neuer Stempel geschaffen, der exklusiv der Entwertung der Briefmarken dienen sollte. Die Rede ist von dem so genannten Ringnummernstempel. Dieser zeigt in der Mitte die Nummer, die dem jeweiligen badischen Postort in alphabetischer Reihenfolge zugeteilt wurde.

Obwohl in Baden bis zur letzten Ausgabe im Jahr 1868 insgesamt nur 28 Briefmarken erschienen, bietet sich dem Spezialsammler schon bei den Stempeln ein breites Betätigungsfeld. Handelt es sich doch bereits bei der ersten Nummernverteilung um 163 verschiedene Poststationen. Im Laufe der Zeit wurden allerdings bestimmte Expeditionen aufgehoben und die Nummern an andere Orte vergeben. Darüber hinaus kamen neue Standorte hinzu, so dass die Zahl der Ringnummernstempel bis zum Ende der Baden-Post auf insgesamt 177 anstieg.

Ein weiteres attraktives Sammelthema sind die Mischfrankaturen, also Frankaturen, die sich aus unterschiedlichen Briefmarken zusammensetzen. Fakt ist: Alle Marken-Ausgaben Badens waren bis zur Übergabe des Postregals an die Deutsche Reichspost Ende 1871 gültig, so dass selbst die Verbindung der Nr. 1 mit der Nr. 25 als letzter allgemeinen Markenausgabe oder sogar mit einer Landpost-Portomarke auf Brief möglich ist.

Apropos „Landpost": Auch aus dem Bereich dieser speziellen, den damaligen Postkunden nicht zugänglichen Marken, die in Baden ab 1862 gebräuchlich waren und zur Berechnung der besonderen Zustellgebühr über Land an den Empfänger benutzt wurden, gibt es eine

8

8 Baden MiNr. 18 U. Großes Briefteil, freigemacht mit der 3-Kreuzer-Marke, ungezähnt, dem so genannten Stockach-Provisorium. Entwertet mit Doppelkreisstempel „CARLSRUHE 9. OKT." Das Stockach-Provisorium mit Stempel CARLSRUHE existiert in nur sehr wenigen Exemplaren, wobei dieses vielleicht das einzige auf Brief ist. Eine Weltseltenheit ersten Ranges.

Weltrarität. So ist die 12-Kreuzer-Marke als höchster Wert aufgrund ihres seltenen Einsatzes gebraucht besonders begehrt.

Noch seltener ist die Viertelung dieser Ausgabe. Der bekannte Experte Ewald Müller-Mark nennt in seinem Standardwerk „Altdeutschland unter der Lupe" um 1950 beispielsweise 22 Halbierungen, aber nur zwei Viertelungen der 12 Kreuzer.

Baden zu sammeln muss also nicht Tausende kosten. Die preiswerteste gestempelte Baden-Marke ist die MiNr. 18, deren aktueller Katalogwert bei zwei Euro liegt. Es sei denn, die Marke ist echt und ungezähnt. Dann hat man eine weitere Rarität vor sich – das so genannte Stockach-Provisorium. In geringer Stückzahl am Postschalter des Ortes Stockach verkauft, liegen die Katalogpreise dieser Spezialität je nach Zustand in der Größenordnung eines guten Mittel- bis Oberklassewagens!

Müller-Mark: „Die Marke ist nur in 15 Stücken bekannt, die in festen Händen sind. Es hat keinen Zweck, einfach durch Abschneiden der Zähnung sich eine Stockach-Marke selbst zu machen. Die Marke würde zu klein werden, und eine ungezähnte wird immer nur als ‚geschnittene' anerkannt, wenn sie in die gezähnte nicht hineinpaßt."

Einige Worte noch zu den Neudrucken und Fälschungen der Badener Marken: Neudrucke gibt es nur von den MiNr. 1 bis 3 und 5 bis 8. Diese sind deutlich von den ursprünglichen Ausgaben zu unterscheiden, erkenntlich vor allem an den dunkleren Farben und am dickeren Papier. Die Ausnahme von der Regel ist die neu gedruckte 6 Kreuzer gelb, bei der das Papier dünner und brüchiger ist als beim Original. Auch unterscheidet sich die Gummierung der Marken. Weisen die Neudrucke doch einen reinweißen und dünnen Gummi auf, während die Gummierung der Originale grob und brüchig ist. Und schließlich ist der Druck der Neudrucke kräftiger, wodurch sich die Inschriften stärker durchdrücken. Natürlich sind

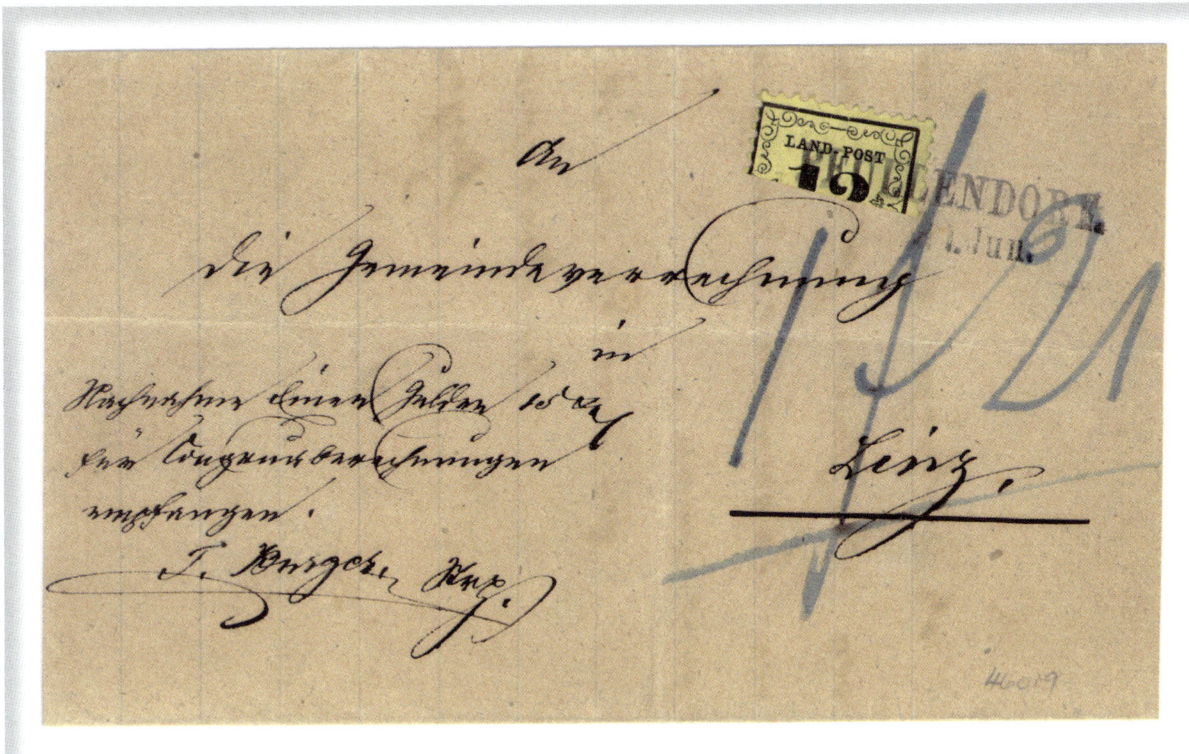

9

9 Baden MiNr. 3 H. Brief von Pfullendorf nach Linz, freigemacht mit einer waagerechten Halbierung der 12-Kreuzer-Marke, dem höchsten Wert der Landpostmarken.

die Unterschiede – außer für Experten – nur im direkten Vergleich von Original und Neudruck feststellbar.

Bei den potenziellen Fälschungen gibt es vor allem eines zu beachten: Kein Geringerer als der Meisterfälscher Jean de Sperati widmete sich auch den Marken Badens. Er fälschte allerdings wohl nur die 18- und die 30-Kreuzer-Marke. Als absoluter Kenner der Materie war Sperati clever genug, diese mit häufig vorkommenden Stempeln, etwa von Carlsruhe, Heidelberg, Freiburg oder Mannheim, zu versehen.

Allerdings sind auch die Sperati-Fälschungen durchaus von den Originalen zu unterscheiden. Bei seinen Marken fehlen nämlich jegliche Kennzeichen des Buchdrucks. Wie sollten sie auch vorhanden sein, wo sich Sperati doch der Foto-Lithografie bediente. Also ist weder die so genannte „Schattierung" erkennbar, wie der Drucker das Durchdrücken der Konturen nennt, noch sieht man die an den Rändern beim Buchdruck nicht immer, aber meistens gequetschte Druckfarbe. Außerdem ist das Papier der Sperati-Fälschungen aufgrund der chemischen Herstellung viel lappiger als das Original-Papier.

Generell gilt aber: Jean de Sperati (1884 bis 1957), ein in Frankreich lebender Italiener, verstand es meisterlich, die seltensten Briefmarken hinsichtlich Motiv, Papier und Druck so gekonnt nachzuahmen, dass selbst bekannte Prüfer Echtheitszertifikate für seine Fälschungen ausstellten. Eigentlich ist es nicht ganz korrekt, Sperati als Fälscher zu bezeichnen, titulierte er seine Nachahmungen doch als Faksimiles, womit ihm keine direkte Betrugsabsicht unterstellt werden konnte. Allerdings kennzeichnete er die Marken nicht als Faksimiles. 1948 wurde er vor Gericht gestellt und zu einer Buße von 300.000 Francs verurteilt. Kurzerhand verkaufte Sperati seinen Bestand von insgesamt 225 nachgeahmten Marken samt zugehörigem Handwerkszeug an die British Philatelic Association und versprach, nie wieder Faksimiles herzustellen.

1 Bayern MiNr. 1. Drucksache des „Central-Ausschusses des evangelisch-lutherischen Missionsvereins für Bayern" vom 31. März 1850.

2 Bayern MiNr. 1 ✶. Viererblock mit Plattenfehler (schwarzer Punkt in der unteren rechten Marke).

1

Briefmarken-Raritäten des Königreichs Bayern

1999 jährte sich ihr Geburtstag zum 150. Mal: Am 1. November 1849 erschienen im damaligen Königreich Bayern die ersten aufklebbaren deutschen Briefmarken. Damit markiert dieser Satz von drei Freimarken mit den Nominalen von 1, 3 und 6 Kreuzern den Startpunkt jeder Bayern-, Altdeutschland- oder auch Deutschland-Sammlung. Besonders die als kleinster Nennwert nominell erste deutsche Briefmarke, der so genannte „Schwarze Einser", erfreut sich heute großer Beliebtheit. Und wie immer bei klassischen Briefmarken gilt auch hier: am liebsten in größeren Einheiten oder auf Brief.

2

3

4

3 Erste Vorentwürfe für die Gestaltung der bayerischen Briefmarken sind die so genannten Laubblattessays. Von den in 8er Blöcken gedruckten Essays sind mindestens 15 Farbvarianten bekannt. Als Entwerfer und Hersteller kommt der Münchner Buchdrucker Johann Georg Weiß in Betracht.

4 Verschiedenfarbige Probedrucke des Schwarzen Einsers, vermutlich direkt vom Urstöckel. Der blaue Druck zeigt den Detailreichtum des Entwurfs in ungewöhnlicher Klarheit.

Bereits 1845 hatte man beim Oberpostamt München Überlegungen angestellt, aufklebbare Postquittungen nach englischem Vorbild der „Black Penny" einzuführen. Betrachtet man allerdings das so genannte „Laubblatt-Essay", nach heutigem Kenntnisstand einer der ersten bayerischen Briefmarkenentwürfe damaliger Zeit, scheint sich der Markenkünstler eher die 1843 erschienenen „Ochsenaugen" Brasiliens zum Vorbild genommen zu haben. Denn wie diese ersten Marken des damaligen Kaiserreiches Brasilien weist auch das Laubblatt-Essay weder das Ausgabeland der Marken noch eine Währungsangabe aus.

Ganz anders dagegen dann der am 1. November 1849 herausgekommene Briefmarkensatz. Denn sowohl der „Schwarze Einser", portogerecht für einfache Briefe im Ortstarif und für Drucksachen, als auch die blaue 3 Kreuzer (Standardporto im Fernverkehr bis zwölf Meilen Entfernung) und die rötlichbraune 6 Kreuzer (Standardporto im Fernverkehr über zwölf Meilen Entfernung) zeigen im Markenbild neben der großen Wertziffer diese nicht nur auch ausgeschrieben, sondern außerdem die Schriftzüge „BAYERN", „KREUZER" und „FRANCO". Letzere Benennung benutzte man damals für das vom Absender bezahlte Entgelt, während „Porto" die vom Empfänger zu entrichtende Transportgebühr bezeichnete.

Sie war eigentlich eine britische Erfindung, doch sie brachte auch Bayern postalischen Ruhm: die Briefmarke. Das unscheinbare Postwertzeichen im Nominalwert von einem Kreuzer ist längst zur Legende geworden und ein Schmuckstück jeder Altdeutschland-Sammlung. Der „Schwarze Einser" von 1849 hat die Beliebtheit Bayerns als altdeutsches Sammelgebiet mitbegründet. Die Erfindung „Briefmarke" hatte im Alpenstaat anfangs allerdings einen schweren Stand.

5

6

Beamte des Oberpostamts München beispielsweise klagten im August 1850 über die „noch immer fortdauernde Unbehilflichkeit eines großen Teils des Publikums bezüglich der Anwendung" des neuen Frankatur-Verfahrens. Mancher Kunde sah sich nicht in der Lage, die soeben erworbene Briefmarke fachgerecht auf seine Sendung aufzukleben. Die Mehrarbeit sorgte am Postschalter zunächst für Verdruss.

Die Vorteile der neuen Methode ließen die Kritiker aber bald verstummen. Die britische Erfindung trat von Bayern aus ihren Siegeszug durch Deutschland an. 1850 zogen Sachsen, Preußen, Schleswig-Holstein und Hannover mit eigenen Briefmarken nach. Die Industrialisierung erforderte nicht nur die Verbesserung der Verkehrsnetze, sondern auch die Modernisierung des Postwesens. Waren und Informationen (auch Menschen) wurden immer schneller über immer größere Entfernungen befördert. Da kam die Briefmarke als Quittung für eine vorausbezahlte Transportleistung gerade recht.

7

5 Der aus 180 Marken in vier Druckblöcken zu je 45 Marken bestehende Druckbogen besitzt eine breite senkrechte und schmale waagerechte Unterteilung. Streifen von zwei oder mehr Marken, die über diese Unterteilung hinweg gehen, werden „große Brücke" bzw. „kleine Brücke" genannt und sind ausgesprochene Raritäten. Dieses Brückenpaar stammt aus den oberen Viertelbögen und hat die Feldziffern 39, 40, Brücke, 126 und 127.

6 Falsche Bayern MiNr. 1 ⊙. Mit Mühlradstempel „382". Tadellose Fälschung von dem Italiener Jean de Sperati (1884–1957), einem Kenner der Philatelie und der Druck- und Reproduktionstechnik.

7 Bayern MiNr. 1. Der Geschäftsbrief von Regensburg nach Hengersberg wurde mit einem senkrechten Dreierstreifen frankiert und mit dem geschlossenen Mühlradstempel „281" entwertet. Der Zweikreisstempel von Regensburg trägt das Datum: „24. NOV. 1850".

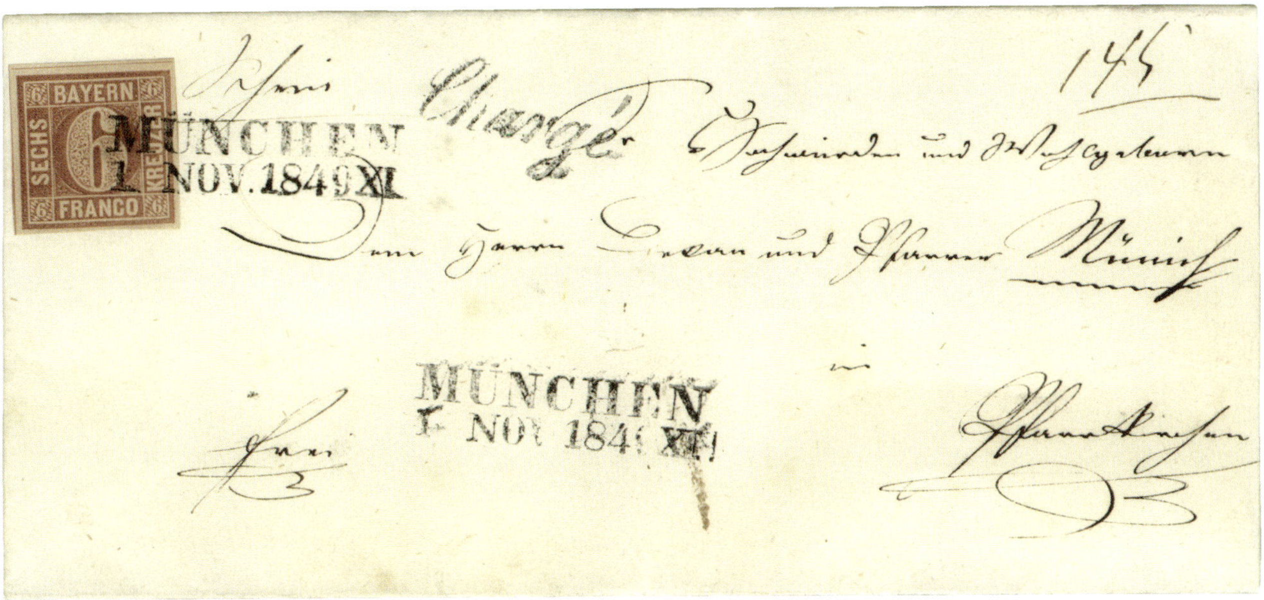

8

9

10

8 Bayern MiNr. 4. Ersttagsbrief, Chargé, mit 6 Kreuzer rötlichbraun, Typ I, frankiert, trägt den zweizeiligen Langstempel „MÜNCHEN 1 NOV. 1849 XI". Er wurde nach Pfarrkirchen adressiert und mit dem Ankunftsstempel 2.11. versehen. Vermutlich der einzige Chargé-Ersttagsbrief von Bayern.

9 Bayern MiNr. 3 ✶. Ende 1850 wurde das Motiv der 1-Kreuzer-Marke leicht verändert. Die zentrale Wertziffer wurde nun in einen Kreis eingefügt.

10 Bayern MiNr. 8 ✶. Viererblock, 1 Kreuzer gelb.

Warum wurde nun gerade der „Schwarze Einser" zum Symbol für den Aufbruch in die moderne Postzeit, obwohl an jenem 1. November 1849 im Königreich Bayern auch Marken zu drei und sechs Kreuzern erschienen? Ganz einfach: Unter Philatelisten gilt die Marke mit dem niedrigsten Nennwert als erste einer Ausgabe. Schmucker wirken allein schon durch ihre Farbgebung Marke zwei und drei. Hinzu kommt, dass diese im Gegensatz zum „Schwarzen Einser" auf mit Seidenfäden durchzogenem Papier hergestellt wurden.

Aus dem kompletten Satz erschließt sich die Portostaffelung, die 1849 festgelegt wurde: Briefe im Lokalbereich kosteten einen, bis zwölf Meilen Entfernung drei und darüber sechs Kreuzer. An der Grenze des Königreichs war zunächst Endstation: Sendungen ins Ausland, zu dem damals auch die anderen deutschen Staaten gehörten, waren mangels „internationaler" Vereinbarungen vorerst weiter durch Barzahlung freizumachen. Das änderte sich erst 1850, als Preußen, Österreich und Bayern einen entsprechenden Vertrag abschlossen.

11

11 Bayern MiNr. 1 ✶. Der berühmte „Eichstätt-Brief" ist mit dem einzig bekannten Sechserblock des Schwarzen Einsers frankiert und mit klaren, geschlossenen Mühlradstempelabdrucken „336" versehen. Der Halbkreisaufgabestempel gibt den Ort STRAUBING und das Datum 14/11 an. Der Brief wurde 1959 entdeckt und gilt als das „Juwel der Bayern-Philatelie".

Gleich einen Sechserblock des „Schwarzen Einsers", die größte bekannte Einheit dieses Stückes auf Brief, trägt der legendäre „Eichstätt-Brief", und das auch noch mit wunderbar klarem Abdruck eines typisch bayerischen Mühlradstempels versehen. Deutscher Klassik-Sammler, was willst du mehr? Allerdings ist dieser Brief käuflich nicht zu erwerben, sondern befindet sich, wie es dem berühmtesten Stück der Bayern-Philatelie geziemt, im Besitz der Museumsstiftung Post und Telekommunikation. Seit März 1999 ausgestellt in der Schatzkammer des Berliner Museums für Kommunikation ist der „Eichstätt-Brief" also im wahrsten Sinne des Wortes „für uns alle da".

12

12 Bayern MiNr. 10 H, schräg halbiert. Der Brief wurde 1866 von Münchberg nach Bayreuth gesandt und kostete im Fernverkehr 3 Kreuzer an Porto. Grund für die Halbierung der 6-Kreuzer-Marke in Münchberg könnten die Wirren des preußisch-österreichischen Krieges gewesen sein.

Das bayerische Premieren-Trio bereichert jede Altdeutschland-Samlung. Allein der „Schwarze Einser“ wurde in einer Auflage von über 830.000 Stück gedruckt, und die Chancen, solch ein begehrtes Exemplar für die eigene Sammlung zu ergattern, sind gar nicht mal gering – wenn man genügend Geld mitbringt.

Da die Druckauflagen der 3 Kreuzer und der 6 Kreuzer nahezu verbraucht wurden, sind die beiden Schwestern des „Schwarzen Einsers“ heute als gestempelte Einzelstücke durchaus erschwinglich. Ungebraucht kann es da schon etwas teurer werden, vor allem bei der 6-Kreuzer-Marke (Type I), des seltensten Stückes der ersten bayerischen Marken-Emission, im Briefmarken-Katalog derzeit bewertet mit 8.500 Euro! In gestempelter Ausführung steht die Marke bei 180 Euro.

Es sei denn, Sie hätten die Marke gerne auf einem so genannten „First Day Cover“ (FDC). Dieser unter Sammlern gebräuchliche Begriff bedeutet ins Deutsche übersetzt nichts anderes als „Ersttagsbrief“, also die postalische Verwendung und Stempelung der Briefmarke auf einem Brief am ersten Tag ihres Erscheinens. Eine solche Rarität bewertet der Spezial-Katalog aktuell mit rund 15.000 Euro.

Die drei bayerischen Briefmarken kamen übrigens schon selbst zu „Markenehren“. Wurden sie doch von der damaligen Deutschen Bundespost anlässlich des Jubiläums „100 Jahre deutsche Briefmarken“ am 30. September 1949 mit drei Sonderpostwertzeichen gewürdigt. Passend zur Anzahl der ersten bayerischen Ausgaben, die im Markenbild zu sehen sind.

13

14

15

16

13 Bayern MiNr. 5 ⊙. Dieser Brief wurde am 5. JAN. 1854 in Augsburg aufgegeben und mit einer „Brücke" (Markeneinheiten, die noch die Zwischenstege des Druckbogens zeigen) frankiert. Entwertet mit geschlossenem Mühlradstempel „18".

14 Bayern MiNr. 11 ✶. Viererblock mit Rand links.

15 Bayern MiNr. 12 ✶. Waagerechtes Pärchen mit Zwischensteg.

16 Bayern MiNr. 13 ✶. Viererblock mit Zwischensteg.

Der erste deutsche Briefmarkensatz blieb bis zum 8. August 1862 frankaturgültig. Die philatelistische „Todesstunde" der Kreuzer-Marken generell schlug dann 1876, denn mit der Vereinheitlichung der postalischen Währung im Deutschen Reich wurde nun auch in Bayern mit Mark und Pfennig frankiert. Allerdings gab Bayern weiterhin eigene Marken heraus, denn es besaß als Teil seiner Sonderstellung bis zum Jahr 1920 eine eigene Posthoheit. Der politische Föderalismus im Deutschen Reich prägte also auch das Postwesen. Ebenso die Wirren nach dem verlorenen Ersten Weltkrieg und der Revolution. Der bayerische König verlor seinen Thron, und das Königreich wurde Republik. Briefe und Postkarten aus den Jahren 1919 und 1920 tragen darum oft Aufdrucke wie „Volksstaat Bayern" oder „Freistaat Bayern". Mit diesen Wortlauten wurden auch Marken mit dem Konterfei des

17

18

19

17 Bayern MiNr. 30 ✶. Zehnerblock, die Marke rechts unten weist einen Plattenfehler auf. „M" und „A" von „MARK" sind durch Serifenverdickung unten verbunden.

18 Bayern MiNr. 15 ⊙. Waagerechtes Paar mit breitem Zwischensteg, trägt offenen Mühlradstempel „437" (Rosenheim). Dieses Exemplar ist von großer Seltenheit.

19 Bayern MiNr. 151 ✶. Originalmarke mit kopfstehendem Aufdruck „Freistaat Bayern". Von dieser Marke wurde nur ein Bogen von 20 Stück aufgefunden, es handelt sich also um eine große Seltenheit.

Königs kurzerhand überstempelt, um sie weiterverwenden zu können und gleichzeitig die politischen Veränderungen deutlich zu machen.

Diese Beispiele zeigen, wie vielschichtig das Sammelgebiet Bayern ist: Die Briefmarken des Königreiches sind nicht nur die Zierde einer Altdeutschland-Sammlung, sondern auch einmalige Zeitzeugen aus einer besonders bewegten Geschichte. Weitere philatelistische Spezialitäten Bayerns sind die so genannten Telegrafenmarken, zur Verrechnung eines Telegramms auf dieses geklebt, oder die Retourenmarken, die vor der Rückbeförderung auf unzustellbare Briefe geklebt wurden. Solche Schreiben wurden zuvor oftmals von einer Kommission geöffnet, um den Absender festzustellen.

Ebenfalls ein spannendes, aber wegen ihrer Seltenheit und der Beliebtheit Bayerns nicht ganz billiges Sammelthema sind Briefe und Ganzsachen, Erstere vor allem auch aus der Zeit vor 1849.

1

2

1 Bergedorf MiNr. 1b ⊙. 1/2 Schilling dunkelblau, mit schwarzem Strichstempel entwertet. Die Marke ist gut erhalten und ein schönes Exemplar dieser großen Seltenheit.

2 Bergedorf 7 Essays von 1859 – 3 Schillinge. Das erste Essay zeigt schwarzen Druck auf weißem Papier. Die weiteren Essays im gleichen Muster wurden als Negativdruck auf dünnem, reinweißem und ungummiertem Papier in Schwarz, Braunorange, Dunkelbraun, Braunrot, Ultramarin und Dunkelgrün gedruckt. Der Entwurf wurde in beiden Druckausführungen abgelehnt.

Die „wachsenden“ Marken von Bergedorf

Ein kleines Städtchen in der Nähe von Hamburg schrieb in den 60er Jahren des 19. Jahrhunderts Philateliegeschichte. Und das mit nur einer einzigen Serie von fünf Briefmarken. So waren die so genannten „wachsenden“ Marken von Bergedorf die ersten ihrer Art. Besonders auf Brief sind diese heute hochbegehrt, vor allem die beiden hohen Werte zu drei beziehungsweise vier Schillingen (MiNr. 4 und 5).

Als gemeinsamer Besitz der Freien und Hansestädte Hamburg und Lübeck gab das selbstständige altdeutsche Postgebiet Bergedorf erstmals im Jahr 1861 eigene Briefmarken heraus. Diese fünf Freimarken wurden rund sechs Jahre lang nach Bedarf gedruckt und blieben bis zum 31. Dezember 1867 frankaturgültig. Danach wurden auch in Bergedorf die Marken des Norddeutschen Postbezirks verwendet. Das Sammelgebiet Bergedorf umfasst also nur fünf Briefmarken. Neben dem Ausgabegebiet, der Wertangabe und der Bezeichnung „Postmarke“ zeigen diese quadratischen Marken jeweils ein kombiniertes Wappen der Städte Hamburg und Lübeck. Eine Verwechselung der Marken auf den ersten Blick ist dennoch ausgeschlossen, unterscheiden sie sich doch nicht nur durch unterschiedliche Farben des Druckes und des Papiers, sondern auch durch ihre unterschiedliche Größe.

Mit steigender Nominale haben die Briefmarken Bergedorfs auch ein immer größeres Format. Damit sind sie die ersten der so genannten „wachsenden“ Marken. Andere Staaten folgten diesem Beispiel, etwa die Mongolei (MiNr. 1 bis 7) oder Tonga (MiNr. 128 bis 139). Auch das umgekehrte Phänomen ist bekannt – Briefmarken einer Serie, die mit höherer Wertangabe kleiner sind als die niedrigeren Werte –, zum Beispiel die Dauerserie Afghanistans aus dem Jahre 1951 (MiNr. 343 bis 359).

3

Die aktuellen Katalog-Notierungen der Bergedorf-Marken liegen in ungebrauchter Erhaltung derzeit zwischen 24 und 150 Euro. Ein ungebrauchter Satz ist also durchaus erschwinglich, und damit wäre das Sammelgebiet Bergedorf streng genommen komplett.

Zieht man allerdings die gestempelten Varianten vor, möglicherweise auch noch auf ganzem Brief, wird es richtig teuer. Warum gehen die Preise für mit Bergedorf-Marken frankierte Postsendungen gleich in die Tausende? Ganz einfach: Erstens dauerte die Briefmarkenzeit Bergedorfs, wie schon erwähnt, nur rund sechs Jahre, zweitens zählte das gesamte Postgebiet von Bergedorf zur Markenzeit nur rund 12.000 Einwohner; das Postaufkommen blieb also überschaubar. Bis Mitte 1866 kosteten Briefe innerhalb des Bergedorfer Post-

4

3 Bergedorf MiNr. 1 ✶. 1/2 Schilling, Pärchen. Die Buchstaben „L", „H", „P", „A" in den vier Ecken der Marken bedeuten Lübeck-Hamburgisches Post-Amt.

4 Bergedorf MiNr. 2 ✶, Viererblock mit oberem Bogenrand. Urdruck, 1 Schilling, schwarz auf Weiß, dickes Papier. Von diesem Urdruck wurde nur ein Bogen gedruckt. Der Bogen wurde je zur Hälfte dem Hamburger und Lübecker Senat zur Genehmigung vorgelegt. Es gibt daher keinen ganzen Bogen mehr. Große Bergedorf-Rarität!

5

7

6

5 Bergedorf MiNr. 3. 1 1/2 Schilling, tiefschwarz auf Gelb. Das Paar auf Briefstück weist im oberen Rand voll vorhandene Schnittlinien auf und links nur im oberen Teil. Es wurde kreuzweise mit dem Fünfstrichstempel entwertet.

6 Bergedorf MiNr. 3 ✶. Neunerblock.

7 Bergedorf MiNr. 4 ✶. Waagerechtes Pärchen mit Bogenrand links und vermutlich Zwischensteg oben.

bezirks und nach Hamburg einen Schilling, nach Lübeck und nach Postvereinsorten bis 10 Meilen Entfernung 1 1/2 Schillinge, nach Dänemark 2 1/2 Schillinge und nach Postvereinsorten über 20 Meilen Entfernung vier Schillinge.

Nun waren vier Schillinge zu damaliger Zeit ein stolzes Sümmchen. Dieses Porto leistete man sich also nur in besonderen Fällen. Entsprechend selten sind mit der 4-Schilling-Marke frankierte Briefe. Bekannt sind heute nur rund ein Dutzend solcher Einzelfrankaturen.

Ein absolutes Highlight gleichermaßen des Sammelgebietes Bergedorf wie auch Altdeutschlands allgemein ist darüber hinaus eine einzigartige Briefvorderseite. Mit gleich drei 3-Schilling- und zwei 4-Schilling-Marken ist dieses Unikum das Nonplusultra aller Bergedorf-Frankaturen, und wäre es heute auf dem Markt, sein Preisausruf würde eine Summe von 250.000 Euro wohl kaum unterschreiten. Nach persönlichen Aufzeichnungen des Altdeutschland-Forschers Ewald Müller-Mark soll sich das Stück im Jahr 1906 in der Sammlung eines Bonner Fabrikanten befunden haben, 1929 dann in einer sächsischen Sammlung. 1942 war es auf einer deutschen Auktion. Anschließend verliert sich die Spur dieser einzigartigen Rarität im Dunkel der Geschichte.

Nicht minder spannend ist die sagenhafte Geschichte seiner Entdeckung. Ort und Zeit des Geschehens: Paris während seiner Besetzung durch die Preußen im Deutsch-Französischen Krieg 1870/71. Ein preußischer Offizier mit einer besonderen Vorliebe für französische Weine war auf der Suche nach erlesenen Kredenzen. Das Hörensagen brachte ihn direkt nach Ende des Krieges mit einem hohen französischen Postbeamten zusammen, der in die-

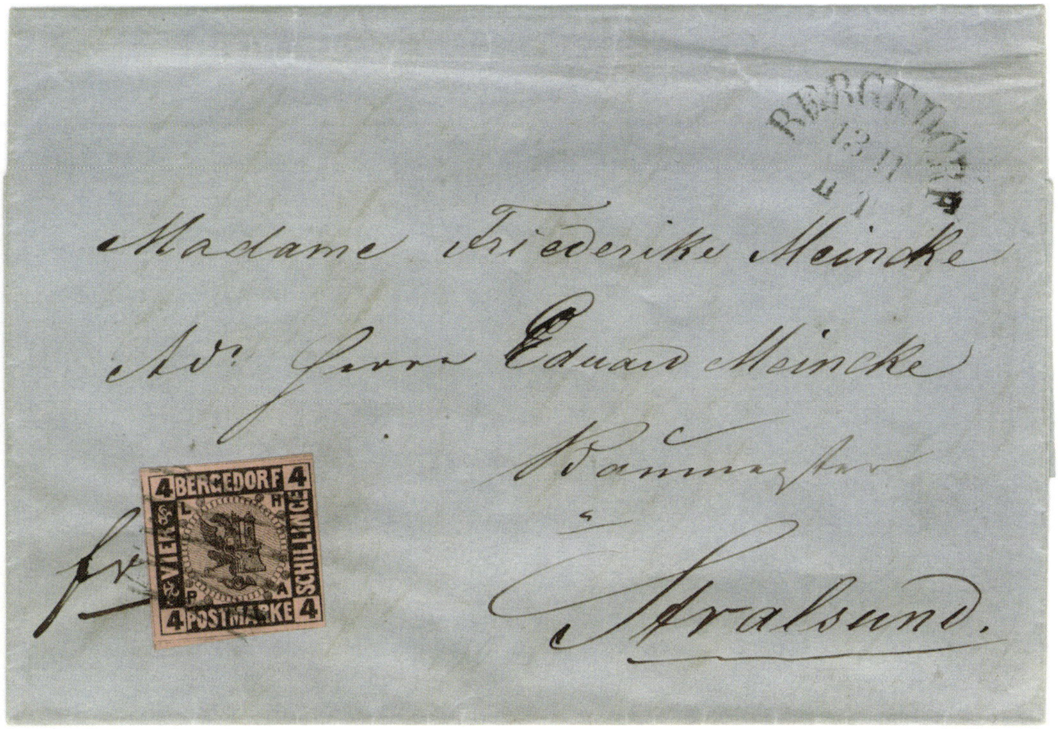

8

8 Bergedorf MiNr. 5. Der Brief wurde 1861 von Bergedorf nach Stralsund gesandt. Er trägt den schwarzen Halbkreisstempel „BERGEDORF 13.11." und den Vermerk des Bestellgangs „II T". Die Frankatur mit einer 4-Schillinge-Marke, dem höchsten Wert der Markenausgaben, für die Beförderung nach einem Postvereinsort über 20 Meilen Entfernung wurde mit dem Strichstempel entwertet. Dieser Brief zählt zu den wenigen vorhandenen Exemplaren mit dieser Einzelfrankatur.

ser Angelegenheit einiges zu bieten hatte. Leider wollte sich der Franzose zu keinem Preis von seinen flüssigen Kostbarkeiten trennen. Doch wo man schon mal so nett beisammensaß, warum nicht das ein oder andere Gläschen miteinander leeren? Naturgemäß kam man dabei ins Plaudern, und der Franzose erfuhr, dass die Gattin des Preußen aus einem kleinen Städtchen namens Bergedorf stammte. Oh, der Ort wäre ihm gut bekannt, so der französische Weinliebhaber, und zum Beweis zückte er aus einer Schublade einen Brief von Bergedorf nach Paris, frankiert mit eben jenen 3- und 4-Schilling-Marken. Der Offizier war mehr als erstaunt, hatte er solche Postwertzeichen doch zuvor noch nie gesehen. Kaum hatte man auf den kuriosen Zufall nochmals angestoßen, machte der Franzose mit den besten Grüßen an die Frau Gemahlin dem ehemaligen Feind den Brief zum Geschenk.

Im Offiziersgepäck reiste das gute Stück also nach Berlin. Etwa 20 Jahre später bezahlte der Erzählung nach der Sohn des Offiziers mit der philatelistischen Kostbarkeit seine Spielschulden, aber erst nachdem er aus Gründen der Pietät die Rückseite des Briefes, auf der eine persönliche Widmung des Franzosen gestanden haben soll, entfernt hatte. Wo mag sich der legendäre Brief heute wohl befinden?

Von den regulären Bergedorf-Marken gibt es Neudrucke aus den Jahren 1872, 1874, 1887 und 1888. Die Neudrucke von 1887 und 1888 weichen von den Originalen sehr ab. Die Exemplare der Jahre 1872 und 1874 sind dagegen schon deutlich näher am Original. Aber auch hier erkennt der Fachmann Unterschiede in den Farben, der Gummierung und der Papierstruktur. Darüber hinaus wurden private Nachdrucke angefertigt. Ganz leicht zu unterscheiden ist hier die MiNr. 3. Trägt diese Marke als Nachdruck doch die Inschrift „SCHILLINGE" statt „SCHILLING".

1

2

1 (Oben) Braunschweig MiNr. 1 ✶. Die Marken der ersten Ausgaben von 1852 zu 1, 2 und 3 Silbergroschen zählen ungebraucht zu den Raritäten. Für Fälscher ist es daher verlockend, aus den billigen „Gebrauchten" durch Entfernen der Stempel teure „Ungebrauchte" vorzutäuschen.
(Mitte) Braunschweig MiNr. 2 ✶. Die blaue 2-Silbergroschen-Marke wird vorzugsweise für diese Manipulation benutzt, da die Entfernung des Stempels am besten gelingt, wenn auch der Stempelabdruck blau war.
(Unten) Braunschweig MiNr. 3 ✶. Der Abstand der Marken im Bogen hatte ein unterschiedliches Maß von 1,3 bis 2,3 mm; Marken standen häufig zu hoch oder zu tief, meistens schief zueinander. So kam es sehr leicht zu schief geschnittenen Marken. Diese 3-Silbergroschen-Marke ist links unten knapp, aber dreiseitig feinstgerandet und weist auf ihrer Rückseite noch große Teile des Originalgummis auf.

Quadratisch, praktisch, gut

Das Herzogtum Braunschweig zeichnet sich gegenüber anderen größeren altdeutschen Markenländern durch eine Besonderheit aus: Es besaß nämlich weder Postämter in anderen Staaten, noch durfte ein anderer Staat in Braunschweig eine Poststelle führen. Deshalb sind aus der Epoche der braunschweigischen Posthoheit weder braunschweigische Marken mit fremden Stempeln noch fremde Postwertzeichen mit braunschweigischen Stempeln üblich. Neben interessanten Halbierungen und Frankaturen bietet Alt-Braunschweig nach dem Vorbild Mecklenburg-Schwerins außerdem die spannende Freimarkenausgabe „Vier Kronen", eine Marke, die aus vier identischen Werten zu jeweils 1/4-Gutegroschen besteht. Getreu dem Motto: quadratisch, praktisch, gut.

Schon aus geografischer Sicht nahm das Herzogtum Braunschweig eine Sonderstellung ein. Kaum ein anderes Markenland war im 19. Jahrhundert derart zerrissen. Drei große, drei kleine und vier winzige unzusammenhängende Gebietsteile kennzeichneten das Herzogtum Braunschweig.

Wesentliche Grenzen fanden sich im Westen durch das Königreich Hannover und im Osten durch das preußische Hoheitsgebiet. Der Lagevielfalt stand auch der landschaftliche Facettenreichtum in nichts nach. So bestimmten flussnahe Sumpfgebiete entlang der Oker, Leine oder Weser ebenso das Vegetationsbild wie großflächige Waldgebiete vielerorts. Im Westen grenzte das Fürstentum an das Weserbergland, im Osten an den Nordwestrand des Oberharzes. Die landschaftlichen Varietäten schafften optimale Voraussetzungen für ein breites Band wirtschaftlicher Tätigkeiten: Neben Ackerbau und Viehzucht, Obstkultur und Forstwirtschaft machte man sich insbesondere im Bergbau und der Hüttenindustrie sowie in Steinbrüchen die natürlichen Ressourcen zunutze. Parallel zur industriellen Vielfalt trug

3 4 5
6 7

8

auch die günstige Handelslage zwischen Ost- und Nordsee, Nord- und Süddeutschland dazu bei, dass das Herzogtum Braunschweig zu den wohlhabenderen Staaten im altdeutschen Bund zählte.

Ein Blick in die Historie klärt über die territoriale Zerrissenheit auf. Seit dem 9. Jahrhundert befand sich das Gebiet in Händen des damaligen Herzogtums Sachsen. Mitte des 13. Jahrhunderts erfuhr das Land eine Teilung in ein braunschweigisches und lüneburgisches Gebiet, Braunschweig wurde danach zu einem eigenständigen Herzogtum im Reichsverband umgewandelt. Im Laufe der folgenden Epochen erfolgten weitere Teilungen sowie eine Aufspaltung des Fürstenhauses in mehrere Linien, woraus sich die Zerrissenheit des Staatsgebietes erklärte.

Auf der postalischen Ebene bestimmten Streitigkeiten um das Postwesen zwischen den seit 1535 existierenden „Fürstlich-Braunschweiglichen Landesposten“ und der Taxis'schen Reichspost Mitte des 18. Jahrhunderts das Geschehen. Unter der napoleonischen Herrschaft von 1806 bis 1813 erfuhr das Herzogtum eine Reihe von Neureglementierungen, unter anderem die Einführung einer „Königlich-Westphälischen Post“. Am 5. Dezember 1851 trat Braunschweig dem Deutsch-Österreichischen Postverein bei. Keine drei Wochen später

2 Braunschweig MiNr. 3. Brief von Braunschweig nach Schwerin adressiert und mit einem waagerechten Pärchen der 3 Silbergroschen ziegelrot freigemacht; der Brief wurde mit dem blauen Ortsstempel „BRAUNSCHWEIG 15/3“ entwertet.

3 Braunschweig MiNr. 4 ∗. Die Ausgabe von 1856 brachte teilweise neue Wertstufen. Die erste Marke lautet auf 1/4 Gutegroschen = 3 Pfennige und sollte für Auslandssendungen nicht gebraucht werden, dafür waren nur Marken der Silbergroschenwährung vorgesehen.

4 Braunschweig MiNr. 5 ∗. Bis zum Erscheinen dieser Marke (1/3 Silbergroschen = 4 Silberpfennig) konnten Drucksachen nur bar am Schalter bezahlt werden, da es keinen Markenwert für sie gab.

5 Braunschweig MiNr. 6 ∗. Im Wasserzeichen (Posthorn) zeigt normalerweise (von der Rückseite der Marke gesehen) das Mundstück des Posthorns immer nach rechts. Eine Ausnahme macht die 1 Silbergroschen schwarz auf Sämisch, bei der das Wasserzeichen auch umgekehrt vorkommt.

6 Braunschweig MiNr. 7 ∗. Die gut erhaltene 2 Silbergroschen schwarz auf Blau zeigt rückseitig große Teile des Bildes spiegelverkehrt in Schwarzblau; der überfärbte Druck hat rückseitig durchgeschlagen. Eine hübsche Abart, die nicht häufig vorkommt.

7 Braunschweig MiNr. 8 ∗. Die Marke ist motivgleich mit der 3 Silbergroschen von 1852, aber auf farbigem Papier gedruckt.

8 Braunschweig MiNr. 9 ∗. Eine interessante Marke von 1857 ist dieser 4/4 Gutegroschen-Wert. Die Teilung dieser Marke war nicht nur erlaubt, sondern sie war darauf zugeschnitten. Bei den Teilungen kommen alle möglichen Schnittweisen vor. Am häufigsten findet man die Teilung 3 x 1/4 .

9 Braunschweig MiNr. 6, 6 H. Der Brief vom 2.2.1858 geht von Braunschweig an Herrn T. Hagelberg in Sommerschenburg in Preußen. Die Entfernung zwischen den beiden Orten beträgt etwas über 6 Meilen, aber dennoch ist das Auslandsporto von 1 Silbergroschen anzusetzen. Der kleine Ort Sommerschenburg hatte keine eigene Poststation, deshalb wurde der Brief nach Morsleben abgeleitet (auf der Rückseite befindet sich der Ankunftsstempel von dort). Für die Landpostbeförderung von Morsleben nach Sommerschenburg waren weitere 5 Pfennige oder 1/2 Silbergroschen zu frankieren. Das Gesamtporto beträgt also 1 1/2 Silbergroschen. Diese Halbierung, zusammenhängend mit der vollständigen Marke, ist eine große Seltenheit, möglicherweise die einzig existente Frankatur dieser Art.

9

standen die ersten Marken des Posthoheitgebiets Braunschweig am Schalter zum Verkauf. Die Erstausgabe sah drei Marken zu den Nennwerten ein, zwei und drei Silbergroschen vor. Damit waren die Standard-Portostufen in Postvereinsländer abgedeckt. Zu frankieren waren Briefe bis zu einem Loth diesbezüglich wie folgt: bis zu 10 Meilen ein Silbergroschen, bis zu 20 Meilen zwei Silbergroschen und über 20 Meilen drei Silbergroschen. Auf Brief sind die MiNr. 2 und 3 bereits sehr selten, in größeren Einheiten absolute Raritäten. Auch hier weist die Kollektion der Museumsstiftung Post und Telekommunikation ein philatelistisches Ausnahmestück auf, und zwar einen wunderschönen Zweierstreifen der Nr. 3 auf Auslandsbrief nach Schwerin.

Die ersten Marken Braunschweigs sehen laut Bekanntmachung vom 26. Dezember 1851 rot, blau und braungelb aus und gingen in waagerechten Bändern zu je 10 Stück in den Verkauf. Senkrechte Paare sind deshalb sehr selten. Das Motiv zeigt das braunschweigische Landeswappen – weißes, springendes Pferd auf rotem Grund – im Queroval, darüber den Schriftzug „Braunschweig" und darunter den Nennwert – jeweils im so genannten „fliegenden Band". Interessant bei dieser Ausgabe: Die Freimarken Braunschweigs sind die ersten Marken-Ausgaben altdeutscher Zeit, die in farbigem Buchdruck auf gelblichweißem Papier, noch ohne Wasserzeichen, gedruckt wurden. Da die Erstausgabe restlos verbraucht wurde, gelten ungebrauchte Marken als Raritäten.

10

11

10 Braunschweig MiNr. 18 H. Brief von Blankenburg nach Kloster Michaelstein, schräge Halbierung der 1-Groschen-Marke, bogenförmig durchstochen.

11 (Oben) Braunschweig MiNr. 10 ✶. Die Ausgabe vom 1.1.1863 bringt eine neue Wertstufe in abgeänderter Inschrift und Wappenzeichnung = 1/2 Groschen/5 Pf., die als Einzelfrankatur für die Landpostbestellung genutzt werden kann.
(Mitte) Braunschweig MiNr. 11 ✶. Die 1-Silbergroschen-Marke erscheint jetzt in geänderter Papierfarbe schwarz auf Lebhaftgraugelb.
(Unten) Braunschweig MiNr. 12 ✶. Die 3-Silbergroschen-Marke wird ebenfalls auf geänderten Papierfarben gedruckt.

Die zweite Freimarkenserie Braunschweigs vom März 1853, diesmal schwarz auf farbigem Papier gedruckt, wurde erstmals mit einem Wasserzeichen versehen. Dieses zeigte ein Posthorn in Linieneinfassung. Die Serie, ebenfalls mit Marken zu 1, 2 und 3 Silbergroschen, wurde 1856 mit den Werten 1/4 Gutegroschen sowie 1/3 Silbergroschen ergänzt. Das Postwertzeichen zu 1/4 Gutegroschen, ausschließlich für den inländischen Postverkehr gedacht, bewährte sich in seiner Notwendigkeit jedoch nicht so wie erwartet, galt doch bei einem Standardbrief zu einem Loth bis fünf Meilen Entfernung ein Porto von 2/4 Gutegroschen, so dass bereits zwei Marken verklebt werden mussten. Bei bis zu zehn Meilen Entfernung kamen drei Marken zum Tragen, über zehn Meilen Posttransport kostete einen Gutegroschen, also vier Postwertzeichen. Diese Umständlichkeit sollte ab dem 1. März 1857 mit der Erscheinung der praktischen „Quadratmarke", die in vier „Minimarken" zu jeweils 1/4 Gutegroschen teilbar war, aufgehoben werden.

Freimarkenserie Nummer drei, die ab April 1861 an den Postschaltern erhältlich war, sah ebenfalls eine Neuerung vor: Mit einer 1/2-Gutegroschen-Marke bot das Herzogtum Braunschweig jetzt die Möglichkeit, das zum 1. Januar 1863 herabgesetzte Porto für Landpost mit einer Marke frankieren zu können. Die vierte und letzte Markenserie zum 1. Oktober 1865 zeigte erstmals auffallende Veränderungen in der bildlichen Briefmarkengestaltung. Dabei handelt es sich um eine geänderte Wappenzeichnung im senkrechten, ovalen Hochformat.

12 Braunschweig MiNr. 13 ✱. Dieses Pärchen, 1/3 Silbergroschen/ 4 Pf., schwarz auf (Grau)Weiß, wurde bogenförmig durchstochen.

13 Braunschweig MiNr. 14 ✱. Diese 1-Silbergroschen-Marke weist die geänderte Farbe und den linienförmigen Durchstich auf.

14 Braunschweig MiNr. 15 ✱. 2-Silbergroschen-Marke, durchstochen.

15 Braunschweig MiNr. 16 ✱. Marke von 1864, rosa Buchdruck auf weißem Papier, mit Wasserzeichen Posthorn und vollständiger Linieneinfassung, bogenförmig durchstochen. Dieses geprüfte Exemplar hat Originalgummi und ist in einem perfekten Zustand.

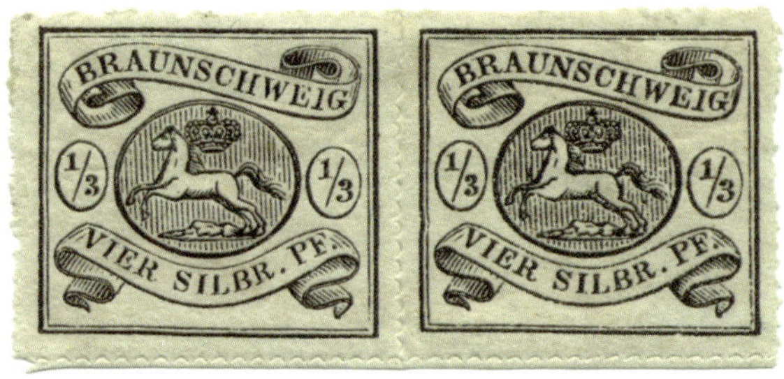

12

13

14

15

Erstellt wurden die Marken zu 1/2, 1, 2 und 3 Silbergroschen (MiNr. 17–20) wieder in farbigem Prägedruck auf weißem Papier mit erstmalig bogenförmigem Durchstich. Aus dieser Ausgabe entstammt die preiswerteste Marke Alt-Braunschweigs – die Nr. 18.

Auch auf Brief ist sie noch verhältnismäßig günstig zu haben. Ganz anders sieht es allerdings aus, wenn sich nur eine Hälfte der Marke auf dem Brief befindet. Wie auch bei anderen Marken Braunschweigs bekannt (etwa MiNr. 6a H, 7a H oder 15 H), gibt es die Nr. 18 halbiert, also als Porto zu 1/2 Silbergroschen verwendet. Der Michel-Spezial-Katalog kennt eine Halbierung Nr. 18 H mit Stempel Blankenburg – eine Rarität ersten Ranges, als solche ohne Preiseintrag und als Highlight der Braunschweig-Kollektion im Besitz der Museumsstiftung.

Die Posthoheit Braunschweigs endete zum 31. Dezember 1867. Ab dem 1. Januar 1868 galten auch in Braunschweig die Briefmarken des Norddeutschen Postbezirks. Auf diesen Marken gibt es durchaus Braunschweig-Stempel, da diese teilweise noch für eine gewisse Zeit nach Einführung der Marken des Norddeutschen Postbezirks in Gebrauch waren. Bei diesen Abdrucken kann aber nicht von Entwertungen auf Marken eines fremden Staates die Rede sein, da der Norddeutsche Postbezirk als Nachfolger der braunschweigischen Post anzusehen ist. Auf den Nachkommen der Ausgaben des Norddeutschen Postbezirks, den Brustschildmarken des Deutschen Reichs, sind die braunschweigischen Nummernstempel nicht mehr bekannt. Wohl aber noch alte braunschweigische Ortsstempel, wie auch die alten Ortsstempel der meisten altdeutschen Staaten noch bis in die Zeit der Brustschilde, selten aber darüber hinaus vorkommen.

Die braunschweigischen Nummernstempel wurden am 17. April 1856 eingeführt und kommen daher auf der ersten Markenausgabe mithin kaum vor. Auch vorphilatelistische Ortsstempel haben sich teilweise bis in die Markenzeit Braunschweigs hinein behauptet. Darunter solche in Halbkreisform (Braunschweig, Helmstedt, Seesen und Wolfenbüttel),

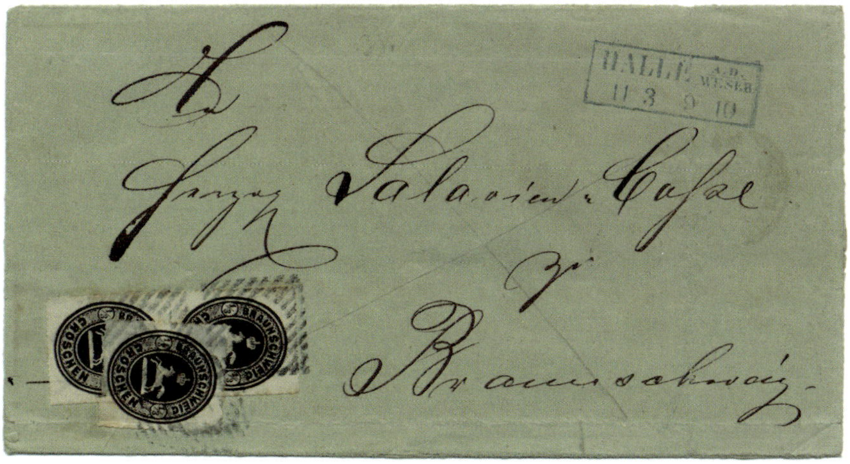

16

17

16 Braunschweig MiNr. 17.
Der Brief bis zu 1 Loth wurde von Halle nach Braunschweig gesandt und mit 3 x 1/3 Groschen portogerecht frankiert. Die Marken sind entwertet durch den Nummernstempel, außerdem trägt der Brief den Rechteckdatumsstempel: „HALLE A.D. WESER 11 3 9 10".

17 Braunschweig MiNr. 20, 20, 19. Dieser interessante Brief mit wertvollem Inhalt wurde von Braunschweig zur Hafenstadt „Piraeus bei Athen" gesandt und von dort nach Smyrna weitergeleitet. Er wurde mit einer Gesamtfrankatur von 8 Groschen für die Beförderung bis Triest in das Deutsch-Österreichische Postvereinsgebiet freigemacht und mit blauen Abdrucken des Zweikreisstempels ohne Jahreszahl gestempelt.

einzeilige Langstempel (etwa Bahrdorf, Calvoerde, Fürstenberg, Gandersheim, Stadtoldendorf oder Vechelde), der so genannte Schnallenstempel von Holzminden sowie Einkreisstempel (Stadtoldendorf, Velpke und Vorsfelde) und Zweikreisstempel (in großer Form etwa Braunlage, Greene, Harzburg, Ottenstein, Schöppenstedt, Wolfenbüttel oder Zorge; in kleiner Form etwa Badenhausen, Bodenburg, Braunschweig, Dellingsen, Halle an der Weser, Harzburg, Lehre, Mühlenbeck oder Thedinghausen). Sehr selten sind dabei vor allem die einzeiligen Langstempel sowie die Ein- und Zweikreisstempel von Langelsheim, Mühlenbeck, Stadtoldendorf, Velpe und Vorsfelde.

Auch in der Markenzeit gab es natürlich Ortsstempel. Und zwar in der Hauptsache zwei Sorten, die Rechteckstempel und die Zweikreisstempel.

1 Bremen MiNr. 1. Brief mit zweizeiligem schwarzen Rahmenstempelabdruck „BREMEN 10 1 * 5-6" versehen, wurde mit 2 x 3 Grote freigemacht.

2 Bremen MiNr. 2 ✶. Waagerechtes Pärchen mit Wert 5 Grote von 1856 mit geänderter Inschrift oben „Franco Marke". Mit dieser Marke konnten bereits Sendungen nach Hamburg freigemacht werden.

3 Bremen MiNr. 3 ✶. Waagerechtes Pärchen von 1860 mit Wert 7 Grote. Mit dieser Marke waren Sendungen an jene weiter entfernten Ziele zu versehen, die in das Zuständigkeitsgebiet des Bremer Stadtpostamtes fielen, etwa Dänemark und Schweden.

4 Bremen MiNr. 2. Brief nach Hamburg, freigemacht mit 5-Grote-Marke, entwertet mit schwarzem Zweikreisstempel der STADTPOST vom 25.9. Diese Marke auf Brief ist selten.

1

Beinahe eine Welt der Wunder

„Betrachten wir die Marken mit einer Lupe, so tut sich beinahe eine Welt von Wundern auf. Die Lupe erst lässt erkennen, welchen Fleiß und welche Mühe der Zeichner aufgebracht hat, um mit wunderbarer Ebenmäßigkeit der schönen Bildkomposition den letzten Schliff zu geben." So bringt Ewald Müller-Mark in seinem Standardwerk „Altdeutschland unter der Lupe" die Faszination der Freimarken Alt-Bremens auf den Punkt. Die Freie und Hansestadt besaß einschließlich der Exklaven Vegesack und Bremerhaven eine eigene Posthoheit bis zum 31. Dezember 1867 und gab ab 1855 insgesamt 15 Briefmarken heraus.

Bremen, erstmals 782 genannt und im Jahr 1186 als Stadtgemeinde anerkannt, erhielt 1303 das Stadtrecht. 1358 wurde es Hansestadt. Im 13. Jahrhundert hatte der Bremer Rat bereits Boten zur Postbeförderung eingerichtet, die zunächst nur die Ratspost, später auch den bürgerlichen Postverkehr besorgten. Seit Anfang des 16. Jahrhunderts übten darüber hinaus auch die Fürsten von Thurn und Taxis das Postwesen aus und richteten im Jahr 1617 ein Postamt in Bremen ein. Bereits Mitte des 17. Jahrhunderts wurde eine Reit- und Fahrpost zwischen Bremen, Hamburg, Amsterdam, Celle, Braunschweig, Hannover, Kassel und Frankfurt in Dienst gestellt. Parallel dazu baute der Bremer Rat die bestehende eigene Postanstalt aus und erlaubte ab dem 18. Jahrhundert die Einrichtung von fremden Postämtern, die verschiedene Botenkurse bedienten. So ließ sich 1709 das damalige Kurfürstentum Hannover in Bremen mit einem eigenen Postamt nieder. Es folgten 1727 die kurbrandenburgische Post (später Preußen) und 1806 das Großherzogtum Berg. Ein eigenes Postamt Bremens existierte seit 1804. Dieses übernahm im Jahr 1824 auch die Verwaltung der preußischen Poststelle. 1846 wird ein Bremer Postamt in Bremerhaven eröffnet, ein Jahr später

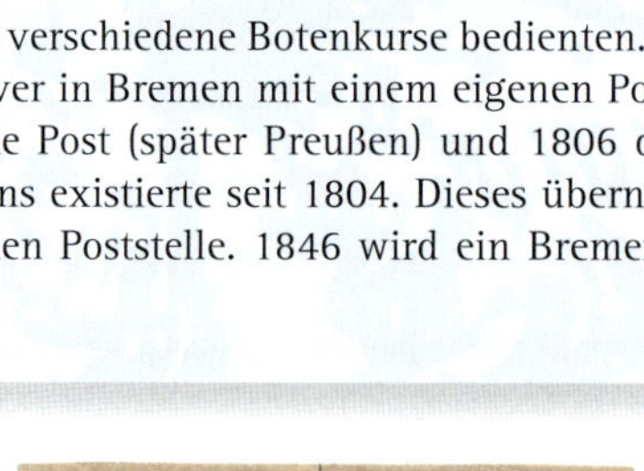

2

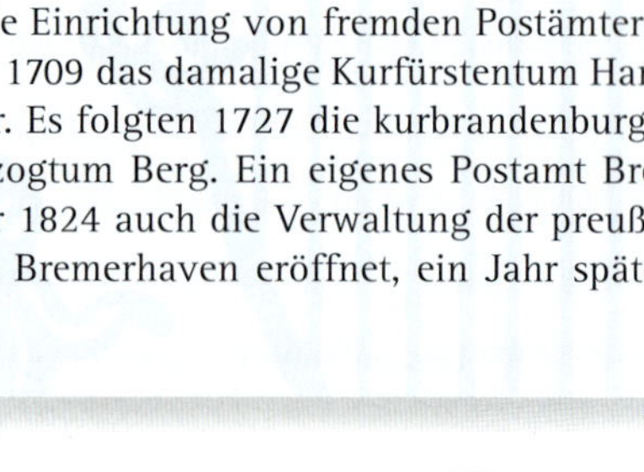

3

4

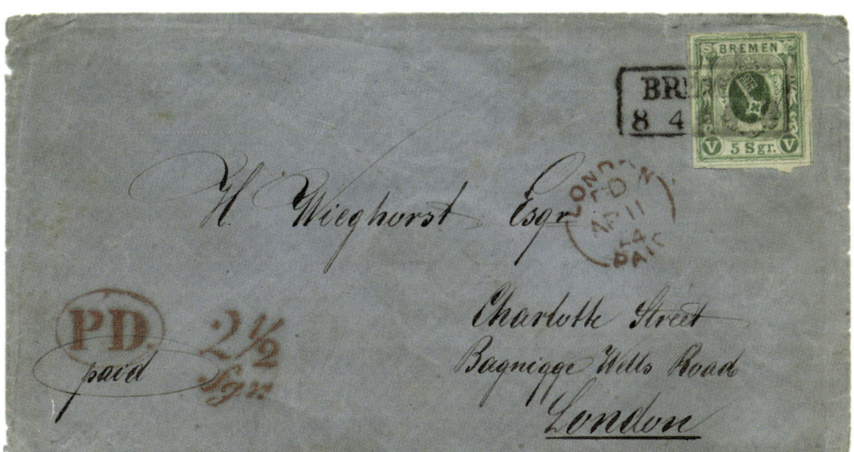

5

6

5 Bremen MiNr. 4. Der Brief wurde von Bremen nach London adressiert und portogerecht mit 5 Silbergroschen frankiert. Die Marke wurde in Bremen mit dem Rahmenstempel, Datum 8.4., entwertet und der Brief mit dem Taxstempel „PD 2 1/2 Sgr" versehen.

6 Bremen MiNr. 1 ✶. Senkrechter Viererstreifen der ersten Ausgabe von 1855 mit einem Wert von 3 Grote und der Inschrift oben „STADT POST AMT", auf waagerecht gestreiftem Papier im Steindruck hergestellt. Ein Verfahren, bei dem das Bild auf einen Stein (Urstein) gezeichnet ist, von dem durch Umdruck die eigentliche Druckplatte gefertigt wird. Diese Marke war nur für Sendungen innerhalb Bremens und seiner Enklaven bestimmt.

nimmt eine gemeinsam mit Hannover betriebene Poststelle in Vegesack ihren Dienst auf. In den Jahren 1850 und 1851 teilten besagte Postämter die Postkurse endgültig unter sich auf.

Das Bremer Stadtpostamt beförderte Post nur nach Oldenburg, Hamburg, Lauenburg, Lübeck, Mecklenburg-Schwerin, Schleswig-Holstein, Dänemark, Großbritannien, den Niederlanden, Norwegen, Schweden und den transatlantischen Ländern. Das Hannoversche Postamt nahm ausschließlich Post nach Hannover und Braunschweig an. Das preußische Postamt kümmerte sich um die Postsendungen nach Mecklenburg-Strelitz, Preußen, Sachsen, Luxemburg, Österreich, Polen, Russland sowie die Transitkorrespondenz durch diese Länder. Und die Thurn und Taxissche Post bediente alle anderen Kurse, etwa nach Frankreich, Italien, der Schweiz, Spanien und anderen Staaten.

7

7 Bremen MiNr. 5. Brief von Bremen nach der Enklave Vegesack, frankiert mit Porto 2 Grote, entwertet mit Rahmenstempel „BREMEN 17 2 * 11–12".

Die Freie und Hansestadt Bremen trat zum 1. Dezember 1852 dem Deutsch-Österreichischen Postverein bei. Dennoch dauerte es noch fast drei Jahre, bis am 10. April 1855 die erste Freimarke Bremens in der landesüblichen Währung erschien. So heißt es im Protokoll dazu: „Schließlich wurde der Herr Postdirector beauftragt, zur Erleichterung des Verkehrs zwischen Bremen, Vegesack und Bremerhaven Freimarken zum Betrage von 3 (drei) Groten einzuführen, selbstredend unbeschadet der Befugnis des Absenders, bei der Correspondenz zwischen Bremen und Vegesack, die Briefe baar mit zwei Groten zu frankieren." Die erste Markenausgabe Bremens galt also ausschließlich dem inländischen Postverkehr. Die Ausgabe ist, wie damals allgemein üblich, geschnitten. Im Markenbild zu sehen ist neben der mehrfachen Nennwertangabe und den Schriftzügen „STADT POST AMT" und „BREMEN" das Bremer Stadtwappen. Regulär handelt es sich bei dem Wappen um einen Bildaufbau mit folgenden Farben: ein schräg liegender Schlüssel in rotem Schild, darüber eine goldene Krone. Da die MiNr. 1 Bremens allerdings in Einfarbendruck schwarz auf graublauem Papier gefertigt wurde, kommen Rot und Gold natürlich nicht zum Tragen. Die geschätzte Auflage der Nr. 1 beträgt 60.000 Exemplare. Obwohl die Marke wie alle 14 folgenden Ausgaben bis zum letzten Tag der Bremer Posthoheit frankaturgültig blieb, wurde die Auflage nicht aufgebraucht, so dass das gute Stück ungebraucht deutlich günstiger zu erwerben ist als gestempelt oder gar auf Brief. Dazu noch einmal Müller-Mark: „Daß man für seine Sammlung nur gutes und einwandfreies Material erwerben soll, steht in jedem Lehrbuch (...) Doch bei Bremen muß der Sammler, der nur über bescheidene Mittel verfügt, wohl oder übel von diesem Grundsatz abweichen." Zu wenige Exemplare einwandfreier Qualität haben sich bis heute erhalten. Müller-Mark meint daher, dass „bei Bremen eine Marke auch getrost mal ‚restauriert' sein kann. So wie ein altes Gemälde, alte Möbel oder andere Antiquitäten restauriert werden." Wichtig ist dabei nur, und das gilt in der Philatelie allgemein: Der restaurierte Zustand muss als solcher gekennzeichnet und beim Kaufpreis berücksichtigt sein!

Doch zurück zur 3 Grote graublau: Wasserzeichen- und Papierunterschiede sowie besondere Frankaturen und Entwertungen bescheren der Nr. 1 Bremens einen hohen philatelistischen Stellenwert. So nennt der Spezial-Katalog beispielsweise die Mehrfachfrankatur mit zwei 3-Grote-Marken auf Brief – eine sehr seltene Frankatur. Musste es sich bei einem mit

8 9 10 11

8 Bremen MiNr. 6 ✶. Die 3-Grote-Marke, schwarz auf Blaugrau, Ausgabe 1864, ist motivgleich mit der ersten Ausgabe, jedoch bogenförmig durchstochen.

9 Bremen MiNr. 7 ✶. Die 5-Grote-Marke von 1862 ist motivgleich mit der Ausgabe von 1856, jedoch durchstochen.

10 Bremen MiNr. 8 ✶. Die Marke der Ausgabe von 1861 mit Wert 10 Grote zeigt das Staatswappen im Ornamentoval und ist durchstochen.

11 Bremen MiNr. 9 ✶. Die Ausgabe von 1863/64 bringt die 5-Silbergroschen-Marke mit dem Staatswappen unter der Krone im verzierten Oval.

12

12 Bremen MiNr. 13. Der Brief von Bremen nach Kopenhagen wurde mit 2 x 7 Grote frankiert und entwertet.

sechs Groten frankierten Brief doch immerhin um ein Einschreiben mit Standardgewicht von einem Loth oder um eine schwerere Postsendung handeln. Ausgesprochen beliebt und kostspielig sind auch die seltenen größeren Einheiten.

Ein Jahr nach der Nr. 1 erschien die zweite Marke Bremens, ein 5-Grote-Wert, Erstausgabetag: 4. April 1856, erst rund drei Jahre später am 22. August 1859 gefolgt von der 5-Silbergroschen-Marke in gelbgrün, die der Michel-Katalog überraschenderweise als Nr. 4 katalogisiert, obwohl die Nr. 3, die 7 Grote schwarz auf Gelb, erst am 10. Juli 1860 erschien. Die Silbergroschen-Marke kam im Oktober 1859 und im Juni 1860 in zwei weiteren Farbvarianten heraus und galt speziell für den Briefverkehr mit England. Die Nominale von fünf Silbergroschen entsprach dabei elf Groten. Ab der MiNr. 5, erschienen am 29. April 1863, führte Bremen den Durchstich ein. Bei diesem Vorläufer der Perforation wurden maschinell feine Schnitte in den Markenbogen geschlitzt, so dass nur schmale Papierstege stehen bleiben, die ein Abtrennen der Marken ohne Zuhilfenahme der Schere ermöglichen.

Als teuerste Marke Bremens und eine der teuersten Marken Altdeutschlands überhaupt auf Brief gilt die MiNr. 13, ein 7-Grote-Wert, dessen früheste Verwendung und damit voraussichtliche Erstausgabe auf Mitte 1867 datiert ist. Sie entstammt dem nunmehr gezähnten Freimarkensatz MiNr. 10 bis 15. Die Seltenheit dieser Marke ist auf die nur kurze Verwendungszeit zurückzuführen. Denn gebraucht kann die MiNr. 13 nur zwischen Juli und Dezember 1867 vorkommen. Der Grund: Ab dem 1. Januar 1868 wurde auch Bremens Postdienst vom Norddeutschen Postbezirk übernommen.

1 2

3 4

1 Hamburg MiNr. 1 ✶. Die erste von Hamburg verausgabte Marke, 1/2 Schilling schwarz, ist ungezähnt und weist das Wasserzeichen „Schlangenlinien" auf. Dieser Wert diente anfänglich zur Freimachung von Drucksachen und später auch zur Frankatur von Briefen in einige Gebiete.

2 Hamburg MiNr. 1 ⊙. Diese Marke ist in einem perfekten Zustand und zeigt einen bemerkenswert prägnant aufgesetzten Strichstempel.

3 Hamburg MiNr. 2 ✶. Die 1 Schilling braun diente zur Freimachung von Drucksachen nach Helgoland bis zum 30. Juni 1866; nach den Niederlanden und Großbritannien; nach USA mit Dampfer ab Hamburg. Außerdem für Briefe nach Hamburg und Vororte bis 5 Loth, Bergedorf bis 1 Loth ab 1. Januar 1859 bis zum 28. Februar 1866.

4 Hamburg MiNr. 2. Waagerechtes Pärchen auf Briefstück mit Strichstempelabdrucken entwertet.

Das Tor zur Welt

In den Jahren 1859 bis 1867 gab die Freie und Hansestadt Hamburg genau 22 eigene Briefmarken heraus. Das insofern überschaubare altdeutsche Sammelgebiet bietet für Philatelisten jedoch ein größeres Betätigungsfeld. Hatte die Hafenstadt als „Tor zur Welt" doch schon seit Jahrhunderten große Bedeutung über die Stadtgrenzen hinaus. Eine Reihe anderer Staaten unterhielt in der Stadt eigene Postämter, die jeweils eigene Marken mit speziellen „Hamburg"-Stempeln verwendeten. Die Stadtpost selbst betrieb zwischen 1796 und 1866 eine Postagentur auf Helgoland. Warum sind aber nun mit „Helgoland"-Stempeln versehene Hamburg-Briefe so selten? Der folgende Abriss beantwortet nicht nur diese Frage.

Auf das 13. Jahrhundert gehen die Anfänge des Hamburger Postwesens zurück. Damals benötigten Rat und Kaufmannschaft Boten, die nicht nur in die Vororte unterwegs waren, sondern sogar Städte wie Kopenhagen, Rotterdam, St. Petersburg und Wien nach Plan bedienten. Die Läufer erhielten ein Gehalt, eine Uniform und Schuhe sowie Unterstützung für Miete und Krankheitskosten. Sie waren auf den Landstraßen von sämtlichen Abgaben wie Tor-, Chaussee- und Brückengeld befreit. Wohlhabende Investoren zahlten hohe Beträge für die Konzessionen von Botenkursen, die sie von Knechten bedienen ließen.

5 6

7 8

9 10

11 12

5 Hamburg MiNr. 3 ✶. Der Wert, 2 Schilling rot, diente zur Freimachung von Briefen nach Ritzebüttel, Lübeck und ab 1. Juli 1866 nach Helgoland und ebenfalls zur Frankatur von Drucksachen in die USA, nach Ostasien und Westindien.

6 Hamburg MiNr. 3 ⊙. Die Marke wurde mit dem doppelt aufgesetzten Vierstrichstempel entwertet.

7 Hamburg MiNr. 4 ✶. Dieser 3-Schilling-Wert konnte als Einzelfrankatur für Briefe nach Oldenburg (bis 20 Meilen) und Bremen verwendet werden.

8 Hamburg MiNr. 4 ⊙. 3-Schilling-Marke entwertet mit Strichstempel.

9 Hamburg MiNr. 5 ✶. Die 4-Schilling-Marke fand Verwendung als Porto für Sendungen nach Orten, die mehr als 20 Meilen von Hamburg entfernt waren.

10 Hamburg MiNr. 5 ⊙. Das waagerechte Paar ist allseits hervorragend breitrandig und farbfrisch. Von den wenigen bekannten Paaren dürfte es zu den schönsten zählen. Die Entwertung erfolgte mit dünnem Vierstrichstempel.

11 Hamburg MiNr. 6 ✶. Briefe nach den Niederlanden und ab dem 1. Juli 1859 nach England wurden mit 7 Schilling portogerecht frankiert.

12 Hamburg MiNr. 6 ⊙. Die entwertete 7 Schilling orange trägt einen schwarzen Vierstrichstempelabdruck.

Die weite Ausdehnung der Hamburger Botenkurse brachte es mit sich, dass die berührten Territorien zum Ausgleich im „Tor zur Welt" eigene Postämter beanspruchten. Die Tätigkeit der 1821 – gegen hohe Abfindungen – verstaatlichen Hamburger Post beschränkte sich auch nach Eintritt in den Deutsch-Österreichischen Postverein am 1. Januar 1852 auf das Gebiet innerhalb der Landesgrenzen, die Enklave Ritzebühl/Cuxhaven und den Postverkehr nach Lübeck, Bergedorf, Bremen, Oldenburg, die Niederlande, England und Amerika.

Noch vor Einführung der Briefmarke waren etwa Dänemark, das Königreich Hannover, Mecklenburg-Schwerin, Preußen, Schweden-Norwegen, Schleswig-Holstein und natürlich die fürstliche Post der Thurn und Taxis in Hamburg präsent. Sie erreichten hier wichtige Schiffskurse und betrieben zahlreiche Postkurse. Die Kaufleute der Stadt, die im Zuge des

13

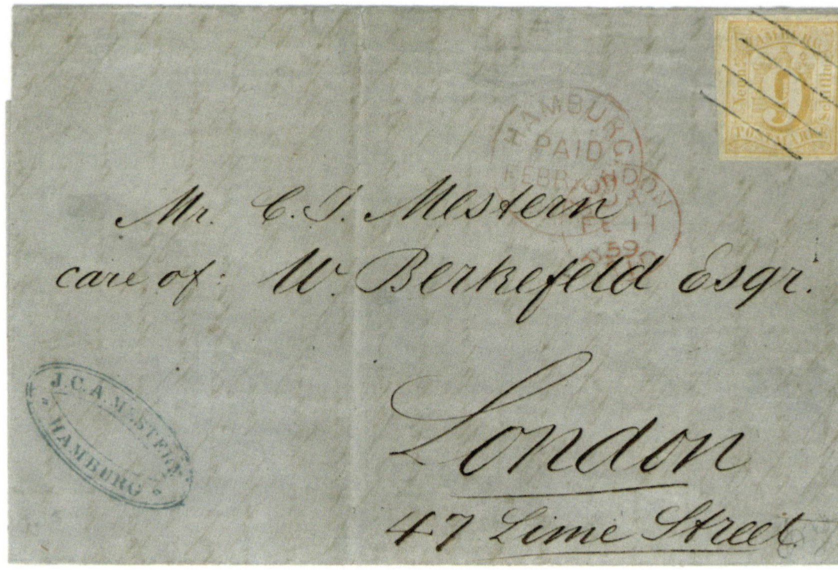

14

15

13 Hamburg MiNr. 7 ✶. Die sehr seltene 9-Schilling-Marke konnte nur ein halbes Jahr (bis zum 30.6.1859) als Briefgebühr nach England benutzt werden und fand später Verwendung für Briefe nach Übersee; hauptsächlich nach USA.

14 Hamburg MiNr. 7. Diese 9-Schilling-Marke, ungezähnt, auf Brief nach England echt gelaufen, ist wegen der kurzen Verwendungszeit von nur sechs Monaten sehr selten.

15 Hamburg MiNr. 7 ⊙. Der 9-Schilling-Viererblock, zitronengelb, wurde mit dünnem Strichstempel entwertet. Er ist vierseitig enorm breit geschnitten und wird von Experten als schönes Kabinettstück auf Brief deklariert. Eine große Seltenheit!

Verfalls der Hanse zur Wirtschaftsmetropole Norddeutschlands aufstieg, hatten die Wahl zwischen verschiedenen Postkursen und -gebühren. Die französische Besetzung hatte 1807 nur zu einer sechsjährigen Unterbrechung geführt. Schon 1813 nahmen die Stadtpost und die fremden Postämter den Betrieb wieder auf. Eine Reihe von Stempeln aus der vorphilatelistischen Zeit dokumentieren diese Vielfalt.

So hätte es eigentlich noch lange weitergehen können, doch auch Hamburg konnte sich dem Druck nicht entziehen, eigene Briefmarken einzuführen. Andere Staaten, auch die in Hamburg präsenten, hatten diesen Schritt bereits getan. Doch die Deputation für Post und Telegraphie lehnte zunächst einmal ab. Erst eine Eingabe der „Hamburger Gesellschaft zur Beförderung der Künste und nützlichen Gewerbe" im November 1857 brachte die Wende. In ihr wurden nicht nur die Einführung von Freimarken und die Aufstellung von Briefkästen empfohlen, sondern auch die Ermäßigung des Stadtportos. Attraktiv erschien auch die Anfertigung von 4-Schilling-Marken, da dieser Wert genau der 3-Silbergroschen-

16 17
18 19

16 Hamburg MiNr. 19 ✶. Die 7-Schilling-Marke vom 9.2.1865 weist gegenüber der Ausgabe von 1864 eine geänderte Farbe auf.

17 Hamburg MiNr. 20 ✶. Die Marke mit dem Wert 1 1/4 Schilling von 1866 weist die Wertangabe im Hamburger Wappen und Inschriften im achteckigen Rahmen auf. Die Markenecken sind schraffiert. Dieser Wert wurde für Briefe nach Schleswig-Holstein verwandt. Ab Januar 1867 wurde der Postdienst auf dieser Linie von dem Preußischen Postamt übernommen. In der Übergangszeit dauerte die Verwendung von 1 1/4-Schilling-Marken noch fort.

18 Hamburg MiNr. 21 ✶. Die 1 1/2-Schilling-Marke erschien im April 1866 und unterscheidet sich von der 1 1/4-Schilling-Marke außer im Wert auch durch weiße Markenecken. Sie fand als Porto für Briefe nach Lübeck Verwendung.

19 Hamburg MiNr. 22 ✶. Die letzte Ausgabe vom 5.5.1867 bringt den 2 1/2-Schilling-Wert in gezähnter Ausführung. Ab dem 1.4.1864 bis zum 31. Dezember 1867 betrug das Porto für Briefe nach Dänemark 2 1/2 Schilling.

Frankatur des Deutsch-Österreichischen Postvereins entsprach. Am 1. März 1858 stimmten die Deputierten dem Vorhaben schließlich zu. Die Markenproduktion konnte beginnen.

Die Senatsbuchdruckerei Meissner fertigte Markenbogen von je 96 Stück an. Am 1. Januar 1859 standen sieben Werte zu 1/2, 1, 2, 3, 4, 7 und 9 Schilling zur Verfügung. Verkauft wurden sie jedoch zunächst nur bogenweise oder wenigstens in waagerechten Reihen von acht Stück. Mit der Aufstellung von Briefkästen, dem Bau von Eisenbahnlinien in alle Richtungen und der Eroberung Schleswigs aus dänischem Besitz wuchs der Bedarf an Postwertzeichen sprunghaft. Im Steindruck wurden 1864 kurzfristig neue Marken hergestellt, die bald auch einzeln erhältlich waren. Erste Versuche mit einer Stempelmaschine sollten 1867 aufzeigen, wie das wachsende Postaufkommen bearbeitet werden kann.

Gesucht sind heute vor allem die Werte zu 1/2, 4 und 9 Schilling (MiNr. 1, 5 und 7) in gestempelter Erhaltung und auf Brief. Sie wurden nur für ausgewählte Postleistungen verwendet. Besonders rar ist die 9 Schilling als Brief-Einzelfrankatur nach England, die nur im ersten Halbjahr 1859 möglich war.

Die Bedeutung der vor der Elbmündung liegenden Insel Helgoland, die seit 1400 Hamburg gehörte, nun aber von Dänemark verwaltet wurde, war im französischen Krieg ab 1793 gewachsen. Schiffe konnten hier bei schlechter Witterung festmachen, wenn Cuxhaven oder Hamburg selbst nicht erreichbar waren. 1796 begann Paul Volkers als Postagent auf dem Eiland. Die Kosten trug Hamburg. Bis zur Übernahme der Helgoländer Post durch die Briten am 1. Juli 1866 verfügte die Postagentur aber über keinen eigenen Poststempel. Die auf Helgoland mit Hamburger Marken frankierte und aufgelieferte Post wurde deshalb erst auf dem Hamburger Stadtpostamt gestempelt und mit dem Langstempel „Helgoland" versehen. Dies galt jedoch nicht für Post mit dem Ziel Hamburg, sondern nur für die wenigen Auslandsbriefe. Die bis heute erhalten gebliebenen Exemplare sind deshalb entsprechend selten und teuer.

Nach dem Deutsch-Österreichischen Krieg bekamen 1866 die Bestrebungen für ein einheitliches Reich und ein entsprechendes Postwesen Auftrieb. Reichskanzler Otto von Bismarck lehnte jedoch in den Beitrittsverhandlungen die Forderung Hamburgs nach einem ermäßigten Stadtporto ab. Tatsächlich schafften es die Hansestädter aber, ihre Sonderrolle beizubehalten. Zwar wurde ihre Post zum 1. Januar 1868 in den Norddeutschen Postbezirk aufgenommen, doch musste der Zusammenschluss an diesem Tag eine Stadtpostmarke nur für Hamburg herausgeben. Dem Einheitsgedanken Bismarcks lief diese Freimarke zwar zuwider, doch das flächenmäßig kleine Hamburg hatte einmal mehr bewiesen, dass es als „Tor zur Welt" wirtschaftliche Kraft und Eigenständigkeit demonstrieren kann.

1

2

1 Hannover MiNr. 1 ✱. Die erste Briefmarke des Königreichs Hannover von 1850, (grau)schwarz auf Hellgraublau bis Blaugrau, Wert 1 Gutegroschen, wurde in der Senator Culemannschen Schriftgießerei und Buchdruckerei hergestellt. Dort erfolgte die Herstellung der Platten und der Druck mittels Handpresse. Der Markenbogen bestand aus zwölf waagerechten Reihen zu je zehn Stück. Man wählte eine rote Gummierung, um u. a. eine etwaige Ablösung während der Beförderung sichtbar zu machen.

2 Hannover MiNr. 1. Der Inlandsbrief von Celle nach Hannover trägt links oben den handschriftlichen Vermerk „2 1/2 L" (L = Abkürzung für Loth). Diese Gewichtsstufe kostete drei Gutegroschen und wurde korrekt mit einem waagerechten Dreierstreifen freigemacht. Die Marken tragen den schwarzen Zweikreisstempelabdruck „CELLE 29/5 10 – 11".

3 Hannover MiNr. 20. Ortsbrief von Hannover portogerecht frankiert mit 3 Pf/ 3/10 Silbergroschen, grün, ungezähnt und mit Zweikreisdatumsstempel entwertet. Diese Marke von 1863 fand nur kurze Zeit Verwendung.

Die Hannover Nummer 1 und ihre Nachfolgerinnen

Man stelle sich vor: Wir schreiben den 9. August 1851. Ein Kunde betritt die Postexpedition Rotenburg, in der Hand einen Brief, gerichtet an Gerhard Heinrich Roessingh, Königlich-Niederländischer Generalkonsul in Bremen. Posthalter Heinsius inspiziert die Sendung, legt das Gewicht fest und vermerkt es links oben auf dem Umschlag. Dort steht nun „5 L", die Abkürzung für fünf Loth. „Vierte Portostufe und rekommandiert. Das macht fünf Gutegroschen", rechnet Heinsius im Kopf. Der Posthalter greift sich einen Druckbogen der 1-Gutegroschen-Marke (MiNr. 1) und schneidet mit der Schere einen Fünferstreifen heraus. Flugs auf den Brief geklebt und die Marken mit den Abdrucken des Rahmenstempels „ROTENBURG 9 AUG." versehen. Eine philatelistische Weltseltenheit ist geboren.

Kein weiterer Fünferstreifen der ersten Marke Hannovers auf Brief hat sich anscheinend bis in unsere Zeit herüberretten können. Im Januar 2000 wechselte das Brief-Unikat bei einer Wiesbadener Auktion für sage und schreibe 290.000 D-Mark den Besitzer. Nach Recherchen Hans-Jürgen Habermanns von der philatelistischen Arbeitsgemeinschaft Hannover ist die nächstgrößere gebrauchte Einheit, der Viererstreifen, waagerecht insgesamt etwa zehnmal, senkrecht 30-Mal bekannt. Auch kennt man einen ungebrauchten senkrechten Viererstreifen in quasi jungfräulicher Frische und Schönheit. Den waagerechten Dreierstreifen auf Brief notiert Habermann mit 20 Exemplaren. Ein besonders schönes Stück dieser seltenen Erhaltung befindet sich im Besitz der Museumsstiftung Post und Telekommunikation. Die am 23. Juli 1851 herausgekommene Nr. 2a – bild- und nennwertgleich mit der Nr. 1, aber auf graugrünem Papier und mit anderem Wasserzeichen – ist darüber hinaus in der Sammlung auf Briefstück als waagerrechter Viererstreifen vorhanden. Die Marken zeigen das hannoversche Wappen mit dem Löwen und dem Einhorn sowie neben der Nennwertangabe als Zahl und Wort die Schriftzüge „FRANCO" und „HANNOVER".

Grundlage für die Verwendung der hannoverschen Briefmarken ist das Posttax-Gesetz vom 9. August 1850. Darin heißt es, dass die Frankierung von Briefen in Zukunft durch „aufzuklebende Franko-Marken" möglich sein sollte. Allerdings galt dies zunächst nur für Inlandsbriefe, also solche, die innerhalb des Königreichs oder in Orte mit einem hannover-

3

4

5 6 7

4 Hannover MiNr. 2. Der entwertete Viererstreifen auf Briefstück stammt aus der zweiten Markenausgabe vom Juli 1851. Diese Ausgabe erhielt auf den Bogenrändern Reihenzahlen, zu beiden Seiten von 1 bis 12.

5 Hannover MiNr. 3 ✶. Ab der dritten Ausgabe wurde der Wert der Marken auf die preußische Thaler-Währung umgestellt. Die Marken tragen doppelte Wertangabe: den hannoverschen Nennwert und die preußische Postvereinsgebühr.

6 Hannover MiNr. 5 ✶. Der Wert 1/10 Thaler/ 3 Silbergroschen wurde ebenso wie die beiden anderen Werte der dritten Ausgabe für den Verkehr mit dem Deutsch-Österreichischen Postverein benötigt.

7 Hannover MiNr. 4 ✶. Auch dieser Wert 1/15 Thaler/ 2 Silbergroschen wurde ab dem 1. Januar 1854 für Sendungen in das Nicht-Postvereins-Ausland offiziell zugelassen.

schen Postamt, wie Bremen, Bremerhaven, Hamburg oder Hagenburg, transportiert werden sollten. So lautet die Wertangabe auf den ersten beiden Marken-Ausgaben Hannovers, gemäß der inländischen Währung, „Gutegroschen" (1 Thaler = 24 Gutegroschen = 288 gute Pfennige).

Das Ausgabedatum der Nr. 1 ist umstritten. Die Briefmarkenkataloge benennen den 1. Dezember 1850 als Erstausgabetag. In der entsprechenden amtlichen Bekanntmachung des Königlich-Hannoverschen Finanzministeriums vom 25. November 1850 wurde allerdings Folgendes bekannt gegeben: „Vorbehältlich demnächst auch Franko-Couverts ausgeben zu lassen, sind Franko-Marken gegenwärtig bei allen königlichen Post-Büreaus zum Debit niedergelegt, wo sie, und zwar am Brief-Annahme-Fenster, in Bändern zu 12 Stück (...) vom 30. d.M. an zu kaufen sind." Demnach waren die Marken also bereits ab dem 30. November 1850 erhältlich.

Im Juli 1851 erschien als Nachfolgeausgabe die grüne Inlandsmarke (MiNr. 2), wie gesagt bild- und nennwertgleich. Der Grund dafür: Hannover war mittlerweile Mitglied im Deutsch-Österreichischen Postverein, und nach Maßgabe dieser Organisation war die graublaue Markenfarbe einer anderen Portostufe vorbehalten. Obwohl die MiNr. 2 die Nr. 1 ersetzen sollte, wurde die erste Marke Hannovers aber nicht, wie man annehmen könnte, umgehend aus dem Verkehr gezogen, sondern vielmehr postalisch vollständig aufgebraucht. Bekannt sind beispielsweise Spätverwendungen aus Mitte 1852. Der Verbrauch der gesamten Auflage sorgt schließlich dafür, dass die Nr. 1 in ungebrauchter Erhaltung schon als einzelne Marke selten ist. Ungebrauchte Paare kann man als große Raritäten bezeichnen.

8 Hannover MiNr. 16, 11. Einschreibebrief von Celle nach Wien, freigemacht mit Beförderungsgebühr und Einschreibgebühr. Eine interessante Mischfrankatur, die mit blauen Stempelabdrucken des Doppelkreisstempels von Celle entwertet wurde.

9 Hannover MiNr. 15 ✶. Achterblock der Ausgabe von 1859 mit Rändern rechts und oben. Die Marken tragen das Porträt König Georg V. und haben den Wert von 2 Groschen.

10 Hannover MiNr. 18 ✶. Dieser Zehnerblock der Ausgabe von 1861 verfügt über Ränder oben und rechts und ist ein hoher Ergänzungswert von 10 Groschen zur früheren Ausgabe von 1859.

8

9

10

11

12

11 Hannover MiNr. 11 H. Diagonale Halbierung der 2-Silbergroschen-Marke als Porto für Inlandsbrief, abgesandt auf einem hannoverschen Postamt in Hamburg.

12 Hannover MiNr. 6 ⊙. Waagerechtes Paar, Ausgabe 15. April 1853, entwertet mit Langstempel „Selsingen".

Mit Beitritt des Königreichs zum Deutsch-Österreichischen Postverein am 1. Juni 1851 wurden dann auch Briefmarken für den Briefverkehr mit den Postvereinsländern fällig. Die dafür vereinbarte Währung war der preußische Thaler (= 30 Silbergroschen = 300 Pfennige). Zwei Inlands- plus 23 Postvereinsmarken, das Sammelgebiet Hannover umfasst insgesamt nur 25 Briefmarken-Ausgaben, erschienen von 1850 bis 1864.

Von einschneidender Wirkung war die Währungsumstellung mit Wirkung zum 1. Oktober 1858. Ein hannoverscher Thaler war damit, analog zur preußischen Währung, 30 neue Groschen und 300 neue Pfennige wert. Konsequenz daraus: die Herausgabe einheitlicher Marken für das Inland und das Postvereinsausland. Spannend ist, dass immer wieder auch die beiden reinen Inlandsmarken (MiNr. 1 und 2) auf Briefen ins Ausland zu finden sind. Sei es als interessante Mischfrankatur mit Postvereinsausgaben – in diesem Fall hat der verantwortliche Postbeamte oft den Wert der Inlandsmarke über den Daumen gegengerechnet. Oder, allerdings viel seltener, auch allein frankiert. Besonderen Reiz verleiht dem Sammelgebiet Hannover außerdem die außerordentliche Vielfalt der vorhandenen Stempel. So gab es über 500 hannoversche Postorte mit eigenem Aufgabestempel. Hinzu kommen Tax-, Feldpost-, Grenzübergangs- und andere Stempel, die ebenso dekorativ wie posthistorisch interessant sind.

Nach Ende des Deutsch-Österreichischen Krieges wurde Hannover preußische Provinz. Damit lag die Posthoheit in den Händen Preußens. Hannovers Briefmarken wurden bis zum 30. September 1866 verkauft und blieben noch bis zum 31. Oktober 1866 frankaturgültig. Seit dem 1. Oktober 1866 wurden allerdings auch schon preußische Briefmarken verwendet. Hier gibt es also attraktive Mischfrankaturen zu entdecken.

1

2

3

Helgoland – „altdeutscher Staat" in britischer Hand

Traditionsgemäß führen Briefmarken-Kataloge das klassische Sammelgebiet Helgoland unter „Altdeutschland", obwohl die Nordsee-Insel von 1814 bis zum 9. August 1890 britisch war. Bei Erscheinen der ersten Briefmarken im Jahr 1867 hatte Helgoland als Kronkolonie allerdings bereits eine eigene Posthoheit. Damit aber nicht genug der Charakteristika eines philatelistischen Unikums „deutscher" Sammelgebiete. Zeigen die Briefmarken Helgolands mit „Schilling" doch zunächst die Währung eines anderen altdeutschen Sammelgebietes, nämlich der Freien und Hansestadt Hamburg, ab 1875 dann die deutsche Reichswährung Mark (= 100 Pfennige). Dem Deutschen Reich gehörte Helgoland allerdings erst seit dem 10. August 1890 an.

4

1 Helgoland MiNr. 1 ✶. Am 21. März 1867 erscheint ein Satz der ersten Briefmarken von Helgoland. Sie wurden wie alle folgenden Ausgaben in der Königlich Preußischen Staatsdruckerei hergestellt. Mit dem Prägedruck und der zweifarbigen Ausführung in roter und grüner Farbe waren sie die technisch aufwändigsten Marken der damaligen Zeit.

2 Helgoland MiNr. 8 ✶. Die Ausgabe von 1873 ermöglicht es, mit neuen Wertstufen geänderte Portostufen zu frankieren.

3 Helgoland MiNr. 8 F. Rahmen grün, Oval rot auf Briefstück von 1876 mit acht entwerteten Marken dieses Farbfehldrucks aus der Ausgabe von 1873.

4 Helgoland MiNr. 3 ✶. Viererblock, mit Randstück rechts, zeigt die Initialen „JG" (Julius Goldner). Der Hamburger Briefmarkenhändler kaufte am 14. Januar 1879 der Helgoländer Regierung die gesamten Druckmaterialien und Restbestände der Schilling-Ausgaben ab. Der Kaufvertrag erlaubte ihm, als Besitzer der Druckplatten, die Selbstanfertigung und den Verkauf aller früheren Helgoländer Schilling-Marken.

5

6

Kurios sind sie allemal, die ersten Briefmarken der Insel Helgoland. Denn neben dem bei Marken englischer Kolonien bekannten Motiv, dem Kopfporträt der Queen Viktoria im Profil, entdeckt man im Markenbild neben der Bezeichnung des Ausgabelandes „Heligoland" ausschließlich die damalige hamburgische Währungsangabe „Schilling". Grund dafür ist die traditionell enge Verbindung Helgolands zur Freien und Hansestadt Hamburg.

Bereits um 1400 eroberte die Stadt Hamburg in der „Seeschlacht von Hilgelande" die Insel von den dort bis dahin vorherrschenden Seeräubern unter dem legendären Claus Störtebeker. Obwohl Helgoland 1714 dänisch wurde, richteten die Hamburger dann im Jahr 1796 eine Postagentur auf der Insel ein, die auch nach der Besitznahme der Briten im Jahr 1814 bestehen blieb.

Die britische Herrschaft änderte aber kaum etwas an der direkten Selbstständigkeit Helgolands. Die Amtssprache wurde zwar Englisch, die Schul- und Kirchensprache blieb aber Deutsch, wohnten auf der Insel doch seit jeher Friesen mit dem ihnen eigenen helgoländischen Dialekt. Die britische Regierung bezog neben einer Kurtaxe eine geringe Haus- und Getränkesteuer und nahm die Verwaltung der Insel durch einen Gouverneur wahr. Gelegen war ihr vor allem an der geostrategisch günstigen Lage der Insel, beherrschte sie mit der Kontrolle Helgolands doch die Mündungen von Elbe, Weser und Ems. Gegen diese handelspolitischen Interessen erschien der relativ geringe Postverkehr damals eher unbedeutend. So unterstand die Postverwaltung bis zum 1. Juli 1866 dem Hamburger Postamt – das im

5 Helgoland MiNr. 1 ✶. Dieser 50er-Bogen zierte schon die Sammlungen von Baron Rothschild und Burrus; wahrscheinlich ist es der einzige existierende Bogen. Eine große Seltenheit!

6 Helgoland MiNr. 3. Die Abbildung zeigt einen Entwurf zur 2-Schilling-Marke von 1867/68; es handelt sich um einen Gouache-Entwurf in Originalgröße.

7

8

9

10

7 Helgoland MiNr. 15 ✶. Die Verausgabung der Pfennigwerte in deutscher und englischer Währung erfolgte ab dem 15. Februar 1875. Diese Marke zeigt den Wert 3 Pence/ 25 Pfennig.

8 Helgoland MiNr. 17 ✶. Die Ausgabe von 1876 weist ein geändertes Motiv auf. Sie zeigt das Landeswappen mit Krone und wurde in Kleinbogen 10 x 1 gedruckt.

9 Helgoland MiNr. 19 ✶. Der hohe Wert von einer Mark gehört zur letzten Ausgabe von Helgoland; mit der Wertziffer im Band in Landesfarben zeigt die Marke ein neues Motiv.

10 Helgoland MiNr. 20 ⊙. Bei dieser gestempelten Marke mit dem Höchstwert 5 Mark handelt es sich um einen der wenigen gestempelten Probedrucke, die am Schalter mit verausgabt und zur Frankatur verwendet wurden. Rarität!

Übrigen bereits seit 1862 Hamburger Postwertzeichen auf der Insel verwendete – erst dann wurde sie von der britischen Regierung übernommen.

Hamburg blieb aber zunächst im wahrsten Sinne des Wortes „im Boot“, denn die am 1. Juli 1866 in Kraft tretende „Post-Convention für Helgoland“ zwischen Großbritannien und Helgoland sah vor, dass der Posttransport durch Dampfschiffe zwischen Hamburg und Helgoland erfolgen sollte. Kosten und Erträge teilte sich das Empire mit der Hansestadt. Gleichzeitig übernahm die Kronkolonie die auf Helgoland bisher im Dienste Hamburgs tätigen Postler in ihren Dienst. So wurde der Hamburger Postagent Volkers am 1. Januar 1867 britischer Postmeister.

Nur knapp acht Wochen später erschienen die ersten Postwertzeichen Helgolands, ein Satz von vier Marken zu 1/2, 1, 2 und 6 Schillingen. Bis 1873 kamen fünf weitere Marken heraus, deren Werte es ermöglichten, bequem die sich im Laufe der Zeit ändernden Portostufen frankieren zu können. Besonders bemerkenswert aus der 1873er Ausgabe ist eine Abart. Dabei handelt es sich um einen so genannten Farbfehldruck. Die Drucker in der Reichsdruckerei verwechselten die Farbe mit dem 1 1/2-Schilling-Wert, druckten also den Rahmen grün statt rot und das Medaillon rot statt grün. Unter den philatelistischen

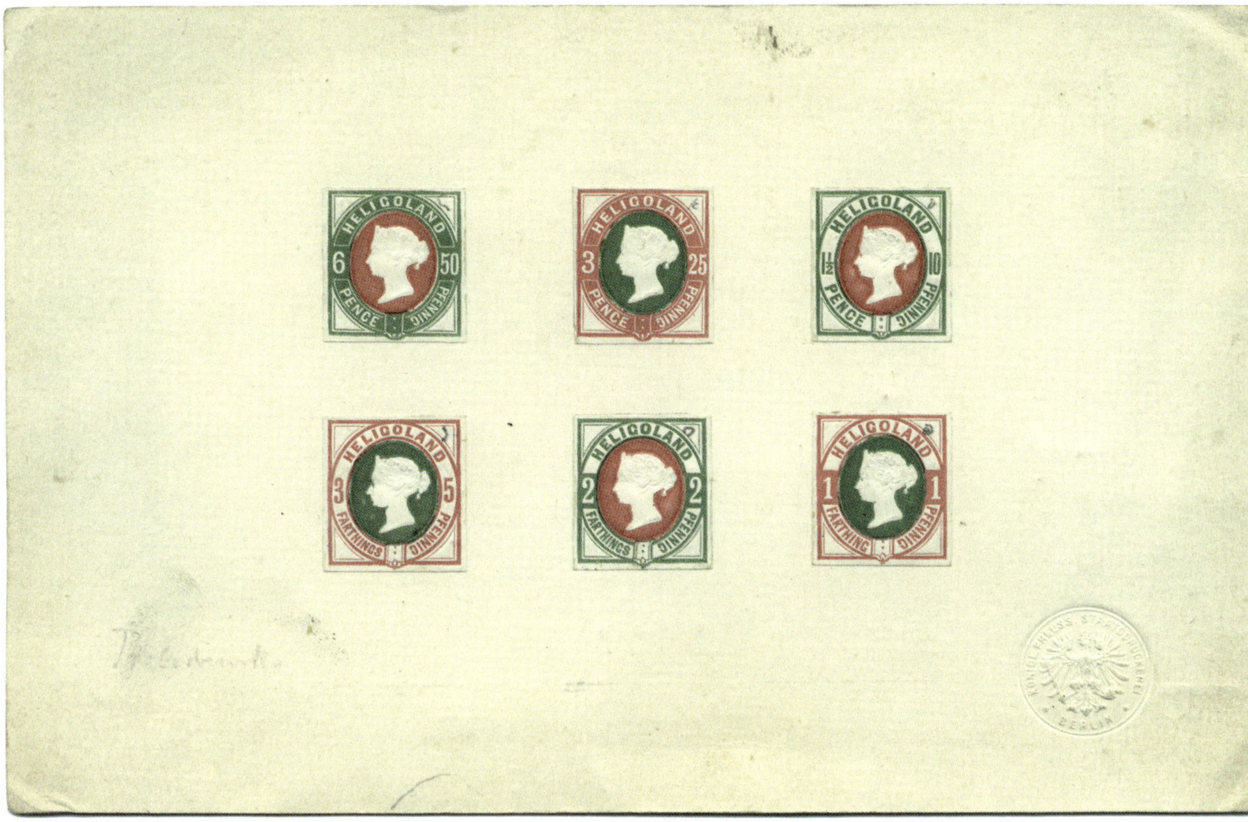

11

12

11 Helgoland zu MiNr. 11–16. Probedrucke zu den unterschiedlichen Werten der Ausgabe von 1875 auf einem Karton der Königlich Preußischen Staatsdruckerei Berlin.

12 Helgoland-Brief mit gezähnten Hamburger Marken zu 4 Schilling blaugrün plus 1 Schilling braun vorausfrankiert und nach Lübeck adressiert. Die beiden Marken sind mit Strichstempel entwertet, links daneben befindet sich der Herkunftsstempel „HELGOLAND".

13 Helgoland zu MiNr. 19, 20. Entwürfe zu der letzten Ausgabe von 1879 mit einem „Memorandum für Zeichner und Drucker: Die Buchstaben für Werthbezeichnungen wolle man gefälligst in Form alter Drucktypen geben wie solche in England gebräuchlich. Die Farben frisch und rein, aber das Grün etwas bläulicher als in beigeklebter Marke".

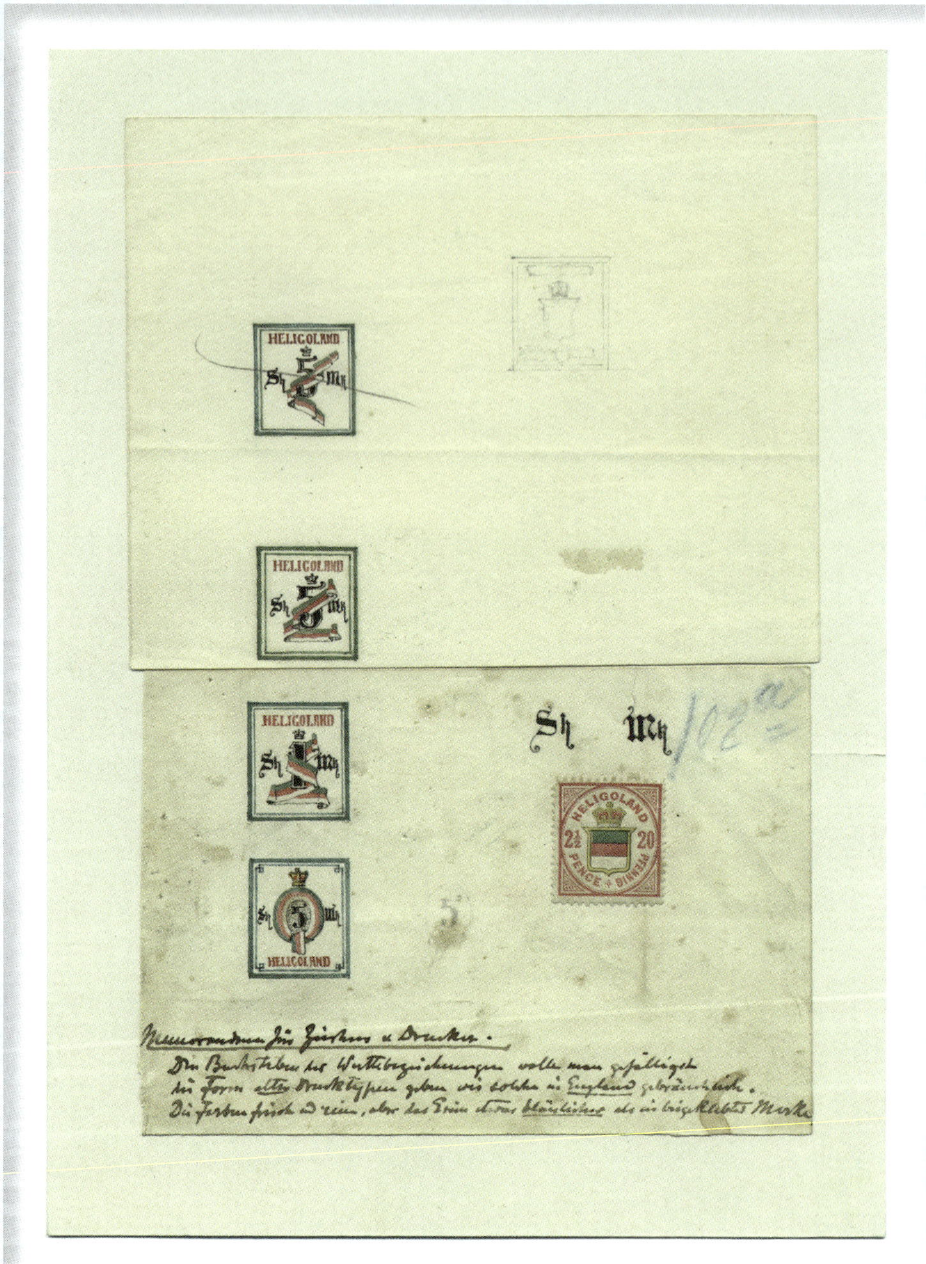

13

Schätzen der Museumsstiftung Post und Telekommunikation befindet sich ein einzigartiges Briefstück des Jahres 1876, frankiert mit sechs einzelnen Marken des Farbfehldrucks. Vorausgesetzt, die sechs Marken stellen die gesamte Frankatur dar, dürfte es sich nach damals geltendem Portotarif gemäß des am 15. Juni 1873 geschlossenen Postabkommens mit der Deutschen Reichspost um einen einfachen Brief gehandelt haben.

Ein posthistorisch bahnbrechendes Ereignis hinterließ in Folge auch auf den Briefmarken Helgolands seine Spuren: Im Zuge der Aufnahme des Deutschen Reiches in den Weltpostverein am 1. Januar 1875 galten für Helgoland die neuen innerdeutschen Posttarife. Ein einfacher Brief innerhalb Deutschlands kostete jetzt zehn Pfennige, Postkarten fünf Pfen-

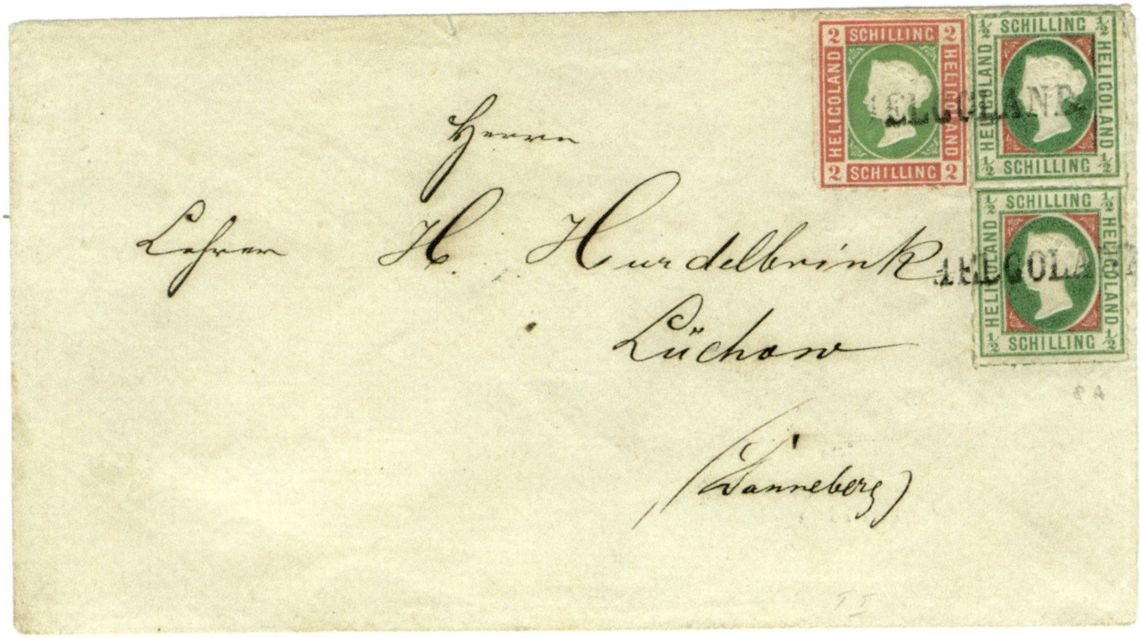

14

15

14 Helgoland MiNr. 1, 3. Brief, freigemacht mit 1 x 2 Schilling plus 2 x 1/2 Schilling der ersten Ausgabe und entwertet mit Zeilenstempel „HELGOLAND".

15 Helgoland-Brief, adressiert nach Halle und mit zwei gezähnten Hamburger Marken zu je 3 Schilling freigemacht, wurde mit englischem Textbogenstempel vom 26. August 1866 entwertet. Diese Marken mit der Textbogenstempelung kommen nur vom 1. Juli 1866 bis zum 15. April 1867 vor. Der Brief wurde in Hamburg mit dem blauen Herkunftsstempel „HELGOLAND" und blauen Zweikreisstempeln versehen.

nige, Drucksachen und Warenproben drei Pfennige und einfache Briefe in Weltpostvereinsstaaten 20 Pfennige.

Neue Marken mussten her. So erschienen am 15. Februar 1875 auf Helgoland erstmals Briefmarken mit Doppelnominale Pfennig und Pence (bzw. Farthing), sechs Werte von einem bis 50 Pfennige beziehungsweise einem Farthing bis sechs Pence (MiNr. 11 bis 16), im Markenbildzentrum noch immer das Porträt Queen Viktorias. Erst mit der folgenden

Mem.

Man wolle gefälligst darauf achten das zwischen dem Worte "Heligoland" und der Zahl welche den Werthe der Marke bezeichnet ein genügend freier Raum bleibe wie z. B. bei der 5 und 1 Pfennig Marke — und dass in keinem Falle Schrift und Zahl so nahe an einander stehe wie in den 50 und 25 Pfennig Marken der vorstehenden Zeichnung, auf welchen "Heligoland" zu viel Raum einnimt was bei den anzufertigenden Marken nicht der Fall sein muss.

Für den Druck wolle man gefälligst schöne gesättigte Farben verwenden wie z. B. die Rothe — nicht aber so bleiche Farben wie z. B. das Grün und Rothe.

Auf den 5 und 2 Pfennig Marken muss die Bezeichnung "Farthings" ein "s" am Ende haben was auf der Zeichnung ausgelassen ist.

Pence

3 Farthings

2 Farthings

1 Farthing

Original Entwurf von H. Gätke

für Reichsdruckerei – Berlin.

16

17

18

16 Helgoland zu MiNr. 11-16. Original-Entwürfe mit ausgeschnittenen Medaillons und neuen Rahmenentwürfen in Gouache-Technik, hergestellt von Gouvernements-Sekretär Heinrich Gätke auf Helgoland für die Reichsdruckerei Berlin mit Angaben zum Druck der Marken.

17 Helgoland MiNr. 14, 17, U 1. Ganzsachenumschlag vom 2. Januar 1878 nach Kopenhagen, freigemacht mit schöner Zusatzfrankatur; entwertet mit Textbogenstempel.

18 Helgoland-Brief nach Jever, vorausfrankiert mit ungezähnten Hamburger Marken mit 4 Schilling plus 2 Schilling als Seezuschlag (dieser Zuschlag wurde nur während der Badezeit in den Sommermonaten von Mitte Juni bis September erhoben). Die Marken sind mit Strichstempel entwertet, rechts davon ist der Herkunftsstempel „HELGOLAND" vorhanden.

Briefmarken-Ausgabe (MiNr. 17 bis 18) änderte sich das Motiv. Jetzt entschied man sich für das Helgoländer Landeswappen mit Krone.

Die Abschiedsausgabe Helgolands zeigt ein außergewöhnlich ausgefallenes Design. Die im August 1879 erschienenen Ergänzungswerte für Wertbriefe und Postpakete zu einer Mark (einem Shilling) und fünf Mark (fünf Shilling) zeigen neben der Bezeichnung des Ausgabelandes die Wertangabe als dominantes Motiv, umschlungen jeweils von einem Band in den Farben Helgolands. Neben dem oben beschriebenen Farbfehldruck der „1/4 Schilling grün-rot" gehören zwei Besonderheiten dieser Ausgabe zu den Seltenheiten der Helgoland-Philatelie: Anstelle der herkömmlichen Kammzähnung 13 1/2 zu 14 1/4 erschienen einige Probedrucke der Marken mit Linienzähnung 11 1/2 (MiNr. 19 B und 20 B), in ganz wenigen Stücken auch gestempelt bekannt.

1

2

3

1 Lübeck MiNr. 1 ⊙. 1/2 Schilling dunkellila, entwertet mit Fünfstrichstempel. Der 1/2-Schilling-Wert diente zur Einzelfrankatur der Stadtbriefe.

2 Lübeck MiNr. 2 ✶. Die 1-Schilling-Marke war für die Freimachung von Briefen nach Inlandsorten vorgesehen.

3 Lübeck MiNr. 2. Der Viererstreifen auf Briefstück wurde mit blauem Federzug entwertet. Außerdem trägt das Briefstück einen schwarzen Dreizeilerabdruck von Hamburg und den Ausgabestempel.

Paradebeispiel für die Faszination der Philatelie

Ganze 14 Briefmarken umfasst das altdeutsche Sammelgebiet der Freien und Hansestadt Lübeck, herausgegeben in den Jahren 1859 bis 1865. Und doch ist auch dieses kleine Markenland ein Paradebeispiel für das, was die Faszination der Philatelie ausmacht. Denn Lübecks Briefmarken sind nicht nur auffallend anspruchsvoll gestaltet und dokumentieren eine bewegte Historie, im Mittelpunkt des Liebhaberinteresses steht auch der Aspekt der Seltenheit: in diesem Fall ein sensationeller Fehldruck der rotbraunen 2-Schilling-Marke der Erstausgabe von 1859 (MiNr. 3).

Bei der auf den Lübecker Postmarken befindlichen Wertangabe in Worten hat sich bei der MiNr. 3 in der Herstellung ein markanter Irrtum eingeschlichen. Im Druckbogen von 10 x 10 Marken der ersten Ausgabe der 2-Schilling-Ausgabe erschienen in der untersten Bogenreihe zwei 2-Schilling-Marken, die in der Wertangabe in Worten „ZWEI EIN HALB“ Schillinge aufwiesen, während die Ziffernbezeichnung in den vier Ecken mit der richtigen „2“ versehen wurde. 2.772 Exemplare dieses Fehldrucks wurden in zwei verschiedenen Typen gedruckt. Postalisch in den Verkehr gebracht wurden davon jedoch nur 1.182. Daraus ergab sich ein ungebrauchter Restbestand von 1.590 Exemplaren dieser Weltseltenheit. Da die Zahl der echt gelaufenen Marken als sehr gering eingestuft werden kann, verwundert es nicht, dass die ungewollte 2 Schilling auf einem Brief erhalten eine absolute Sensation darstellt.

4

5

4 Lübeck MiNr. 1, 2. Brief nach Artlenburg, freigemacht mit 1 und 1/2 Schilling. Die Marken sind mit Balkenstempel entwertet; außerdem trägt der Brief den Zweikreisstempel von Lübeck mit Datum.

5 Lübeck MiNr. 1 ✶. Waagerechtes Paar mit Wert 1/2 Schilling. Wie Hamburg gab auch Lübeck am 1. Januar 1859 eigene Marken heraus.

Doch wie kam es zu diesen formvollendeten Fehldrucken? Im Rahmen des aufwändigen Steindruckverfahrens fällt es schwer, diese Verwechslung als ein unachtsames Versehen anzusehen. Über den Ursprung herrschten nach Bekanntwerden durchaus Meinungsverschiedenheiten. So wurde die Ansicht vertreten, dass der Drucker bei der Herstellung der Druckplatten versehentlich bei zwei Marken des 2-Schilling-Bogens im Schriftband links vom Adler die Worte „ZWEI EIN HALB" eingraviert habe. Die Irrigkeit dieser Annahme wird schon durch das eingangs erwähnte Druckverfahren bewiesen, denn es wurden von jedem Wert zur Herstellung eines Bogens nicht 100 Originalgravüren angefertigt, sondern von einer einzigen Gravüre 100 übereinstimmende Einzelabzüge gemacht. Von der 2-Schilling-Gravüre konnten somit keine anders lautenden Abzüge auf die spätere Druckplatte gelangt sein.

Inzwischen ist man sich einig, dass bei der Zusammenstellung der 100 Abzüge zu einer Tafel versehentlich zwei Abzüge der 2-Schilling-Marke der rosa Ausgabe von 1859 (MiNr. 4) in die Tafel der 3er-Serie hineingeraten sind. Das Versehen wurde vor Fertigstellung der Druckbogen für die Postverwaltung bemerkt und halbherzig korrigiert,

6 Lübeck MiNr. 3 ✶. Die dritte Wertstufe der ersten Markenausgabe lautet auf 2 Schilling. Diese Wertstufe wurde für die Frankatur von Briefen nach Hamburg und Bergedorf bis 30.11.1865 benötigt.

7 Lübeck MiNr. 3 F ⊙. Der Fehldruck der 2 Schilling mit der Inschrift „ZWEI EIN HALB" statt „ZWEI" entstand, als in die Druckplatte der 2 Schilling zwei Klischees der 2 1/2-Schilling-Marke geraten waren. Der Fehler wurde bemerkt und die Eckziffern „2 1/2" wurden in „2" geändert. Die Inschrift im linken Band „ZWEI EIN HALB" blieb bestehen. Der Fehldruck kommt im Hunderterbogen der MiNr. 3 in der untersten Reihe zweimal in zwei völlig verschiedenen Typen vor (Feld 96 und 97). Die Typen unterscheiden sich in der Zeichnung der vier großen Eckziffern.

8 Lübeck MiNr. 4 ⊙. Diese 2 1/2 Schilling, mit Balkenstempel entwertet, wurde von Experten geprüft und für „echt" deklariert.

9 Lübeck MiNr. 5 ⊙. Die Marken wurden, wie der Rand der Markenbogen der 4-Schilling-Marke in einem Teil der Auflage zeigt, in der Druckerei von H. G. Rahtgens in Lübeck gedruckt.

10, 11 Lübeck MiNr. 6 ⊙ und Lübeck MiNr. 7 ⊙. Da im Jahr 1861 der Vorrat der Marken zu 1/2 und 1 Schilling zur Neige ging, wurden diese beiden Werte am 5. April 1862 neu aufgelegt. Die beiden Marken unterscheiden sich von der früheren Ausgabe durch das fehlende Wasserzeichen, durch eine hellere Farbtönung und einen feineren Druck. Sie kommen ordnungsgemäß nur mit Balkenstempel, selten mit Ortsstempel und nicht mit Tintenentwertung vor.

6 7

8 9 10 11

indem man lediglich die Eckziffern „2 1/2" in „2" umänderte. Man glaubte, dass diese Abänderung genügen würde, da die vier Eckziffern als wesentlichstes Merkmal des betreffenden Wertes angesehen wurden. Spätere Untersuchungen der Stecherzeichen und spezifischen Markenmerkmale dienten als weitere Beweise für das oben erwähnte Missgeschick beim Druckverfahren.

Neben dem eindrucksvollen Fehldruck bestach die Erstausgabe der Lübecker Markenzeit aber auch durch ihr anspruchsvolles Markenbild, dass durch Landesnamen und Landeswappen vervollständigt wurde. Die ersten Werte zu 1/2, 1, 2, 2 1/2 und 4 Schillinge mit einer Gesamtauflage von 398.500 Exemplaren wiesen ein aufwändiges Blumenwasserzeichen in der Gestalt eines fünfblättrigen Vergissmeinnichts auf. Davon ließ man jedoch schon in der zweiten Freimarkenausgabe von 1862 ab. Für die beiden Werte zu 1/2 und 1 Schilling entschied man sich für die Verwendung eines stärkeren Papiers, ohne jedoch das Erscheinungsbild der Marke wesentlich zu verändern.

Zu einer Neugestaltung kam es im darauf folgenden Jahr. Eine geänderte, zentrierte Wappenzeichnung sorgte ebenso wie die neu gewählte Schreibweise Lübecks mit „ue" ab MiNr. 8 für eine optische Umgestaltung. Die Wertstufen blieben in dieser mit 494.000 Stück druckintensivsten Ausgabe erhalten. 1864 brachte Lübeck ergänzend eine 1 1/4-Schilling-

12

13

12 Lübeck MiNr. 6. Die Ortsdrucksache von 1863, frankiert mit 1/2 Schilling, ohne Wasserzeichen, wurde mit Ortsstempel vom 14.3. entwertet. Die Marke ist allseits voll- bis breitrandig und farbfrisch erhalten. Briefseltenheit!

13 Lübeck MiNr. 9 ✶. Der Druck der Marken zur Ausgabe vom 1. Juli 1863 mit fünf Werten wurde der Königlich Preußischen Staatsdruckerei in Berlin übertragen. Die Ausgabe behielt die Grundstruktur des Markenbildes bei, doch wurden Beschriftung und Rahmung einem schlichten Oval eingefügt. Die Bogen erhielten der leichteren Abtrennung wegen einen Durchstich.

Marke in neuer Adlerzeichnung für Sendungen nach Holstein an die Postschalter. Portoveränderungen für den Briefverkehr nach Hamburg sorgten ebenso für die Ausgabe eines 1 1/2-Schilling-Postwertes ab 1865.

Zwischen 1859 und 1865 gab es drei verschiedene Formen der Entwertung. Sowohl Ortsstempel als auch Balkenstempel und Federstrich-Entwertungen fanden ihre Anwendung. Zusätzlich konnten Stempel fremder Postverwaltungen vorkommen. So unterhielten Dänemark und Thurn und Taxis Postämter in Lübeck, verwendeten jedoch vorwiegend eigene Marken.

Bis zum Deutsch-Dänischen Krieg von 1864 verwaltete Lübeck auch die Post von Schleswig-Holstein. Außerdem besaß Lübeck ein eigenes Postamt in Travemünde, wo ebenso Lübecker Marken verkauft wurden. Postbelege und Stempel dieser fremden Postanstalten oder Lübeck-Briefe mit Abstempelungen von Travemünde sind bei Liebhabern sehr begehrt. Einen hohen Sammlerwert haben auch die als Freimarken verwendeten Ganzsachenausschnitte. Seit dem 1. Januar 1868 gehörte Lübeck schließlich zum Norddeutschen Postbezirk, dessen Marken es vom gleichen Datum an verwendete. Die bedeutenden Restbestände Lübecker Marken von geschätzten 650.000 Stück übernahm am 11. Januar 1869 ein Pariser Briefmarkenhändler.

1

2

1 Mecklenburg-Schwerin
MiNr. 1 ✶. Viererblock mit rechten Randnummern 6 und 7. Die Marke zeigt vier gekrönte Stierköpfe auf punktiertem Grund. Da die Nr. 1 als Einheit von 4/4 Schilling gedacht war, befinden sich die Randnummern in der Mitte von je 2/4 Marken. Mecklenburg-Schwerin hat am 1. Juli 1856 als erstes Land diese Marke eingeführt, bei der man nach Bedarf 1/4 , 1/2 oder 3/4 abschneiden konnte.

2 Mecklenburg-Schwerin
MiNr. 2 ✶. Der 3-Schilling-Wert ist nicht teilbar, er trägt als Motiv den gekrönten Stierkopf im gekrönten Schild mit punktiertem Grund. Er fand Verwendung als Einzelfrankatur für Inlandsbriefe über eine Entfernung von 6 Meilen.

3 Mecklenburg-Schwerin
MiNr. 1. Brief von Bruel nach Rostock, frankiert mit 2 Streifen (4 x 1/4 Schilling und 3 x 1/4 Schilling) und 1 x 1/4 Schilling. Die Frankatur wurde mit Zweikreisstempel mit Datum entwertet.

Atmosphäre des Unerreichbaren

Ein Glaube hält sich unter Briefmarkenliebhabern beständig: Freimarken aus Alt-Mecklenburg-Schwerin seien besonders exklusiv und für Normalverdiener unerschwinglich. Derartige Einschätzungen sorgten für eine Atmosphäre des Unerreichbaren um diese altdeutschen Sammlerstücke und hoben sie in den Adelsstand der Briefmarkenbegierde. Aber woher kommt dieses besondere Flair, das die Marken aus Alt-Mecklenburg umgibt? Eine Reise in die Vergangenheit schafft Klarheit.

Im Jahr 1851 trat Mecklenburg-Schwerin dem Deutsch-Österreichischen Postverein bei, im Zuge dieser Entwicklung sollte eine erstmalige Einführung von Freimarken verwirklicht werden. Diese ließ aber weitere fünf Jahre auf sich warten. Die Erstausgabe des Postwertzeichens Mecklenburg-Schwerin (MiNr. 1) ist auf den 9. Juni 1856 datiert. Das Motiv: ein gekrönter Büffelkopf auf punktiertem Grund. Das Besondere: Davon gibt es pro Marke gleich vier Stück. Denn der 1-Schilling-Wert besteht aus vier identischen Markenbildern zu jeweils 1/4 Schilling.

Die Suche nach Gründen für die recht späte Erstausgabe lässt Spielraum für Vermutungen. Lag es nun am typisch mecklenburgischen Gemüt, dem schon Fürst Bismarck eine gewisse Verschlafenheit nachgesagt haben soll? Einer Überlieferung nach scherzte dieser, dass er in Mecklenburg seinen Lebensabend verbringen wolle, weil dort alles 50 Jahre später passiere – gegebenenfalls auch ein Weltuntergang.

Oder waren die Gründe für die verspätete Markeneinführung eher sachlicher Natur? Letzteres entspricht natürlich der Wahrheit. Und zwar bemühte man sich in Mecklenburg-Schwerin, währungstechnische Komplikationen möglichst praktisch zu umgehen. Denn auch die Großherzogliche Post hatte wie viele andere altdeutsche Staaten einen zweifachen Tarif mit verschiedenen Währungen: für das Inland rechnete man in Schillingen, für die übrigen Länder des Deutsch-Österreichischen Postvereins in Silbergroschen. Die Idee zur Vereinfachung der Umrechnung mit der optionalen 4/4-Marke kam schließlich dem mecklenburgischen Postinspektor Flügge.

3

4

5 6

4 Mecklenburg-Schwerin MiNr. 3 ✶. Die 5 Schilling blau ist vom Motiv mit dem kleineren Wert identisch und war zur Freimachung für Briefe nach Orten über 20 Meilen Entfernung im Postvereinsgebiet außerhalb Mecklenburgs vorgesehen.

5 Mecklenburg-Schwerin MiNr. 4 ✶. Die 4/4 Schilling der Ausgabe vom 1. Juli 1864 ist motivgleich mit der ersten Ausgabe. Sie wurde jedoch auf waagerecht und senkrecht gestreiftem Papier gedruckt und mit Durchstich versehen. Zum Unterschied von Nr. 1, bei der die Viertel alle im gleichmäßigem Abstand gedruckt wurden, sind bei dieser und der folgenden Ausgabe die Viertel in Blocks zu je vieren deutlich im Bogen voneinander getrennt.

6 Mecklenburg-Schwerin MiNr. 5 ✶. Die 4/4 Marken vom September 1864 weisen die gekrönten Stierköpfe auf weißem Grund auf. Dies sollte die Abstempelung deutlicher hervortreten lassen.

Die Verzögerung hatte für Altdeutschlandsammler den positiven Effekt, dass Mecklenburg-Schwerin ein kleines Briefmarkenland mit einer relativ kurzen Ausgabedauer geblieben ist. Bereits 1868 übernahm nämlich der Norddeutsche Bund auch den Postdienst in diesem Gebiet. Von nun an galten die Marken des Norddeutschen Postbezirks. So bringt es Mecklenburg-Schwerin auf nicht mehr als acht verschiedene Hauptnummern im Katalog, allerdings mit einigen markanten Varianten, und immerhin 13 verschiedenen Ganzsachen (davon die ersten vier in zwei Formaten).

Die geringe Markenvielfalt lässt sich auch auf regionalspezifische Ursachen zurückführen. Zwar umfasste das Großherzogtum Schwerin rund 13.000 Quadratkilometer Fläche und hatte zu seiner Zeit eine stolze halbe Million Einwohner, die vorwiegend agrarische Struktur des Landes stellte jedoch keine allzu hohen Anforderungen an die Kapazität des Postdienstes. Ein Weiteres brachte der Hang zur Tradition: Mehr als ein Drittel der Postsendungen wurde weiterhin bar am Schalter bezahlt.

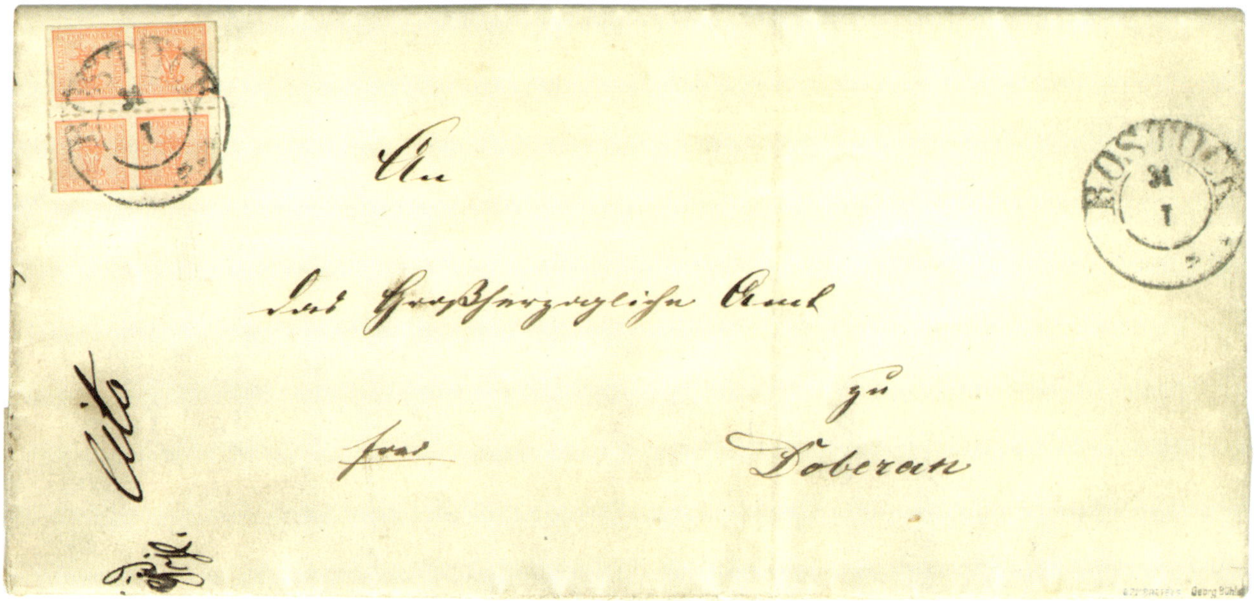

7

8 9 10

7 Mecklenburg-Schwerin
MiNr. 4 F. Brief von Rostock nach Doberan, freigemacht mit 4/4 Schilling rot, Ausgabe vom 1. Juli 1864, punktierter Grund, durchstochen und verkehrt geschnitten (waagerechter Durchstich durch die Markenmitte). Der Durchstich links und rechts ist einwandfrei und vollständig; die Marke wurde oben und unten geschnitten. Mit dem Zweikreisstempel (Antiqua) wurde die Marke entwertet und ein weiterer Abdruck „ROSTOCK 31 7" befindet sich auf dem Umschlag rechts oben. Mit dieser Abart zählt der Brief zu den großen Altdeutschland-Raritäten!

8 Mecklenburg-Schwerin
MiNr. 6 ✶. Die 2-Schilling-Marke vom 1. Oktober 1866 war eigentlich schon seit der Ermäßigung des Portos (1. Juli 1863) für die Beförderung eines einfachen Briefes im Inland über 5-10 Meilen erforderlich.

Die Freimarken Mecklenburg-Schwerins sind begehrte Zeitzeugen altdeutscher Geschichte. Unter sammelstrategischen Gesichtspunkten gelten sie als vermeintlich teure Exponate, die mit erträglichem finanziellen Aufwand nicht in Besitz zu bringen sind. Vorweg: Die acht Hauptwerte der mecklenburgischen Freimarken sind nicht ganz zu Unrecht als kostspielig bekannt. Ihrem Ruf, annähernd unerschwinglich zu sein, werden sie jedoch auf den zweiten Blick nicht gerecht. Die kleine und überschaubare Marken-Kollektion Mecklenburg-Schwerins kann man zu vergleichsweise geringen Kosten erwerben. Dabei liegt es nahe, das Sammlerinteresse zunächst einmal auf die weniger teuren Alternativen zu lenken – die ungebrauchten und gestempelten Qualitäten.

Beschaffungsprobleme bereitet lediglich die MiNr. 4. Wer diese Marke in tadelloser Qualität sein Eigen nennen möchte, der muss schon etwas tiefer in die Taschen greifen. Gestempelt sieht der Briefmarken-Katalog sie für 2.200 Euro vor, noch teurer wird es, wenn die Marke ungebraucht sein soll: stolze 3.400 Michel-Euro. Das Höchstmaß an Exklusivität stellt der gestempelte Viererblock dar.

11

9 Mecklenburg-Schwerin MiNr. 7 ✶. Die 3-Schilling-Marke weist im Gegensatz zu ihrer Ausgabe von 1856 den Durchstich auf.

10 Mecklenburg-Schwerin MiNr. 8 ✶. Der Nennwert der 5 Schilling deckt sich mit dem der 3 Groschen von Preußen, Hannover und Oldenburg. Um dies auch äußerlich zu kennzeichnen, wurde die Farbe der Marke von Blau in Braun geändert.

11 Mecklenburg-Schwerin MiNr. 2, 3. Express- und Einschreibbrief von Sternberg nach Berlin (1856). Das Porto setzt sich wie folgt zusammen: Einschreibgebühr = 2 Schilling, Expressgebühr = 8 Schilling plus Briefporto bis 20 Meilen = 3 1/4 Schilling, insgesamt also 13 1/4 Schilling. Da die Frankatur mit 2 x 5 Schilling und 1 x 3 Schilling aber nur 13 Schilling ausmacht, wurde das fehlende Porto von 1/4 Schilling auf dem Brief ausgeworfen und vom Empfänger eingezogen.

Doch was unterscheidet die Nr. 4 von den anderen Briefmarken Mecklenburg-Schwerins? Ganz einfach: Als „Übergangsmarke“ angedacht, belief sich ihre Produktion auf lediglich 60.000 Stück. Hinzu kommt die kurze Verwendungszeit zwischen dem 12. Juni 1864 und dem 1. Januar 1866. Natürlich erfreut sich diese Marke auch bei Fälschern größter Beliebtheit. Die echte 4/4-Marke Nr. 4 muss von Durchstich zu Durchstich 24,5 mm messen, da sie eigens für den Durchstich in weiterem Abstand gedruckt wurde. Falsche Durchstiche von MiNr. 1 oder Verfälschungen durch Hinzumalen des punktierten Grundes bei MiNr. 5 sind in Fachkreisen hinlänglich bekannt.

Die Restbestände der Briefmarken verkaufte der Fiskus im April 1868, rund 84.000 Marken und rund 86.000 Umschläge. Der Verkaufspreis betrug insgesamt 100 Thaler.

Müller-Mark: „Von der Marke Nr. 4 ist mit Sicherheit anzunehmen, daß sie gänzlich ausverkauft war und nichts davon im Restbestand geblieben ist (...) daß die Marke Nr. 5 erst nach dem Verbrauch der Nr. 4 ausgegeben wurde.“

1 Mecklenburg-Strelitz MiNr. 1a ∗. Bei Einführung der Postwertzeichen im Jahre 1864 gab es in Strelitz nur 12 Postämter, darunter ein Bahnpostamt in Neubrandenburg. Diese Marke zeigt den niedrigsten Ausgabewert von 1/4 Silbergroschen in Rotorange.

2 Mecklenburg-Strelitz MiNr. 1b ∗. Den 1/4-Silbergroschen-Wert gibt es in einer zweiten Farbe Gelborange. Als Einzelfrankatur konnte der 1/4 Silbergroschen nur als Drucksachengebühr im Inland oder als Bestellgeld (die für die Zustellung zu zahlende Gebühr) verwendet werden.

1

2

„Franko-Marken, sobald irgend thunlich!"

Im Jahre 1851 trat das Großherzogtum Mecklenburg-Strelitz dem Deutsch-Österreichischen Postverein bei. Mit diesem Schritt verknüpfte die preußische Regierung die Hoffnung, ein einheitliches Frankiersystem landesweit zu etablieren. In einem Regierungsblatt hieß es dazu treffend: „Für die Wechsel-Correspondenz innerhalb der Vereinsstaaten soll nach ausdrücklicher Bestimmung des Deutsch-Österreichischen Postvereins in der Regel die Vorauszahlung des Portos stattfinden. Um solche Frankierungen der unbeschwerten Correspondenz zu erleichtern und die Aufgabe auch frankirter Briefe vermittelst des Briefkastens zu ermöglichen, wird grossherzogliches Kammer- und Forst-Collegium, sobald irgend thunlich, Franko-Marken herstellen und durch die Postanstalten verkaufen lassen."

Das Schreiben mit der unmissverständlichen Aufforderung sorgte jedoch keinesfalls dafür, dass bei dem kleinen Nachbarland Mecklenburg-Schwerins die Druckwalzen heiß liefen. Erst 1864, also 13 Jahre später, bequemte man sich, den Forderungen des Postvereins nachzukommen: Es entstand eine übersichtliche Edition von lediglich sechs Postwertzeichen. Das Ergebnis störrischer „Ungehorsamkeit" genießt in Sammlerkreisen längst höchstes Ansehen.

Am 14. Januar 1864 wurde schließlich die preußische Staatsdruckerei in Berlin um die Herstellung der Briefmarken ersucht. Dabei sollte den niedrigen Werten zu 1/4, 1/3 Silbergroschen und 1 Schilling eine viereckige, den Werten zu ein, zwei und drei Silbergroschen eine achteckige Form gegeben werden. In der Motivwahl orientierte man sich an den Marken des großen Nachbarn Mecklenburg-Schwerin: Der weiß ausgeprägte Büffelkopf im Wappenschild mit Krone unterscheidet sich hier allerdings durch die Produktion in einem kombinierten Verfahren von Buch- und Prägedruck.

3

4

5

3 Mecklenburg-Strelitz
MiNr. 2 ✶. Die 1/3-Silbergroschen-Marke diente zur Frankatur von Drucksachen im Postvereinsgebiet.

4 Mecklenburg-Strelitz
MiNr. 3 ✶. Dieses waagerechte Paar zeigt den höchsten Wert der ersten Ausgabe von 1 Schilling. Gemäß der Lokalporto-Taxe zwischen Alt- und Neustrelitz kostete die Beförderung eines einfachen Briefes einen Schilling.

5 Mecklenburg-Strelitz
MiNr. 2. Der Brief nach Lübz wurde mit 2 x 1/3 Silbergroschen freigemacht und durch Stempelabdruck von Neubrandenburg mit Datum 6.1. entwertet. Die Echtheit dieses Belegs wird mit Attest belegt.

Hätte man 1864 in Mecklenburg-Strelitz gewusst, dass bereits vier Jahre später der Gebrauch eigener Marken den Freimarken des Norddeutschen Postbezirks zum Opfer fiel, wäre vermutlich bis zu diesem Wechseltag der Tatenlosigkeit gefrönt worden. Die Skepsis vor der Erstausgabe war nämlich groß. So erkundigte man sich in den Nachbarstaaten, ob sich überhaupt die Herstellungskosten rechnen würden. Zur Kostenminimierung nahm man Brief- und Postverkehr des Jahres 1863 unter die Lupe, um bloß nicht in die Gefahr einer Überproduktion zu laufen. Auch das Problem der komplizierten Umrechnung der Markenwerte konnte Strelitz nicht als Ausrede dienen. Denn hier galten auch im Inland Silbergroschen, so dass der Neuerung im Frankierwesen eigentlich nichts im Wege gestanden hätte.

Von den drei 1-, 2- und 3-Silbergroschen-Ausgaben mit dem Wappen im Achteck-Rahmen wurden 100.000 in Rosarot und jeweils 80.000 in sowohl Blau als auch Braun gedruckt. Weitaus geringer erwies sich die Bestellmenge bei den 1/4- und 1/3-Silbergroschen-Marken sowie dem 1-Schilling-Postwertzeichen. Diese gingen in der Staatsdruckerei Berlin mit Auflagen zwischen 10.000 und 50.000 Stück in Druck. Allein damit war diese limitierte Erstausgabe natürlich von der Geburtsstunde für das prädestiniert, was sie jetzt in der Philatelie darstellt: ein Sammelobjekt von besonders exklusiver Güte.

6

6 Mecklenburg-Strelitz
MiNr. 2a. Der Brief von Neubrandenburg nach Strelitz ist portogerecht für die Beförderung in der ersten Entfernungszone mit einem waagerechten Dreierstreifen der 1/3 Silbergroschen hellgrün freigemacht. Die besonders seltene Darstellung des 1-Silbergroschen-Portos wurde mit Segmentstempelabdrucken „NEUBRANDENBURG" entwertet. Die Marken zeigen einen allseits vollständigen Durchstich, sind erstklassig farbfrisch und bestens in der Prägung. Eine große Seltenheit!

7 Mecklenburg-Strelitz
MiNr. 5. Brief von Neubrandenburg nach Liebenwalde, freigemacht mit 2 Silbergroschen blau. Die Einzelfrankatur wurde 1867 mit dem nicht komplett lesbaren Segmentstempel „NEUBRANDENBURG" entwertet. Ein weiterer undeutlicher Stempelabdruck befindet sich über der Anschrift oben rechts.

Es verwundert dennoch vielleicht, dass das teuerste Stück dieser Serie, die gelborange 1/4-Silbergroschen-Marke auf Brief (MiNr. 1b), mit sagenhaften 50.000 Katalog-Euro notiert wird. Weiß man allerdings, dass die 1/4-Portostufe ausschließlich für Kreuzbandsendungen im Inland galt und die Auflage der gelborangen Variante im Gegensatz zur rotorangen (MiNr. 1a) nur 10.000 betrug, ist der Grund klar. Doch auch die Nr. 1a, gedruckt in 50.000 Stück, dotiert als Rarität auf Brief immerhin in der Größenordnung eines nagelneuen Kleinwagens. Die gleiche Summe schlägt auch für die dunkelgrüne 1/3-Silbergroschen-Marke auf Brief zu Buche. Auch für diesen Wert wurde am 26. Oktober 1864 eine Zusatzemission (MiNr. 2a) in Hellgrün mit einer Auflage von 50.000 Stück auf den Markt gebracht.

Größere Einheiten aus Mecklenburg-Strelitz gelten als äußerst selten. Auch frankierte Briefe sind gesuchte und sehr beliebte Sammelobjekte. In der kurzen Verwendungszeit zwischen Februar 1864 und dem Ende der hoheitlich selbstständigen Postverwaltung zum 31. Dezember 1867 ist nur ein verhältnismäßig geringer Anteil der Erstausgaben in seiner angedachten Funktion als Frankiereinheit verwendet worden. Deshalb stehen abgestempelte Strelitz-Marken auf Brief deutlich höher im Kurs als beispielsweise postfrische Viererblocks.

Die Nachfrage nach der Mecklenburg-Strelitz-Serie ist nachweislich kein Phänomen der jüngsten Vergangenheit. Obwohl amtliche Angaben über den im Jahre 1868 verkauften Restbestand nicht mehr zu erhalten sind, weisen Schätzungen eine epochenübergreifende, rege Nachfrage nach den Marken dieses altdeutschen Staates aus.

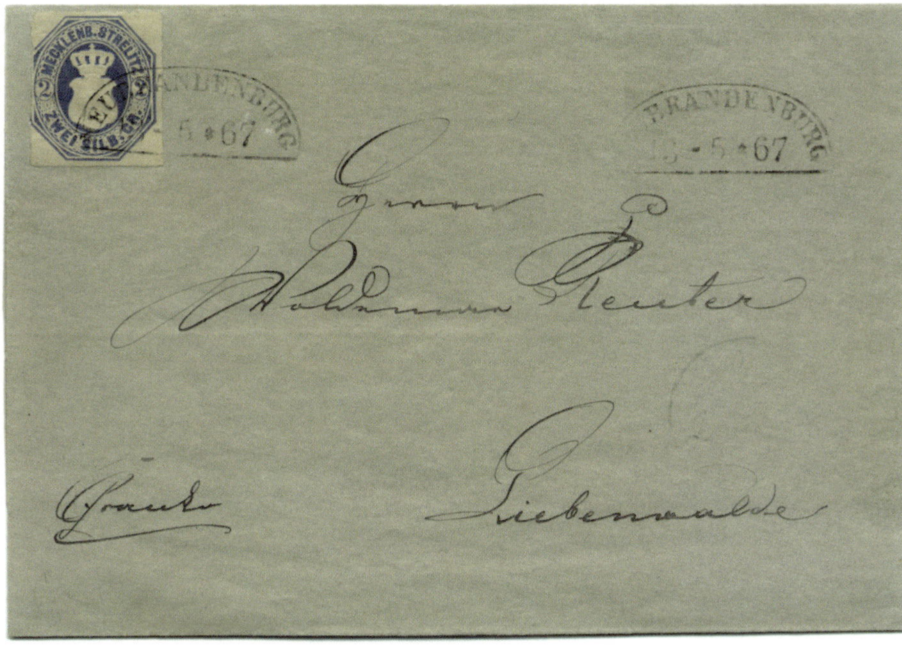

7

8 9 10

8 Mecklenburg-Strelitz
MiNr. 4 ✶. 1 Silbergroschen rosa. Dieser Wert war für Briefe unter 10 Meilen im Inland und im Postvereinsgebiet bestimmt. Nachdem man für die erste Markenausgabe mit den geringeren Werten das Motiv mit dem Stierkopf in gekröntem Wappen im Rechteck gewählt hatte, legte man für die höheren Wertstufen zu 1, 2 und 3 Silbergroschen die Gestaltung des Wappens in einem Oval mit acht Ecken fest.

9 Mecklenburg-Strelitz
MiNr. 5 ✶. 2 Silbergroschen blau. Briefe der zweiten Entfernungsstufe von 10 bis 20 Meilen konnten mit diesem Wert freigemacht werden.

10 Mecklenburg-Strelitz
MiNr. 6 ✶. 3 Silbergroschen braun. Dieser Wert fand Verwendung als Einzelfrankatur für Briefe über 20 Meilen und als Zuschlagswert für die Eilzustellung bei Tag.

Aus dem Gesamtrestbestand von 134.000 Briefmarken waren 1874 bei dem Käufer der Restbestände nur noch folgende Mengen vorhanden: Nr. 1 = 3.000, Nr. 2 = 3.000, Nr. 3 = 1.000, Nr. 4 = 300, Nr. 5 = 10.000 und Nr. 6 = 10.000 Stück.

Das Mecklenburgische Ministerium für Finanzen konnte zuletzt 1920 über den Verbleib der Strelitz-Marken Auskunft geben: Die geschätzten Restbestände erfuhren in der Zwischenzeit eine drastische Reduzierung, welche zum damaligen Höchstgebot von 12.010 Mark an Sammler veräußert wurden. Spätestens seit diesem Zeitpunkt ist die einst vom Staat nicht gewollte Mecklenburg-Strelitz-Postwertzeichenserie zu einem beliebten Sammelgebiet der besonders ehrgeizigen und finanzstarken Briefmarkenliebhaber avanciert.

Die Stempelverschiedenheiten bei Strelitz sind deutlich geringer als bei Mecklenburg-Schwerin. Zur Unterscheidung gleich lautender Orte außerhalb Mecklenburgs (Friedland, Fürstenberg) tragen die Stempel im unteren Teil des Stempelbildes die Buchstaben MGB. Als selten gelten bei Strelitz Stempelabdrucke in blauer Farbe. Sie finden sich aber zum Beispiel bei Friedland, Neubrandenburg-Bhf. (sehr selten) und Oertzenhof-Bhf.

Alle Stempel von Mecklenburg-Strelitz wurden auch noch auf den Marken des Norddeutschen Postbezirks verwendet. Sie sind aus den größeren Orten aber eher selten, da diese schon sehr früh die norddeutschen Stempel einführten. Aus den kleineren Orten kommen die alten Mecklenburg-Stempel sogar noch auf den Marken des Deutschen Reichs vor.

1 2 3 4

1 Oldenburg MiNr. 1 ✶.
Als Motiv der ersten, am 5. Januar 1852 erschienenen Briefmarken hatte man das Oldenburger Hauswappen über einem ornamental durch Bandwerk verzierten Wertschild gewählt.

2 Oldenburg MiNr. 2 ✶.
1/30 Thaler = 2 2/5 Grote = 1 Silbergroschen. Die Marke war als Porto für den einfachen Brief bis 10 Meilen Entfernung vorgesehen.

3 Oldenburg MiNr. 3 ⊙.
1/15 Thaler = 4 4/5 Grote = 2 Silbergroschen. Diese Marke wurde mit dem blauen Rahmenstempel „OLDENBURG“ entwertet.

4 Oldenburg MiNr. 4 ⊙.
1/10 Thaler = 7 1/5 Grote = 3 Silbergroschen. Die Marke trägt den Entwertungsstempel von Varel mit Datum.

Zuerst kam die Nummer zwei

Was den altdeutschen Staat Oldenburg von vielen anderen Markenländern der gleichen Zeit auf den ersten Blick unterscheidet, ist der spätere Verlust des Städtenamens auf Bundesländerebene. Bundesländer wie Bayern oder Sachsen erhielten bis heute nicht nur ihre Namen, sie entsprechen sogar in ihrer geografischen Ausdehnung noch im Groben den Territorien im 19. Jahrhundert.

Das Großherzogtum Oldenburg setzte sich aus drei Landesteilen zusammen, wovon nur das Stammgebiet als Posthoheit von Interesse ist. Dieses ordnet sich geografisch in den westlichen Teil der Norddeutschen Tiefebene ein. Es grenzt im Norden an die Nordsee, die hier mit dem Jadebusen tief bis ins Landesinnere eindringt. Ansonsten wurde der mit 5.400 Quadratkilometern und damals rund 260.000 Einwohnern größte und älteste Landesteil Oldenburgs fast komplett vom Königreich Hannover umschlossen. Die kleine Ausnahme im Osten: das Gebiet der Freien und Hansestadt Bremen.

Die Geschichte Alt-Oldenburgs, die unter anderem zur Dreiteilung geführt hat, ist gezeichnet durch territoriale Gewinne und Verluste sowie eine mehr als 100-jährige Epoche unter dänischer Herrschaft (1667–1773). In der napoleonischen Zeit trat Oldenburg 1808 als letztes deutsches Land dem Rheinbund bei, allerdings eher widerwillig. Das zeigt folgende Anekdote: Als dem oldenburgischen Herzog Peter die Heirat Napoleons mit seiner Nichte, der Großfürstin Katharina, so gar nicht gefiel, setzte er alles daran, die Vermählung zum Scheitern zu bringen – mit Erfolg. Das Resultat war verheerend: Er fiel in Ungnade und musste ins Exil nach Russland fliehen. Der in seinem Stolz verletzte Napoleon verleibte daraufhin ganz Oldenburg dem französischen Kaiserreich ein. Diese Herrschaft währte jedoch nur ganze drei Jahre, die Befreiung gelang nach der Völkerschlacht bei Leipzig. Im Jahr 1815 trat Oldenburg auf dem Wiener Kongress dem Deutschen Bund bei und erhielt den Rang eines Großherzogtums. Knappe 40 Jahre später schloss sich der Staat im Januar 1852 dem Deutsch-Österreichischen Postverein an. Dieser Schritt hatte die unverzügliche Einführung eigener Briefmarken zur Folge.

In einer Regierungsbekanntmachung vom 18. Dezember 1851 hieß es dazu: „Auf den Frankomarken ist der Wert derselben auf einem Schilde unter dem Oldenburg-Delmhorster Hauswappen mit einer Krone, in Bruchteilen des Thalers und auf einem Bande an der rechten Seite des Schildes in Silbergroschen, an der linken Seite in Groten angegeben. Unter

5

5 Oldenburg MiNr. 1. Drucksache mit 1/3 Silbergroschen portogerecht freigemacht. Die Marke wurde mit einem undeutlichen Rahmenstempelabdruck entwertet. MiNr. 1 kann als Einzelfrankatur nur auf Drucksachen vorkommen.

dem Schilde befindet sich auf einem Bande die Bezeichnung Oldenburg." Im Steindruckverfahren auf farbigem Papier ging die erste Markenausgabe Oldenburgs bei der Stallingschen Buch- und Steindruckerei zu Oldenburg in Auftrag. Erstausgabetag war der 5. Januar 1852. Allerdings erschien nicht an diesem Tag etwa die Nr. 1, sondern gleich die Nummern 2 und 4. Die Erklärung dafür ist aber ganz einfach: Bei abgeschlossenen Sammelgebieten listet der Michel-Katalog den jeweils kleinsten Nennwert einer Markenserie als Nr. 1, und das ist in diesem Fall eben die am 30. Januar 1855 erschienene 1/3-Silbergroschen-Marke.

Die Problematik, die sich aus der Umrechnung der Währungen von Thaler in Groten und Schwaren (1 Thaler = 72 Groschen = 360 Schwaren) ergab, fand in der zweiten Freimarkenserie von 1859 ein Ende. Besonders selten aus dieser Ausgabe ist die MiNr. 5, die in einer Auflage von rund 50.000 Stück hergestellt und als Einzelfrankatur auf Drucksache verwendet wurde.

Oldenburg war, wie die meisten deutschen Staaten, 1857 dem Münzvertrag beigetreten, der für die bisherige Einteilung des Thalers in 72 Groten die einheitliche Rechnung nach Groschen einführte. Neben dieser Veränderung wurde auch an der Gestaltung des Postwertes gefeilt: Die Marken zu 1/3, 1, 2 und 3 Groschen unterschieden sich zum einen in der Farbgebung – die Palette reichte von schwarz auf Grün, Blau, Indigo, Rosa bis hin zu schwarz auf Gelb – und zum anderen in der zentraleren Lage des Wappens, welches, von nun an durch die Symbole der Landesteile Lübeck, Jever und Birkenfeld ergänzt, dem Anspruch eines Staatswappens entsprach.

Bereits 1861 rollten die Druckwalzen für die dritte Serie der Oldenburger Frankomarken in der Stallingschen Druckerei an. Diese Serie unterschied sich in ihrer Zeichnung nicht von

6 7 8

9 10

11 12

6 Oldenburg MiNr. 5 ✶. Die zweite, heute sehr teure Markenausgabe vom 10. Juli 1859 zeigte das Oldenburger Staatswappen mit der Herzogskrone. Die 1/3 Groschen schwarz auf Grün fand als Drucksachenmarke Verwendung.

7 Oldenburg MiNr. 6 ✶. Die Frankatur mit Marken der zweiten Ausgabe beschränkt sich in der Hauptsache auf etwa 18 Monate bis zur Herausgabe der dritten Ausgabe im Januar 1861.

8 Oldenburg MiNr. 7 ✶. Der 2-Groschen-Wert diente als Porto für einen Brief bis 1 Loth Gewicht in der Entfernung von 10 bis 20 Meilen.

9 Oldenburg MiNr. 8 ✶. Für Briefe in Orte über 20 Meilen Entfernung war ein Porto von 3 Silbergroschen zu entrichten.

10 Oldenburg MiNr. 10 ⊙. Diese 1/3-Groschen-Marke aus der dritten Ausgabe wurde mit einem Zweikreisstempel entwertet.

11 Oldenburg MiNr. 15 ✶. Die letzte Markenausgabe vom Juli 1862 wechselte erneut das Markenbild. Sie wurde nun im kombinierten Buch- und Prägedruck (statt Steindruck) von der Preußischen Staatsdruckerei in Berlin hergestellt und weist den Durchstich auf.

12 Oldenburg MiNr. 18 ✶. Als Zusatzfrankatur konnte mit der durchstochenen 2-Groschen-Marke die Recommandationsgebühr entrichtet werden.

der Vorgängerin. Neuerungen flossen vorrangig in die Printtechnik ein, wo erstmals farbig auf weißem Grund gedruckt wurde. Zu den bisherigen Wertstufen kamen jetzt noch 1/4 Groschen in Gelborange und 1/2 Groschen in Hellrotbraun, beziehungsweise Dunkelbraun hinzu. Diese Ergänzungen resultierten aus einer Neuregelung des Portowesens zum 1. Januar 1861. Da die neuen Portostufen bereits ein gutes Jahr später durch das „Circular Nr. 66 der Post- und Telegraphen Direction vom 5. März 1862“ wieder aufgehoben wurden, waren die MiNr. 9 und 10 nur relativ kurze Zeit im Einsatz und zählen daher in gebrauchtem Zustand, oder gar auf Brief, zu den seltensten und teuersten Marken Oldenburgs.

Kaum waren die neuen Marken von 1861 am Schalter, erging im März des gleichen Jahres vom Königlich Preußischen General-Postamt die Anregung, die Marken innerhalb des Deutsch-Österreichischen Postvereins im einheitlichen Rot, Blau und Braun zu halten. In Oldenburg waren sie noch den Landesfarben entsprechend blau, rot und gelb. Der Entschluss für eine vierte Serie war schnell gefasst, konnte doch ein technisch aufgewerteter Druck dem immer stärker auftretenden Problem von Fälschungen entgegenwirken. Das gewünschte Buntdruckverfahren mit Prägemuster musste jedoch aufgrund der aufwändigen Anforderung in der Preußischen Staatsdruckerei in Berlin realisiert werden. Bei dieser vierten und letzten Freimarkenserie (MiNr. 15–19) ging man dann auch wieder zum alten

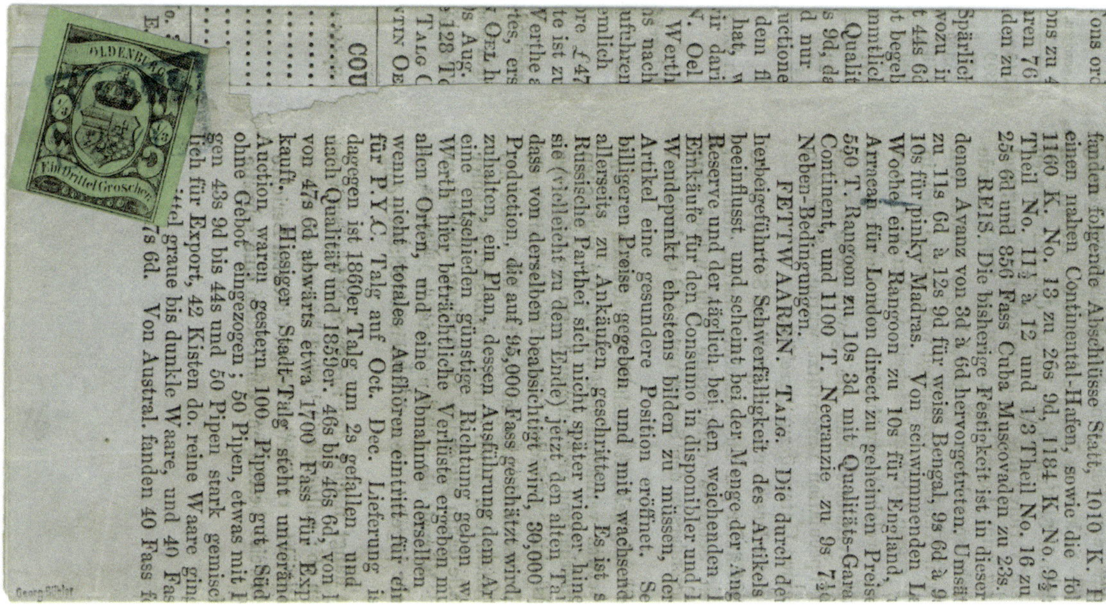

13

14

13 Oldenburg MiNr. 5. Die auf einer Drucksache verklebte 1/3 Groschen, entwertet mit Rahmenstempel „VAREL", präsentiert sich in feiner Erhaltung. Es ist ein farbfrisches Exemplar, unten schmal-, aber vollrandig geschnitten und an drei Seiten mit breiten bis überbreiten Rändern.

14 Oldenburg MiNr. 9. Der Brief nach Loyerberg wurde portogerecht für den Nahbereich mit einem waagerechten Paar von 2 x 1/4 Groschen freigemacht. Die linke Marke des Paares ist unten berührt, während die rechte eine bessere Erhaltung aufweist. Die Entwertung erfolgte durch hellblaue Abstempelung „RASTEDE 11/3". Ein außerordentlich seltener kleiner Brief und mit dieser Paarfrankatur eine große Rarität!

Hauswappen über. Die Gründe dafür sind nicht bekannt. Vermutungen suchen den Erklärungsansatz darin, dass die Kleinteiligkeit des Staatswappens mit den vielen Landessymbolen bestimmten Entscheidungsträgern zu unübersichtlich war.

Die aktive Markenzeit Oldenburgs endete, wie in so vielen anderen altdeutschen Ländern, mit dem 1. Januar 1868. Anstelle der Verwendung eigener Briefmarken galten von nun an die Postwertzeichen des Norddeutschen Postbezirks. Oldenburgische Ganzsachenumschläge wurden mit Briefmarken des Norddeutschen Postbezirks überklebt und aufgebraucht.

1 Preußen MiNr. 1, 3, 4. Brief von Berlin nach Sagan, freigemacht mit insgesamt 5 1/2 Silbergroschen für Beförderung = 3 Silbergroschen und Eilzustellung im Ortsbestellbezirk = 2 1/2 Silbergroschen. Die Marken wurden mit Vierringstempel „103" entwertet. Über der Adresse zeigt der Brief den Rahmenstempel von Berlin mit Datum.

2 Preußen MiNr. 1 ✶. Am 15. November 1850 gab Preußen seine ersten Briefmarken mit dem Porträt von König Friedrich Wilhelm IV. heraus. Es waren die ersten Marken in Deutschland, die auf Papier mit einem Wasserzeichen (Lorbeerkranz) zum Schutz gegen Fälschungen gedruckt wurden.

3 Preußen MiNr. 1 ⊙. Viererstreifen der 1/2 Silbergroschen/ 6 Pfennige, entwertet mit Rahmenstempelabdrucken „LINDEN 9/11".

1

Des Königs Bild

Kein anderes Medium zeigt so viele Herrscherporträts wie die Briefmarke. Zu Zeiten der ersten deutschen Markenausgaben war dies allerdings nicht üblich. Nur ein altdeutscher Staat bot vor gut 150 Jahren seinen Bürgern die Möglichkeit, das Bildnis des Monarchen mit nach Hause zu nehmen und so „seinen" Kaiser daheim zu haben – das Königreich Preußen.

Möglich machte dies das von König Friedrich Wilhelm erlassene „Gesetz, betreffend die Ermäßigung der Briefporto-Taxe", vom 21. Dezember 1849. Denn mit ihm wurde die preußische Postverwaltung ermächtigt, eigene Freimarken herauszugeben. Am 15. November 1850 kamen dann die ersten Marken an die Schalter der preußischen Postämter. Ob ein halber, ein, zwei oder drei Silbergroschen – auf allen war das Profil von König Friedrich Wilhelm IV. abgebildet: die einzige Erstausgabe eines altdeutschen Staates mit der Darstellung eines Staatsoberhauptes.

2 3

4

5

6

4 Preußen zu MiNr. 2a. Stahlstich-Probedruck, schwarz/mattrosa, mit gleichfarbigem Kupferstichrand von 1850.

5 Preußen MiNr. 2a ✶. Waagerechtes Paar der 1-Silbergroschen-Marke.

6 Preußen MiNr. 2b ⊙. Viererblock, entwertet mit Vierringstempel „103" (Berlin). Diese Stempel mit einer Nummer von 1 bis 1.984 und 1.987 waren in der Zeit vom 15.11.1850 bis 31.3.1859 zur Entwertung der Freimarken in Gebrauch. Darüber hinaus mussten die noch zur Verwendung kommenden Marken der ersten Ausgabe auf farbigem Papier (MiNr. 2 bis 4) weiterhin mit dem Nummernstempel entwertet werden.

Der angegebene Nennwert wurde gemäß der Bestimmungen des Deutsch-Österreichischen Postvereins, der auf Initiative Preußens entstanden war und am 1. Januar 1850 in Kraft trat, auch durch die Farbe der Marke dokumentiert. Der halbe Silbergroschen etwa zeigte den Monarchen in Rot-Orange. Diese Portostufe galt für Ortsbriefe bei Abholung vom Postamt durch den Empfänger. Die Tarife für Standardbriefe mit einem Gewicht von bis zu einem Loth betrugen bei einer Entfernung von bis zu zehn Meilen einen Silbergroschen, bei zehn bis 20 Meilen zwei und über 20 Meilen drei Silbergroschen, abgedeckt durch die Ausgaben der ersten preußischen Freimarkenserie, die in den Jahren 1850 und 1851 erschien (MiNr. 1–4). Später änderten sich die Posttarife. Die Gebühren für Postverkehr mit Postvereins-Staaten entsprachen weitgehend den preußischen Tarifen. Unfrankierte und unzureichend freigemachte Briefe wurden neben dem möglicherweise anfallenden Ergänzungsporto außerdem mit einem Zuschlag von einem Silbergroschen beziehungsweise drei Kreuzern belegt.

Des Königs Bild zierte bis zur dritten preußischen Freimarkenserie von 1858 sämtliche Postwertzeichen. Erst nach dem Tod des Monarchen am 2. Januar 1861 wandte man sich dem Motiv des preußischen Adlers zu. Ab dem 1. Oktober des Jahres erschien das Wappentier auf den Marken. Auch wurden die Markenränder erstmals durchstochen, um die Marken besser aus den Markenbogen heraustrennen zu können. Der Durchstich, das maschinelle Einschlitzen feiner Schnitte, bei dem nur schmale Papierstege stehen bleiben, ist als Trennungsart von Briefmarken gewissermaßen der Vorläufer der heute üblichen Perforation.

Das Königreich Preußen war nicht der erste deutsche Staat, der Briefmarken herausbrachte – Vorreiter waren Bayern am 1. November 1849 und Sachsen am 1. Juli 1850. Preußens Marken wiesen aber neben ihrer Motivart eine zweite Innovation auf: Sie waren die ersten deutschen Marken, die auf einem Papier gedruckt wurden, das aus Sicherheitsgründen mit

7 Preußen MiNr. 3 ✶. Viererstreifen, Eckstück mit Rändern rechts und oben. Der obere Rand weist die Reihenzähler 7, 8, 9 und 10 auf.

8 Preußen MiNr. 11 ✶. Die 2-Silbergroschen-Marke aus der vierten Ausgabe von 1858 weist einen Plattenfehler auf. Bei der Marke im Feld 67 sind die Gitterlinien unter der Nase gebrochen, so entstand der Eindruck einer „Schnupfnase".

7

8

einem Wasserzeichen, nämlich einem Lorbeerkranz, versehen war. Befragt, was den besonderen Reiz des Sammelgebietes Alt-Preußen ausmacht, antwortet der Vorsitzende der philatelistischen Arbeitsgemeinschaft Preußen, Friedhelm Stautz: „Preußen war riesig. Überlegen Sie mal, zum Schluss war die Zahl der preußischen Postexpeditionen, also postalischen Absendestellen, auf über 3.800 angewachsen. Jede besaß eigene Aufgabestempel." Die Zahl der herausgegebenen preußischen Freimarken hält sich in Grenzen. Im Briefmarkenkatalog sind nur 26 Marken verzeichnet. Preußen ist damit zwar ein kleines „Markenland", bietet als Sammelgebiet aber dennoch eine Menge. Denn es gibt zum Beispiel zahlreiche unterschiedliche Stempelungen wie Ortsaufgabe- oder besagte Ringnummernstempel. Letztgenannte folgen in ihrer Nummerierung der alphabetischen Reihenfolge der Orte: So stand beispielsweise die 1 für Aachen und die 103 für Berlin. Mit der Einführung der Briefmarke hielt nun auch der bereits rund 25 Jahre zuvor in Preußen vereinzelt installierte Briefkasten seinen Einzug in die Fläche, damit die Absender ihre vorfrankierten Sendungen bequem aufgeben konnten.

Spricht man vom preußischen Postwesen, so ist ein Name unbedingt damit verbunden: Heinrich von Stephan. Nach Jahrzehnten der Auseinandersetzung zwischen den Postverwaltungen der deutschen Länder förderte der Postorganisator eine Politik der Kooperation, die am 1. Januar 1868 in dem Beginn der Arbeit des Norddeutschen Postbezirkes gipfelte. Selbstständige Postverwaltungen der Länder verschmolzen miteinander. Mit angrenzenden Ländern, wie Österreich und Luxemburg, sowie süddeutschen Postverwaltungen

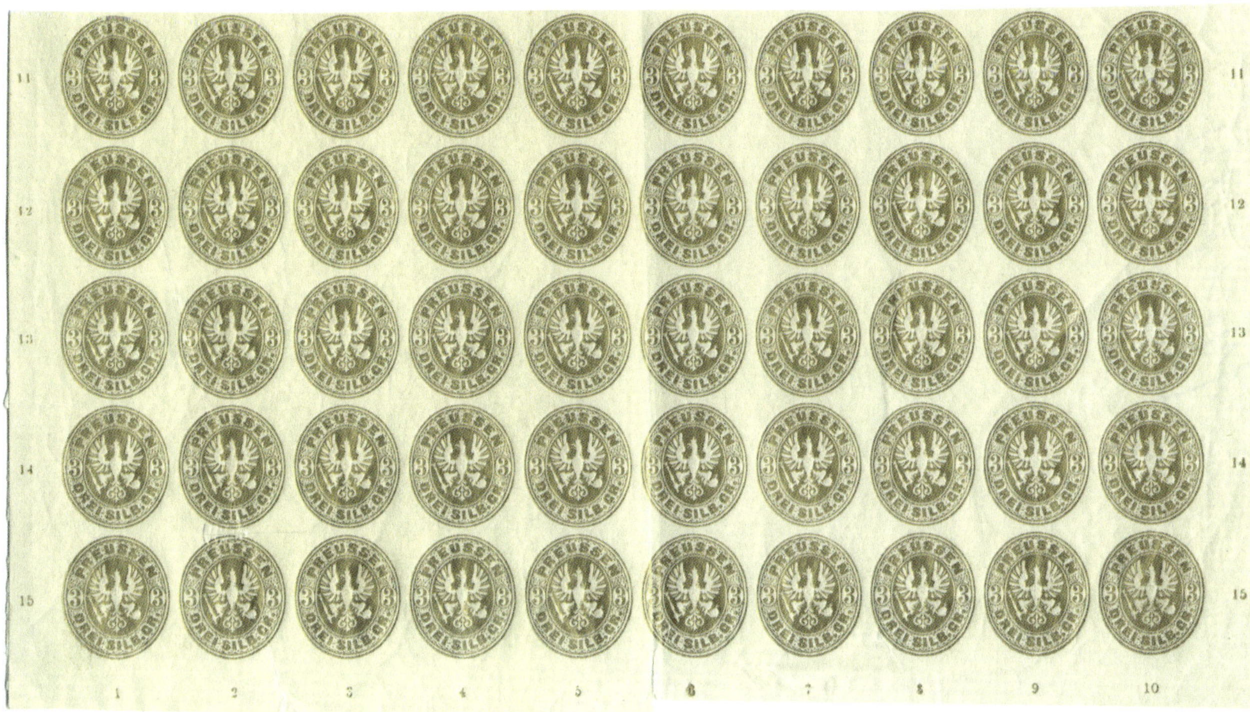

9

10

9 Preußen Probedruck. Im April 1864 fertigte die Königliche Staatsdruckerei von der Druckplatte der 3-Silbergroschen-Marke von 1861 (MiNr. 18) Probedrucke in Goldbronze an und ließ sich dabei von Schweizer Marken anregen. Von den angeblich zwei angefertigten Bogen, die zwar gummiert, aber nicht durchstochen waren, ist dieser Bogenteil mit 50 Marken vermutlich das größte erhaltene Stück.

10 Preußen Probedruck. Die von diesen Probedrucken erhaltenen Marken mit Entwertungen sind keine amtlich gelaufenen Stücke, sondern Stempelversuche. In diesem Fall benutzte man den Doppelkreisstempel „Berlin" und testete die Abriebfestigkeit, wie sich an den Wischspuren erkennen lässt. Teilweise wurde das Papier sogar gewaschen, um die Qualität von Druckfarbe und Stempelfarbe zu prüfen.

wurden neue Postverträge geschlossen. Nun konnten Postkunden mit einer Einheitsgebühr über Landesgrenzen hinweg ihre Briefe verschicken.

Heinrich von Stephan machte eine Traumkarriere bei der Post. 1831 als Sohn eines Schneidermeisters in der pommerschen Kleinstadt Stolp geboren, begann er seine Ausbildung 1848 als Postschreiber. Unter Bismarck wurde er Generalpostdirektor des Norddeut-

12

11

13

11 Preußen Probedruck. Im Herbst 1855 fertigte die Königliche Staatsdruckerei in Berlin Versuchsmarken, die nicht das Herrscherporträt, sondern den preußischen Adler mit Krone und dem Posthorn in einer Klaue zeigen. Diese schönen Marken, für deren Gestaltung der Entwurf eines gewissen „Burger" die Grundlage gebildet haben soll, wurden nicht als Dauerserie realisiert, doch griff man bis in die 80er Jahre des 19. Jh. immer wieder auf die Burger-Entwürfe zurück und realisierte in der Reichsdruckerei weitere Probedrucke. Bei dem Neunerblock auf weißlichem Papier dürfte es sich um solch einen späten Druck handeln.

12 Zu den frühen Probedrucken des Burger-Entwurfs vom Herbst 1855 gehört indes der Viererblock auf rosafarbenem Papier mit der Wertbezeichnung „2" (Silbergroschen). Das Papier, welches man für den Kupfertiefdruck verwendete, war sehr dünn und ungummiert.

13 Neben rosafarbenem Papier wurden die ersten Probedrucke des Burger-Entwurfs auch auf gelbem, sehr dünnem Papier ausgeführt. Der abgebildete Randviererblock trägt gleichfalls die Wertziffer „2".

14 Auch der Bogenteil mit 25 1-Silbergroschen-Marken auf gelblich-weißem Ölpapier ist unzweifelhaft amtlichen Ursprungs. Ob er jedoch bereits Ende 1855 in der Königlichen Staatsdruckerei entstand oder erst einige Jahre später, lässt sich heute nicht mehr mit Gewissheit bestimmen.

14

15

15 Preußen Probedruck. Die gezähnten Probedrucke, die heute noch von den Burger-Entwürfen existieren und von denen hier ein Sechserblock auf weißem Papier gezeigt wird, stammen sämtlich aus der Zeit nach 1880 und sind streng genommen bereits als Versuchsmarken des Deutschen Reichs zu betrachten.

schen Bundes und schließlich sogar Generalpostmeister des Deutschen Reichs. Der leidenschaftliche Jäger gilt zu Recht als der Begründer und Organisator einer modernen Post in Deutschland. So hatte er beispielsweise schon 1865 versucht, ein so genanntes „Postblatt" einzuführen – nichts anderes als die heutige Postkarte. Die Widerstände waren zunächst groß. Man hielt die geplante Sendungsart für unmoralisch, weil jeder die persönliche Mitteilung lesen konnte. Doch Heinrich von Stephan blieb beharrlich und setzte das Projekt fünf Jahre später in die Tat um.

Mit der Überführung der Thurn und Taxis'schen Post in den preußischen Staat gelang dem mittlerweile Geheimen Oberpostrat im Generalpostamt 1867 ein Geniestreich. Viele deutsche Regionen waren damit in das preußische Postsystem integriert. Nach Gründung des Deutschen Reichs stand dem Aufbau einer einheitlichen Postverwaltung somit nichts mehr im Wege. Neue Dienstzweige und vereinheitlichte, verbilligte Gebühren beseitigten die veralteten Betriebsformen und schafften ein den internationalen Ansprüchen gewachsenes Postwesen.

Doch zurück zu Preußens Briefmarken. Natürlich bieten diese die gesamte Palette an Spezialitäten, die philatelistisch vorstellbar sind: schmale und breite Ränder, Reihenzähler, Plattennummern, Wasserzeichen, Farben, Fehldrucke, Probedrucke, geschnittene und durchstochene Ausgaben. Nicht zu vergessen die Plattenfehler und Halbierungen.

16 Preußen MiNr. T 1-6 ✶.
Neben den normalen Briefmarken gab es seit 1864 spezielle Telegrafenmarken in sechs Wertstufen, die vom Berliner Telegrafenamt ausgegeben wurden und dort auch zur Verwendung kamen. Die Marken waren vom Absender eines Telegramms auf der rechten Seite der Original-Depesche bzw. des Aufgabeformulars aufzukleben.

17 Preußen MiNr. 12, 13. Insinuationsdokument (Eingabe eines Schriftstücks an ein Gericht) von 1862 nach Krotoschin, freigemacht mit einem Paar der 1/2-Silbergroschen-Marke plus einer Einzelmarke mit 3 Silbergroschen. Die Frankatur wurde mit nur einem Stempel „SULMIERZYCE 15.3." entwertet.

18 Preußen MiNr. 17, 21.
Der Wertbrief mit inliegender Kassenanweisung über 2.000 Thaler wurde von Wittstock nach Berlin gesandt. Die Frankatur mit 34 Silbergroschen setzt sich aus der doppelten Brieftaxe in der zweiten Entfernungsstufe = 4 Silbergroschen und der entsprechenden Versicherungsgebühr für 2.000 Thaler = 30 Silbergroschen zusammen. Die Entwertung erfolgte mit Zweikreisstempel „WITTSTOCK 13 8 67".

16

Eine Besonderheit unter den Preußen-Marken stellen die Freimarken zu 10 und 30 Silbergroschen von 1866 dar (MiNr. 20 und 21). Sie wurden ausschließlich für ein postinternes Verrechnungssystem genutzt und durften nicht an Postkunden ausgegeben werden. Diese Marken erschienen aus Sicherheitsgründen – zum Schutz vor Nachahmung und unzulässiger Wiederverwendung – auf einem speziellen, durchsichtigen Papier, das nur rückseitig bedruckt wurde. Nicht zuletzt sind die MiNr. 20 und 21 auch deshalb hervorzuheben, weil sie als einzige Ausgabe Preußens auch über die Einführung der ersten eigenen Marken des Norddeutschen Postbezirks am 1. Januar 1868 hinaus frankaturgültig blieben.

Dazu noch einmal Experte Ewald Müller-Mark („Altdeutschland unter der Lupe"): „In dem Bestreben, Marken zu schaffen, die sich absolut nicht nachmachen und auch nicht wiederverwenden lasssen, ging Wedding, der Direktor der Staatsdruckerei (...) eigene Wege. Er wählte Ölpapier und legte das Schwergewicht auf die Auftragung des Stoffes, der die aufzutragende Farbe beim Druck an diesem Papier festhalten läßt, es zugleich aber auch ermöglicht, daß sich die Farbe später, nach dem Aufkleben, vom Papier lösen läßt."

Kurz: Eine einmal aufgeklebte Marke lässt sich nicht wieder von der Postsendung entfernen, ohne dass sie dabei zerstört wird.

FREIMARKE
FREIMARKE
FREIMARKE
SULMIERZYCE
15 3 * 8-9
Krotoschin

17

WITTSTOCK
13 8
67
4-5N
PREUSSEN
30
Berlin

18

1

2

1 Sachsen MiNr. 1b ✶. Der Traum eines jeden Altdeutschland-Sammlers ist der weltberühmte rote Sachsen-Dreier. Dieses Exemplar, 3 Pfennig hellkirschrot, ungebraucht, weist noch große Teile des Originalgummis auf. Die Marke stammt von der Platte II, Feld 9. Sie ist allseits sehr gut gerandet und von leuchtend frischer Farbe. Ihre Echtheit und feine Erhaltung wird durch eine Expertise bestätigt.

2 Sachsen MiNr. 1c ✶. Neben dem einzig bekannten, aber stark restaurierten Bogen ist dieser Sechserblock die nächstgrößte ungebrauchte Einheit und damit ein berühmtes Unikat von denkbar höchstem Wert.

3 Sachsen MiNr. 1a. Streifband nach Gardelegen, freigemacht mit 3-Pfennig-Marke, rot, Platte III, Position 18 im Bogen, wurde mit Stempel von Leipzig am 10. Januar 1851 entwertet. Die Marke ist sehr farbfrisch, oben ist sie überrandig mit Teil der Nebenmarke geschnitten, links und rechts vollrandig, unten ist die Umrandungslinie links getroffen. Wie schwierig die Prüfung und Erstellung einer Expertise ist, wird bei diesem Objekt deutlich. Im Gegensatz zu der o.a. Zuordnung weist ein früheres Attest eines anderen Prüfers die Marke als MiNr. 1b aus.

Eine „Königsserie“ und mehr

Spricht der Philatelist vom Sammelgebiet Sachsen, meint er in aller Regel die Briefmarken-Ausgaben des damaligen Königreichs. Bereits die erste Freimarke, der so genannte „Sachsen-Dreier“, hat einiges zu bieten, nämlich eine im Verhältnis zu den erhaltenen Stücken sehr hohe Auflage, sagenhafte Entdeckungsgeschichten und sowohl echte als auch „falsche“ Fälschungen. Die rote Sachsen MiNr. 1 gilt unter vielen Klassikfans zwar als die beliebteste Altdeutschlandmarke, die schönste Ausgabe Sachsens ist sie aber nicht. Diese Ehre gebührt zweifellos der mit der MiNr. 3 beginnenden Freimarkenserie. Der Clou: Die schönsten Sachsen-Marken gehören noch nicht einmal zu den teuersten. Eine Ausnahme bestätigt die Regel.

Die erste Freimarke der königlich-sächsischen Post erschien am 1. Juli 1850. Gemäß Michel liegt der Katalogwert des legendären „Sachsen-Dreiers“, philatelistisch korrekt „Sachsen 3 Pfennig rot“ bezeichnet, je nach Farbe und Erhaltung der Marke zwischen 4.000 und 18.000 Euro. Auf Brief beziehungsweise in größeren Einheiten steigern sich die Katalogpreise sogar bis 250.000 Euro!

Unterschieden werden die Farbnuancen Ziegelrot, Kirschrot und Braunrot. Zirka 5.000 Exemplare blieben bis heute erhalten. Und das, obwohl die Gesamtauflage fast 500.000 Stück betrug. Die Erklärung dafür ist ganz einfach: Der „Sachsen-Dreier“ wurde größtenteils zur Frankatur von Drucksachen verwendet. In den meisten Fällen verklebte man die Marke halb auf der Drucksache und halb auf dem die Drucksache vor dem Auseinanderfallen schützenden Streifband. Beim Öffnen des Streifbandes zerriss die Marke in den meisten Fällen und wanderte vermutlich anschließend oft in den Abfall. Allerdings wurde so manche Marke auch kunstvoll wieder zusammengeklebt und ist heute im Handel wesentlich günstiger zu bekommen als ein unbeschädigtes Original. Doch Vorsicht: Auf Briefen

3

4

4 Sachsen MiNr. 1c. 3 Pfennig braunrot im waagerechten Paar auf grüner Drucksachenschleife trägt den Zweikreisstempel von Leipzig mit Datum vom 12. Dezember 1850. Ein allseits breitrandiges Paar dieser Marke in vorzüglicher Erhaltung gibt es extrem selten.

sind manchmal auch nur die Bruchstücke nachträglich neben anderen Marken hinterlegt und täuschen prächtig erhaltenes Material vor. Neben den erwähnten restaurierten Einzelstücken sind auch knapp geschnittene Exemplare ohne Spuren der Trennungslinien an allen vier Seiten günstiger zu bekommen.

Die Ähnlichkeit der Sachsen MiNr. 1 mit der ersten deutschen Briefmarke, der Bayern MiNr. 1, genannt „Schwarzer Einser", ist unverkennbar. Alexander Bungerz („Sachsen 3 Pfennige rot", in: Großes Lexikon der Philatelie, München 1923) weiß, warum: „Die Zeichnung und den Schnitt des Urstempels fertigte der Graveur Scheele nach dem Vorbilde der bayerischen Marken von 1849. (...) Als Farbe für die Ausführung wurde Rot bestimmt,

5

6

5 Sachsen MiNr. 2 ✶. Die zweite Ausgabe brachte den 3-Pfennig-Wert in Grün mit einem geänderten Markenbild: Es zeigt das sächsische Staatswappen. Die Marke fand vorwiegend Verwendung auf Drucksachen und Stadtpostbriefen.

6 Sachsen MiNr. 5 ✶. Der Viererblock, Wert 2 Neugroschen, aus der Ausgabe von 1851 mit höheren Werten trägt das Porträt König Friedrich August II.

worauf der Druck mittels Hochdruck in Bogen für 20 Stück erfolgte." Die Druckbogen enthielten vier waagerechte Reihen zu je fünf Marken. Sensationell: Nur ein einziger Original-Bogen blieb bis heute erhalten und die verschiedenen Versionen seiner Entdeckungsgeschichte sind fabulös. Am wahrscheinlichsten scheint noch die Geschichte, dass der Bogen irgendwann zwischen 1871 und 1875 an einer Holzsäule eines Gasthofes im sächsischen Dörfchen Eibenstock gefunden wurde. In diesem Gebäude war anscheinend ehemals eine Poststelle untergebracht. Nach Ablauf der Frankaturgültigkeit der Sachsen-Marken am 31. Dezember 1867 könnte der übrig gebliebene Bogen etwa zur Verschönerung der Holzsäule benutzt worden sein.

Ab Mitte der 70er Jahre des 19. Jahrhunderts befand sich der Bogen jedenfalls im Besitz verschiedener Briefmarkenhändler und berühmter Sammler wie Baron Philipp La Renotière de Ferrary und Maurice Burrus, wurde restauriert, im Auftrag von Burrus wieder in den beschädigten Zustand zurückgebracht, später erneut restauriert.

Zumindest die Vorderseite des Bogens machte danach den Eindruck, niemals beschädigt worden zu sein, so dass sich der Frankfurter Auktionator Hartmut C. Schwenn 1964 nicht scheute, den Bogen für sage und schreibe 600.000 DM auszurufen. Tatsächlich soll es ein Gebot von 620.000 DM gegeben haben, das aber nie eingelöst wurde.

Das Hamburger Auktionshaus Edgar Mohrmann hatte nur kurze Zeit später schon eine realistischere Vorstellung, als es für den Bogen am 12. Oktober 1971 228.000 DM zuzüglich Aufpreis erzielte. Zu diesem durchaus stolzen Preis ging das gute Stück an einen Privatkäufer und tauchte anschließend für lange Zeit ab in unbekannte Gefilde.

Das Licht der Öffentlichkeit erblickte der Bogen nur kurz im Jahr 1992, als er zur internationalen Briefmarkenmesse „Philatelia mit T'card" zu bewundern war. 1998 entschied der

7

8

7 Sachsen MiNr. 2. Streifband mit Viererblock der 3 Pfennig saftiggrün aus der II. Auflage frankiert , wurde mit Aufgabestempel „LEIPZIG 8 X 56“ entwertet. Dem voll- bis überrandig geschnittenen Block wurden Echtheit und einwandfreier Zustand attestiert.

8 Sachsen MiNr. 8, 9, 11. Der Brief nach Le Havre zeigt die Vielfalt der möglichen Frankaturen in einer sehr schönen Buntfrankatur. Die Entwertung erfolgte mit Nummerngitterstempel „1“, daneben befindet sich der Aufgabestempel von Dresden mit Datum vom 5. Februar 1859.

Besitzer dann, sich von dem „roten Juwel Sachsens“ zu trennen und vertraute den Bogen dem Wiesbadener Auktionshaus Heinrich Köhler an. Dort eröffnete man die Januar-Auktion mit einem Schätzpreis von 800.000 DM. Zugeschlagen wurde das einzigartige Stück in Anwesenheit zahlreicher Journalisten und Kamera-Teams schließlich für 920.000 DM! Wiederum an einen anonymen Privatkäufer.

Die nächstgrößte Einheit des „Sachsen-Dreiers“ ist der ungebrauchte Sechserblock der Museumsstiftung, nach heutiger Erkenntnis ebenfalls ein Unikat.

9

10

11

9 Sachsen MiNr. 12 ✶. 5-Neugroschen-Wert von 1856, hellrot auf glasigem Papier. Der komplette Schalterbogen im Schmitzdruck zeigt die Marken mit scheinbarem Doppeldruck. Das etwas verschwommene Markenbild entsteht durch schlechte Zurichtung beim Druck.

10 Sachsen MiNr. 15 ✶. Im Juli 1863 wechselte Sachsen das Markenmotiv und zeigte nun das Staatswappen im drucktechnisch anspruchsvollen Prägedruck. Die geprüfte Marke von 1867 mit dem Wert von 1/2 Neugroschen ist echt und einwandfrei.

11 Sachsen MiNr. 16 ✶. Bedingt durch die unregelmäßige Linienzähnung gibt es Schwankungen sowohl in der Höhe als auch in der Breite der Marken. Im Normalfall weisen sie (wie diese Marke) waagerecht 14 und senkrecht 15 Zähnungslöcher auf.

Weiterhin kennt man einen Fünferstreifen, der heute allerdings als verschollen gilt, Viererblocks und waagerechte Paare. Die Beliebtheit dieser altdeutschen Marke führte immer wieder zu Fälschungen, so dass vor dem Erwerb eines Sachsen Nr. 1 immer ein philatelistischer Prüfer eingeschaltet werden sollte.

Sollten Sie allerdings mal eine mustergleiche Marke mit der Inschrift „Dresden“ anstatt „Sachsen“ entdecken, dann liegt Ihnen keine Fälschung vor. Stattdessen eine Privatpostmarke der Dresdener Verkehrsanstalt „Hansa“, die diese im Jahr 1899 anlässlich des 50-jährigen Firmenbestehens herausgab.

Bereits ein Jahr nach der Nr. 1 erschien in Sachsen die Nachfolgemarke „3 Pfennig grün“, diesmal mit einer Abbildung des sächsischen Wappens im Markenbild und ebenfalls hauptsächlich für Drucksachen bestimmt. Die Auflage erhöhte sich aufgrund der starken Nachfrage – man musste sich schließlich auch im Königreich Sachsen erstmal an diese neumodische Erfindung Postwertzeichen gewöhnen – um ein Vielfaches.

Während vom „Sachsen-Dreier“ eine knappe halbe Million Exemplare gedruckt wurden, erschienen von der 3 Pfennig grün tatsächlich schon über 1,35 Millionen Stück. Eine sagenhafte Anzahl für damalige Verhältnisse. Außerdem hatte man die Möglichkeit entdeckt, die Marken neben der Wertangabe auch mit einem Bildmotiv zu verschönern.

Zusammen mit der 3 Pfennig grün (MiNr. 2) kamen nämlich vier Werte im Tiefdruck heraus (MiNr. 3–6). Motiv: das Porträt des Königs Friedrich August II. Diese Ausgabe gilt heute

12

12 Sachsen MiNr. 10, 13. Einschreibbrief von Leipzig nach Amsterdam. Die Frankatur mit 10 und 2 Neugroschen wurde durch Nummerngitterstempel „2" entwertet, daneben musste der Abdruck des Ortsstempels „LEIPZIG 9 IX 57" angebracht werden.

unter vielen Briefmarkensammlern als die schönste der klassischen deutschen Sammelgebiete. Für echte Altdeutschland-Fans gehören sie in die mittlere und erschwingliche Preisklasse. Es sei denn, man möchte den niedrigsten Wert der Ausgabe, die 1/2 Neugroschen schwarz nicht wie üblich auf grauem, sondern auf dem blauen Papier haben. Allerdings sind davon bisher auch nur knapp 60 Stück bekannt geworden.

Die Rede ist selbstverständlich von einem Fehldruck (MiNr. 3 F). Zur Freude der Philatelie gelangte ein Bogen mit 120 Marken des 1/2-Neugroschen-Wertes, der wohl nicht als einziger probeweise auf das blaue Papier des 2-Neugroschen-Wertes gedruckt worden war, in den Handel. Rund 60 Marken des Bogens wurden wahrscheinlich unerkannt verbraucht.

Sachsen verausgabte bis zum 31. Dezember 1867 eigene Briefmarken. Danach übernahm der Norddeutsche Postbezirk den sächsischen Postdienst. Die alten sächsischen Stempel wurden allerdings unterschiedlich lang weiter verwendet, auch später von der Deutschen Reichspost. Ein reizvolles Sammelgebiet für sich.

1 Schleswig-Holstein und Lauenburg MiNr. 1 ✶. Die ersten Marken in 1- und 2-Schilling-Werten tragen den deutschen Adler mit Wappen von Schleswig-Holstein. Um Fälschungen zu verhindern, erfolgte der Buch- und Prägedruck auf Papier mit senkrechtem blauen Sicherheitsfaden. Dieses Seidenfadenpapier hatte in England bereits 1847/48 bei Prägedruckmarken Verwendung gefunden.

2 Schleswig-Holstein und Lauenburg MiNr. 2 ✶. Die beiden Marken sind auch als so genannte „Postschillinge" bekannt. Sie wurden nicht nur als „Marken", sondern auch als „Papiergeld" angesehen.

3 Schleswig-Holstein und Lauenburg MiNr. 3 ✶. Die Ausgabe vom 10. März 1864 zeigt die Ziffer im Oval und die Wertangabe in dänischer Münze. Die Inschrift „Schilling" hätte richtiger „Skilling" lauten sollen. Es ist übrigens die einzige auf dänische Münze lautende Marke von Schleswig-Holstein und Lauenburg.

4 Schleswig-Holstein und Lauenburg MiNr. 4 ⊙. 1 1/4 Schilling, entwertet mit Postablagestempel, einem achteckigen Rahmenstempel „L. P. SCHÖNWALDE" (dänische Stempeltype). Da am 31. März 1864 in Schleswig die Rechnung in Reichsmünze beendet werden sollte und ab dem 1. April 1864 die Courant-Währung eingeführt wurde, kam am 5. April 1864 die 1 1/4-Schilling-Marke heraus, die sich im Wert mit der „4-Skilling-Marke" deckte.

1 2

Wechselvolle Postgeschichte

Um die Faszination des altdeutschen Sammelgebiets „Schleswig-Hostein und Lauenburg" begreifbar zu machen, ist es unerlässlich, sich die historischen Entwicklungen dieser Territorien im Vorfeld der Markenzeit vor Augen zu führen. Obwohl die Erstausgabe eigener Postwerte bereits 1850 zeitgleich mit Preußen erfolgte, sorgten dauerhafte territoriale Streitigkeiten zwischen deutschen und dänischen Interessen dafür, dass die politischen Veränderungen auch in der Philatelie ihren nachhaltigen Niederschlag fanden.

Die Geschichte Schleswig-Holsteins ist eine der kompliziertesten in der Vergangenheit altdeutscher Staaten. An Studententischen erzählt man sich bisweilen, dass es nur drei Professoren gab, die mit der Historie des heutigen Bundeslandes vertraut waren. Das Tragische: Einer von ihnen starb, der zweite habe darüber den Verstand verloren und der dritte habe sie schlicht vergessen. Was alle drei gemein gehabt haben müssen, ist ein ausgeprägtes Faible für territoriale Streitigkeiten. Die stehen nämlich in der historischen Betrachtung der Markenzeit Schleswig-Holsteins und Lauenburgs im Mittelpunkt. Dänische und deutsche Besitzansprüche und die damit verknüpften Konflikte ziehen sich wie ein roter Faden durch das 18. Jahrhundert und finden im Krieg zwischen Preußen und Österreich gegen Dänemark im Jahre 1864 ihren Höhepunkt.

3 4

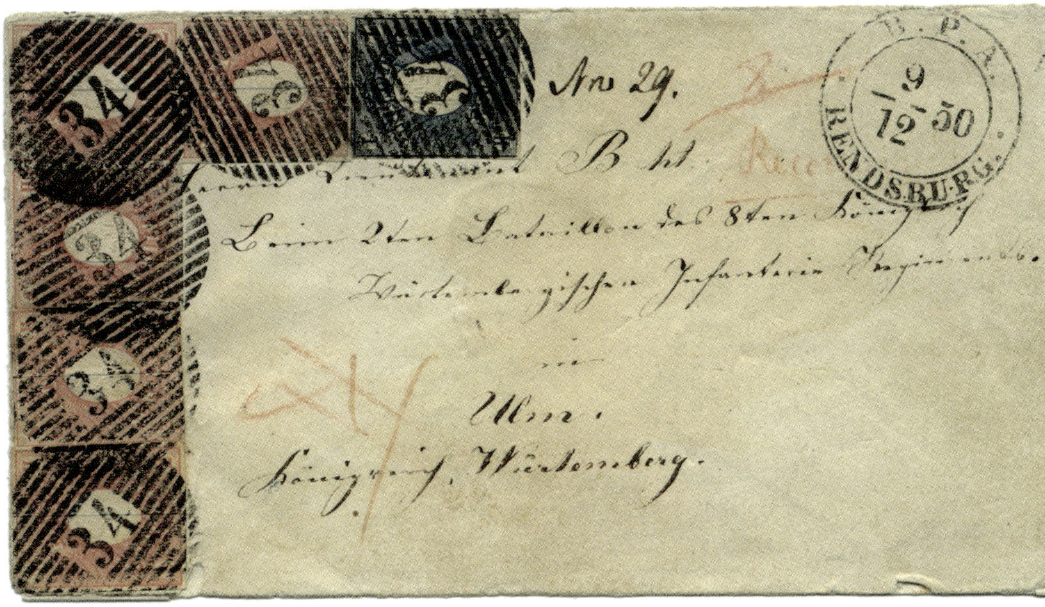

5

5 Schleswig-Holstein und Lauenburg MiNr. 1, 2. Dieser Brief, von Rendsburg nach Ulm adressiert, wurde mit 5 x 2 Schilling plus 1 x 1 Schilling der ersten Ausgabe frankiert. Die Mehrfachfrankatur der 2-Schilling-Marken und die Einzelmarke zu 1 Schilling wurden mit dem Rostrundstempel Nummer 34 entwertet (geschwärzt), rechts daneben wurde der Ortsstempel des Bahnpostamts Rendsburg mit Datum vom „9/12 50" abgeschlagen.

Auslöser des Kriegs war die Tatsache, dass König Christian IX. von Dänemark eine veränderte dänische Verfassung bestätigte, gemäß der, im Widerspruch zu den bisherigen Abmachungen mit Preußen und Österreich, die Einverleibung Schleswigs von Dänemark vorgesehen war. Bereits 1846 sprach der damalige dänische Monarch Friedrich VII. Schleswig Dänemark zu. Daraufhin wurde in Kiel eine provisorische Regierung für Schleswig und Holstein gebildet, was zur ersten deutsch-dänischen Auseinandersetzung führte. Am 13. Juli 1850 endete die preußisch-dänische Landesverwaltung, Schleswig stand als erstes Land wieder unter alleiniger dänischer Hoheit. Der „Frieden von Berlin" im Jahre 1850 regelte, dass ab dem 18. Februar 1852 auch offiziell Holstein, seit dem Wiener Kongress von 1815 dem Deutschen Bund angehörend, unter die dänische Krone fiel. In den nächsten zwölf Jahren waren beide Herzogtümer dänisches Hoheitsgebiet. 1864 kam es dann abermals zum Krieg, und ab 1866 gehörte Schleswig-Holstein zu Preußen.

So ist es kein Wunder, dass die politischen Spannungen auch für die Philatelie nicht ohne Folgen blieben. Als am 15. November 1850 die ersten beiden schleswig-holsteinischen Marken erschienen, gehörten die beiden Herzogtümer zum Königreich Dänemark. Das mag jetzt verwirrend klingen, da Holstein ja offiziell erst ab 1852 der dänischen Krone unterstand. In diesem Moment sei an die drei Professoren erinnert, die sich womöglich mit denselben Zweifeln beschäftigt haben. Fest steht dagegen, dass Schleswig und Holstein seit dem 1. Juli 1850 Mitglieder im Deutsch-Österreichischen Postverein waren. Die ersten schleswig-holsteinischen Postverwaltungen brachten die beiden Postwerte mit einem oval angeordneten Wappenrelief von Schleswig-Holstein und den Buchstaben „S" für Schleswig und „H" für Holstein heraus. Die Wertangabe betrug einen, beziehungsweise zwei Schillinge. Die Marken besaßen nur in Holstein Gültigkeit, da die Verwendungsmöglichkeiten für

6 Schleswig-Holstein und Lauenburg MiNr. 5 ✶. Die 1 1/4-Schilling-Marke vom 1. März 1864 zeigt die Wertangabe im Eichenlaubkranz und weist Randinschriften mit Abkürzungspunkten auf, und beide „I" in „SCHILLING" tragen I-Punkte.

7 Schleswig-Holstein und Lauenburg MiNr. 6 ✶. Die Ausgabe der 1 1/4-Schilling-Marke von Mitte März 1864 unterscheidet sich von der früheren Ausgabe durch fettere Randinschriften ohne Abkürzungspunkte.

8 Schleswig-Holstein und Lauenburg MiNr. 7 ⊙. Die mit Ringstempel entwertete 1 1/4-Schilling-Marke der Ausgabe vom 15. Mai 1864 trägt ebenso die Wertangabe in lauenburgischer Münze. Bei dieser Marke wurde der Durchstich offiziell eingeführt.

9 Schleswig-Holstein und Lauenburg MiNr. 8 ✶. Das waagerechte Paar der 1/2-Schilling-Marke vom 22. Februar 1865 trägt nun die Inschrift „Schleswig-Holstein".

6 7 8

9

Schleswig und Lauenburg schon bald den politischen Ereignissen zum Opfer fielen. Am 26. April 1851 übernahm nämlich die dänische Generalpostdirektion wieder die Postverwaltung in Schleswig und führte dort bereits am 1. Mai die ersten dänischen Freimarken ein. Ein gutes Jahr später standen auch Holstein und Lauenburg erneut unter einheitlicher Verwaltung des dänischen Generalpostdirektors. Ab dem 1. Juli 1853 wurden schließlich auch in diesen beiden Herzogtümern ausschließlich dänische Marken an den Schaltern verkauft.

Die aktive Markenzeit der ersten Schleswig-Holstein-Ausgabe war sogar noch eher beendet. Bereits Ende März 1851, also keine sechs Monate nach Ersterscheinung, musste der Verkauf wegen des vereinten Wappenreliefs „Schleswig-Holstein" infolge der politischen Ereignisse eingestellt werden. Die erheblichen Restbestände wurden später zum Teil von Händlern erworben. Gestempelte Marken sind daher viel seltener als ungebrauchte. Die kurze Haltbarkeitszeit der Erstmarken hatte zur Folge, dass die Postwertzeichen jener Zeit zu einem besonders reizvollen Sammelgebiet avancierten. Dies erklärt sich aus der Tatsache, dass, laut Dr. Ludwig Döring von der Arbeitsgemeinschaft für Postgeschichte und Philatelie von Schleswig-Holstein, in der limitierten Markenzeit weniger als 9.000 Briefe mit den ersten beiden Postwerten frankiert und befördert wurden.

Bis zum Jahr 1864 erschienen in Schleswig, Holstein und Lauenburg unter der Verwaltung des Herzogtums Lübeck ausschließlich dänische Briefmarken. Am 12. Januar 1864 übernahm die Herzogliche Landesregierung in Kiel die Verwaltung des Postwesens in Holstein und Lauenburg. In Schleswig wurde sie am 19. Februar durch das Post-Inspectorat in Flensburg übernommen. Die Ausgabe der ersten Freimarke für Holstein und Lauenburg (MiNr. 5) zu 1 1/4 Schilling erfolgte am 1. März. Mitte März beziehungsweise Anfang April erfolgten die ersten Ausgaben für Schleswig (MiNr. 3 und 4) mit 4-Schilling- und 1 1/4-Schilling-Marken. Am 14. Dezember wurde die Errichtung einer gemeinsamen Postverwaltung für alle drei Herzogtümer, die „Schleswig-Holsteinische Ober-Post-Inspection" in Kiel, verwirklicht. Im Februar 1865 setzte man sich an die Ausgabe gemeinsamer schleswig-holsteinischer Freimarken.

10

11

10 Schleswig-Holstein und Lauenburg MiNr. 6. Brief, von Altona nach Kreuznach adressiert und mit Viererstreifen der 1 1/4 Schilling freigemacht, wurde mit dänischem Dreiringstempel „113" entwertet. Links daneben befindet sich ein deutlicher Ortsstempelabdruck mit Datum 14/6 von „ALTONA".

11 Schleswig-Holstein und Lauenburg MiNr. 10 ✱. Der Schilling-Courant war unterteilt in Sechslinge (=1/2 Schilling) und Dreilinge (= 1/4 Schilling). Da der Dreiling die kleinste Scheidemünze war, konnte eine Marke zu 1 1/3 Schilling gar nicht bezahlt werden. Deshalb wurde die Marke nur zu drei Stück für 4 Schilling verkauft.

Die postalische Vereinigung der Herzogtümer erwies sich dabei als reibungsloser als die politische Zusammenlegung. Infolge der Gasteiner Konvention vom 14. August 1865 kam es am 15. September des gleichen Jahres zur Trennung der bisherigen gemeinsamen Verwaltung: Schleswig wurde fortan von Preußen und Holstein von Österreich verwaltet. Lauenburg wurde gegen eine Entschädigung von 2,5 Millionen Talern von Österreich an Preußen abgetreten. Im November 1865 erfolgte die Ausgabe jeweils neuer Freimarken für Schleswig und Holstein (MiNr. 13 und 19). Ab Mitte des folgenden Jahres besetzten preußische Truppen Holstein und vertrieben die österreichischen Besatzer. Eine gemeinsame Zivilverwaltung unter preußischer Oberpräsidentschaft wurde am 15. Juni eingerichtet. Am 12. Januar 1867 trat Schleswig-Holstein dann schließlich als preußische Provinz der Preußischen Monarchie bei.

Zeitgleich unterstand man von nun an der „Königlich Preußischen Ober-Postdirection" in Kiel. Die bisherigen Bestimmungen für den internen Verkehr blieben bestehen, die eigenen Postmarken wurden weiter verwendet. Auch das Herzogtum Lauenburg wurde jetzt von dieser Behörde geleitet, die Eingliederung in Schleswig-Holstein als „Kreis Herzogthum Lauenburg" dauerte jedoch noch bis Juli 1876. Am 1. Januar 1868 übernahm die Norddeutsche Post das Postwesen in Schleswig-Holstein und Lauenburg. Die eigene Markenzeit Schleswig-Holsteins und Lauenburgs fand ein Ende.

1 Thurn und Taxis MiNr. 1 ✶.
Mit Einführung der Marken konnten alle Briefe und als Briefpost geeignete Muster sowie Streif- und Kreuzbandsendungen in alle Staaten des Deutsch-Österreichischen Postvereins frankiert werden. Die sechs Wertstufen der Thalerwährung zeigen die Ziffer im Quadrat. Ab dem 1. Januar 1854 sollte auch das Bestellgeld von 1/4 Silbergroschen, das bis dahin bar zu entrichten war, mit einer Marke (Bestellgeldmarke) entrichtet werden können.

2 Thurn und Taxis MiNr. 2 ✶.
Als sich mit Wirkung vom 1. Juli 1858 das Porto für Drucksachen von 1/2 auf 1/3 Silbergroschen reduzierte, wurde eine 1/3-Silbergroschen-Marke notwendig.

3 Thurn und Taxis MiNr. 3 ✶.
Die 1/2-Groschen-Marke diente wie die folgenden höheren Wertstufen zur Frankatur von gewöhnlichen Briefen je nach Gewicht und Entfernung.

4 Thurn und Taxis MiNr. 4 ✶.
Die 1-Silbergroschen-Marke konnte zur Freimachung eines Briefes unter 1 Zoll-Loth (=16 2/3 g) in der Entfernungsstufe über 3 bis 15 Meilen verwendet werden.

5 Thurn und Taxis MiNr. 5 ✶.
Die 2-Silbergroschen-Marke war für die Entfernungsstufe 15 bis 30 Meilen bestimmt.

6 Thurn und Taxis MiNr. 6 ✶.
3 Silbergroschen kostete das Porto für Entfernungen über 30 Meilen.

1 2 3
4 5 6

Posthoheit ohne Grenzen

Thurn und Taxis – ein schillernder Name. Zurückzuverfolgen ist die Geschichte der Post-Fürsten bis ins 15. Jahrhundert. Zum 1. Juli 1867 übernahm Preußen dann die gesetzliche Taxis-Post, die geografisch nicht auf ein einziges Land festgelegt war. Für Philatelisten ist Thurn und Taxis damit ein „grenzenlos“ interessantes Sammelgebiet, das nicht nur Briefmarken zu bieten hat, sondern vieles mehr: Ein essenzielles Stück deutscher Postgeschichte wird lebendig.

Die Familie Taxis (auch: Tassis) besaß in Europa zwar umfangreiche Ländereien, nie aber ein eigenes Postgebiet im eigentlichen Sinne einer Landespost. Stattdessen erhielt sie im Namen des Heiligen Römischen Reiches Deutscher Nation von den Kaisern sowie später von einzelnen Fürsten die Verwaltung der Post zu Lehen. Wer von den Anfängen deutscher Postgeschichte spricht und an Postorganisation denkt, meint im Wesentlichen die Arbeit derer von Taxis.

Die aus Cornello bei Bregano stammende Familie hatte sich bereits im venezianischen und päpstlichen Kurierdienst bewährt, als ein Abkommen zwischen Kaiser Maximilian und dem Taxis-Vertreter Johannes Dax 1488 einen Meilenstein deutscher Postgeschichte setzte. Denn der Auftrag des Kaisers an das Haus Taxis lautete, ein Postkursnetz und damit ein verlässliches Botenwesen aufzubauen. Nur rund zehn Jahre später ernannte Maximilians Sohn Philipp, Statthalter der Niederlande und designierter König von Spanien, im Jahr 1501 Franz de Tassis zu seinem Hauspostmeister. 15 Jahre darauf folgte ein weiterer Vertrag, diesmal zwischen dem Sohn Philipps, dem späteren Kaiser Karl V., und dem inzwischen geadelten Franz von Taxis. Als Grundlage für die erfolgreiche Entwicklung des Taxis'schen Postwesens begründeten diese beiden Verträge auch den gesellschaftlichen Aufstieg der Familie.

Mit zwei Erlassen in den Jahren 1595/96 rief Kaiser Rudolf II. ein Reichspostmonopol aus, das zahlreiche deutsche Fürsten allerdings nie anerkannten. Nichtsdestotrotz wurde es wie-

7

7 Thurn und Taxis MiNr. 5, 6. Der Brief von Hamburg nach Java wurde am 8.4.1857 mit Ortsstempelabdruck „HAMBURG.TH.&T." versehen. Er trägt eine attraktive Buntfrankatur mit einem senkrechten Dreierstreifen der 3-Silbergroschen- und einer einzelnen 2-Silbergroschen-Marke, die mit Vierringstempelabdrucken „300" entwertet wurden. Der Stempel „P.P." auf der Vorderseite des Briefes besagt, dass der Absender das erforderliche Porto einschließlich der Zustellgebühr bezahlt hatte. Der Stempel wurde für Briefe nach Frankreich und Belgien benutzt oder wenn deren Weiterleitung durch die Französische Post in andere Länder erfolgen sollte. Die Französische Post versah den Brief mit einem blauen Stempelabdruck des Grenzübergangsstempels „VALENCIENNES".

derum per kaiserlichen Erlass im Jahr 1615 dem Hause Taxis übertragen. Den Namen Thurn und Taxis führte die Familie im Übrigen erst seit dem Jahr 1650, nachdem sie ihre Abstammung vom Mailänder Geschlecht Torriani (della Torre, de la Tour) entdeckt hatte.

Mit dem Ende des Deutschen Reiches im Jahr 1806 erlosch auch das Erbgeneralpostmeisteramt derer von Thurn und Taxis. Sogleich machte sich die Fürstenfamilie daran, mit einigen der deutschen Staaten, die ab 1815 lose im Deutschen Bund zusammengeschlossen waren, Einzelverträge abzuschließen, die ihr die jeweilige Posthoheit des Staates übertrugen. Am 2. August 1850 schloss die Postverwaltung von Thurn und Taxis schließlich einen Vertrag mit Preußen, der den Beitritt zum Deutsch-Österreichischen Postverein sicherte. Das entsprechende Abkommen mit Österreich folgte am 13. April 1851.

Am 1. Januar 1852, als die ersten Taxis-Marken erschienen, gehörten 19 Staaten und Städte zu Postgebiet der Thurn und Taxis, aufgeteilt in zwei Bezirke. Zu Beginn der Markenzeit besorgte die Familie etwa den Postdienst in Hessen, Thüringen, in Lippe und in Hohenzollern. Darüber hinaus waren sie mit eigenen Postämtern in den Hansestädten vertreten, deren Postverwaltungen jeweils gar nicht in der Lage gewesen wären, bestimmt Postkurse zu bedienen.

Im nördlichen Bezirk galt die Thalerwährung (1 Thaler = 30 Silbergroschen = 360 Pfennige), im südlichen Bereich bezahlten die Menschen in Gulden (1 Gulden = 60 Kreuzer). Auch die Postwertzeichen sind also nach diesen Währungen zu unterscheiden. So gab es im Norden die Groschen-Marken, zunächst in sechs Wertstufen von 1/2 bis 3 Silber-

8 Thurn und Taxis MiNr. 7 *.
Die vier Wertstufen (1, 3, 6 und 9 Kreuzer) der Ausgaben in Guldenwährung zeigen die Ziffer im Kreis. Die Marken wurden ebenso wie die der Thalerwährung auf farbigem Papier gedruckt und sind ungezähnt.

9 Thurn und Taxis MiNr. 8 *.
Marken, die wie diese 3-Kreuzer-Marke einen allseits vollrandigen Schnitt haben, sind nicht alltäglich, da der Abstand der Marken im Druckbogen nur 1/4 bis 3/4 mm betrug.

10 Thurn und Taxis MiNr. 9 *.
Bei den 6-Kreuzer-Marken der 1. bis 4. Ausgabe (ungezähnt und farblos durchstochen) ähnelt das „i" in „Postverein" einem „t".

11 Thurn und Taxis MiNr. 10 *.
Diese 9-Kreuzer-Marke, schwarzer Druck auf gelbem Papier, wird der Type II zugeordnet. In der linken Inschrift steht der Buchstabe „s" in „Deutsch" über den Buchstaben „tv" in „Postverein". Sie ist unten überrandig mit einem Teil der Nachbarmarke geschnitten.

12 Thurn und Taxis MiNr. 11 *.
Die 1-Groschen-Marke der Ausgabe von 1853 wurde wegen der schlechten Lesbarkeit der Poststempel auf dem dunkelblauen Papier ihrer Vorgängerin jetzt auf hellen, blauen Papierfarben gedruckt.

13 Thurn und Taxis MiNr. 12 *.
Parallel zur 1-Groschen-Marke erfolgte auch für die 3-Kreuzer-Marke eine Ausgabe mit geänderten hellen Papierfarben.

8 9 10
11 12 13

groschen. Im südlichen Bezirk frankierten die Absender ihre Briefe anfangs mit vier unterschiedlichen Markenwerten – der Nennwert variierte von einem bis neun Kreuzer. Insgesamt gaben die Post-Fürsten von Thurn und Taxis 54 Marken in vierzehn verschiedenen Wertstufen heraus.

Der erste Groschen-Satz (MiNr. 1–6) trägt die Überschrift „Freimarke", in den Seitenrahmen die Schriftzüge „Deutsch-Oestr. Postverein" und „Thurn und Taxis" sowie im Mittelschild und im unteren Rahmen die Wertangabe. Gleiches gilt für die ersten Kreuzer-Ausgaben (MiNr. 7–10). Während sich bei den Groschen-Marken die Wertziffern allerdings im Quadrat auf Wellenlinien befinden, besteht das Motiv der Kreuzer-Marken aus der Ziffer im Kreis auf konzentrischen Wellenlinien.

Wie viele andere altdeutsche Briefmarken-Ausgaben sind auch die Taxis'schen Postwertzeichen heutzutage in postfrischer Erhaltung sehr selten, so dass die Briefmarken-Kataloge die Preise der klassischen deutschen Marken fast ausschließlich nur in ungebrauchter und gestempelter Qualität sowie auf Brief verzeichnen. Generell gilt, dass die frühen Ausgaben der Thurn-und-Taxis-Post überwiegend postalisch verbraucht wurden, ungebraucht in der Regel also teurer sind als gestempelt oder auf Brief. Ausnahmen bestätigen die Regel. Das gilt beispielsweise oft für Ersttagsbriefe. Bei späteren Marken kehrt sich das Verhältnis „ungebraucht = teurer / gestempelt = preiswerter" zumeist um.

Zur Abdeckung des Standardportos erschienen zunächst die Marken zu 1/2, 1, 2 und 3 Groschen (1, 3, 6 und 9 Kreuzer). Zur Frankierung von Ortsbriefen beziehungsweise Bitt- oder Behördenbriefen musste für den nördlichen Bezirk anschließend die 1/4-Silbergroschen-Marke (MiNr. 1) geschaffen werden, die am 1. Januar 1854 erschien. Der südliche Bezirk hatte diese Portostufe direkt als Teil der Erstausgabe am 1. Januar 1852 mit der 1-Kreuzer-Marke abgedeckt.

14

15

14 Thurn und Taxis MiNr. 25, 34. Dekorativer Auslandsbrief nach Mexiko, freigemacht mit senkrechtem 2-Kreuzer-Paar und Dreier-Blockstück der 30-Kreuzer-Marke. Die Entwertung erfolgte mit Vierringstempel „104", daneben wurde der Einkreisstempel „DARMSTADT 14/10" abgeschlagen. Außerdem trägt der Brief den roten „PD-Stempel" (Porto bis zum Bestimmungsort bezahlt), der überlagert wird vom schwarzen „PP-Stempel" (Porto bezahlt). Taxisbriefe, die durch Frankreich in andere Länder befördert wurden, erhielten einen französischen Grenzübergangsstempel mit der Bezeichnung „Tour-T.", dem Grenzort , hier: „STRASBOURG" und dem Datum „15. OCT. 65".

15 Thurn und Taxis MiNr. 45. Brief von Rinteln nach Weibeck bei Oldendorf, frankiert mit einem waagerechten Paar der 1/4-Silbergroschen-Marke mit deutlich erkennbarem farbigen Durchstich. Entwertet wurde das Paar mit Vierringstempel „58", links daneben befindet sich der nur schwer lesbare Ortsstempel von Rinteln.

Das Sammelgebiet Thurn und Taxis bietet wunderschöne Buntfrankaturen, waren doch alle Briefmarken-Ausgaben des Fürstenhauses bis zum 30. Juni 1867 parallel gültig.

Bedingt durch die kriegerischen Ereignisse des Jahres 1866 erwarb schließlich Preußen gegen eine Entschädigung von drei Millionen Thaler das gesamte Thurn und Taxis'sche Postwesen. Die 19 Thurn und Taxis'schen Postgebiete gingen dann an den Norddeutschen Bund über.

Damit war diese Übergabe einer Postverwaltung aus privater Hand in Staatsbesitz ein bedeutsamer Schritt zur Entwicklung der Deutschen Reichspost.

1

2

1 Württemberg MiNr. 1 ✶. Am 15. Oktober 1851 gab das Königreich Württemberg nach erfolgtem Beitritt in den Postverein seine ersten Briefmarken – in Anlehnung an die Gestaltung der im Mai 1851 erschienenen badischen Marken – heraus. In schwarzem Druck auf farbigem Papier wurden vier Werte zu 1, 3, 6 und 9 Kreuzer verausgabt. Mit der 1-Kreuzer-Marke konnte das Porto für Ortsbriefe und auch für Orte bis zu einer Meile Entfernung entrichtet werden.

2 Württemberg MiNr. 2 ✶. Da die Restbestände der ungebrauchten Marken der ersten Ausgabe am 27.1.1859 vernichtet wurden, bedeutet dieser ungebrauchte Sechserblock der 3-Kreuzer-Marke eine Seltenheit.

Die letzte „Königin Altdeutschlands"

Vor über 150 Jahren, am 15. Oktober 1851, erschienen die ersten Briefmarken im damaligen Königreich Württemberg. Das beliebte altdeutsche Sammelgebiet im Südwesten Deutschlands ist ein Ausnahmefall, behielt es doch auch nach Eintritt in das Deutsche Reich Teile seiner Posthoheit und gab bis 1920 Briefmarken heraus. In der so genannten klassischen Kreuzer-Zeit bis zur Einführung von Pfennig und Mark im Jahr 1875 waren es bereits 43 an der Zahl, darunter auch die letzte „Königin" Altdeutschlands.

Insgesamt erschienen in Württemberg 281 Briefmarken, darunter 181 ausschließlich für Dienstsachen von Gemeinden und staatlichen Behörden. Hinzu kommen als Spezialität die auch aus Alt-Bayern bekannten Retour- und Telegraphenmarken. Württemberg bietet damit eine Vielzahl an Sammelmöglichkeiten und Varianten, so dass der Spezial-Katalog den Marken-Ausgaben des Königreichs und der späteren Republik insgesamt über 40 Seiten widmet. Ein spezieller Handbuch-Katalog verzeichnet außerdem nichts anderes als Plattenfehler von Alt-Württemberg.

Zum 1. September 1851 trat das erstmals 1081 urkundlich erwähnte Württemberg, das 1805 zum souveränen Königreich erhoben worden war, dem Deutsch-Österreichischen Postverein bei. Der Herausgabe eigener Postwertzeichen stand somit nichts mehr im Weg. Zuvor war der Postbetrieb von Thurn und Taxis geführt worden. Da die Zeit drängte, entschied man sich in der Motivfrage nach dem Vorbild der ersten Marken-Ausgabe des benachbarten Großherzogtums Baden für eine eher schlichte Ziffernlösung, gedruckt in Schwarz auf unterschiedlich farbigem Papier. Eine große Ziffer in einem auf die Spitze gestellten Quadrat ist das bestimmende Element des Markenbildes. Die Ausgabe wird deshalb auch „Ziffernquadrat" genannt.

3

3 Württemberg MiNr. 1.
Der Brief von 1854 wurde richtig frankiert mit einem senkrechten Dreierstreifen der 1-Kreuzer-Marke, strohgelb, Ausgabe von 1851. Die Entwertung erfolgte mit schwarzem Kreisstempel „NÜRTINGEN 19 JUN 1854 7–12". Die Marken in Type III weisen das für diese Farbnuance typische, ganz dünne, lockere, nur schwach geleimte Papier auf, das bei einem kleinen Teil der 3. Druckauflage Verwendung fand. Dieser vollrandige, überdurchschnittlich schöne Dreierstreifen auf dem weißen, ungefalteten Brief wird von Experten als Württemberg-Seltenheit deklariert.

4

5

6

Die erste Ausgabe vom 15. Oktober 1851 umfasste vier Werte von einem bis neun Kreuzer, gefolgt im Juli 1852 von dem relativ hohen Ergänzungswert zu 18 Kreuzer. An ihm lässt sich die hohe Wirtschaftskraft Württembergs ablesen, denn es wurde eine Frankatur für schwergewichtige Sendungen, Auslandsbriefe und Sonderdienste wie Express- und Wert-Sendungen benötigt. Ein normaler Brief von einem Loth (etwa 15 Gramm) kostete dagegen auch auf größeren Entfernungen von über 12 Meilen innerhalb ganz Württembergs nur sechs Kreuzer Porto.

Mit zwei Millimetern weisen die Einzelmarken auf dem Bogen einen relativ großen Abstand auf. Die Qualitätsanforderungen sind hoch, denn Marken mit vollem Rand sind am meisten gefragt. Angeschnittene Stücke gelten als eher minderwertig. Besonders diese erste Serie Württembergs lässt sich stark spezialisiert sammeln. Bei den mit 18 Millionen Stück vergleichsweise hohen Auflagen treten zahlreiche Unterschiede der Farben und des Papiers auf.

Für die zweite Freimarkenserie wählten die Württemberger ihr Staatswappen als Motiv. Von Spezialisten wird sie deshalb „Wappenformat" genannt. Ursprünglich ungezähnt und auf Papier mit Seidenfaden als Echtheitsmerkmal gedruckt (MiNr. 6–10), ließ man später bei der Herstellung der Marken zunächst den Seidenfaden weg (MiNr. 11–15) – die Wappenzeichnung und ein ausgefeilter Prägedruck machte Fälschern das Leben genügend schwer – und gab die Marken ab 1860 nicht mehr geschnitten, sondern gezähnt heraus (MiNr. 16–24). In anschließenden Ausgaben folgten Farb- und Wertstufenänderungen, Variationen mit Durchstich sowie ein neues Motiv, die „Ziffer im Oval" (MiNr. 36–41 und 43).

4 Württemberg MiNr. 3 ✶. Das waagerechte Paar der 6-Kreuzer-Marke zeigt sehr schön den Markenabstand von 2 mm.

5 Württemberg MiNr. 4 ✶. Die 9-Kreuzer-Marke war zur Frankatur höherer Gewichts- und Entfernungsstufen vorgesehen.

6 Württemberg MiNr. 5 ✶. Nach Ablauf des ersten Markenjahrs wurde der Druck einer 18-Kreuzer-Marke angeordnet, weil die Post ins Ausland nun eine Frankatur bis zum Zielort erforderte. Die Marke erschien im Juli 1852.

7 Württemberg MiNr. 6 ✶. Dem Ziffernmotiv der ersten Ausgabe folgte im Oktober 1857 das Württemberger Wappen. Der kombinierte Buch- und Prägedruck erfolgte auf Papier mit waagerechtem, orangegelbem Seidenfaden. Da der Abstand der Seidenfäden voneinander 22 bis 25 mm betrug und man sicherstellen wollte, dass jede Marke einen Faden bekam, musste der Abstand der Marken voneinander entsprechend verringert werden. Dies führte bei dieser Ausgabe dazu, dass allseits vollrandig geschnittene Marken sehr selten sind.

8 Württemberg MiNr. 7 ✶. Diese 3-Kreuzer-Marke ist an drei Seiten voll- bis überrandig, oben mit Teil der Nachbarmarke und an einer Seite berührt.

9 Württemberg MiNr. 8 ✶. An der rechten Seite berührt, aber an drei Seiten vollrandig, zeigt die 6-Kreuzer-Marke am unteren Rand noch einen kleinen Teil der Nachbarmarke.

10 Württemberg MiNr. 9 a ✶. Der ungebrauchten 9-Kreuzer-Marke wurde die Echtheit nach Prüfung durch das „EXPERT COMMITTEE" der „The Royal Philatelic Society London" bescheinigt.

11 Württemberg MiNr. 10 ✶. Die 18-Kreuzer-Marke ist vollrandig, weist am unteren Rand einen Teil der Nachbarmarke auf und ist als Randstück dieser Ausgabe ein seltenes Exemplar.

12 Württemberg MiNr. 5. Überseebrief von Stuttgart nach St. Louis/USA adressiert, wurde mit einer Mehrfachfrankatur von 5 x 18 Kreuzern freigemacht. Die Marken wurden mit Zweikreisstempel „STUTTGART 22 APR. 1856 11 – 2" entwertet. Der Brief stellt eine Rarität dar und gehörte zur weltbekannten Sammlung des Milliardärs Maurice Burrus.

7 8 9 10

Die bekannteste Marke Württembergs zeigt aber das Wappenmotiv. Erschienen im Januar 1873, benutzten vor allem Firmen die berühmte 70 Kreuzer (MiNr. 42) als Höchstwert des Landes, um besonders schwere Sendungen und Wertbriefe freizumachen. Aufgrund des hohen Wertes wurde die Marke als erste deutsche Ausgabe nur im Kleinbogen zu jeweils sechs Stück und nicht, wie üblich, zu 60 oder 100 Exemplaren pro Bogen gedruckt. Sie wurde nicht an Postbenutzer abgegeben, sondern nur vom Schalterbeamten verklebt. Bei einer Auflage von nur etwa 24.000 Stück gilt dieses Postwertzeichen heute als ein Spitzenstück nicht nur der klassischen Philatelie, sondern der Deutschland-Philatelie insgesamt, eben als die letzte „Königin Altdeutschlands". Sie wird in einem Atemzug mit der schwarzen Bayern Nr. 1 und dem roten Sachsen-Dreier genannt. Schöne, breitrandige Stücke mit guter Prägung sind sehr selten zu finden.

Bereits 1869 waren die ersten Werte der achten Württemberg-Ausgabe erschienen. Die „Ziffer im Oval" wird von Spezialisten auch „Eirund-Ausgabe" genannt. Die Zeichnung mit einer von einem Schriftband umschlossenen Ziffer sollte später bei den Kreuzer-Ausgaben des Norddeutschen Postbezirks nochmals wieder auftauchen. Am 1. Juli 1875 endete die Kreuzer-Zeit in Württemberg. Die „Eirund-Marken" wurden auf Pfennige umgestellt, denn das Königreich war 1871 in das zweite deutsche Kaiserreich eingetreten. Bei Sammlern ist der Ausgang der Kreuzer-Zeit besonders beliebt, denn durch die Industrialisierung und eine starke Auswanderungswelle, insbesondere in die Vereinigten Staaten von Amerika, entstanden mit dieser Ausgabe schöne Übersee-Korrespondenzen, die sich gut zusammentragen lassen.

11

12

13

14

13 Württemberg MiNr. 24 ✶. Die 9-Kreuzer-Marke gehört zu der weit gezähnten Wappenmarken-Ausgabe von 1862.

14 Württemberg Essay-Umschlag. Im Jahre 1858 gingen der württembergischen Postverwaltung von dem Buchdruckereibesitzer W. Helfferich aus Stuttgart Entwürfe zur Gestaltung von Umschlägen mit eingedrucktem Wertstempel zu. Die so genannten „Helfferich-Essays" in fünf verschiedenen Formaten tragen jeweils links oben einen kreisrunden Wertstempel (Durchmesser 31 mm) mit dem württembergischen Wappen und der Inschrift „KÖN. WÜRTTEMBERG'SCHE FREIMARKE DREI KREUZER". Links oberhalb des Wertstempels befindet sich ein fortlaufender Überdruck „Württembergisches Post-Couvert Neun Kreuzer". Die Entwürfe wurden jedoch abgelehnt. Später kamen die abgelehnten Exemplare teilweise in unbefugte Hände und wurden als Frankatur benutzt. Dieser abgebildete Essay-Umschlag hat das Format 142 x 78 mm und weist einen karminroten 3-Kreuzer-Wertstempel auf. Er trägt den Reifstempel „STUTTGART" und wurde unbeanstandet (kopfstehend beschriftet) von Stuttgart nach Mühl am Neckar versandt. Er ist „echt gelaufen".

Spät verzichtete das auf seine Eigenständigkeit pochende Württemberg erst im April 1902 auf die Herausgabe eigener Freimarken. Sie konnten in Mischfrankaturen mit Postwertzeichen des Deutschen Reiches noch bis zum 31. Dezember 1902 im gesamten Reichsgebiet aufgebraucht werden. Bei den Pfennig-Werten treten eine Reihe von Farbunterschieden und Plattenfehlern auf, die sehr spezialisiert gesammelt werden können. Viele von ihnen sind jedoch auch heute noch ohne größere Schwierigkeiten zu bekommen. Bei den Prägedrucken der Wappen- und „Eirund"-Ausgaben muss jedoch darauf geachtet werden, dass sie durch das Ablösen „flach" werden können, also die Prägung verlieren.

Eine Besonderheit stellen die seit 1875 herausgegeben Dienstmarken dar. Sie wurden einerseits von Gemeindebehörden, andererseits von staatlichen Stellen eingesetzt und behielten über den 31. Dezember 1875 hinaus ihre Gültigkeit. Die voranschreitende Geldentwertung in der Inflation erschwerte letztlich jedoch die Verwendung der Dienstmarken mit der

15 16 17

18

15 Württemberg MiNr. 36 ✶.
Die Ausgabe von 1869 (Eirund-Ausgabe) zeigt mit der Wertziffer im Oval ein neues Markenmotiv.

16 Württemberg MiNr. 37 ✶.
Im Dezember 1872 erschien mit der 2-Kreuzer-Marke eine neue Wertstufe, die dem Porto für eine gewöhnliche Streifbandsendung ins Ausland entsprach.

17 Württemberg MiNr. 41 ✶.
Da zunächst nur die Wertstufen zu 1, 3 und 7 Kreuzer verausgabt wurden, war die Frankatur einer höheren Portostufe etwas umständlich, deshalb wurde noch ein 14-Kreuzer-Wert geschaffen.

18 Württemberg MiNr. 42 ✶.
Da die vorhandenen Werte zur Frankatur von schweren Auslandspostsendungen nicht ausreichten, wurde die Einführung eines 70-Kreuzer-Wertes (als Innendienstmarke) im Januar 1873 notwendig. Aus Ersparnisgründen wählte man das Muster der Wappenmarke. Zunächst nur für die Briefpost vorgesehen, wurde die Marke am 20.1.1874 auch zur Frankierung bei der Fahrpost (Wertbriefe, Pakete) freigegeben. Die Attraktion der 70-Kreuzer-Marke liegt in ihrem hohen Nennwert, der im Bereich der Kreuzer-Währung sonst nirgendwo erreicht wurde.

Inschrift „Portopflichtige Dienstsache" oder „Bezirksmarke". Obwohl das Land, nunmehr „Volksstaat Württemberg", zum 1. April 1920 auf sein Postregal vollständig verzichtete, kamen solche Marken noch bis Spätherbst 1923 zum Einsatz. Die Gebrauchsmöglichkeiten schrumpften jedoch erheblich, so dass sie auf Bedarfsbriefen recht selten anzutreffen sind.

Die Aufgabe des Postregals erfolgte nicht ohne Wehmut. Die letzte Dienstmarken-Ausgabe vom 25. März 1920 demonstriert ein Stück Heimattreue, zeigt sie doch erstmals keine Ziffern und Ornamente, sondern Ansichten der Städte Stuttgart, Ulm, Tübingen und Ellwangen. Diese Ausgabe erhielt schnell den Beinamen „Abschiedsausgabe". Sie sind rechtlich gesehen bereits Ausgaben der Reichspost, werden aber im Katalog unter Württemberg registriert, weil sie nur hier abgegeben wurden.

Vielfältig stellen sich die Ganzsachen der Königlich Württembergischen Post dar. Bereits 1862 wurden Umschläge mit einem achteckigen Wertstempel der „Eirund-Ausgabe" aufgelegt. Den „Post-Couverts" folgte eine Reihe von Postanweisungen, Drucksachen und Postkarten in verschiedenen Varianten. 1874 wurde die erste Paketkarte mit einem achteckigen Wertstempel, der groß das Landeswappen zeigt, aufgelegt. Auch Dienstumschläge für Gemeinden und staatliche Behörden sind katalogisiert. Zu den Spezialitäten gehören eigene Ganzsachen des Straßenmeisteramtes, der Universitätsbibliothek Tübingen und der Versicherungsanstalt Württemberg.

Bei den Retourmarken handelt es sich um Verschlussmarken für unzustellbare Sendungen, die zum Zwecke der Absenderfeststellung amtlich geöffnet wurden. Sie wurden auf die Verschlussklappe geklebt, aber nicht abgestempelt. Da es sich nicht um Marken zur Begleichung einer Postgebühr handelt, werden sie nicht im Detail katalogisiert. Eine breite Darstellung ist jedoch in einem privaten „Handbuch Retourverschlussmarken" und in den Mitteilungsblättern der Arbeitsgemeinschaft Württemberg enthalten.

Telegrafenmarken erschienen erstmals 1875. Sie wurden meistens mit der Schere aus dem Bogen geschnitten. Mit besonderen Telegrafenstempeln wurden sie entwertet. Gebrauchte

19

20

19 Württemberg MiNr. 41, 42. Paketkarte von 1873, die von Stuttgart nach Paris gesandt wurde. Das Porto von 84 Kreuzern wurde vom Schalterbeamten mit einer 70-Kreuzer- und einer 14-Kreuzer-Marke als Mischfrankatur verklebt. Die Entwertung der Marken erfolgte mit schwarzen Fächerstempelabdrucken (Fahrpoststempel) „STUTTGART 1 SEP. 9". Neben dieser Frankatur weist die Paketkarte noch zwei französische Gebührenmarken auf.

20 Württemberg MiNr. 281 ⊙. Zur späteren Erinnerung an den Übergang der württembergischen Post an das Reich gab es auch für den „Amtlichen Verkehr" vom 25. bis 31. März 1920 die so genannte „Abschiedsausgabe" mit zehn Wertstufen von 10 Pf. bis zum Höchstwert von 3 Mark.

Marken riss man von Telegrafen-Formularen herunter, die vernichtet werden mussten. Deshalb sind gebraucht nur sehr wenige einwandfreie Marken erhalten. Ganzstücke, also komplette Formulare mit Marke, sind überhaupt nicht bekannt. Die Telegrafenmarken verloren bereits am 30. Juni 1861 ihre Gültigkeit.

Mit dem Auslaufen der württembergischen Dienstmarken beendete das letzte der den altdeutschen Staaten zugerechnete Land seine postalische Existenz. Ab jetzt galten für den gesamten öffentlichen Postdienst und für die Behördenpost nur noch einheitliche Ausgaben des Deutschen Reiches.

1 2 3
4 5 6

1 Norddeutscher Postbezirk MiNr. 1 ✶. Beim Inkrafttreten des „Gesetzes über das Postwesen des Norddeutschen Bundes" am 1. Januar 1868 gab es im ganzen Deutschen Reich nur noch vier deutsche und zwei außerdeutsche Postverwaltungen. Da im Norden und Süden Deutschlands verschiedene Währungen galten, kamen parallel sechs Marken in Talerwährung (für den nördlichen Bezirk) und fünf Marken in Guldenwährung (für den südlichen Bezirk) heraus. Der geringste Wert von 1/4 Groschen konnte in Braunschweig und im Thaler-Bezirk von Thurn und Taxis als Einzelfrankatur für Ortsbriefe und Ortsdrucksachen verwendet werden.

2 Norddeutscher Postbezirk MiNr. 2 ✶. Der 1/3 Groschen fand ebenfalls Verwendung als Frankatur für Ortsdrucksachen in Hannover, Bremen, Lübeck, Oldenburg, Sachsen, Preußen, Mecklenburg-Schwerin und Mecklenburg-Strelitz.

3 Norddeutscher Postbezirk MiNr. 3 ✶. Der 1/2 Groschen diente in einigen Postgebieten zur Freimachung von Ortsbriefen und als Zusatzfrankatur.

4 Norddeutscher Postbezirk MiNr. 4 ✶. Der gewöhnliche Brief bis 1 Loth im Inland (ohne Orts- und Landzustellbezirke) kostete einen Groschen.

5 Norddeutscher Postbezirk MiNr. 5 ✶. Der 2-Groschen-Wert wurde bei höheren Gewichtsstufen für Briefe und Drucksachen fällig.

6 Norddeutscher Postbezirk MiNr. 6 ✶. Der höchste Wert der ersten Ausgabe lautete auf 5 Groschen. Er wurde für die Freimachung von Briefen mit besonderen Versendungsformen wie Eilzustellung und Wert verwendet.

Auf dem Weg zum geeinten Reich

Es waren unruhige Zeiten in der Mitte des 19. Jahrhunderts: In den Reichstag wurden zum Schrecken des Landadels immer mehr Liberale gewählt, die sich anmaßten, eine Stärkung des Militärs abzulehnen. Sogar die unterste Klasse begehrte auf und gründete 1863 unter der Führung eines gewissen Ferdinand Lassalle den Allgemeinen Deutschen Arbeiterverein. Die Obrigkeit beschäftigte sich lieber mit der Kriegsführung. So ließ der Deutsche Bund unter der Führung Preußens 1864 die Waffen sprechen, als der Streit um Schleswig und Holstein eskalierte.

Gemeinsam mit Österreich zogen König Wilhelms Truppen gegen Dänemark in den Krieg. Schleswig und Holstein sowie Lauenburg fielen an Preußen und Österreich. Doch zwischen Berlin und Wien brach Streit aus, der nunmehr zum Krieg zwischen Preußen und Österreich führte. Als am 26. Juli 1866 nach vier verlustreichen Monaten die Waffen schwiegen, hatte Preußens Ministerpräsident Otto von Bismarck durch geschicktes diplomatisches Taktieren Österreich ins Abseits gedrängt. Der Deutsche Bund war zerschlagen.

Ein neuer Zusammenschluss musste her, um der anhaltenden Kleinstaaterei wenigstens im Ansatz Einhalt zu gebieten. Die neue Verfassung für den Norddeutschen Bund wurde mittels Staatsverträgen von 22 deutschen Staaten und Hansestädten anerkannt. Sie konnte zum 1. Juli 1867 in Kraft treten. In der neuen Verfassung war auch die Verwaltung des Postwesens als „einheitliche Staatsverkehrsanstalt" geregelt. Mit den folgenden Gesetzen über das Postwesen und das Posttaxwesen vom 2. und 4. November 1867 wurden die Postverwaltungen im Norddeutschen Bund zum „Norddeutschen Postbezirk" (NDP) zusammengefasst.

Dazu gehörten die Preußische Post mit Anhalt und Waldeck-Pyrmont einschließlich Hannover, Schleswig-Holstein und Lauenburg, das gegen Entschädigung übernommene Thurn- und Taxis'sche Postgebiet, die sächsische Post mit Sachsen-Altenburg, die Post von Mecklenburg-Schwerin und -Strelitz sowie die Post von Hamburg, Braunschweig, Oldenburg, Bremen und Lübeck. Mit den südlich des Mains gelegenen Provinzen Rheinhessen und Starkenburg des Großherzogtums Hessen verfügte die Norddeutsche Bundespost sogar über Postgebiete, die staatlich erst am 15. November 1870 dem Bund beitreten sollten.

7

Die Gesetze über das Postwesen und über das Posttaxwesen traten am 1. Januar 1868 in Kraft und beendeten ein halbes Jahr nach Gründung des Norddeutschen Bundes die Tätigkeit der bisher selbstständigen Postverwaltungen. Zu Beginn bediente die Norddeutsche Bundespost mit 4.489 Postverkehrsanstalten über 30 Millionen Menschen, die allerdings nicht alle glücklich darüber waren, dass anstelle der gewohnten Landespost die preußisch dominierte Postverwaltung getreten war. Der Schmerz konnte gemildert werden: mit Geld. Artikel 52 der Bundesverfassung verpflichtete die neue Postverwaltung, den zum Bund gehörenden Staaten einen prozentualen Anteil am Gewinn der Post zu zahlen. Allerdings wurden anfangs keine Überschüsse erzielt. Generalpostdirektor Philipsborn musste 1868 einen Verlust von 138.617 Talern bilanzieren. Bis 1871 stieg der Reingewinn dann allerdings steil auf 3.472.455 Taler an.

Zum Jahreswechsel 1867/68 endete neben der Existenz zahlreicher kleiner Postverwaltungen auch die des 1850 gegründeten Deutsch-Österreichischen Postvereins. An dessen Stelle traten neue Einzelverträge mit anderen deutschen Staaten und Österreich. Einen Weltpostverein gab es schließlich noch nicht. Innerhalb des gesamten Vertragsstaaten-Gebietes wurden Sendungen zum jeweiligen Inlandsporto des Absendergebietes im „Wechselverkehr" ausgetauscht und befördert. Auch mit den Vereinigten Staaten von Amerika, Norwegen und Dänemark wurden früh Verträge geschlossen. In Letzterem verzichtet der König von Dänemark für alle Zeiten auf die Postrechte in Hamburg und Lübeck, die nun vom Norddeutschen Bund übernommen wurden. Dafür gab es eine Entschädigung von 220.000 Talern.

Als erste Abteilung im Bundeskanzleramt Otto von Bismarcks in Berlin war die Post des Norddeutschen Bundes unmittelbar der politischen Verwaltung unterstellt. Die Leistungen können sich sehen lassen: Die für die damalige Zeit unvorstellbare Anzahl von Postsendungen stieg in nur vier Jahren von 504 Millionen (1868) auf 703 Millionen (1871). Dabei wurde die Zahl der Poststellen im gleichen Zeitraum von 4.489 auf 4.927 ausgedehnt. Die Eröffnung des ersten Auslandspostamtes in Constantinopel, dem heutigen Istanbul, erfolgte am 1. März 1870. Der Personalbestand stieg von 42.721 im Jahr 1868 auf 46.523 Personen. Die Statistik verzeichnet 15.567 Beamte, 23.961 Unterbeamte, 1.278 Posthalter und 5.717 Postillione im Dienste der Post.

7 Norddeutscher Postbezirk MiNr. 26. Am 1. März 1869 erschienen Freimarken für den Innendienst zu 10 und 30 Groschen, deren Verkauf an das Publikum nicht gestattet war. Für die Federzugentwertung dieser Marken war ausdrücklich schwarze Tinte vorgeschrieben, ferner musste der Entwertungvermerk den Namen der Postanstalt und das Datum aufweisen. Hier handelt es sich um eine hohe Frankatur mit 15 x 30 Groschen auf Briefstück, die sich aus einem 14er Bogenteil und einer Einzelmarke zusammensetzt, versehen mit dem Vermerk: „Berlin 24/4 69".

8 Norddeutscher Postbezirk MiNr. 7 ✶. Die Ausgabe für den südlichen Bezirk zeigt die Wertziffer im Oval und die Währungsangabe in Kreuzer. In Baden und im Gulden-Bezirk von Thurn und Taxis diente die 1-Kreuzer-Marke als Ortsporto für Briefe und Drucksachen im Stadtzustellbezirk.

9 Norddeutscher Postbezirk MiNr. 8 ✶. Die 2-Kreuzer-Marke fand Verwendung als Einzelfrankatur auf Ortsbriefen nach den Landzustellbezirken.

10 Norddeutscher Postbezirk MiNr. 9 ✶. Mit der 3-Kreuzer-Marke konnte ein Brief bis 1 Loth im Inland freigemacht werden.

11 Norddeutscher Postbezirk MiNr. 10 ✶. Der 7-Kreuzer-Wert fand häufig Verwendung in Mischfrankaturen, deren hohe Portostufen sich aus Gewicht, Entfernung und besonderen Versendungsformen errechneten.

12 Norddeutscher Postbezirk MiNr. 11 ✶. Mit der 18-Kreuzer-Marke konnte die Beförderungsgebühr für einen Wertbrief über eine Entfernung von 50 Meilen hinaus entrichtet werden.

13 Norddeutscher Postbezirk MiNr. 12 ✶. Ebenfalls am 1. Januar 1868 wurde die Stadtpostmarke für Hamburg im Wert von 1/2 Schilling herausgegeben. Sie ist in der Zeichnung den Kreuzermarken sehr ähnlich, trägt abweichend in der Inschrift den Vermerk „STADTPOSTBRIEF HAMBURG" und keine Wertangabe. Die Freie und Hansestadt Hamburg behielt die Währung 1 Mark Courant = 16 Schillinge.

8 9 10
11 12 13

Die bedeutendste Leistung der Norddeutschen Bundespost ist die Einführung einheitlicher Gebühren. Bei keineswegs einheitlicher Währung – im Norden galten Thaler und Groschen, im Süden Gulden und Kreuzer – wurde die preußische Thalerwährung zur Tarifgrundlage erklärt. In Gebieten anderer Münzwährung mussten die Portobeträge möglichst genau umgerechnet werden. So war für einen einfachen Brief bis zu einem Gewicht von einem Loth (ca. 16 Gramm) von Postort zu Postort auf alle Entfernungen ein Silbergroschen zu zahlen. Das entsprach zum Beispiel im Großherzogtum Hessen drei Kreuzern. Für die Bezahlung von Sendungen innerhalb des Gebietes einer Aufgabe-Postanstalt fehlte allerdings noch die einheitliche Gebühr. Stadtpost wurde bis Januar 1871 nur an Orten angenommen, die über eine Stadtpostanstalt verfügten.

Da die Marken verschiedene Regierungen zufriedenstellen mussten, wählte man ein einfaches Ziffernmotiv mit rundem Schriftband ohne staatliche Hoheitszeichen. Die Freimarken wurden nach Entwürfen von C. Schwatlo in der preußischen Staatsdruckerei in Berlin im Buchdruck hergestellt. Sie wurden nicht mehr mit der Schere aus dem Bogen geschnitten, Durchstiche ermöglichten eine saubere Trennung. Am 1. Januar 1868 kamen im Norden die ersten sechs Groschen-Werte, im südlichen Bereich fünf Kreuzer-Werte an die Postschalter. In Hamburg kam eine Stadtpostmarke zu 1/2 Schilling hinzu, eine Währung, die nirgends sonst im Norddeutschen Postbezirk anzutreffen war.

Für Pakete und Sendungen mit hohem Porto wurden am 1. März 1869 zwei Marken zu 10 und 30 Groschen eingeführt. Sie glichen den bis dahin verwendeten preußischen Marken gleicher Wertstufe bis ins Detail. Mischfrankaturen beider Ausgaben waren erlaubt. Aufgrund des großen Geltungsbereiches und hoher Auflagen sind lose NDP-Freimarken heute relativ leicht zu beschaffen. Auch Einheiten wie Dreier- und Viererstreifen sowie Viererblocks erreichen nicht die Seltenheit von Ausgaben kleiner Staaten.

Mit Gesetz vom 5. Juni 1869 wurden im Norddeutschen Bund die meisten Portofreiheiten, sogar die der staatlichen und kirchlichen Behörden, zum 1. Januar 1870 abgeschafft. Zur Frankierung der Dienstkorrespondenz wurden die ersten Dienstmarken in Groschen (5 Werte) und Kreuzer (4 Werte) herausgegeben. Sie galten zwar im gesamten Postgebiet,

14

wurden jedoch nicht überall verwendet. In einigen Ländern gab es nämlich Vereinbarungen mit der Postverwaltung über die pauschale Bezahlung bestimmter Gebühren. Die Kennzeichnung solcher Sendungen erfolgte durch handschriftliche Vermerke, Aversstempel oder Klebezettel.

Die Einführung eines Formulars zu offenen Mitteilungen, das dem Publikum den Schriftverkehr erleichtern sollte, hatte der damalige Geheime Postrat Heinrich von Stephan bereits im Oktober 1865 vorgeschlagen. Diese Idee fand beim damaligen preußischen Generalpostdirektor von Philipsborn aus „sittlichen Gründen" keine Billigung. Erst nachdem Stephan zum Nachfolger ernannt war, setzte er ab 1. Juli 1870 die Correspondenzkarte durch. Sie wurde sofort ein voller Erfolg, obwohl zunächst Briefporto verlangt wurde. Mit Beginn des Deutsch-Französischen Krieges wurde sie auch als Feldpostkarte zugelassen und schon bald in zwei Formen als eigene „Feldpost-Correspondenzkarte" (eine an Soldaten im Feld und eine von Soldaten an der Heimat) gedruckt.

Im Deutsch-Französischen Krieg 1870/71 brachte die Norddeutsche Postverwaltung für die Wiederaufnahme des zivilen Postverkehrs in den besetzten französischen Gebieten die in Berlin gedruckten Okkupations-Freimarken in französischer Währung heraus. Sie galten im besetzten Nordfrankreich nur, bis ab März 1871 der zivile Postverkehr wieder von den Franzosen erledigt wurde. In Elsass-Lothringen galten die Besetzungsmarken noch bis zum 31. Dezember 1871.

Die Ausrufung des Deutschen Reiches in Versailles zum 4. Mai 1871 läutete das Ende der Norddeutschen Bundespost nach nur vier Jahren ein. Noch im Mai 1871 wurde sie in Deutsche Reichs-Post umbenannt. Die NDP-Marken verloren am 31. Dezember 1871 ihre Gültigkeit. Sie wurden von ersten Brustschildmarken des Deutschen Reiches abgelöst.

14 Norddeutscher Postbezirk MiNr. 20, 21, 23. Begleitbrief zu einem Paket von Gießen nach Stettin mit einem Gewicht von 6 Pfund 25 Loth (= 3.417 g). Das Porto betrug 11 3/4 Groschen oder 41 Kreuzer. Trotz des vorhandenen Paketaufklebers vergab man in Stettin noch eine Eingangsregistriernummer „325". Zugestellt wurde nur der Begleitbrief durch den Briefträger. Der Empfänger holte das Paket später beim Postamt ab. Die Ausgabe wurde mit dem Stempel „AUSG. 23/12" vorderseitig auf dem Begleitbrief dokumentiert.

1

2

3

1-5 DR MiNr. 1-5 ✶. Nach der Reichsgründung brachte die Reichspost am 1. Januar 1872 neue Wertzeichen in Taler- und Guldenwährung heraus, die als Motiv den Reichsadler mit einem Brustschild zeigten. Auf diesem Schild war zunächst der preußische Adler abgebildet. Die gezähnten Marken wurden in der Preußischen Staatsdruckerei in Berlin im kombinierten Buch- und Prägedruck hergestellt. Die Ausgaben in Talerwährung umfassten sechs Wertstufen zu 1/4, 1/3, 1/2, 1, 2 und 5 Groschen als Höchstwert. Größere Einheiten wie diese ungebrauchten Viererblöcke sind bereits recht selten.

Adler für Preußen und Kaiserreich

Am 2. September 1870 schickte Preußens König Wilhelm I. seine 39. „Depesche vom Kriegsschauplatz" nach Berlin. Der 73-jährige Oberbefehlshaber hatte allen Grund zum Jubeln: Seine Armee hatte vor Sedan die französische Armee entscheidend geschlagen und tausende Soldaten gefangen genommen – unter ihnen sogar Napoleon III. Der Sieg über die Franzosen wurde von der deutschen Bevölkerung als historischer Triumph und Berufung der Deutschen zu Größe und Einheit gefeiert. Das war ein wichtiger Impuls für die Gründung des Deutschen Reiches. Dieser von Preußen dominierte Staat, zu dem 22 Fürstentümer und drei freie Städte gehörten, spiegelt sich auch im Postwesen wider.

Fernab von Berlin, im Spiegelsaal des Barock-Schlosses von Versailles, vollzog sich mit der Proklamation von König Wilhelm I. zum Deutschen Kaiser am 18. Januar 1871 die Reichsgründung. Das preußisch-militärische Schauspiel im Südwesten von Paris war eine weitere Demütigung der geschlagenen Franzosen während des offiziell noch gar nicht beendeten Deutsch-Französischen Krieges. Die nationale Begeisterung des mit harter Hand

4

5

6

7

6 DR MiNr. 9 ✶. Die entsprechenden Ausgaben in Guldenwährung erfolgten in fünf Wertstufen zu 1, 2, 3, 7 und 18 Kreuzer. Insbesondere die 3-Kreuzer-Marke ist als ungebrauchter Viererblock von beachtlichem Wert.

7 DR MiNr. 21 ✶. Der ungebrauchte Viererblock zu 2 1/2 Groschen stammt aus der dritten Briefmarken-Ausgabe. Sie zeigt im Prägedruck jetzt einen geänderten Reichsadler mit großem Brustschild. Auf diesem Schild ist der preußische Adler mit dem Hohenzollernwappen abgebildet.

regierten deutschen Volkes kannte keine Grenzen. Und das, obwohl die „Revolution" gemessen an den emanzipatorischen Zielen von 1848/49 eher gering ausfiel. Mit der Annexion von Elsass und Lothringen wurde das Verhältnis zu Frankreich sogar über Jahrzehnte vergiftet. Und an den Fundamenten des Deutschen Reiches musste erst noch gearbeitet werden.

So wundert es nicht, dass der neue Staat auf keiner breiten parlamentarischen Basis stand, sondern von einem einzigen Mann regiert wurde, dem seit seiner Berufung im Jahr 1862 zum preußischen Ministerpräsidenten vor allem eine Aufgabe zukam, nämlich das „Regieren über den Parteien". Sein Name: Otto von Bismarck. Der ostelbische Junker, der während seines Jurastudiums in Göttingen als ausgemachter Raufbold galt, hatte im diplomatischen Dienst, zuletzt in Paris, die hohe Regierungskunst erlernt. Durch geschickte Schachzüge verstand er es immer wieder, außenpolitische Gegner wie Österreich ins Abseits zu drängen.

Die am 4. Mai 1871 – sechs Tage vor dem Friedensschluss mit Frankreich – in Kraft getretene Verfassung des Deutschen Reiches unterschied sich nur unwesentlich von der des Norddeutschen Bundes. Scheinbar nahtlos ging die Post unter der Leitung Heinrich von Stephans in das Kaiserreich über. Es verschwanden die meisten Briefmarken der bisher selbstständigen Staaten, nicht jedoch die von Bayern und Württemberg. In Artikel 52 der Reichsverfassung wurde festgeschrieben, dass ausschließlich dem Reich die Gesetzgebung über die Vorrechte der Post und Telegrafie zustanden – mit Ausnahme der beiden Süd-Länder, deren Beitritt Otto von Bismarck erst nach zähen Verhandlungen erreichen konnte und ihnen deshalb eigene Marken beließ. Die Gespräche endeten damit, dass sich Bayernkönig Ludwig sogar Hoffnungen auf die Nachfolge auf dem Kaiserthron gemacht haben soll. In Hamburg wurde als weitere Besonderheit das Stadtporto mit eigenen Schilling-Marken zunächst fortgeführt.

Mit der Ausrufung des Deutsches Reiches und dem Inkraftsetzen der Verfassung standen jedoch noch keine neuen Postwertzeichen zur Verfügung. So galten die Briefmarken und Ganzsachen des Norddeutschen Postbezirks vorerst weiter. Mit Stempeln aus der Zeit vom 4. Mai bis 31. Dezember 1871 sind sie daher als Vorläufer der Reichspost-Wertzeichen zu betrachten.

Blieb die Frage, wie die ersten Postwertzeichen des Deutschen Reiches gestaltet werden sollten. Nach einigen Vorarbeiten erließ Kaiser Wilhelm an Reichskanzler von Bismarck am 27. April 1871 folgende Kabinettsorder: „Auf ihren Bericht genehmige ich, dass bis zu mei-

8

9

10

11

12

13

14

8, 9 Zwei Essays für Freimarken des Deutschen Reichs. Die beiden Essays für eine neue Freimarkenserie des Deutschen Reichs stammen vermutlich aus dem Jahr 1874 und zeigen den gekrönten Adler mit Zepter und Reichsapfel in schlichter Rahmung. Von der Gestaltung des Rahmens her erinnert der Entwurf stark an die frühen preußischen Marken, die sich wiederum an englische, bayerische oder Schweizer Vorbilder angelehnt haben: ein einfacher Rechteckrahmen mit umlaufender Inschrift und Wertangaben in den Ecken. Der Wert von vier Pfennigen irritiert gleichwohl, denn eine Marke mit diesem Wert hat das Deutsche Reich im 19. Jahrhundert niemals herausgegeben.

10 DR MiNr. 34 ✶. Das Münzgesetz vom 9.7.1873 bezweckte die Schaffung einer einheitlichen Reichswährung als Mark zu 100 Pfennig, die am 1.1.1875 eingeführt werden sollte. Somit kamen am 1.1.1875 auch neue Briefmarken mit einer entsprechenden Wertbezeichnung in Pfennig und Mark heraus. Die Markenzeichnung der neuen Serie bestand aus einer Ziffer oder dem Reichsadler, beides in einem Oval. Die hier dargestellte blaue Ausgabe mit dem Reichsadler im Oval hatte jetzt den

nem weiteren Befehle für die anzufertigenden Freimarken der Reichspost- und Telegrafenverwaltung als Emblem der schwarze, einköpfige, rechtssehende, gekrönte Adler, auf dem Brustschild der preußische gekrönte Adler, in Anwendung gebracht werde."

Die Preußische Staatsdruckerei begann mit der Produktion der Briefmarken, die Sammlern unter der Bezeichnung „Kleines Brustschild" bekannt sind. So einheitlich, wie Kaiser Wilhelm die Verhältnisse in seinem Reich wünschte, waren sie jedoch nicht. Das zeigt sich schon an der Währung: Während im Norden sowie in Elsass-Lothringen weiter in Talern und Groschen bezahlt wurde, galten im Süden Gulden und Kreuzer. Also mussten für die verschiedenen Währungsgebiete Briefmarken mit den unterschiedlichen Währungsangaben hergestellt werden.

Das Motiv war jedoch für alle ab 1. Januar 1872 gültigen Marken gleich: Es zeigt innerhalb eines verschiedenfarbigen, im Buchdruck hergestellten, Rahmens den vom Kaiser gewünschten Adler mit Krone und Brustschild. Der wurde in einem gesonderten Produktionsgang farblos eingeprägt. Der Adler ist das bis heute benutzte Wappentier. Es kann auf deutschem Boden bis zu Karl dem Großen zurückverfolgt werden. Seit dem 15. Jahrhundert war der Adler doppelköpfig und Inbegriff von Kraft, Ausdauer und erfolgreicher Jagd. Er war als Kaiseradler und Symbol des Heiligen Römischen Reichs Deutscher Nation gebräuchlich. Auch Byzantiner, Staufer, Luxemburger, Wittelsbacher und die Zaren Russlands bedienten sich der Mytholgie des „Königs der Lüfte". Mit der Gründung des Kaiserreichs kehrte man 1871 zum einköpfigen Adler zurück. Nach diesem Vorbild fertigte der Grafiker Heinrich G. Schilling den Stich für die Briefmarken.

Dem unaufhaltsamen Siegeszug der „Brustschild-Marken" hätte somit nichts mehr im Wege gestanden. Doch der Kaiser höchstpersönlich zog maßgebliche Heraldiker, also in Wappenkunde gebildete Wissenschaftler, und Historiker heran und revidierte nach deren Einwänden seine Order. Sowohl der Adler selbst als auch dessen Krone seien zu ändern, verfügte Wilhelm I. am 3. August 1871, also noch vor der Ausgabe der Marken. In der Kabinettsorder verlangte er vor allem, dass auf dem vergrößerten Brustschild das Hohenzollern-Wappen abgebildet würde. Schließlich regierte sein Haus Hohenzollern das Kaiserreich. Der Produktionsprozess der ersten Markenausgabe war jedoch so weit fortgeschritten, dass die kaiserliche Verfügung zunächst im Sande verlief. Sonst wäre der Ausgabetermin 1. Januar 1872 gefährdet worden.

15

16

An diesem Tag, also fast ein Jahr nach der Kaiserproklamation, kamen die ersten Briefmarken des Deutschen Reiches heraus. Wegen häufiger Verwechslungen der Portostufen veranlasste die Reichspost bereits für April 1872 die veränderte Herausgabe der zwei Werte zu einem halben Groschen und zwei Kreuzern in neuen Farben, wiederum mit kleinem Brustschild. Doch schon im Juni 1872 erschienen die neu gestalteten Freimarken, die als „Große Brustschild-Marken" in die Philateliegeschichte eingegangen sind. Lange Bestand hatten sie jedoch auch nicht, denn am 1. Januar 1875 wurde in ganz Deutschland die einheitliche Pfennig-Währung eingeführt. Also mussten alle Postwertzeichen ersetzt werden. Bei der Gestaltung griffen die Verantwortlichen gleich auf drei verschiedene Motive zurück. Eines davon zeigt einen Adler in einem reich verzierten Rahmen. Im Archiv der Stiftung für Post und Telekommunikation enthaltene Wappenadler-Essays zeigen, dass vor Einführung der ersten Pfennig-Marken auch andere Ausführungen erwogen wurden, die jedoch nicht zum Zuge kamen. Zu Teilen wurde ein einfaches Ziffern-Motiv gedruckt, das bis zur Einführung der „Germania-Marken" am 1. Januar 1900 neben dem Reichsadler prägendes Briefmarkenmotiv blieb.

Die beiden Brustschild-Varianten waren nur relativ kurze Zeit an den Postschaltern erhältlich. Besonders in größeren Einheiten werden sie sehr hoch bewertet. Der nur dem Kaiser verantwortliche Reichskanzler Otto von Bismarck überdauerte diese Postwertzeichen in seinem Amt deutlich. Mit seinen außenpolitischen Schachzügen und der geschickt eingefädelten Reichsgründung prägte der „Eiserne Kanzler" die Weltpolitik. Im Innern jedoch führte er einen hoffnungslosen „Kulturkampf" gegen Liberale und Sozialdemokraten, den er 1890 endgültig verloren hatte, als er vom jungen Kaiser Wilhelm II. entlassen wurde. Mit den Brustschildmarken haben er und Kaiser Willhelm I. nicht sich persönlich, sondern dem Kaiserreich ein philatelistisches Denkmal gesetzt.

Aufdruck „20 Pfennige". Bei den späteren Ausgaben ab 1880 stand statt „Pfennige" nur noch „Pfennig" auf den Marken.

11, 12 DR MiNr. 35 ✶. Die einzelnen Ausgaben fielen in unterschiedlichen Farbnuancen aus, was bei dem abgebildeten Viererblock und der Einzelmarke, beide mit einem Wert von 25 Pfennigen, gut zu erkennen ist. Der Viererblock erscheint rötlichbraun, während es sich bei der einzelnen Marke um die seltene und wertvolle dunkelbraune Variante handelt.

13 DR MiNr. 36 ✶. Auch von der grauen Ausgabe zu 50 Pfennigen sind zwei unterschiedliche Töne bekannt.

14 DR MiNr. 38 ✶. Die 1877 erschienene 50-Pfennig-Ausgabe unterscheidet sich von der Ausgabe von 1875 nur in der Farbe: statt „Grau" wählte man für diese Ausgabe ein „Grau-grün".

15 DR MiNr. 47 ✶. 1889 erschienen die so genannten „Krone/Adler"-Ausgaben auf kaiserlichen Erlass hin in neuer Ausführung nach dem Entwurf des Künstlers Schilling, der bis dahin alle Ausgaben des Deutschen Reiches gestaltet hatte. Statt „Deutsche Reichs-Post" hieß die Inschrift jetzt nur noch „Reichspost". Die Einheit von neun karminroten 10-Pfennig-Marken trägt diese neue Bezeichnung, außerdem ist die Wertangabe jetzt mit „PF." abgekürzt.

16 DR MiNr. 50 ✶ Pärchen.

1

2

1 DR MiNr. 44 PFä, „Barmer Fälschung" ✶. Ende 1882 fälschte der Lithograf Riechers in Barmen die 50-Pfennig-Freimarke zum Schaden der Post, die als „Barmer Fälschung" bekannt wurde. Von 300.000 angefertigten Exemplaren sind fast 140.000 Stück in Umlauf gekommen. Die Fälschung war in ihrer Gestaltung und ihrer graugrünen Farbe äußerst gut gelungen, was die hier gezeigte Marke beweist. Gedruckt wurde sie angeblich in Streifen zu höchstens 10 Stück, so dass Blockstücke nicht vorkommen können. Die Reichsdruckerei konnte die Fälschung überhaupt erst aufgrund des Fehlens eines kleinen Pünktchens (Geheimzeichens) im Markenbild feststellen.

2 DR MiNr. 41 PFä, „Straßburger Fälschung". Erst durch einen Artikel in den „Straßburger Neuesten Nachrichten" vom 11. April 1923 wurde einem größeren Kreis von Sammlern die Existenz und Geschichte der „Straßburger Fälschung" bekannt. Zu dieser Zeit wurden anscheinend die Archive des Straßburger Postamtes aufgelöst. Der Artikel berichtet, dass im Oktober 1885 durch einen ehemaligen Unteroffizier in Straßburg Fälschungen der roten 10-Pfennig-Marke (Adlerausgabe) in Umlauf gebracht worden seien. Auf dem abgebildeten Brief sieht man ein unentwertet gebliebenes Pärchen der besagten Fälschung. Der Brief trägt einen Poststempel aus Straßburg vom 14.10.1885, dazu einen Einzeiler mit Rahmen „Aus dem Briefkasten". An den Adressaten wurde der Inhalt des Briefes

Von Gaunern und Ganoven

Sammler und Postorganisationen fürchten sie gleichermaßen: Briefmarken-Fälschungen. Sammler, weil sich ihre womöglich teuer erworbenen Sammelstücke als wertlose Papierchen erweisen, und Postorganisationen, weil sie Leistungen erbringen, für die ihnen das Entgelt vorenthalten wird. Besonders die weit verbreiteten Freimarken zogen schon im 19. Jahrhundert das Interesse der Gauner und Ganoven auf sich. Schließlich winkt ein lohnendes Geschäft, wenn diese Erzeugnisse in großen Mengen an unbedarfte Postkunden verscherbelt werden: Kriminalgeschichten im Zeichen der Briefmarke.

Langerfeld bei Barmen im Jahr 1883: Wilhelm und Fritz Blankemann, 26 und 35 Jahre, Söhne des Textilfabrikanten Wilhelm Blankemann, waren angesehene Kaufleute. Der Legende nach finanzierten sie die Produktion von Fälschungen im großen Stil und sorgten für deren Vertrieb in ganz Deutschland. Die Idee war bestechend: Nicht Marken mit niedrigen Werten für das reguläre Briefporto sollten es sein, sondern 50-Pfennig-Marken (Deutsches Reich MiNr. 44), die damals anstelle von Münzen häufig als Zahlungsmittel eingesetzt wurden.

Die Familie Blankemann war Teil eines Fälscherrings, in dessen Mittelpunkt der 24 Jahre alte Friedrich Wilhelm Riechers stand. Ein talentierter Lithograf, dessen Nachahmungen sogar unter der Lupe das Auge eines Postbeamten täuschten. Riechers' „Barmer Fälschungen" von 1883 sind in Zeichnung, Farbe und Zähnung dem Original so nah, dass erst die Sachverständigen in der Reichsdruckerei wegen des Fehlens eines Geheimzeichens – ein winziger Punkt im Markenbild – den Betrug aufdeckten.

Rund 300.000 Nachahmungen soll Riechers produziert haben. Gemeinsam mit den Blankemanns brachte er rund 140.000 Stück davon in Umlauf. Manche Nachahmungen wurden sogar auf Postämtern in Bargeld eingetauscht, obwohl so etwas eigentlich nicht zulässig war. Kurz gesagt: Es handelte sich um eine ausgeklügelte Form des Betrugs.

3

4

Aufgeflogen sind der kriminelle Lithograf und seine Mittäter übrigens nicht wegen im Postverkehr entdeckter Fälschungen, sondern weil die Fälscherwerkstatt spezielles Material brauchte. So bestellte Riechers in Kassel Eisengarn, das ausgerechnet in seiner Heimatstadt Barmen produziert wurde. Bezahlen wollte er zum Teil mit seinen Falsifikaten. In Berlin bestellte er eine Perforationsmaschine, die er jedoch nicht abnahm. Beide Lieferanten schöpften Verdacht und informierten die Polizei, die bei Hausdurchsuchungen auf gefälschte Marken und dafür genutzte Werkzeuge stieß.

Den Ganoven wurde vor der 3. Strafkammer des königlichen Landgerichts Elberfeld der Prozess gemacht. Wilhelm Blankemann und Fritz Riechers erhielten für die Herstellung und Verbreitung gefälschter Wertzeichen die Höchststrafe von fünf Jahren Gefängnis und ebenso langen Ehrverlust. Fritz Blankemann wurde zu zwei Jahren Freiheitsstrafe verurteilt. Der Vater und elf weitere Tatverdächtige wurden mangels Beweisen freigesprochen.

Von den ausgefeilten Fälschungen aus Wuppertal sind nur wenige erhalten, obwohl große Mengen in Umlauf kamen. Sie wurden meistens auf Paketkarten verbraucht. Die beschlagnahmten Exemplare wanderten nach gründlicher Begutachtung durch die Reichsdruckerei in das Reichspostmuseum oder wurden eingezogen und vernichtet.

Die Folgen der „Barmer Postfälschungen“ waren gravierend. Bisher waren die Verantwortlichen davon ausgegangen, dass mit Briefmarken nur kleine Gaunereien angestellt würden, etwa durch die Wiederverwendung eines abgelösten Postwertzeichens. Jetzt mussten sie einsehen, dass findige Betrüger es darauf abgesehen hatten, der Post mit großer krimineller Energie erheblichen Schaden zuzufügen. So ist der Begriff „Postfälschung“ denn auch missverständlich: Gemeint sind nicht Fälschungen durch die Post, sondern Nachahmungen zum Schaden der Post. Sogar der Prägedruck einer Marke, der bis dahin

ausgehändigt, der Umschlag mit den ungültigen Marken mit 30 Pfennig taxiert. Die Vorderseite trägt den Vermerk „Marken anscheinend gefälscht; Umschlag unter Angaben des Absenders zurückerbeten.“ Rückseitig wurde vom Amtsgericht der Name des Absenders notiert mit Datum vom 15. Oktober 1885 und Unterschrift des Beamten.

3 DR MiNr. 41 PFä, „Straßburger Fälschung“. Das Aktenstück (wohl aus den Gerichtsakten) zeigt einen Block von neun Marken der gefälschten Ausgabe. Die „Straßburger Fälschung“ gilt als die seltenste der deutschen Postfälschungen des 19. Jahrhunderts. Das Aktenstück und der Brief konnten erst 1999 vom Archiv für Philatelie erworben werden.

4 DR MiNr. 71 PFä, „Chemnitzer Fälschung“. 1902 fielen in Chemnitz falsche 10-Pfennig-Marken der Germania-Ausgabe von 1902 auf. An der Herstellung waren unter anderem der Druckereibesitzer August Schulz und der Holzschneider Meerstein beteiligt. Dieses Briefstück mit einem ungestempelten Exemplar der besagten Fälschung trägt den Vermerk „Chemnitzer Fälschung ...“ und ein Aktenzeichen.

5

6

5 Preußen MiNr. 17, „Hallenser Fälschung" (?). Bei der blauen 2-Silbergroschen-Marke auf diesem Brief von 1866 von Halle nach Mühlhausen handelt es sich um eine so genannte „Hallenser Fälschung". Um die Wende zum 20. Jahrhundert wurden angeblich bei der Aussonderung von Akten der Oberpostdirektion Halle a.S. eine Anzahl von 2-Silbergroschen-Marken gefunden, die als vermutete Fälschungen in den Jahren 1865–67 eingezogen worden sein sollen. Diese und ähnliche Marken standen als „Hallenser Fälschungen" im Mittelpunkt heftiger philatelistischer Auseinandersetzungen. Es ging um die Frage: Fälschungen zum Schaden der Post oder Druck von abgenutzten Platten? Bis heute fand man allerdings keine Hinweise in Amtsblättern oder Postakten, auch keine Zeitungsberichte über Gerichtsverfahren gegen Markenfälscher.

6 DR MiNr. 76, „Hellerie-Fälschung". 1903 tauchten Fälschungen auf, die von dem Fälscher Hellerie stammten. Dieser hatte Freimarken zu 25, 40 und 50 Pfennig hergestellt, indem er aus ungestempelten Dienstmarken die Mittelfelder herausgetrennt und diese durch andere, aus veralteten oder schon entwerteten Freimarken ausgeschnittene Mittelstücke nach Entfernung des Entwertungszeichens ersetzt hatte. Die so gewonnenen Wertzeichen klebte Hellerie hauptsächlich auf Paketkarten, die er dann als

als wichtiges Sicherheitsverfahren angesehen worden war, wurde täuschend echt nachgeahmt. Deshalb zog die Reichspost zunächst sogar in Erwägung, eine neue Freimarkenserie mit verbesserten Sicherheitsmerkmalen herauszugeben.

Ein Beispiel besonderer Verschleierungstaktik bei der Verbreitung gefälschter Marken sind die im Oktober 1885 in Straßburg entdeckten Nachahmungen der MiNr. 41. Bei den „Straßburger Fälschungen" ging die kriminelle Energie von einem Unteroffizier aus. Er brachte seine Fälschungen über einen Mittelsmann unter die Leute, der sie auf der Straße ansprach und um einen Gefallen bat, nämlich das Einwechseln von „Briefmarken" in Bargeld. Der Erlös sollte dem betrügerischen Soldaten postlagernd zukommen. Mit diesem Trick gelangten etwa 3.000 Fälschungen an kleine Zigarrenläden, Schreibwarengeschäfte und Handwerker. Die Markenzeichnung war so gut, dass umfangreiche polizeiliche Ermittlungen erforderlich waren, um den Drahtzieher des Schwindels zu fassen. Heute hat die als seltenste Fälschung des 19. Jahrhunderts in Deutschland geltende Marke auch im Archiv der Museumsstiftung Post und Telekommunikation ihren Platz.

Ein anderer Fall. Man stelle sich vor: Die Zahl der zu transportierenden Briefe bleibt gleich, aber Briefmarken für deren Versand werden immer weniger verkauft. Nicht denkbar? Doch! So geschehen 1890 im Großraum Frankfurt am Main. Das Nachlassen des Markenverkaufs von 10-Pfennig-Werten soll die Oberpostdirektion auf die Fährte unliebsamer Fälschungen gebracht haben. Nicht weniger als 16.000 Falsifikate wurden festgestellt und machten die vorbestraften Brüder Valentin und Conrad Bauer aus Höchst zu zwei der erfolgreichsten Markenfälscher. Die von den Druckereibesitzern in zwei Auflagen kopierte MiNr. 47 rief auch andere Fälscher auf den Plan. Denn sie tauchte auch in Rixdorf, Dresden und Hannover auf. Bei der im September 1896 in Dresden gefundenen Ausgabe erfolgte der Druck auf vorher gezähnten und gummierten Bögen. Rund 3.000 Exemplare sollen in den Verkehr gebracht worden sein, während gut 500 Stück beschlagnahmt werden konnten.

Knapp zweieinhalb Jahre nach Einführung der Germania-Marken versuchte 1902 in Chemnitz der Druckereibesitzer August Schulz sein unrechtmäßiges Glück. Mit handwerklichem Geschick, denn seine nachgemachte 10-Pfennig-Marke (MiNr. 71) war so gut, dass

7

sogar die Beamten des Reichspostministeriums die „Kreation“ für echt hielten. Die Ganoventruppe wurde von dem Klischee-Fabrikanten Keilbach angeführt, der einen Arbeitslosen zur Anfertigung der Druckstöcke überredete und dem finanziell angeschlagenen Schulz Geld gab. Der Drucker selbst setzte einige Exemplare bei seinem Tabakwarenhändler ab, wo er seine Zigarren mit Marken bezahlte. Der Kaufmann war zunächst einverstanden, aber als sein Kunde ihm größere Mengen anbot, noch dazu mit Preisnachlass, wurde er misstrauisch und erstattete Anzeige. Bei der Hausdurchsuchung fand man ganze Bogen jenes Zehner-Wertes. Mehr als 2.200 „Chemnitzer Postfälschungen“ hatte die Bande in ungefähr vier Monaten in Umlauf gebracht, 1.500 wurden beschlagnahmt. Eine Gegenmaßnahme der Reichsdruckerei folgte umgehend: 1905 führte sie das Wasserzeichen „Rauten“ ein.

In Halle an der Saale spielte der letzte „Fall“ einer Postfälschung, in dessen Mittelpunkt ein Polizeisekretär stand. Er war Briefmarkensammler und schnitt deshalb alle Marken, die er auf der Dienststelle bekommen konnte, aus den Umschlägen. Auf der Suche nach der „Chemnitzer Postfälschung“ fiel ihm eine Germania-Ausgabe auf, die er im Januar 1903 an die Reichsdruckerei zur Begutachtung schickte. Dort hielt man die später nach dem Entdecker als „Deistel-Marke“ bezeichnete Nachahmung für echt. Doch Deistel ließ nicht locker, denn er wollte die Marke verkaufen oder tauschen. Im September 1903 bescheinigte die Reichsdruckerei dann doch die „sehr gute Nachahmung“, die nur von „einem sehr tüchtigen Graveur oder Stempelschneider mit Hilfe einer nicht allgemein bekannten fotografischen Übertragung des Markenbildes auf Metall angefertigt worden sein kann“. Die Fälscher konnten nie ermittelt werden. Deistel tauschte sein Unikat Ende 1903 gegen einige Kolonialmarken ein – im Reichspostmuseum.

Zahlungsmittel in den Verkehr gab. In einigen Fällen benutzte er die Marken auch zur Frankierung von Briefsendungen. Hier ist eine Fälschung der 50-Pfennig-Ausgabe von 1902 auf einem Paketkartenausschnitt zu sehen.

7 DR MiNr. 47 PFä 4. Von der roten 10-Pfennig-Ausgabe, die in den Jahren 1889–1900 verausgabt wurde, gab es gleich in mehreren Städten Fälschungen. Im September 1896 tauchten etwa in Dresden Fälschungen auf, als deren Vertreiber der Maler Heys, der Graveur Wagner und ein Mann namens Dönhardt ermittelt wurden. Die Täter wurden am 13. November des selben Jahres zu Gefängnisstrafen verurteilt. Die hier abgebildeten Markenbogen gehören zu diesen in Dresden hergestellten Marken.

1 MiNr. 56b ✶. Die zum 1. Januar 1900 verausgabte 10-Pfennig-Marke mit dem Germania-Motiv gehörte zu den Werten, die postalisch am häufigsten benötigt wurden. Meistens ist sie in Karminrosa erhalten. Die hier gezeigte karminrote Variante ist eher selten.

2 Senkrechtes Pärchen der MiNr. 55p ✶. Seltener Probedruck in blauer Farbe, während die eigentliche 5-Pfennig-Marke in Grün gedruckt und verausgabt wurde.

1

2

Geschmäht, verlacht – doch besonders langlebig Die Germania-Marken des Deutschen Reichs

Die Briefmarken, die das Deutsche Reich im 19. Jahrhundert herausgab, standen motivisch noch in der Tradition der Marken der altdeutschen Länder: Ziffern und Wappen dominierten die ersten deutschen Markenausgaben, und Ziffern und Wappen bestimmten auch die Marken des Deutschen Reichs.

Nach den so genannten „Brustschild-Ausgaben“ von 1872 mit einem geprägten Reichsadler in einem runden Mittelfeld und der Ziffern-/Reichsadler-Ausgabe von 1875 mit dem Wappentier bzw. einer Ziffer im Oval unter einer Krone folgte 1889 mit der „Krone/Adler-Ausgabe“ erneut eine Markenreihe, die eine Wertziffer unter einer Krone bzw. einen Reichsadler im Kreis zeigte. Diese motivisch recht schlichten Marken waren typisch für die ersten dreißig Jahre des Zweiten Deutschen Reichs, die auch als Gründerjahre bezeichnet werden. Das geeinte, aber nach wie vor aus verschiedenen Königreichen und Herrschaften zusammengesetzte Staatsgebilde befand sich in einer Phase der Konsolidierung, doch gab es selbstverständlich landsmannschaftliche Rivalitäten. Die Führungsmacht Preußen wurde in ihrem Hegemonialstreben durchaus noch mit Argwohn betrachtet, deshalb war es wohl auch nicht sofort möglich, eine Marke mit dem Kopf des neuen Kaisers (und preußischen Königs) auf einer Briefmarke abzubilden.

Die am 1. Januar des Jahres 1900 neu erscheinenden Briefmarken waren in ihrer Gestaltung völlig neu und anders. Zum einen war ihre Herausgabe durch neue Portostufen notwendig geworden. Bereits im September 1899 schrieb die Zeitung des Germania-Ringes: „Das Kaiserlich deutsche Reichspostamt will am 1. Januar 1900 neue Postwertzeichen verausgaben... Die mittelbare Veranlassung zur Neuausgabe von Postwertzeichen ist die Einführung neuer Wertstufen, die durch den bedeutenden Aufschwung des Postverkehrs im letzten Jahrzehnt, namentlich nach dem Ausland erforderlich wird. Die neuen Wertstufen

3

zu 30, 40 und 80 Pfennig, so wie die noch in Aussicht genommenen Freimarken zu 1, 2, 3 und 5 Mark sollen besonders für Postanweisungen und Einschreibbriefe (30 und 40 Pfg.), Postpakete nach dem Ausland (80 Pfg.) und Wertbriefe dienen."

Andererseits scheint man aber auch die alten Postwertzeichen in ihrer Gestaltung als nicht mehr zeitgemäß empfunden zu haben. Man sah sie „in künstlerischer Darstellung hinter den Freimarken anderer Länder zurückstehen" und bemängelte zudem den mangelnden Schutz gegen Fälschungen, den die Zahlen- und Adlerdarstellungen boten. Bei der Entscheidung, auf den neuen Marken einen Kopf abzubilden, griff man interessanterweise auf

3 „Germania-Urskizze"; diese Bleistiftzeichnung ist vermutlich die früheste Ideenskizze von Paul Eduard Waldraff zur Gestaltung seines Germania-Entwurfs von 1899. Die charakteristische Form des Jugendstilrahmens ist bereits angelegt, jedoch nicht ausgearbeitet. Die sehr gedrängt wirkende Komposition des Germania-Hauptes sowie die Attribute der Figur entsprechen schon dem später ausgeführten Entwurf.

5

5

4 Konkurrenzentwurf, Entwerfer unbekannt (Paul E. Waldraff?). Diese sehr zarte Bleistiftzeichnung könnte gleichfalls von Waldraff stammen, wie die starken Motivähnlichkeiten zum siegreichen Waldraff-Entwurf vermuten lassen. Zudem stammt der Entwurf der Inschrift zufolge aus der Reichsdruckerei, bei der Waldraff als Grafiker angestellt war. Der Duktus der Zeichnung ist allerdings ein ganz anderer als bei Waldraffs so genannter „Urskizze".

5 Konkurrenzentwurf, Entwerfer unbekannt. Diese Bleistiftzeichnung zeigt das Haupt der Germania im Profil in einem ovalen Medaillon, wobei durch das Hereinragen des Hauptes in den Bildraum mit der Überschneidung des oberen Medaillonrandes ein starker plastischer Effekt erzielt wird. Bis auf die Reichskrone ist auf irgendwelche Attribute vollständig verzichtet worden.

die gleichen Argumente zurück, die bereits bei der Einführung der ersten Briefmarken weltweit, der britischen Penny-Black-Marken, angeführt worden waren: „Bei der Erwägung über die Wahl des neuen Bildes war man sich darüber klar, dass sich die Wiedergabe eines Kopfes am besten eignen würde. Ein Kopf lässt eine künstlerische Darstellung zu und bringt eine schöne Darstellung im Markenbild hervor. Er ist verhältnismäßig schwer nachzuahmen, denn selbst geringfügige Abweichungen werden leicht erkannt, weil das Auge auf eine Veränderung des Gesichtsausdruckes, besonders bei einem Porträt mit charakteristischen Gesichtszügen, viel empfindlicher reagiert als auf die Verschiedenheit dieser oder jener ornamentalen Linien. Als neues Markenbild ist deshalb das Brustbild einer Germania gewählt."

Der Entwurf, auf dessen Grundlage die neuen Marken fußten, stammte von dem Maler und Grafiker Paul Eduard Waldraff. Dieser wurde 1870 in Wurzach geboren und an der Kunst- und Gewerbeschule in Stuttgart zum Maler ausgebildet. Gegen Ende des 19. Jahrhunderts bekam Waldraff zusammen mit zahlreichen anderen Künstlern eine Anstellung als Grafiker bei der Reichsdruckerei in Berlin. Wie seine Kollegen beteiligte auch er sich an dem Wettbewerb zur Gestaltung der neuen Marken, und über diesen kurios anmutenden Wettbewerb und die folgenreiche Entscheidung des Kaisers berichtete Waldraff später folgendermaßen:

„Die Wettbewerbsteilnehmer hatten ihre Werke in einem Saal der Reichsdruckerei an den Wänden aufgestellt und warteten voller Lampenfieber, angetan mit Frack und Gehrock, der Dinge, die da kommen sollten (...) Der erste Direktor hatte feierliche Begrüßungsworte für den hohen Gast bereit. Auf die Minute zur festgesetzten Zeit öffnet sich die Tür. Herein in schnellem Lauf S. M., in seinem bekannten wehenden Umhang. Die tiefen Verbeugungen werden nicht beachtet. Von der Tür ausgehend schreitet der Allerhöchste Kunstkenner in

6

7

kaum vermindertem Tempo die Staffeleien ab, gefolgt von seinem Adjudanten. Wieder bei der Tür angekommen, macht der Kaiser kehrt, geht quer durch den Saal gerade auf die Germania zu und spricht, mit dem Finger kurz auf sie deutend, das entscheidende und einzige Wort ‚Die'. Draußen war er."

Der Entwurf, den der Kaiser in der unnachahmlichen Manier des „allerhöchsten Kunstkenners" ausgewählt hatte, zeigte das Brustporträt einer mit Reichskrone, Schwert, Ölzweig und ehernem Kettenhemd und Brustpanzer ausgestatteten Frau, eingefügt in einen engen, dem Formenrepertoire des Jugendstils verpflichteten Rahmen. In den beiden oberen Ecken befand sich die Wertangabe, unten stand „Reichspost" (bei späteren Ausgaben auch „Deutsches Reich"). Die charakteristisch enge, ja bedrängte Einbindung der Figur in den Rahmen zeigt bereits die erste Bleistiftskizze Waldraffs, die sich in den Beständen des Archivs zusammen mit zahlreichen Konkurrenzentwürfen erhalten hat. Die Skizze betont in noch stärkerem Maße die Kopfwendung der Germania ins strenge Profil nach links, während der Oberkörper mehr dem Betrachter zugewandt scheint.

Wer jedoch hatte für dieses ideale Frauenbildnis als Modell gedient, wer hatte die Ehre, über einen Zeitraum von mehr als 22 Jahren die wohl meistabgebildete Frau der Welt zu sein?
1866 wurde in Hamburg Anne Führing als Tochter des Theaterbesitzers Carl Heinrich Führing und seiner Frau Wilhelmine geboren. Bereits mit 15 Jahren kam sie mit ihrer Mutter nach Berlin und entschloss sich früh, Schauspielerin zu werden. Der ehemalige Direktor der Königlichen Hofoper Berlin, Ferdinand von Strantz, war kurz zuvor in den Ruhestand getreten und widmete sich der Ausbildung der jungen Schülerin. Bald feierte Anne Führing (die sich bald Anna Führing nannte) an den großen Bühnen Europas und der westlichen Welt große Erfolge insbesondere in klassischen Frauenrollen. Der 45 Jahre ältere von Strantz heiratete seine erfolgreiche Schülerin, das Paar bekam eine gemeinsame Tochter.

6 Konkurrenzentwurf, Entwerfer vermutlich A. Krüger. Bei diesem Entwurf handelt es sich bereits um einen Druck, der jedoch im Bildhintergrund noch einmal überarbeitet wurde. Das mosaikartige Muster wurde von Hand eingefügt, weil dem Grafiker ein leerer Hintergrund offensichtlich nicht gefiel. Hier wie auch bei vielen anderen Entwürfen zum Germania-Motiv zeigt sich ein typisch gründerzeitlicher Kunstgeschmack, der dem Ornament den Vorzug vor einer klaren, grafischen Gestaltung einräumt.

7 Konkurrenzentwurf, Entwerfer unbekannt. Der Entwurf kombiniert ein mit Bleiweiß übermaltes Foto eines medaillenartigen Germania-Kopfes mit der Tuschezeichnung eines Rahmens mit Wertangabe „25 Pfennig". Die Ähnlichkeit des Kopfes mit der realisierten Germania-Marke lässt auch hier an Paul E. Waldraff als möglichen Entwerfer denken.

8

9

8 Entwurf für einen Germania-Kopf, Entwerfer unbekannt. Die Bleistiftskizze für das Medaillon im Zentrum einer Briefmarke zeigt das Germania-Haupt hier einmal ohne Reichskrone, dafür jedoch mit einem antikisch wirkenden Helm, der allenfalls leichte Anklänge an den klassischen Flügelhelm der Germanen zeigt. Die feine Ausarbeitung des Motivs nimmt auf die speziellen Forderungen, die an eine Briefmarke zu stellen sind, keinerlei Rücksicht.

9 Entwurf für einen Germania-Kopf, Entwerfer unbekannt. In diesem Entwurf für ein Germania-Haupt, der in Tusche ausgeführt wurde und einige kleine Weißhöhungen zeigt, ist der im Auswahlentwurf ebenfalls realisierte wehrhafte Schuppenpanzer bemerkenswert, der die Kritiker später abschätzig von der „Germania mit dem Blechbusen" sprechen ließ.

Im Jahr 1891 wurde in Düsseldorf zu Ehren des Kaisers das Festspiel „Barbarossa" aufgeführt. Bei diesem Anlass trat die Führing erstmals als Germania auf und hatte einen triumphalen Erfolg mit dieser Rolle. Als 1897 in Berlin das Denkmal für Kaiser Wilhelm I. eingeweiht wurde, trat Anna Führing bei einem großen Festzug wiederum in der Rolle der Germania auf. Angetan mit einem goldenen Brustpanzer, auf dem Haupte die alte Kaiserkrone, hinterließ sie einen nachhaltigen Eindruck und prägte das Bild der Germania. Anna Führing ließ sich auch von Paul Waldraff porträtieren, und möglicherweise ist dies für Waldraff der Grund gewesen, die Schauspielerin in ihrer populärsten Rolle als Motiv für seinen Markenentwurf zu wählen.

Doch schon bevor der erste von nicht weniger als 65 Markenwerten mit dem neuen Motiv erschien, wurde auch Kritik an der Germania laut. Zum Entwurf Waldraffs (der seine eigene Schöpfung leicht despektierlich „Germania mit dem Blechbusen" nannte) formuliert bereits im November 1899 die Deutsche Briefmarkenzeitung eine auch später immer wieder geäußerte Kritik: „Doch auch für den Buchdruck hätte sich eine gefälligere Zeichnung desselben Bildes ermöglichen und praktisch durchführen lassen, wie vorhandene Markendrucke zeigen. Vor allem ist das Brustbild der Germania zu groß und beengt im Rahmen, das Kronenkreuz stößt durch die Dachung. Früher galt als allgemein gültige Regel für Kopfzeichnungen, dass der Kopf über sich freien Raum haben müsse. Das kann ja jetzt anders sein, aber schön sieht es nicht aus und frei kann man die eingezwängte Gestalt nicht nennen."

Vom Standpunkt des Grafikers mag diese Kritik nicht ganz ohne Berechtigung sein, und noch 1918 war in der Zeitschrift „Dekorative Kunst" im Zusammenhang mit der Germania als von der „stümperhaftesten Leistung der Welt" die Rede. Selbst in einer Debatte des Reichstages vom Januar 1900 äußerte ein Abgeordneter seinen Unmut: „Man sagt, die neue Briefmarke soll unsere Brüder jenseits des Mains für die Einheitsmarke gewinnen. Vom

10

11

10 Konkurrenzentwurf, Entwerfer unbekannt. Diese Bleistiftzeichnung zeigt die Germania gewissermaßen „in Stein gemeißelt". Wie ein Trompe-l'oeil (eine Augentäuschung) wirkt der Entwurf, der ein steinernes Relief zu imitieren sucht.

11 Konkurrenzentwurf, Entwerfer A. Krüger. Die mit A. Krüger signierte Tuschezeichnung dürfte (eventuell intern in der Reichsdruckerei) in die engere Wahl gekommen sein, denn bei dem unter Nr. 37 abgebildeten Essay handelt es sich um eine spätere Stufe des gleichen Motivs. In diesem Fall hat man sich also dazu entschlossen, mit einem als grundsätzlich gut erachteten Entwurf weiter zu experimentieren.

ästhetischen Standpunkt ist sie nicht zu billigen, und ich glaube, Gutenberg, Senefelder und wie sie alle heißen, würden sich im Grabe umdrehen, wenn sie solche grafischen Erzeugnisse aus der Kunstanstalt der Reichsdruckerei erblickten."

In den erhaltenen Originalentwürfen spiegelt sich die ganze Formenvielfalt wider, die die Ästhetik im Deutschen Kaiserreich um die Jahrhundertwende bestimmte. Das nahezu beliebige Kombinieren von Formelementen aus Klassizismus, Rokoko und Jugendstil mit verschiedenen Bildelementen wie der Germania, dem Reichsadler, dem Hermannsdenkmal, der deutschen Eiche und der Reichskrone führte in der Tat zu zum Teil kuriosen Entwürfen. Von vielen dieser Entwürfe wurden auch Essays angefertigt, um die Bildentwürfe und ihre Wirkung auf die Betrachter im Originalmaßstab überprüfen zu können. Dabei experimentierte man auch mit verschiedenen Markenformen, und Zähnungsarten, zum Beispiel sechseckig geformten Marken.

Kritik an den Germania-Marken wurde auch in ausländischen Publikationen geübt. Von besonderem Interesse ist dabei ein Beitrag in der englischen „Gibbons Stamp Weekly" vom Oktober 1908. Dort hieß es zu der Marke: „Ein Gerücht besagt, sie verdanke ihr Dasein dem vielseitig (begabten) Monarchen des Deutschen Reiches, und dass er sogar das Mittelstück der Pfennigwerte entworfen habe. Es ist gewiss, dass die Marken zum Gedenken des 20. Jahrhunderts ausgegeben wurden. Der Kaiser, wie viele andere Leute, war der verfehlten Meinung, dass das 20. Jahrhundert am 1. Januar 1900 begann – und demzufolge hatte es für Deutschland so zu sein.

Der bewusste Entwurf besteht aus einer allegorischen Büste der Germania in Panzerharnisch und mit der kaiserlichen Krone auf dem Haupte, jedoch wurde ihm nicht der öffentliche Beifall entgegengebracht, und es ist tatsächlich ein armseliges Beispiel teutoni-

12

13

14

12 Konkurrenzentwurf, Entwerfer unbekannt. Die Germania wird in diesem Entwurf, der in schwarzer Tusche ausgeführt wurde, als Ganzkörperfigur mit einer ganzen Reihe von als typisch deutsch empfundenen Insignien präsentiert. Die vor einer deutschen Eiche sitzende Frauenfigur trägt die Reichskrone und das Reichsschwert und hält einen Schild mit dem Reichsadler. Über dem Gebirge im Hintergrund sind die Strahlen einer aufgehenden Sonne zu erkennen.

13 Konkurrenzentwurf, Entwerfer unbekannt. Auf die gleichen Elemente wie bei dem vorhergehenden Entwurf baut diese Bildidee, doch wird hier die Germania stehend gezeigt.

14 Konkurrenzentwurf, Entwerfer unbekannt. Dieser Entwurf fällt deutlich aus der Reihe der übrigen Germania-Entwürfe, weil er zwar die Insignien des Deutschen Reiches präsentiert (Reichskrone auf einem Kissen, Schwert und Reichszepter, Schild mit Adler

scher Kunst. Um die Entstehungsgeschichte der Marken ranken sich zahlreiche Geschichten. So sagt man beispielsweise, dass der Kaiser beim Entscheid des Markenwechsels sein Porträt auf dem neuen Satz zu haben wünschte, doch auf die Gefühle der vielen deutschen Herrscher, die ein wenig heikel in Sachen Oberherrschaft usw. sind, wurde der Gedanke ver-

15

16

17

lassen und die Germania an die Stelle gesetzt. Manche sagen, die Kaiserin habe als Modell gedient für die Personifizierung der Nation, andere, dass die Charakter-Darstellung einer jungen Schauspielerin namens Anna Führing dem Kaiser so gefallen habe, dass er befahl, sie solle als Modell dienen."

[dem preußischen Adler?] und der klassischen Eiche), jedoch die Germania gar nicht zeigt und stattdessen in Hintergrund die Umrisse des Hermannsdenkmals vor der aufgehenden Sonne zeigt.

15 Konkurrenzentwurf, Entwerfer unbekannt. Der Entwurf des Germania-Hauptes verzichtet auf die Reichskrone und ist dafür mit einem Flügelhelm bedeckt, der der Figur zusammen mit dem Schuppenpanzer und der flammenden Aureole einen sehr martialisch-aggressiven Charakter verleiht.

16, 17 Konkurrenzentwürfe, Entwerfer unbekannt (Monogramm P.V.). In diesen beiden Entwürfen zeigt sich der ganze Hang der eher konservativen deutschen Grafik um die Jahrhundertwende zu einem von schwerer Ornamentik geprägten Stil. Die Germania-Häupter treten gegenüber den in mehrfarbiger Tuschezeichnung ausgeführten breiten Rahmen deutlich zurück und können so kaum grafische Wirkung entfalten.

18

19

18-20, 22 Konkurrenzentwürfe, Entwerfer unbekannt. Auch die Versuche, mit dem Haupt von Kaiser Wilhelm II. eine ansprechende Marke zu gestalten, sind an den Bemühungen gescheitert, mit aufdringlich-ornamentaler Rahmengestaltung zu überzeugenden Ergebnissen zu gelangen. Sowohl die beiden Varianten, die das Haupt des Staatsoberhauptes in strengem Profil und ganz offensichtlich in Anklang an die ersten preußischen Marken zeigen, als auch die beiden Versionen, die den Kaiser von vorne und in Uniform präsentieren, sind als misslungen zu betrachten.

21, 23 Konkurrenzentwürfe, Entwerfer unbekannt. Ähnlich uninspiriert wie die Markenentwürfe mit dem Bildnis Wilhelm II. sind auch die beiden Entwürfe, die das Porträt des ersten Deutschen Kaisers Wilhelm I. zeigen. Weder die Glorifizierung durch eine allegorische Siegesgöttin noch durch die Reichsinsignien sind überzeugende Bildideen für das kleine Briefmarkenformat.

An dieser Kritik sind mehrere Dinge hochinteressant. Zum einen scheint es bereits an der Wende vom 19. zum 20. Jahrhundert die Debatte über den korrekten Beginn des neuen Jahrhunderts gegeben zu haben: In Deutschland war es der 1. Januar 1900, an dem das neue Jahrhundert (u.a. mit einer Jahrhundertpostkarte) begrüßt wurde, nicht der (mathematisch vielleicht richtige) 1.1.1901. Zum anderen können wir dem Artikel entnehmen, dass es nicht von Anfang an festgestanden zu haben scheint, dass die Germania zum Motiv der neuen Markenserie werden sollte.

Wenn man die bekanntermaßen große persönliche Eitelkeit Kaiser Wilhelms II. sowie die an Personenkult erinnernde Verehrung des Herrschers in Betracht zieht, so könnte man durchaus Überlegungen für wahrscheinlich halten, dass auch ein Herrscherporträt für die Neuausgabe ernsthaft erwogen wurde. Diese Vermutung wird durch die erhaltenen Markenentwürfe mit dem Porträt Kaiser Wilhelms II. erhärtet.

Die Entwürfe, die das Haupt des Kaisers in strengem Profil zeigen, beziehen sich mit dieser Darstellungsweise zweifellos auf die ersten preußischen Marken von 1850 mit dem vergleichbaren Bildnis von König Friedrich Wilhelm IV. Man benötigt nicht viel Phantasie, um sich den Unmut bei den anderen deutschen Herrschern und insbesondere den süddeutschen Königen vorzustellen, wenn diese Entwürfe Realität geworden wären!

REICHSPOST
10 PFENNIG 10

20

10
REICHSPOST.

21

REICHSPOST
5 PFENNIG 5

22

DEUTSCHES
REICH.
10 PF.

23

24 Essay für Deutsches Reich MiNr. 63 (?). Dieses hochinteressante Essay, das im Archiv auch noch in einer grünen Version erhalten ist, ist vermutlich als Alternativversion zu der letztlich realisierten Marke mit dem Reichspostamt Berlin anzusehen. Die im Stichtiefdruck dargestellte Szene mit den Personifikationen der europäischen Staaten gibt Rätsel auf, könnte jedoch als Zeitdokument des gemeinsamen europäischen Vorgehens gegen den Boxeraufstand im fernen China gesehen werden. Damit wäre dieses Essay ein Beleg für eine sehr kurze, auf Kooperation angelegte Phase der Wilhelminischen Politik, bevor diese das Deutsche Reich in wachsende Isolation und letztlich in einen vernichtenden Weltkrieg führte.

25-33 Essays für die Germania-Marken. Die auf dieser Seite abgebildeten Essays zeugen von der künstlerischen und technischen Bandbreite, die bei der Suche nach den neuen Briefmarken, die das Deutsche Reich zu repräsentieren hatten, zum Tragen kam. Es wurden nicht nur die verschiedensten Entwürfe in Essays umgesetzt (um ihre Wirkung im Markenformat überprüfen zu können), sondern man experimentierte auch mit verschiedenen Markenformen und Zähnungsarten. Von besonderem Interesse ist die ganz offensichtlich vom Historismus geprägte Variante mit einer Rahmung, deren Motivik an Rokoko-Ornamente eng angelehnt ist.

24

Germania und ihre Schwestern – ein letztes Mal europäische Gemeinsamkeit

Eine ganz besonders interessante und historisch bislang nicht gewürdigte Gestaltungsidee, die es sogar bis zum gedruckten Essay gebracht hat, liegt dem oben abgebildeten Entwurf zugrunde.

Der Entwurf für eine 1-Mark-Marke kann zeitlich nur durch die Tatsache eingeordnet werden, dass die Inschrift „Reichspost" lautet. Da bereits im April 1902 durch den Beitritt Württembergs zum Reichspostgebiet alle Marken den Aufdruck „Deutsches Reich" erhielten, dürfte auch dieser Entwurf zeitgleich mit den Entwürfen für die im April 1900 erschienenen Marken mit den höheren Werten entstanden sein und damit einen Konkurrenzentwurf für die später realisierte 1-Mark-Marke mit dem Reichspostmuseum darstellen.

Das Essay zeigt neben der Germania, die nicht mit der Reichskrone, sondern mit Flügelhelm, Schild und Schwert präsentiert wird, weitere sechs weibliche Figuren, allesamt wohl Personifikationen europäischer Staaten. Problemlos zu erkennen sind die Britannia mit Schild und Speer sowie die französische Marianne mit der charakteristischen Phrygischen Mütze. Alle sieben Figuren stehen vereint unter einem christlichen Kreuz und werden von einem Engel mit Harnisch und Flammenschwert nach rechts über einen Fluss hinweg auf einen fernen Brand mit dunklen Rauchwolken hingewiesen.

Möglicherweise ist dieses ungewöhnliche Motiv vor dem Hintergrund des Boxeraufstandes in China im Jahr 1900 zu sehen, als die europäischen Staaten dort gemeinsam gegen die Aufständischen vorgingen. Kaiser Wilhelm II. hatte die deutschen Expeditionstruppen mit

25–33

der berühmt gewordenen „Hunnenrede“ nach China verabschiedet und dabei besondere Härte bei der Niederschlagung des Aufstandes gefordert.

Nur 14 Jahre vor dem Ausbruch des Ersten Weltkriegs zeigte sich hier letztmals ein im Vorgehen gegen einen als fremd und bedrohlich empfundenen Feind und seine ebenso fremde Kultur geeintes Europa. Als erstaunliches Dokument dieses kurzen Kapitels der Geschichte ist das Essay äußerst bemerkenswert, doch standen offensichtlich wichtige Gründe gegen eine Realisierung des Markenentwurfs. Die schon kurz darauf folgenden machtpolitischen Alleingänge und diplomatischen Ungeschicklichkeiten, die das Deutsche Reich in zunehmende Gegnerschaft besonders zu Großbritannien brachten, ließen die Bildidee bald obsolet erscheinen.

34–37 Essays für die Germania-Marken. Alle sechs der hier abgebildeten Essays sind nach Entwürfen angefertigt worden, die im Archiv erhalten sind und auf den vorhergehenden Seiten präsentiert werden. Für den modernen Betrachter mutet der Aufwand bisweilen erstaunlich an, mit dem sich die Reichsdruckerei diesen neuen „Jahrhundertmarken" widmete. Doch wenn man bedenkt, dass die Germania-Marken fast ein Vierteljahrhundert lang das Bild des Deutschen Reiches im In- und Ausland ganz wesentlich mitprägen sollten, dann werden diese Bemühungen durchaus verständlich. Die unteren drei Essays „spielen" auf der Grundlage eines ungefähr identischen Bildentwurfes mit Details, verändern Hintergründe oder Rahmungen.

34 35 36

37

Essays und Druckproben

Von vielen der im Archiv für Philatelie erhaltenen Entwürfe für die neuen Germania-Marken wurden auch Essays angefertigt. Diese Essays sollten einen besseren Eindruck von der Wirkung der jeweiligen Entwürfe vermitteln. Die Originalgröße, die Mehrfarbigkeit und die Zähnung trugen dazu bei, dass die Essays die Anmutung „echter" Briefmarken erhielten.

Vielfach wurden ganze Serien mit Farbprobedrucken einzelner Entwürfe von der Reichsdruckerei angefertigt. Möglicherweise wurde bei diesen Essays und Farbprobedrucken die Reichsdruckerei selbst und ohne Auftrag aktiv, denn es hätte keinen Sinn gemacht, nach dem entschiedenen Wettbewerb um die neuen Marken noch arbeits- und kostenaufwändige Druckproben und Essays von bereits abgelehnten Konkurrenzentwürfen anzufertigen. Vielmehr dürfte es so gewesen sein, dass die den Berichten zufolge an dem Wettbewerb beteiligten Grafiker und Entwerfer der Reichsdruckerei diese Essays ihrer Entwürfe vor der Entscheidung des Kaisers anfertigen ließen.

38

39

40 41

42 43 44

38–44 Essays für die Germania-Marken. Von besonderem Interesse dürften die Markenessays mit sechseckiger Form und entsprechender Zähnung sein. Diese ungewöhnliche Markenform ist sowohl mit dem Porträt des Kaisers als auch mit einem nüchternen Entwurf mit Reichsadler und Eichenlaub als Essay realisiert worden. Dabei wurden auch verschiedene Farbwirkungen ausprobiert.

Dabei zeigte man sich sowohl im Hinblick auf Motiv und Farben als auch auf die äußere Form durchaus experimentierfreudig. So gibt es von den Markenentwürfen mit Reichsadler, Eichenzweig, Wertziffer und der diagonalen Aufschrift „Reichspost" eine Reihe von Farbprobedrucken, die durch ihre sechseckige Form mit der entsprechenden Zähnung aus dem Rahmen fallen.

45

45 Farbprobedrucke für die Germania-Ausgabe von 1920. Ende 1920 erschienen Germania-Marken mit den hohen Werten von 1 Mark bis 4 Mark (MiNr. 150–153). Die erhaltenen, zweifarbigen Farbprobedrucke zeigen eine ganze Reihe von Farbkombinationen, auf dem Vorlagebogen sind die ausgewählten Farben für die MiNr. 151 und die MiNr. 152 handschriftlich markiert worden.

46 Druckproben für die Germania-Rollenmarken. Bereits vor dem Ersten Weltkrieg wurden mit dem Germania-Motiv Rollenmarken angefertigt, die für Briefmarken-Automaten oder Frankiermaschinen gedacht waren. Während heutzutage die Rollenmarken in bestimmten Abständen (alle fünf Marken) auf der Rückseite eine Zahl tragen, um so den auf der Rolle verbliebenen Bestand kontrollieren zu können, experimentierte man damals mit vorderseitigen Aufdrucken. Der erhaltene Bogen mit Germania-Marken zeigt Versuche mit der Nr. „64" in verschiedenen Aufdruckfarben und unterschiedlichen Aufdruckpositionen auf den Marken.

In allen Farben des Regenbogens – Germania-Marken während und nach dem Ersten Weltkrieg

In der langen Geschichte der Germania-Marken erschienen nicht weniger als 65 Ausgaben mit dem Motiv der Germania – und die Ausgaben in den Kolonien oder die Überdruckausgaben sind dabei noch gar nicht berücksichtigt. Es verwundert also nicht, dass die Reichsdruckerei zahllose Versuche, Probedrucke, Vergleichstafeln etc. anfertigte, um für den jeweiligen Verwendungszweck die aus Sicht der Verantwortlichen ansprechendste Lösung zu finden.

1920 erschienen erstmals zweifarbige Germania-Marken in Werten zu 1 Mark, 1 1/4 Mark, 2 Mark und 4 Mark. Die Zweifarbigkeit dieser Marken, die im Hintergrund schraffiert waren, erhöhte selbstverständlich die gestalterischen Möglichkeiten um ein Vielfaches. Ein Vorlagekarton mit 14 verschiedenfarbigen 1-Mark-Marken zeigt durch handschriftliche Notizen die Art und Weise, wie die Farbauswahl für die 1 1/4-Mark-Marke und die 2-Mark-Marke getroffen wurde.

46

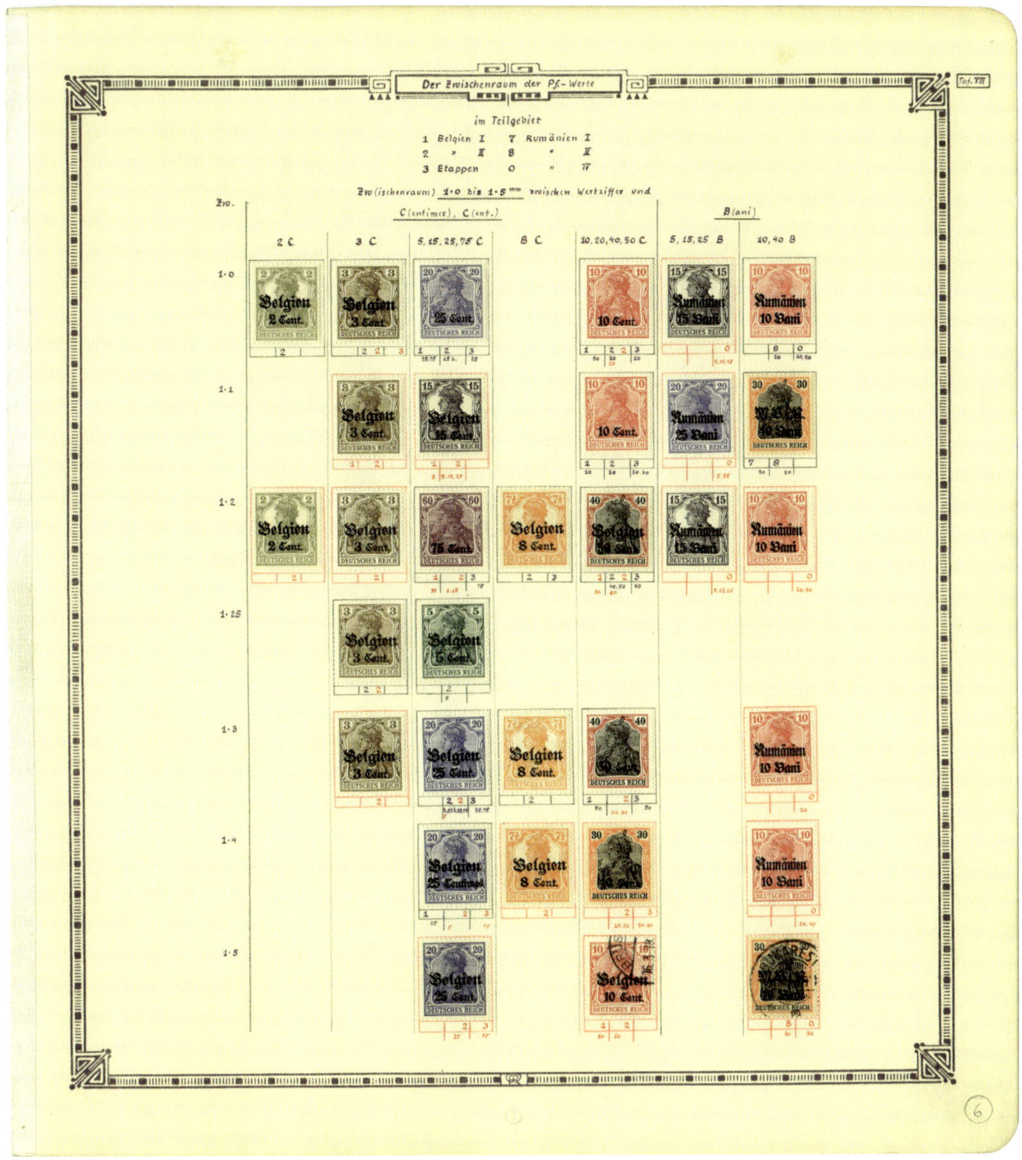

47

Bereits vor dem Ersten Weltkrieg setzte die Reichspost Automaten ein, für die Rollenmarken notwendig waren. Zu den ersten Marken, die für diese Automaten als Rollenmarken konfektioniert wurden, gehörten die Germania-Marken mit dem Wert von 5 Pfennig (MiNr. 85) und 10 Pfennig (MiNr. 86). Um das Zählen der Rollenmarken zu erleichtern, erhält heute jede fünfte Marke einer Rolle eine rückseitigen Aufdruck mit der Anzahl der noch auf der Rolle befindlichen Marken. Der abgebildete Vorlagebogen zeigt eindrucksvoll, wie man zunächst mit einem vorderseitigen Aufdruck experimentierte und dabei sowohl die Aufdruckfarbe als auch die Aufdruckposition auf der Marke vielfach variierte.

Während des Ersten Weltkrieges waren Aufdruckmarken mit dem Germania-Motiv auch in vielen besetzten Gebieten gültig. Im Reichspostmuseum legte man eine umfangreiche Spezialsammlung dieser Marken an und erforschte die zum Teil winzigen Druckunterschiede dieser Ausgaben mit viel Aufwand. Das abgebildete Albumblatt dokumentiert solchermaßen auch museales Sammeln zu Beginn des 20. Jahrhunderts.

47 Bogen aus einer Spezialsammlung mit den Marken der Deutschen Besatzungsgebiete während des Ersten Weltkriegs.

48 Druckbogen der Deutsches Reich MiNr. 63b. Die höheren Werte der in etwa zeitgleich mit dem Germania-Motiv erschienenen Briefmarken entsprachen einem von der Wirtschaft geäußerten Wunsch, um den Postverkehr zu erleichtern. Das Motiv für die 1-Mark-Marke, das Reichspostamt in Berlin mit dem Reichspost-museum in der Leipziger Straße, steht auch für das gewachsene Selbstbewusstsein, das die Reichs-post um die Jahrhundertwende empfand.

49 Originalentwurf für Deutsches Reich MiNr. 113. Die Marke mit dem Motiv des Reichspostamts erfuhr mehrere Neuauflagen. Im März 1920 wurde das Motiv leicht verändert, auf den Flügeltürmen wurden Flaggen eingefügt. Für diese Marken scheint dies der entsprechende Originalentwurf zu sein. Es ist jedoch auch denkbar, dass dem ersten Originalentwurf (der getrennt nicht erhalten ist) einfach die Flaggen hinzugefügt wurden.

50 Konkurrenzentwurf für Deutsches Reich MiNr. 63 oder 113. Bei gleichem Motiv (Reichspostmuseum) wurde hier nur die Rahmung variiert.

48

Reichspostamt in Berlin – Die Markwerte der Germania-Marken

Die Markwerte der Germania-Ausgaben tragen ein anderes Markenbild, doch gleichwohl werden sie von den Spezialsammlern des Deutschen Reiches zu den Germania-Marken gerechnet.

Die 1-Mark-Marke zeigt eine Ansicht des Reichspostamts in der Leipziger Straße in Berlin, in dem Heinrich von Stephan sein Büro und das Reichspostmuseum mit seiner berühmten Postwertzeichensammlung seinen Sitz hatte. Heute befindet sich an gleicher Stelle das Berliner Museum für Kommunikation. Postfrische Marken dieser Ausgabe sind selten und entsprechend teuer – erst recht gilt das für einen kompletten Kleinbogen der MiNr. 63b in Dunkelkarminrot!

Auch hier hat das Motiv offensichtlich nicht von Anfang an festgestanden. Das eigentümliche Essay mit dem Motiv der europäischen Personifikationen unter dem christlichen Kreuz wurde bereits erwähnt, doch auch andere Motive wurden in Betracht gezogen. Adolph von Menzels „Tafelrunde König Friedrich II." wurde zu einem Entwurf herangezogen, doch vermutlich sprachen gute Gründe gegen eine Motivwahl, die zu einseitig die preußische Geschichte in den Vordergrund stellte. Die Ansicht des Reichspostamts wurde in verschiedene Rahmungen eingestellt, darunter auch ein floral/jugendstilhafter Entwurf, der mit dem Rahmen der eigentlichen Germania-Marke durchaus korrespondiert hätte. Schließlich entschied man sich aber für einen eher „klassizistisch-gründerzeitlichen" Rahmen.

Von dieser seltenen Marke befindet sich in den Beständen der Museumsstiftung neben Schalterbogen auch die Originaldruckplatte sowie ein kompletter Druckbogen! Dieser Druckbogen besteht aus zwei Schalterbogen mit dem charakteristischen, waagerechten Zwischensteg.

REICHSPOSTAMT IN BERLIN
1 MARK
1 MARK
REICHSPOST

49

M 1
1 M
1 MARK
1 MARK
REICHSPOST

50

51

52

51 Konkurrenzentwurf für Deutsches Reich MiNr. 63 (?). Dieser Konkurrenzentwurf für eine 1-Mark-Marke zeigt das Tabakkollegium Friedrich des Großen nach einem Gemälde Adolph von Menzels.

52 Originaldruckplatte Deutsches Reich MiNr. 63. In den Archiven der Museumsstiftung hat sich noch eine erhebliche Anzahl von Druckstöcken und Druckplatten aus den Bereichen Altdeutschland und Deutsches Reich erhalten, darunter auch diese Originaldruckplatte der MiNr. 63.

53

54

53 Konkurrenzentwurf für Deutsches Reich MiNr. 64. Das Gemälde Anton von Werners mit der allegorischen Vereinigung von Nord und Süd diente als Vorlage für den 2-Mark-Wert.

54 Ungezähnter Probedruck der Deutsches Reich MiNr. 64.

Einheitspropaganda und Machtdemonstration – Die höheren Markwerte der Germania-Marken

Wie der Kopf der Germania so erfüllten auch die Motive der höheren Werte (2 Mark, 3 Mark und 5 Mark) eine wichtige politische Funktion für das noch recht junge deutsche Kaiserreich. Denn so einig man sich nach dem Sieg im Deutsch-Französischen Krieg von 1870/71 und der Kaiserproklamation im Spiegelsaal von Versailles auch gab, so war doch nicht zu übersehen, dass die Auseinandersetzungen um den richtigen Weg zur Einheit des Deutschen Reiches (großdeutsche Lösung unter Einbeziehung von Österreich oder kleindeutsche Lösung ohne Österreich und unter preußischer Führung) noch nicht lange zurücklagen und manche Wunde aus dieser Zeit noch nicht verheilt war.

Besonders die süddeutschen Staaten (Bayern und Württemberg), die im Krieg von 1866 noch an der Seite Habsburgs gegen Preußen gekämpft und verloren hatten, standen dem neuen Reich und speziell dem dominanten Norden bisweilen eher reserviert gegenüber. So hielt man es bei der Motiventscheidung für sinnvoll, die Einheit der oft sehr unterschiedlichen Landesteile zu betonen. Die 2-Mark-Marke sollte deshalb auf einem patriotischen Gemälde aus einem Zyklus Anton von Werners basieren, in dem dieser die symbolische Einigung von Nord und Süd dargestellt hatte. Zwei Krieger der Germanenzeit vor jeweils typischen Landschaften (Berge und Küstenlandschaft) reichen sich die Hände und werden dabei von einer Siegesgöttin mit einer strahlenden Reichskrone bekrönt. Die drei abgebil-

55, 56 Die erhaltenen Konkurrenzentwürfe probieren verschiedene Rahmungen und Hoch- bzw. Querformate aus, außerdem wird die Eindeutigkeit der Botschaft durch das Hinzufügen weiterer Elemente (Hermannsdenkmal und Bavaria) noch verstärkt.

57 Originalentwurf für Deutsches Reich MiNr. 65. Interessant ist das Bemühen des Grafikers, die kleine Figur Kaiser Wilhelm II. zu Pferde durch das „Isolieren" mit Deckweiß aus der eher unübersichtlichen Komposition herauszulösen und freizustellen. Die dadurch erzielte „Aura" des Kaisers lässt sich auch im fertigen Druck nachvollziehen.

58 Deutsches Reich MiNr. 65 ✶. Das Motiv der feierlichen Enthüllung des Denkmals für Kaiser Wilhelm I. geht auf ein Gemälde William Papes zurück.

55

56

deten Konkurrenzentwürfe variieren vor allem die Rahmung und das innere Bildformat. Einer der Entwürfe traut der Klarheit der Botschaft nicht recht und fügt den beiden Kriegern deshalb erklärend noch das Hermannsdenkmal (für den Norden) und die Münchner „Bavaria" (für den Süden) in gezeichneter Form bei. Der realisierte Entwurf, der hier in einem drucktechnisch besonders interessanten Probedruck gezeigt wird, fügt dem Bildmotiv noch den unmissverständlichen Aufruf „Seid einig – einig – einig!" hinzu.

Die Markenbilder der 3-Mark-Marke sowie der 5-Mark-Marke gehen auf Gemälde William Papes zurück und schildern Szenen der Enthüllung des Denkmals für Kaiser Wilhelm I. in Berlin und der Reichsgründungsgedenkfeier im Weißen Saal des Berliner Schlosses. Das neue Reich zeigt sich hier in pomphaftem Selbstbewusstsein und nutzt die Botschaft der

57

58

59

60

Marken zur Untermauerung seines imperialen Anspruchs. Doch auch drucktechnisch sind die Marken ausgesprochen interessant. Waren die niedrigen Werte der Germania, die in großen Mengen gedruckt werden mussten, noch im unkomplizierten Buchdruck hergestellt, so wählte man für die Mark-Werte den anspruchsvolleren Stichtiefdruck und führte die 3-Mark-Marke und die 5-Mark-Marke sogar zweifarbig aus.

Auf eine plakative Wirkung wurde trotz des kleinen Formats völlig verzichtet, man vertraute im Gegenteil auf den besonderen Reiz der extremen Kleinteiligkeit der Motive, die sich dem Betrachter damals wie heute nur bei genauester Betrachtung (am besten mit der Lupe) erschließen.

84

59 Originalentwurf für Deutsches Reich MiNr. 66; Entwerfer Wilhelm Roese. Der Originalentwurf mit der Signatur von Professor Wilhelm Roese verrät durch die Notizen am Bildunterrand einiges über die Entstehungsgeschichte. Insgesamt zweimal hat Roese Korrekturen vorgenommen, erst am 27. September war der Entwurf fertig und wurde dann vermutlich dem Stecher und den Druckern übergeben.

60 Deutsches Reich MiNr. 66 ✶. Der höchste Wert der Mark-Werte der Germania-Ausgabe zeigt (ebenfalls nach einem Gemälde William Papes) eine Szene der Reichsgründungsgedenkfeier im Berliner Schloss.

1

2

3

1 Deutsche Post in der Türkei MiNr. 3, 6, 8. Erst 1870 eröffnete der Norddeutsche Bund in Konstantinopel eine Postagentur. Diese wurde nach Gründung des Deutschen Reiches durch das Kaiserlich Deutsche Postamt ersetzt, welches wiederum dem General-Postamt in Berlin unterstand. Verwendet wurden zunächst Marken des Norddeutschen Bundes, dann Marken der Reichspost. Die Reichspost-Ausgaben bekamen ab 1884 einen Aufdruck in türkischer Währung. Dieser Eilbrief von Konstantinopel nach Berlin mit einem vorgedrucktem Dienstumschlag wurde mit insgesamt 3 Piastern und 10 Para freigemacht, sämtlich Marken des Deutschen Reiches mit Aufdruck der türkischen Währung. Entwertet sind sie mit drei schwarzen Abgangsstempeln der Deutschen Post Constantinopel.

Seit 1870: Deutsche Post in der Türkei – Als Rosinenschachteln aus Smyrna kamen

Den Postversand von adressierten Bierdeckeln haben Sammler oft als Kneipen-Spaß betrieben. Tatsächliche Bedarfspost in runder Form aber ist selten. Aus der Zeit der deutschen Post in der Türkei existiert sie jedoch: Frankaturen, Stempel und Klebezettel befinden sich auf den Deckeln oder/und Böden runder Schachteln, die aus Smyrna, dem heutigen Izmir, kamen.

Diese Stadt war Ende des 19. Jahrhunderts die zweitgrößte der Türkei und deren wichtigster Hafen an der Ägäis. Zu den Ausfuhren, die von dort getätigt werden, gehören seit jeher Rosinen, genauer gesagt Sultaninen. Kleine runde Schachteln, die mit Proben solch getrockneter Trauben in großer Zahl verschickt wurden, haben die von Sammlern begehrten runden Belege mit „Rosinenmarken“ und „Rosinenstempeln“ hinterlassen.

Rosinenmarken und Rosinenstempel sind tatsächlich in der Philatelie gebrauchte Begriffe, die jeder Experte sofort mit dem Sammelgebiet „Deutsche Post in der Türkei“ verbindet. Dabei gibt es für beides Hintergründe, die Erklärungen liefern und Schlaglichter werfen, wozu man freilich etwas ausholen muss.

Als am 1. März 1870 in Constantinopel das erste deutsche Postamt in der Türkei eröffnet wurde, waren andere fremde Postverwaltungen schon lange am Bosporus tätig: Österreich seit 1746, Russland seit 1784, Großbritannien seit 1832, Frankreich seit 1835 und Griechenland seit 1849. Die Post des Norddeutschen Bundes, die bald darauf in der Deutschen Reichspost aufging, kam also relativ spät und mit offenkundigen Nachteilen im Wettbewerb

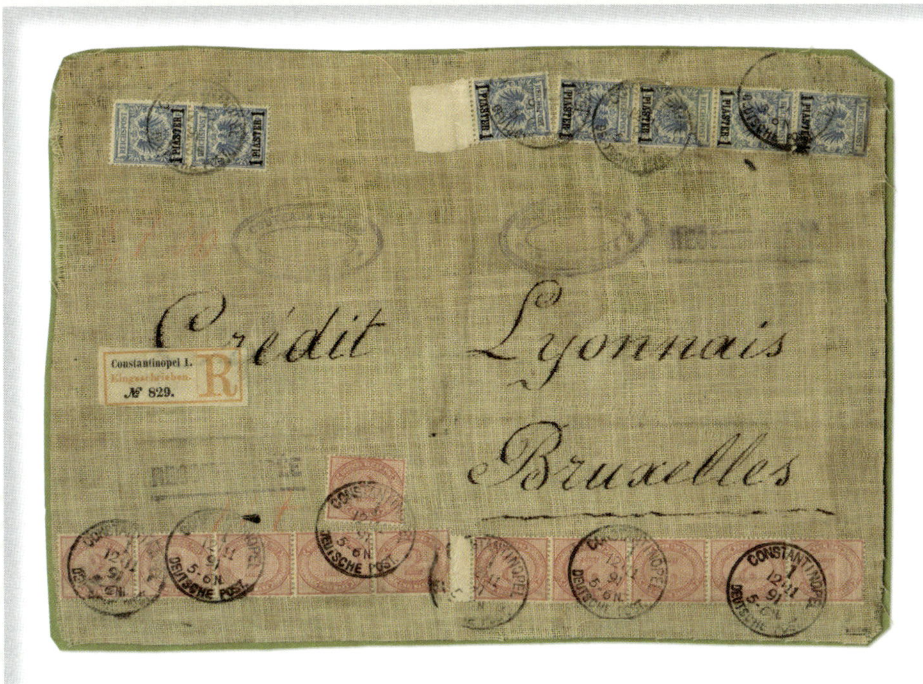

4

um die Kunden. Sie nahm zwar von Anfang an vor allem den Österreichern Einlieferungen weg, musste aber später ständig um ihre Wettbewerbsfähigkeit besorgt sein.

Das blieb auch so oder wurde vielmehr noch deutlicher, als weitere deutsche Postämter in der Türkei 1898 in Jaffa und 1900 in Smyrna, Beirut und Jerusalem eröffnet wurden. Für die Wirtschaftlichkeit der deutschen Post in Constantinopel war es ein Glücksfall, dass in den Jahren 1889-92 Mönche aus dem Athos-Gebirge in Griechenland erhebliche Mengen an Briefpost, besonders zu Weihnachten und zu Ostern, aber auch sonst im Jahr mit Bitten um Spenden für die Klöster versandten. In den ökonomischen Erwägungen der Postämter in Smyrna und Jerusalem spielten von Anfang an vor allem auch Warenproben und Drucksachen eine besondere Rolle. Aus Jerusalem wurden in größeren Mengen orientalische Handarbeiten, aber auch Jordanwasser sowie Erde des Heiligen Landes versandt. Oder ein evangelisches syrisches Waisenhaus verschickte regelmäßig eine Zeitschrift. Aus Smyrna kamen – wie gesagt – vor allem Rosinenschachteln.

Dabei spielte im Wettbewerb der Auslandspostämter untereinander deren Tarif- und Währungspolitik eine nicht unwichtige Rolle. Ohne das an dieser Stelle im Einzelnen genau zu erklären, ist anzumerken, dass in der Türkei zu jener Zeit schwierige, den Ausländer vielfach verwirrende Währungsverhältnisse herrschten. Eine Doppelwährung auf Gold- und Silberbasis, dazu Kupfermünzen und Banknoten mit wechselnden Kursen zwangen zu ständig neuen Berechnungen. Und das Postamt, das angesichts dessen die günstigsten Angebote machte, konnte auch mit den meisten Kunden rechnen.

Solche Angebote der deutschen Post waren ab 1900 Streifbänder zu 10 Para, die als Ganzsachen ohne Papierpreisaufschlag nur in Jaffa und Jerusalem verkauft wurden, sowie ab 1904 Ganzsachen-(Drucksachen)-Umschläge für ebenfalls nur 10 Para, während Postkarten 20 Para und Briefe 40 Para kosteten.

Die Tatsache, dass die deutsche Post in der Türkei neben Marken in der Währung von 1 Piaster = 40 Para ab 1908 auch solche in französischem Geld mit 1 Franc = 100 Centimes herausbrachte, hatte ebenfalls in erster Linie mit dem Wettbewerb zu tun. Die Marken in französischer Währung ermöglichten der deutschen Post in der Türkei nämlich eine Art Dumpingporto zugunsten ihrer Einlieferer. Der Trick dabei ist bis heute schwierig genug zu

2 Deutsche Post in der Türkei MiNr. U 1 B, 8, 6, 9. Für diesen Einschreibbrief von Konstantinopel nach München wurde ein Ganzsachen-Umschlag mit Wert von 20 Para verwendet, dazu kommt noch eine Frankatur von 3 1/4 Piaster und 10 Para, insgesamt 3 1/4 Piaster und 30 Para. Die Abstemplung besteht aus drei schwarzen Tagesstempeln der Deutschen Post Constantinopel vom 25.11.89, 5-6 N.

3 Deutsche Post in der Türkei MiNr. 2, 6, 4. Auch der Einschreibbrief von 1889 nach Caracas ist wieder mit Freimarken des Deutschen Reiches frankiert, die mit einem Aufdruck der türkischen Währung versehen sind.

4 DR MiNr. 37 und Deutsche Post in der Türkei MiNr. 8. Eine große Seltenheit ist dieser Geldbriefumschlag aus Leinen, der mit einer Gesamtfrankatur von 117 Piastern (23,40 Mark) versehen ist. Das ist die höchste Portostufe, die auf einem Einschreiben der Frühzeit der Postagentur Constantinopel bekannt ist. Diese Frankatur ist eine Mischfrankatur von 11 Werten der 2-Mark-Ausgabe (Wert je 1 Piaster) von 1875, die keinen Wertaufdruck in Türkisch tragen, und 7 Marken zu 1 Piaster. Der Geldbrief ging nach Brüssel. Die Abstempelung, die hohe Frankatur sowie das Leinen verleihen dem Umschlag ein ungewöhnliches Äußeres.

5

6

5 Deutsche Post in der Türkei MiNr. VI/II. Zu den postalisch vorbereiteten, aber nicht verausgabten Marken gehört die 3-Mark-Ausgabe mit dem roten Aufdruck von 15 Piaster.

6 Deutsche Post in der Türkei MiNr. 6, DR MiNr. P 43. Anlässlich der Eröffnung des Zweigpostamtes „Pera" am 1.3.1900 schickte der Postamt-Vorsteher Klint (offensichtlich ein Philatelist) diese Ganzsachen-Postkarte des Deutschen Reiches, auf die er zusätzlich noch eine 10-Para-Marke klebte, an den Postmeister Orth in Smyrna. Er bat die Kollegen dort, seine Karte an die deutschen Postämter Beirut, Jaffa und Jerusalem weiterzuschicken und um Rücksendung und Abstemplung mit „besonders geraden, mäßigen und deutlichen Stempeln". Interessant ist die Stempelfehleinstellung des Abgangsstempels aus Konstantinopel, statt 1.3.00 wurde das Datum vom 3.1.00 genommen. Am 18.3.00 kam die Karte wieder zurück.

7 Der Luftpostbrief von 1929 ab Friedrichshafen an die Deutsche Bank in Konstantinopel zeigt eine dekorative Buntfrankatur verschiedener Marken des Deutschen Reiches. Neben den schwarzen Abgangsstempeln aus Friedrichshafen ist es vor allem der schöne rote Kreisstempel „Luftschiff Graf Zeppelin Orientfahrt 1929", der die schöne Optik des Briefes bestimmt.

erkennen: Ein Goldfranc entsprach 4 3/4 Piaster als Gegenwert. 4 3/4 Piaster waren 190 Para, und für die bekam man 19 Briefmarken zu 10 Para als Gebühr für Drucksachen oder Warenproben. Standen nun aber statt Para und Piaster Centimes und Francs auf den Marken, erhielt der Kunde für 1 Franc 20 Marken zu 5 Centimes, und das war wieder die Gebühr für Drucksachen und Warenproben bis 50 Gramm. Anders ausgedrückt: Bei 20 Sendungen war plötzlich eine umsonst.

Dieser Manipulation, die auch den Versand der Rosinenschachteln durch die deutsche Post förderte, verdanken die Centimes-Wertzeichen letzten Endes ihren Namen als Rosinenmarken. Und die Rosinenstempel? Nun, dies sind – abweichend von den ansonsten stets runden Metallstempeln der deutschen Post in der Türkei – zwei rechteckige Gummistempel. Mit dreizeiliger Inschrift (SMYRNA/Datum/Deutsche Post) wurde der erste Stempel mit zwei Sternen vom 17. August 1910 bis November 1912, der zweite ohne die beiden Sterne vom 19. November 1912 bis zum 30. September 1914 verwendet. Der Grund für ihre Einführung und Verwendung: Auf Schachteldeckeln, Sackanhängern und Adressen, die auf Beuteln hafteten, ließen sich die Metallstempel nur schlecht abschlagen. Die Gummistempel taten da weit besseren Dienst.

Nach dieser weit ausholenden Geschichte um Rosinenmarken und Rosinenstempel mag einiges an weiteren Fakten und Hintergründen interessieren: Als 1870 das erste deutsche Postamt in der Türkei seinen Betrieb aufnahm, erstreckte sich das Osmanische Reich von Bosnien über Bulgarien und Kleinasien bis an die Grenzen Persiens, über Mesopotamien und die Arabische Halbinsel und einen großen Teil Nordafrikas mit Ägypten und Tunesien. Der Staatskoloss aber stand weithin auf recht tönernen Füßen, das Wort vom „kranken Mann am Bosporus" machte die Runde. Das bot den europäischen Mächten seit dem 18. Jahrhundert viele Möglichkeiten der Einflussnahme. In friedensrechtlichen Kapitulationen, die im Völkerrecht heute der Vergangenheit angehören, wurde die Türkei gezwungen, eigene Hoheitsrechte gegenüber ausländischen Bürgern aufzugeben. Und auf solchen Kapitulationen beruhten auch die Postrechte ausländischer Mächte, wobei deren Legitimität immer mit der Unzulänglichkeit der türkischen Post und den Interessen des Handels begründet wurde.

Im Falle der relativ späten Einrichtung einer deutschen Post in der Türkei spielten aber diese beiden Gründe eine nur zweitrangige Rolle. Entscheidend war vielmehr – wie in der „Geschichte der Deutschen Post in den Kolonien und im Ausland" von W. Schmidt und Hans Werner (Leipzig 1939) nachlesbar – das Streben nach politischem Prestige, das Bismarck als Kanzler des Norddeutschen Bundes bereits 1868 veranlasste, eine deutsche Post in Constan-

7

8

tinopel zu wünschen. Deutschland auf dem Wege zur Reichsgründung und mit dem sich abzeichnenden Anspruch einer europäischen Großmacht wollte Gleichberechtigung mit Frankreich, Großbritannien, Österreich oder Russland in der Türkei, und dazu gehörte die eigene Post.

Insgesamt 44 Jahre hat es die deutsche Post in der Türkei gegeben. Am Ende schlossen alle deutschen Postämter zum 30. September 1914, und zwar auf der Grundlage einer Vereinbarung zwischen Deutschem Reich und türkischer Regierung. Die folgende Feldpost einer Deutschen Militärmission in der Türkei in den Weltkriegsjahren 1915 bis 1919 gehört nicht mehr zum Sammelgebiet „Deutsche Post in der Türkei", da sie keine Einrichtung der Deutschen Reichspost war.

Ähnlich wie bei der deutschen Post in China umfasst auch bei der deutschen Post in der Türkei das erste Kapitel Vorläufer in Gestalt von deutschen Marken ohne Aufdruck. In Constantinopel waren dies anfangs noch die Wertzeichen des Norddeutschen Bundes in Groschenwährung. Dass sie in der Türkei verwendet wurden, ist nur an den Stempeln zu erkennen, wobei diese abgekürzt oder ausgeschrieben ausdrücklich auf eine „Norddeutsche Post-Agentur" (N.P.A.) hinweisen. Ab 1. Januar 1872 folgten dann die Ausgaben des Deutschen Reichs, von denen Werte der beiden Brustschildausgaben, der Pfennige- und Pfennig-Serie sowie die Innendienstmarke zu 2 Mark als in der Türkei verwendete Vorläufer registriert sind.

Etwas anders ist die Lage bei den in der Türkei verwendeten Reichspostmarken der Krone/Adler-Serie von 1889-90 ohne Aufdruck. Sie wurden dort nicht mehr verkauft, weil es zum Zeitpunkt ihres Erscheinens seit Januar 1884 bereits eigene Marken mit Aufdruck für die deutsche Post in der Türkei gab. Dennoch kommen auch Marken der Krone/Adler-Serie ohne Aufdruck in der Türkei vor, da sie über Privatleute oder durch Firmen dorthin gelangten, verklebt und anerkannt wurden. Sie gelten – weil zeitgleich mit den Aufdruckausgaben eingesetzt – als deren „Mitläufer".

Was die insgesamt 52 Hauptkatalognummern der Aufdruckmarken der deutschen Post in der Türkei angeht, so bieten sie für Spezialisten ein reiches Betätigungsfeld, was zum Beispiel Farb- und Aufdruckabarten, Plattenfehler oder Hausauftragsnummern angeht. Ganz abgesehen davon, dass auch die Haupt- und Nebenstempel der vier deutschen Postämter ihren sammlerischen Reiz haben.

8 Diese drei runden Dosenetiketten wurden auf Blechdeckeln für Rosinenproben, die nach Deutschland geschickt wurden, verwendet. Weil die üblichen Stahlstempel sich zur Entwertung der Marken auf den Blechdeckeln der Dosen nicht eigneten, musste ein besonderer Gummistempel („Rosinenstempel") beschafft werden. Diese schwarzen viereckigen Abgangsstempel sind auf allen drei Etiketten gut zu erkennen.

1

1 Die Vorderseite der Postkarte zeigt die Adressen, die der Absender eingetragen hatte und die den Laufweg der Karte bestimmten. Die Karte wurde am 24. Mai 1878 in Chemnitz aufgegeben (vermutlich vom Angestellten einer Firma), lief zunächst über Alexandrien/Ägypten (per Firmenpost?) an das Kaiserlich Deutsche Konsulat in Singapur, dann weiter an das Konsulat in Yokohama (wohl mit Dienstpost). In Japan, das erst im Vorjahr dem Weltpostverein beigetreten war, wurde sie mit der Japan MiNr. 44 frankiert und ging an eine Privatadresse nach San Francisco weiter, wo sie eine USA MiNr. 36 erhielt und nach New York weitergeleitet wurde. Hier schließlich wurde sie mit einer USA MiNr. 47 freigemacht und nach Chemnitz zurückgeschickt, wo sie laut Ankunftsstempel am 18. September 1878 wieder eintraf. 118 Tage lang war die Karte unterwegs.

Reise um die Welt in 120 Tagen – die Weltumrundungskarte von 1882

Es ist nicht ganz einfach, den Beginn der Philatelie zeitlich genau zu bestimmen. Ob es wirklich eine junge Lady war, die in Großbritannien anfing, die gebrauchten One-Penny-Black-Marken von den Briefen abzutrennen und damit ein Zimmer zu tapezieren, wie bisweilen berichtet wird, oder ob es die Gründung der ersten Vereinigung von Sammlern war, der die „Erfindung der Philatelie" als Hobby und Wissenschaft zuzuschreiben ist, kann schwer entschieden werden. Fest steht, dass schon sehr bald nach der Einführung der bunten Postwertzeichen Sammler anfingen, auf die Jagd nach ihnen zu gehen.

Zunächst waren es nur die Briefmarken selbst, die man (möglichst vollständig nach Ausgabeländern) sammelte und so über die Exotik des Markenbildes und den oft sehr fernen Landstrich der Herausgabe einen damals noch seltenen Eindruck von fernen und fremden Ländern und Kontinenten erhielt. Doch schon bald begann man sich auch für gelaufene Briefe und Karten zu interessieren, die diese Eindrücke noch weit stärker zu vermitteln wussten. Neben ihrem Inhalt ermöglichte ihr Äußeres mit seinen fremdartigen Stempeln, den exotischen Adressen, den persönlichen Handschriften und postalischen Vermerken dem Betrachter und Sammler so etwas wie das imaginäre „Nachreisen" und führte ihn so aus der engen Heimat hinaus „in die große, weite Welt". Von besonderem Interesse waren dabei neben außergewöhnlichen Frankaturen die weit entfernten Destinationen oder seltene und ungewöhnliche Laufwege, die sich postalisch nachvollziehen ließen. Da solchermaßen

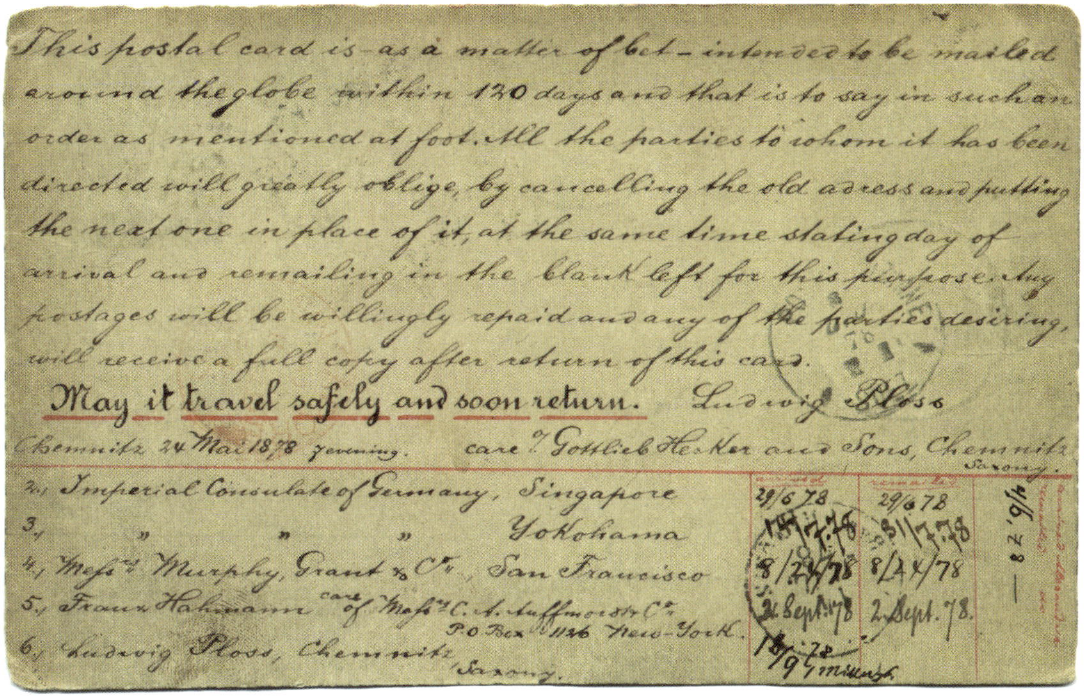

This postal card is – as a matter of bet – intended to be mailed around the globe within 120 days and that is to say in such an order as mentioned at foot. All the parties to whom it has been directed will greatly oblige, by cancelling the old adress and putting the next one in place of it, at the same time stating day of arrival and remailing in the blank left for this purpose. Any postages will be willingly repaid and any of the parties desiring, will receive a full copy after return of this card.

May it travel safely and soon return. Ludwig Ploss

Chemnitz 24 Mai 1878 evening. care of Gottlieb Hecker and Sons, Chemnitz Saxony.

2, Imperial Consulate of Germany, Singapore 29/6 78 29/6 78

3, " " " Yokohama

4, Messrs Murphy, Grant & Co, San Francisco 8/24/78 8/24/78

5, Franz Hahnemann care of Messrs C. A. Auffmordt & Co P.O. Box 1126 New-York. 2. Sept. 78 2. Sept. 78

6, Ludwig Ploss, Chemnitz Saxony.

2

2 Auf der Rückseite (hier die für Ausstellungszwecke handgefertigte Kopie des Reichspostmuseums!) erläuterte der Absender den Hintergrund der Wette: Maximal 120 Tage solle die Karte für eine Reise rund um die Welt brauchen, und er bat die angeschriebenen Konsulate und Privatpersonen um Mithilfe, die ihm auch bereitwillig gewährt worden zu sein scheint. Sein Wunsch „May it travel safely and soon return" ging jedenfalls in Erfüllung. Ob jemand sein Angebot annahm, das ausgelegte Porto zu erstatten, ist indes nicht bekannt.

begehrte Objekte stets schwer zu bekommen waren, ging man früh dazu über, sich diese Belege zur Not auch selbst anzufertigen. Diese „gemachten" Belege wurden und werden von ‚ernsthaften' Philatelisten oft negativ beurteilt, doch haben sie gleichwohl einen ganz eigenen Reiz.

Ein solches „gemachtes" Exemplar war vor dem Zweiten Weltkrieg auch im Reichspostmuseum ausgestellt. Die Weltumrundungskarte, die ein gewisser Ludwig Ploss 1878 an deutsche Konsulate in Asien und Amerika geschickt und mit der Bitte versehen hatte, sie jeweils weiterzusenden, war nach rund 120 Tagen wieder beim Absender angekommen und hatte ihren Weg einmal rund um den Erdball zurückgelegt. Diese Art eines philatelistischen „Spiels" scheint gegen Ende des 19. Jahrhunderts sehr populär gewesen zu sein, denn schon bald erklärte die japanische Postverwaltung, dass Sendungen dieser Art in ihrem Zuständigkeitsbereich verboten seien.

Interessantes Detail: Da man im Reichspostmuseum sowohl Vorder- als auch Rückseite der Karte zeigen wollte, beauftragte man einen Kopisten, die Rückseite mit Handschrift, Stempeln, Flecken etc. originalgetreu zu kopieren. Die erhaltene „handgemachte" Kopie entspricht dem Original in allen Details und belegt zugleich museale Ausstellungspraxis aus einer Zeit, in der noch nicht auf Farbfotografien, hochauflösende Scanner oder Farbkopien zurückgegriffen werden konnte.

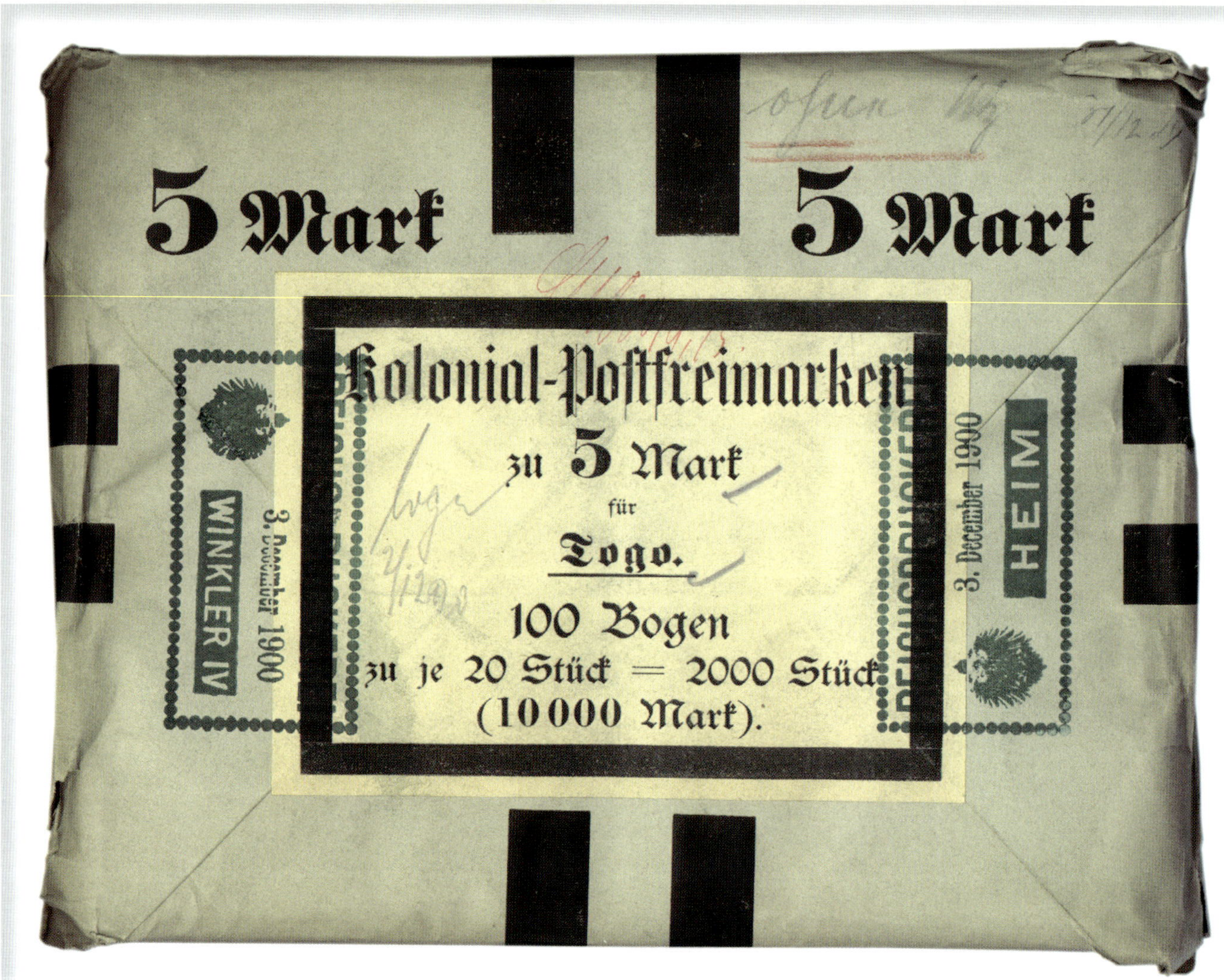

1

1 Togo MiNr. 19. Das deutsche Postamt in der deutschen Kolonie Togo wurde am 1. März 1888 eröffnet. An die Postschalter Togos kamen Marken des deutschen Kaiserreiches, die in großen Mengen aus Deutschland eingeführt werden mussten. Zuerst wurden Originalmarken verwendet, später Marken mit dem Aufdruck „Togo", dann Marken mit dem Schiffsmotiv für Kolonialausgaben und Aufdruck von Togo. Gezeigt wird hier eine komplette Verpackungseinheit der 5-Mark-Ausgabe von 1900 für Togo in 100 Bogen zu je 20 Stück, eine absolute Rarität.

Der Handel folgt der Flagge

„Wer Kolonialpolitik will, der muss auch diese Dampfer wollen, denn Kolonien einrichten und ihnen keine Brücke schaffen, keine Verbindung mit dem Heimatlande, das ist ein offenbarer Widerspruch", erklärte Generalpostmeister und Staatssekretär Heinrich von Stephan 1885 angesichts der schleppenden und zähen Verhandlungen zu einer Gesetzesvorlage zur Entstehung einer Reichspostdampferlinie nach Ostasien und Australien.

Im Verlauf der Verhandlungen ergänzte von Stephan den Gesetzesentwurf um eine Mittelmeerzweiglinie und eine Haupt- und Nebenlinie nach Afrika. Während die Unterstützung der afrikanischen Dampferlinien abgelehnt wurde, setzte sich die Beihilfe – bis zu vier Millionen Mark jährlich – für die Linien nach Ostasien und Australien per Gesetz durch. Im Sommer 1886 verließen so die ersten Reichspostdampfer ihren Heimathafen. Noch im selben Jahr öffneten deutsche Postämter in China und auf Samoa. Und in den Folgejahren kamen weitere Postämter in den Kolonien hinzu.

2

5

3

4

2 Deutsche Kolonien: Druckprobe. Für die deutschen Postanstalten im Ausland und die Kolonien wurden im Jahr 1900 Marken mit einem eigenen Motiv gestaltet. Dargestellt ist die Kaiseryacht SMS „Hohenzollern" mit Volldampf voraus. Das Bild sollte „Deutschland zur See" sowie seine kolonialen Ansprüche versinnbildlichen. Es existieren zwei unterschiedliche Ausführungen der Schiffszeichnung. Für kleinere Werte wurde ein kleineres Format gewählt, für größere Werte ein größeres Format mit zusätzlicher Rahmenzeichnung. Abgebildet ist eine Druckprobe dieser neuen Marke (ohne Schrift und Wertangabe) in den Farben Rot und Schwarz, die für die Mark-Ausgabe vorgesehen war.

3 Deutsch-Ostafrika MiNr. 38 ⊙. Der Blockadebrecher „Marie" brachte im März 1916 Postwertzeichen aus Deutschland nach Deutsch-Ostafrika, unter denen sich erstmalig Marken im Wert von einer Rupie mit Wasserzeichen befanden. Bislang sind davon nur 21 Stück bekannt geworden. Die Stempelung „Morogoro", die man auf den beiden schwarzen Kreisstempeln schwach erkennen kann, ist eine große Rarität.

4 Deutsche Kolonien: Kamerun MiNr. 25 ⊙. Wiederum eine Markenausgabe mit der Kaiseryacht im großen Format. Entwertet wurde sie am 30.12.1913 in Duala.

5 Deutsche Kolonien, Probedruck. Das senkrechte Probedruck-Pärchen der 2-Pfennig-Schiffsausgabe ist eine große Besonderheit. Beide Marken sind einzeln schon sehr selten. Doch hier als Paar weisen sie unterschiedliche Landesnamen auf, die obere Marke „Deutsch-Südwestafrika", die untere „Karolinen."

Nachdem von Stephan anhand der Ergebnisse der Reichspostdampferfahrten nach Ostasien und Australien den Reichstag 1889 von der Unterstützung einer Linie nach Afrika überzeugen konnte, wurde ab 1. Februar 1890 auch die Linie nach Ostafrika per Gesetz gefördert. Auf Basis dieser Unterstützung wandelte sich in dieser Zeit der Satz „Die Flagge folgt dem Handel" in „Der Handel folgt der Flagge" – aus Kolonialismus erwächst der Imperialismus in Deutschland.

Dass bereits am 1. Februar 1887 die erste deutsche Postagentur in Duala in Kamerun geöffnet wurde, ist auf die Initiative des kaiserlichen Gouverneurs von Soden zurückzuführen. Zwar hatte bereits 1882 das Reichspostamt mit der Firma Woermann in Hamburg einen Vertrag über die Briefbeförderung von und nach Kamerun in so genannten Korrespondenzpaketen – normale Postsäcke – abgeschlossen, von Soden aber war von den wenig geregelten Postverhältnissen nicht begeistert. Er forderte in einem Bericht an das Auswärtige Amt die Einrichtung einer Postdienststelle in Kamerun.

Beigelegt war die Bekanntmachung Nr. 26: „Da es neuerdings zu wiederholten Malen vorgekommen ist, dass die hier eingetroffenen für Kamerun bestimmten Postsäcke von unberufener Hand eröffnet worden sind, so werden hiermit die Kapitäne der Schiffe, denen die Postsäcke anvertraut sind, für alle daraus etwa entstehenden Verluste und Nachteile verantwortlich gemacht. (...) Im Interesse der Empfänger wird unmittelbar nach Ankunft jeden Dampfers ein Beamter bezugs Eröffnung des Postsackes und Verteilung seines Inhaltes an die etwa anwesenden Empfänger an Bord selbst erscheinen. (...) Sollte daher eine Stunde nach Ankunft des Dampfers ein Regierungsbeamter bezugs Eröffnung des

6

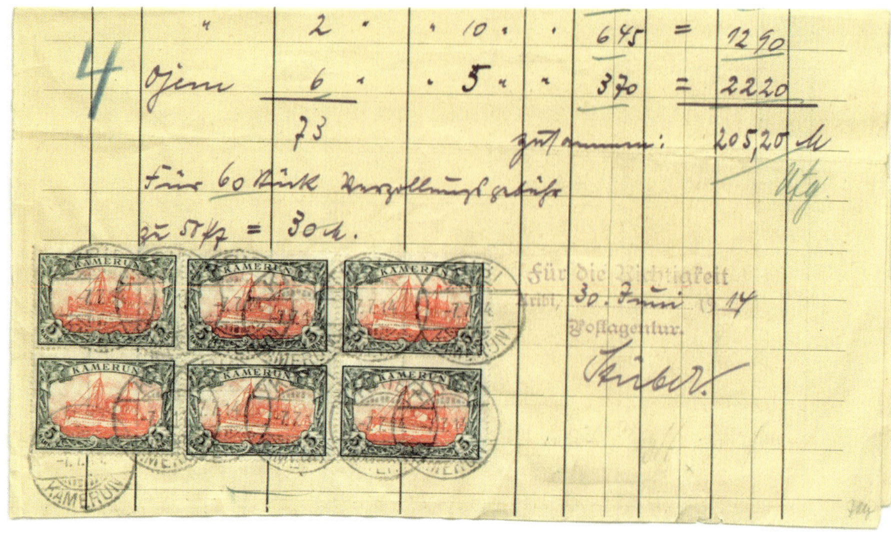

7

6 Karolinen MiNr. 20 ⊙. Infolge des starken Verbrauchs von 5-Pfennig-Marken anlässlich des Besuchs der deutschen Kriegsschiffe „Scharnhorst" und „Nürnberg" auf den Karolinen gingen die Bestände von 5-Pfennig-Ausgaben zu Ende, so dass der Postagent mit einem Handstempel 3-Pfennig-Marken mit dem Aufdruck „5 Pf" versah.

7 Kamerun MiNr. 25. Die Einheit von sechs 5-Mark-Marken auf einer Rechnung ist eine mit Briefmarken bezahlte Verzollungsgebühr. Die Bezahlung wurde mit dem nebenstehenden Stempel mit Datum vom 30.6.1914 und Unterschrift quittiert und die Marken dann mit 11 schwarzen Poststempeln aus Kribi vom 7.7.1914 entwertet.

Postsackes nicht erschienen sein, so ist letzterer durch den Kapitän auf der Gouvernementskanzlei abzuliefern.
Kamerun, den 24 August 1886, Der kaiserliche Gouverneur gez. von Soden"

Bericht und Bekanntmachung Nr. 26 erreichten über einen Staatssekretärskollegen auch Heinrich von Stephan, der daraufhin persönlich die Einrichtung einer Postagentur anordnete. Erster Postagent wurde gegen eine Jahresvergütung von 600 Mark der in den Diensten des Gouverneurs stehende Gärtner Friedrich Gechter aus Ulm. Gechter stand zunächst in seiner Wohnung täglich von 12 bis 14 Uhr für den Postdienst bereit.

Eine weitere Bekanntmachung des Gouverneurs von Soden gibt Aufschluss über die Pflichten Gechters: „Unmittelbar nach der Ankunft eines Postdampfers wird sich der Agent an Bord begeben, um die Post in Empfang zu nehmen. Innerhalb der ersten zwei Stunden nach Ankunft derselben findet die Verteilung an Bord statt. Postsendungen, welche innerhalb dieser Zeit nicht von Bord geholt worden sind, werden auf der Postagentur selbst zur Verfügung der Empfänger gehalten. Drei Stunden vor Abgang des Dampfers wird sich der Postagent an Bord begeben und Briefsendungen bezugs gewöhnlicher und eingeschriebener Beförderung noch an Bord des Dampfers bis zum Abgang entgegennehmen. Paketsendungen werden dagegen nur auf der Postagentur selbst zur Beförderung angenommen. Zum Zeichen, dass der Postagent sich an Bord des abgehenden Dampfers eingefunden, wird an Bord desselben die Postflagge gehisst werden. (...) Die Postgebühren sind die in Deutschland üblichen."

Bis zum Verlust der Kolonie Kamerun im Ersten Weltkrieg wurde das Netz von Postanstalten auf rund drei Dutzend ausgebaut. Nachdem man zunächst die Küstenorte mit Postagenten versorgte, wurde im Inland erst im Jahre 1900 eine erste Postanstalt errichtet – und zwar in Buea. Dorthin wechselte 1901 wegen des besseren Klimas auch die deutsche Kolonialregierung.

1

2

Seit 1886 – Deutsche Post in China: Als der Boxeraufstand Feldpost und Provisorien brachte

Das 19. Jahrhundert erlebte viele Versuche der europäischen Großmächte sowie Japans und der USA, in China Einfluss zu gewinnen und kolonialähnliche Macht auszuüben. Das führte zu Kriegen, Annexionen und Verträgen, die China Konzessionen abverlangten. Dazu gehörte die Einrichtung fremder Postämter Frankreichs (ab 1862), Großbritanniens (ab 1842), Russlands (ab 1858), der USA (ab 1865) und Japans (ab 1876).

Als am 16. August 1886 durch den Postpraktikanten Anding aus Trier, der mit dem Reichspostdampfer „Oder" eingetroffen war, in Schanghai eine Kaiserlich Deutsche Postagentur eingerichtet wurde, lag dies im Rahmen dieser historischen Entwicklung.

Das Sammelgebiet „Deutsche Post in China", das mit dem Postamt in Schanghai 1886 beginnt und mit der Schließung aller deutschen Postanstalten am 16. März 1917 endet, hat eine große Vielfalt an Marken, Stempeln und Belegen hervorgebracht.

Ein erster Bereich umfasst die Nutzung von Marken des Deutschen Reichs bei den Postämtern in China, und zwar der Innendienstmarke zu 2 Mark (MiNr. 37) sowie der Pfennig- und der Krone/Adler-Ausgabe (MiNr. 39-44 und 45-50). Diese Vorläufer sind durch die Stempel der deutschen Postämter in China zu identifizieren.

Ein zweiter Bereich mit eigenen Markenausgaben für die deutsche Post in China beginnt 1898 mit Aufdrucken des Wortes „China". Diese und die folgenden Marken sind mit 47 Katalognummern registriert. Dabei tragen die Wertzeichen seit 1. Oktober 1905 neben dem Hinweis auf ihre Verwendung in China auch einen Aufdruck in Cent- und Dollarwährung. Der Grund? In China war zu jener Zeit im Verkehr der Ausländer untereinander sowie mit den Chinesen ein mexikanischer Silberdollar im Wert von rund zwei Mark im Umlauf. Diese Dollars hatte das silberreiche Mexiko in großen Mengen für den Export geprägt und nach China ausgeführt. Da der Wert des Silbers aber schwankte, stieg oder fiel ständig auch der Wert des Dollars. Das machte postalische Abrechnung im Verhältnis zu den deutschen Wertangaben auf den Briefmarken kompliziert, weshalb sich die deutsche Post entschloss, Marken in Dollarwährung aufzulegen.

1 Deutsche Post in China MiNr. 12. Bei diesem Einschreibbrief von Tientsin nach Wesel handelt es sich um eine der größten Raritäten der deutschen Auslandspost. Frankiert ist er mit einem senkrechten Pärchen der 30-Pfennig-Ausgabe, von dem beide Marken mit dem China-Handstempel-Aufdruck versehen sind. Handstempel-Aufdrucke in dieser Wertstufe sind extrem selten. Die Handstempel-Aufdrucke stellten eine provisorische Lösung dar, als während des Boxeraufstandes in China von 1900 im Postamt Tientsin die Marken mit dem normalen Aufdruck „China" ausgingen. Der dekorative Brief wurde mit drei schwarzen Poststempeln aus Tientsin vom 20.1.1901 entwertet.

2 Druckstöckel für die Kiautschou MiNr. 21 von 1905.

3

4

5

6

3 Deutsche Post in China
MiNr. II. 40-Pfennig-Marken mit dem schrägen schwarzen Handstempel-Aufdruck „China" aus Tientsin sollen postamtlich nicht am Schalter verkauft worden sein. Trotzdem sind einige gestempelte Marken bekannt, wie diese auf einem Briefstück. Die China MiNr. II gehört zu den großen Seltenheiten der deutschen Auslandspostanstalten. Die hier abgebildete, gut erhaltene Marke mit Randstück rechts wurde in Peking von der dortigen Feldpoststation Nr. 2 am 28.02.1901 abgestempelt.

4 Deutsche Post in China
MiNr. 1/I b, 2/I. Die Postkarte ist mit einem waagerechten Pärchen der 3-Pfennig-Marke und einer 5-Pfennig-Marke frankiert, den so genannten Kiautschou-Vorläufer-Marken von 1898 mit diagonalem Aufdruck „China". Die ordnungsgemäß den Postweg nach Wiesbaden durchlaufene Postkarte ist mit drei Tagesstempeln aus Tsingtau vom 17.6.1898 entwertet, dazu trägt sie den Ankunftsstempel von Wiesbaden vom 1.8.1898. Für die Marke China MiNr. 1/I ist als Kiautschou-Vorläufer der 17.6.1898 das früheste Datum (Ersttag) ihrer Verwendungsmöglichkeit!

In die Periode eigener Marken der Deutschen Post in China ist darüber hinaus – als wichtigstes Unterkapitel – die Zeit des Boxeraufstandes mit ihrer Feldpost und ihren vielfältigen Provisorien integriert.

„Boxer" tauften die Briten damals ein patriotische Bewegung, die sich gegen die Abhängigkeit von fremden Mächten wandte. Sie hieß eigentlich „Yihequan", was übersetzt so viel wie „Faust für Frieden und Gerechtigkeit" bedeutet. Als diese Bewegung sich radikalisierte, kam es 1900 zum Boxeraufstand. Christliche Missionsstationen, von Ausländern gebaute Eisenbahnen und Telegrafeneinrichtungen wurden zerstört. Die Boxer töteten Missionare und gingen gegen ausländische Truppen vor, die in China zum Schutze fremder Interessen in der Küstenregion stationiert waren. Schließlich rückten die Aufständischen, anfangs von der kaiserlicher Regierung Chinas nur geduldet, dann jedoch offiziell unterstützt, in Peking ein und begannen im Juni 1900 eine Belagerung der dortigen ausländischen Gesandtschaften.

Darauf antworteten Großbritannien, Frankreich, Russland, Deutschland, Österreich-Ungarn, Italien, Japan und die USA mit einem Expeditionskorps, das am 16. August 1900 Peking

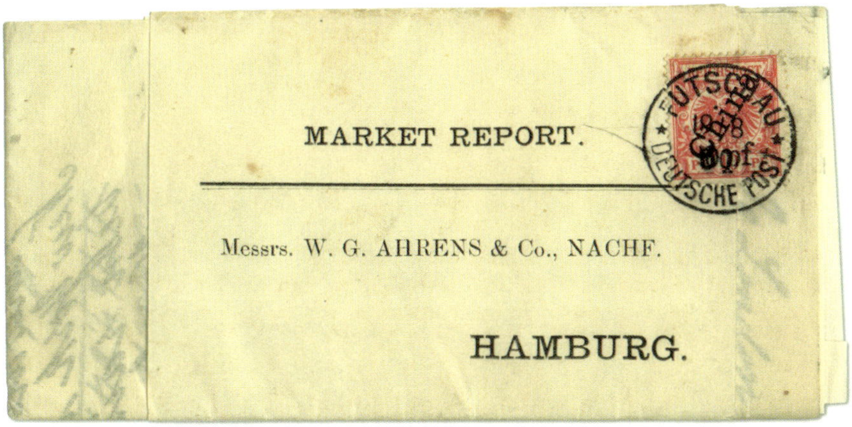

7

8

einnahm und Strafaktionen in verschiedenen Regionen folgen ließ. Was die deutsche Teilnahme an diesem Chinafeldzug angeht, so wurde sie entscheidend dadurch provoziert, dass ein chinesischer Soldat am 20. Juni 1900 den deutschen Gesandten von Ketteler in Peking erschoss. Kaiser Wilhelm II. verabschiedete das deutsche „Ostasiatische Expeditionskorps" mit seiner berüchtigten „Hunnenrede". Mit einem Protokoll vom September 1901, das China weitere Einschränkungen seiner Souveränität auferlegte, endete der Krieg.

Im Kapitel der Deutschen Post in China spiegeln sich diese Ereignisse vielfältig wider: Eine deutsche Feldpost mit einer Vielzahl verschiedener Stempel fungierte bis Ende August 1901. Außerdem ging man während der Boxer-Unruhen erneut zur Verwendung von Reichspostmarken ohne Aufdruck über. Sie werden in der Regel nach dem Hauptkriegsschauplatz, der Provinz Petschili, als Petschili-Ausgaben bezeichnet.

Es sind dies Germania-Marken von 1900, Wertzeichen der Krone/Adler-Serie von 1889 und Marken des deutschen Pachtgebietes Kiautschou in China, alle erkennbar an ihren Stempeln. Aber auch die in Tientsin 1900-1901 gefertigten Handstempelaufdruckmarken im Germania-Muster sind in ihrem Entstehen mit dem Boxeraufstand verknüpft.

5 Kiautschou MiNr. 2, 4 ✶. Das senkrechte postfrische Pärchen mit Randstück rechts, ein so genanntes „2. Tsingtau-Provisorium", ist eine bedeutende Rarität, die nur in wenigen Exemplaren erhalten geblieben ist. Die untere Marke trägt sogar noch einen zweiten Handstempel-Aufdruck „5 Pf." Das „2. Tsingtau-Provisorium" aus dem ehemaligen deutschen Pachtgebiet Kiautschou ist eine im Jahr 1900 verwendete Aushilfsmarke. Die rote 10-Pfennig-Marke des deutschen Auslandspostamtes in China (dort: MiNr. 3 I) erhielt zusätzlich zu dem schwarzen diagonalem Aufdruck „China" einen schwarzen Handstempel-Wertaufdruck von 5 Pfennig.

6 Kiautschou, MiNr. 3 I ✶. Auch die hier abgebildete Einzelmarke gehört zu den wenigen erhaltenen „2. Tsingtau-Provisorien". Sie ist wiederum eine in der Wertangabe veränderte MiNr. 3 I der Deutschen Post in China (s.o.) und hat ebenso einen doppelten Ergänzungsstempel mit der Wertangabe von 5 Pfennig.

7 Deutsche Post in China MiNr. 7 II auf Streifband. Der Tee-Report an eine Hamburger Firma ist wieder mit einer 10-Pfennig-Marke frankiert, auf der per schwarzem Handstempel der Wert von 5 Pfennig sowie der steile diagonale Aufdruck „China" aufgedruckt sind. Der abgebildete Tea-Letter Nr. 5 berichtet in der Art eines modernen Wirtschafts-Informationsdienstes über die Tee-Saison 1900/1901.

8 Deutsche Post in China MiNr. 7 I. Eine interessante und seltene Abart eines Tsingtau-Provisoriums zeigt diese Marke mit Doppelaufdruck „5 Pf." auf einer Postkarte. Die Karte mit Tagesstempel aus Tsingtau vom 30.7.1900 kam am 14.9.1900 in Gießen an.

1

1 Deutsche Kolonien: Marianen MiNr. 5 II ✶. Auf den Marianen wurde am 18. November 1899 das erste deutsche Postamt eröffnet. Anfangs wurden Marken des Deutschen Reiches mit diagonalem schwarzen Aufdruck „Marianen" verwendet. Bei diesem orangefarbenen waagerechten Pärchen von 1900 ist der Aufdruck „Marianen" auf beiden Marken kopfstehend angebracht!

2

2 Deutsche Kolonien: Samoa: Britische Besetzung MiNr. 11 DD ✶. Zu Beginn des Ersten Weltkriegs 1914 geriet die Kolonie Samoa unter britische Besetzung. Infolge dessen bekamen die deutschen Briefmarken den schwarzen Überdruck „G.R.I" (Georgius Rex Imperator) sowie eine Wertangabe in britischer Währung. Die abgebildete ungestempelte 2-Shillings-Ausgabe auf 2 Mark trägt sogar einen seltenen Doppeldruck der britischen Beschriftung.

3

3 Deutsche Kolonien: Marshall-Inseln: Britische Besetzung MiNr. 13 ✶.

4

4 Deutsche Kolonien: Marshall-Inseln MiNr. 1 ✶. Nachdem es auf den Marshall-Inseln unter deutscher Hoheit vorerst keine eigenen Postwertzeichen und -stempel gab, wurden ab April 1889 Marken des Deutschen Reiches verwendet, die dann ab 1897 den schwarzen Aufdruck „Marschall-Inseln" bekamen. Dieser Aufdruck wurde 1899 in „Marshall-Inseln" berichtigt. Die dargestellte Marke von 3 Pfennig trägt noch den ersten, unkorrigierten Aufdruck.

Abenteuer Südsee

Die Südsee steht auch heute noch für viel Wasser und wenig Land. Die Verteilung der Bevölkerung auf Hunderte von kleinen Inseln war vor mehr als 100 Jahren für das Postwesen ein schwere Bürde. Neben dem Betrieb der Reichspostdampferlinien wurden alle Verbindungsmöglichkeiten ausgenutzt, um die Geschäftskorrespondenz in einem zeitlich vertretbaren Rahmen abzuliefern.

Bis zur Einrichtung einer eigenen Postdampferlinie nach Ostasien und Australien im Sommer 1886 war die Beförderung von Post nach und von den Schutzgebieten in der Südsee auf ausländische Schiffe angewiesen. Mit der Aufnahme eines regelmäßigen Schiffsverkehrs wurden die ersten Postanstalten errichtet. So gab beispielsweise am 27. April 1888 das Reichspostamt an die Oberpostdirektion in Hamburg die Anweisung, die erforderlichen Ausstattungsgegenstände – insbesondere Dienstsiegel und Briefausgabestempel – zu beschaffen und via Sydney an den Sekretär Eggert in Jaluit auf den Marshall-Inseln abzusenden. Postwertzeichen und Formulare sollten ebenfalls mitgesandt werden. Ein kleine Menge an Briefmarken – 100 Stück zu 5 Pf, 300 Stück zu 10 Pf, 500 Stück zu 20 Pf, 200 Stück zu 50 Pf und 100 einfache Weltpostvereinskarten – gingen schon am 30. April per Einschreibbrief auf die Reise in Richtung Südsee.

Trotz solcher Stützpunkte wie in Jaluit verringerte sich die lange Reisezeit kaum. So ist für die damaligen Beförderungsverhältnisse kennzeichnend, dass der eilige Einschreibbrief auf

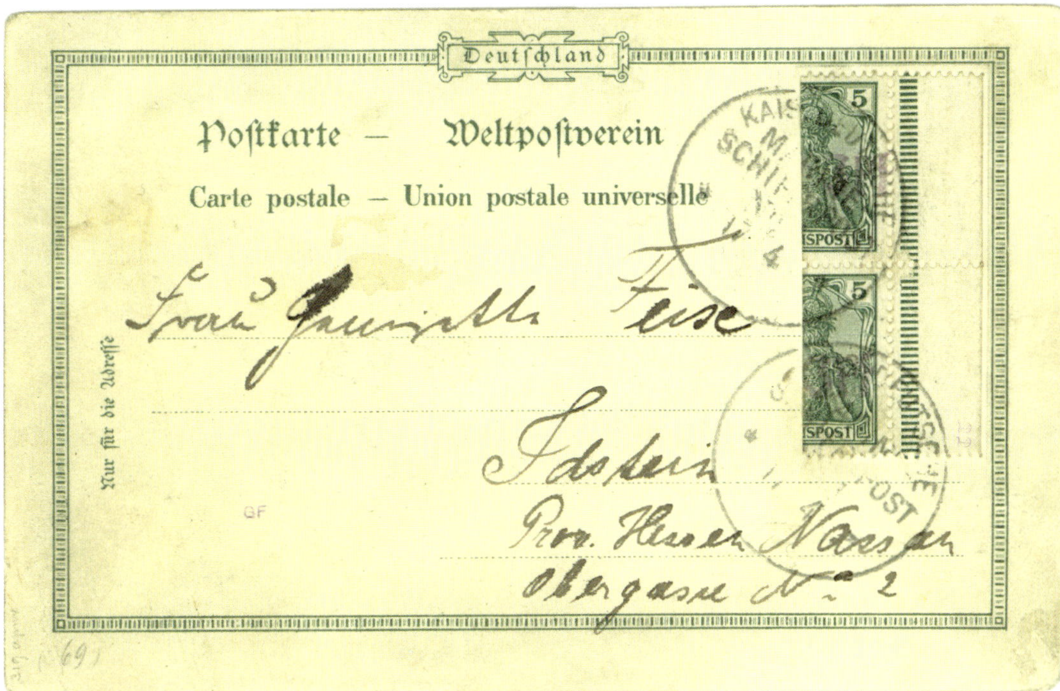

6

5

5 DR MiNr. A I ✶. Eines der begehrtesten Sammelstücke unter den deutschen Briefmarken ist das so genannte „Vineta-Provisorium" von 1901. Es handelt sich um eine Aushilfsausgabe, die auf dem deutschen Kreuzer „Vineta" mangels 3-Pfennig-Marken vom Marine-Oberzahlmeister durch Halbierung von 5-Pfennig-Ausgaben hergestellt wurde. So wurden 300 Marken zu 5 Pfennig geteilt und die Hälften jeweils mit einem violetten Handstempelaufdruck „3 PF" versehen, was eine Auflage von 600 Stück ergab. Auf dem hier gezeigten Briefstück sind zwei dieser Hilfsausgaben zu sehen, die aus den zusammengehörenden Hälften einer grünen 5-Pfennig-Ausgabe erstellt wurden. Beide Ausgaben tragen den Aufdruck „3 PF" und sind nicht entwertet.

6 DR MiNr. A I. Das senkrechte Pärchen des Vineta-Provisoriums auf der Postkarte nach Idstein (Hessen-Nassau) ist mit zwei damals üblichen Marine-Schiffspost-Stempeln entwertet.

Samoa fehlgeleitet wurde und den Empfänger nur mit großer Verspätung erreichte. Nach gut acht Monaten kam auch die Kiste mit dem übrigen Material am Bestimmungsort an. Der Eröffnungstermin der Postagentur in Jaluit ist so auf den 29. März 1889 datiert.

Begleitet wurde die Eröffnung des Postamtes durch eine Verordnung des kaiserlichen Kommissars Biermann: Führer eines den Hafen verlassenden Schiffes wurden verpflichtet, Postsendungen zur Beförderung zu übernehmen und ihre Abreise möglichst 48 Stunden zuvor unter Angabe der Anlaufhäfen anzuzeigen. Die Verletzung dieser Vorschrift wurde mit einer Geldstrafe bis zu 500 Mark oder sogar Gefängnis bis zu zwei Monaten angesetzt. Spätere Verordnungen auf anderen Südseekolonien bestätigen diese Vorgehensweise. Geldstrafen bis zu 2.000 Mark oder drei Monate Gefängnis wie auf Samoa wurden angedroht.

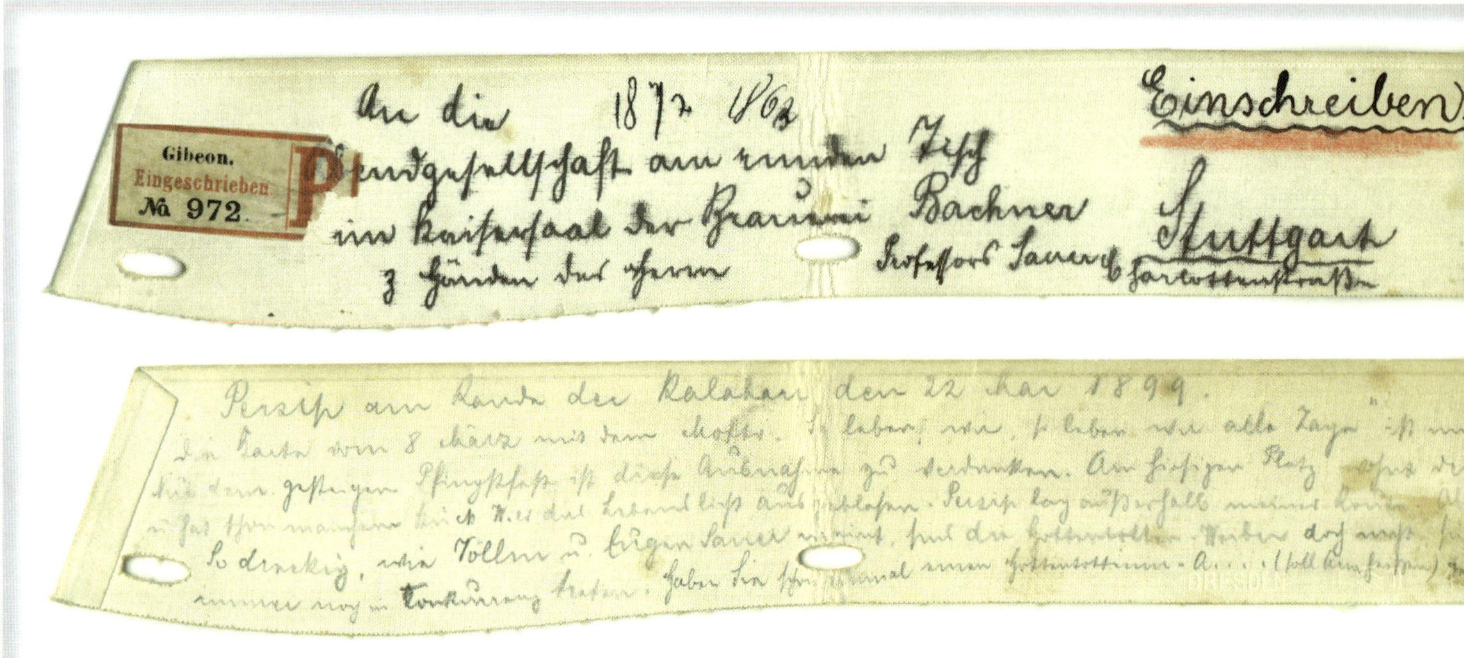

1

1 Deutsche Kolonien: Deutsch-Südwestafrika MiNr. 6, 7. Um ein einzigartiges postalisches Kuriosum handelt es sich bei diesem Brief auf einem Papierkragen, der 1899 von Deutsch-Südwestafrika nach Stuttgart reiste. Ein Herr Pohl machte am 22. Mai 1899 Station „am Rande der Kalahari". Von einem Treffen mit dem berühmten Großwildjäger Robert Duncan wollte Pohl unbedingt einen Gruß an seine Stammtischrunde nach Stuttgart schicken. Mangels Postkarte als Schriftträger musste ein Hemdkragen dafür herhalten. Er beschrieb ihn, ließ ihn sich von Duncan signieren, und das lange, schmale Papier machte sich auf seinen abenteuerlichen Weg nach Deutschland.

Alles auf einen Kragen

Nur einem Pfingstfest ist es zu verdanken, dass 1899 ein Afrika-Reisender seine Stammtischfreunde im fernen Deutschland mit verhältnismäßig aktuellen Informationen versorgen konnte. Auf diesem Pfingstfest ergatterte er in Ermangelung einer Postkarte einen Papierkragen, um seinen Eindrücken und Erlebnissen Ausdruck zu verleihen. Vorschriftsmäßig frankiert reiste das Kleidungsstück vom damaligen Deutsch-Südwestafrika aus als normale Postsendung um die halbe Welt.

Ein gewisser Herr Pohl machte am 22. Mai 1899 Station „am Rande der Kalahari". Er hatte einen mühsamen Umweg – einen 14-stündigen Ritt – in Kauf genommen, um den berühmten Großwildjäger Robert Duncan zu treffen. „Dieser ist seit 44 Jahren im Land und hat schon manchem Stück Wild das Lebenslicht ausgeblasen", wollte Pohl per schriftlichen Gruß an seinen Stuttgarter Stammtisch formulieren. Doch ein ungeahntes Hindernis stellte sich ihm in den Weg: „Postkarten gibt's hier nicht. Papierkragen sind beinahe noch seltener. Nur dem gestrigen Pfingstfest ist diese Ausnahme zu verdanken", erklärte Pohl den Einsatz des ungewöhnlichen Trägers seines Reisegrußes. Pohl beschrieb also den Papierkragen und ließ ihn darüber hinaus auch noch von Duncan signieren. Das lange und schmale, gestärkte und mit Strukturfaser versehene Papier entsprach nicht gerade den üblichen Abmessungen einer Postkarte, doch in der Kolonie sah man das offenbar nicht so eng.

Die Reise des Kragens begann in der Reichspost-Agentur in Gibeon. Dort war Anfang der 1860er Jahre eine Station der Rheinischen Missionsgesellschaft gegründet worden. Die Missionare versuchten, die nomadisierenden Stämme der Nama und Herero sesshaft zu machen. Zudem kamen deutsche Siedler ins Land, und so wuchs in Gibeon eine Siedlung. Dazu gehörte von 1895 bis zum Ende der deutschen Kolonialzeit eine Agentur der Reichspost. In Gibeon wurde der Hemdkragen mit 45 Pfennig frankiert und als Einschreiben deklariert. Bei den Briefmarken handelte es sich um damals übliche deutsche Ausgaben, die mit dem Aufdruck „Deutsch-Südwestafrika" versehen wurden. Der frankierte und gestempelte Hemdkragen reiste von Gibeon entweder mit einem Boten zu Fuß oder mit einem Ochsenkarren zur Küste – Postbeförderung in der Kolonie war ein kleines Abenteuer.

1883 kaufte der Geschäftsmann Adolf Lüderitz im Südwesten Afrikas Land von den Nama. Die Hoffnung auf Zink-, Kupfer- und Diamantenvorkommen hatte Lüderitz dazu bewogen, des Weiteren der Handel mit Eingeborenen und künftigen Kolonisten aus Deutschland. Ein Jahr später wurde das Gebiet offiziell unter den Schutz des Deutschen Reiches gestellt.

Ein gutes Geschäft war der Grunderwerb aber nicht gerade. Statt Reichtum trafen die wenigen Europäer, die in den ersten Jahren den Aufbruch ins Unbekannte wagten, auf unwirtliches Land, enorme Transportprobleme und kriegerische Konflikte. Die Entwicklung in der Kolonie kam nur langsam in Gang, und so blieb bis zur Jahrhundertwende vieles Stückwerk.

Post nach und von Deutsch-Südwestafrika wurde zu dieser Zeit über die Häfen in Swakopmund und der Lüderitzbucht befördert. Boten transportierten Briefe oft zu Fuß ins Landesinnere, zudem rollten Ochsenkarren. Ein Brief war von der Küste bis zur Hauptstadt Windhoek rund zwei Wochen unterwegs. Um in dem wasserarmen Land besser vorwärts zu kommen, testeten die Deutschen auch Pferde und Kamele als Transportmittel, allerdings ohne Erfolg.

Nachdem der Hemdkragen die Küste erreicht hatte, ging es weiter per Schiff. An Bord des alle zwei Monate fahrenden Dampfers der Reederei Woermann reiste er nach Hamburg, falls nicht ein zufällig die gleiche Route fahrendes Kriegsschiff den Transport übernahm.

Von Hamburg ging es mit der Eisenbahn weiter nach Stuttgart. Der Empfänger, ein Professor Sauer in der „Abendgesellschaft am runden Tisch im Kaisersaal der Brauerei Bachner“ war sicherlich sehr überrascht: Wann lieferte die Post schon einen Hemdkragen aus?

1

2

1, 2 Feldpostkarte vom 17.4.1916 von Lübeck an die Front, mit Stempel „Zurück" und „Gefallen für's Vaterland" zurück an den Absender geschickt. Der Inhalt der Karte einer Mutter, die an ihren bereits gefallenen Sohn schreibt, zeugt von der Angst um den Sohn und belegt zugleich die Kriegsmüdigkeit, die spätestens im zweiten Jahr des Weltkrieges die anfängliche Euphorie abgelöst hatte. Die Rückseite zeigt ein Foto des französischen St. Marie-à-Py mit erheblichen Kriegszerstörungen, darunter eine teilweise zerstörte Kirche, sowie posierenden deutschen Soldaten – vielleicht eine Kriegspostkarte, die der Sohn bei einem Heimaturlaub mit nach Hause gebracht hatte?

Schicksale und Zeitläufte – Philatelie als Geschichtsbeleg

Die Sammlungen des Bonner Archivs für Philatelie sind in erster Linie nach klassischen philatelistischen Kriterien aufgebaut. Die so genannte Generalsammlung mit ihren über 800 Alben ist um Vollständigkeit bemüht, das heißt, es wird versucht, (mindestens) ein Exemplar jeder Briefmarke weltweit belegen zu können, nach Möglichkeit als postfrisches Stück, als gestempeltes Exemplar sowie auf Brief oder Postkarte. Trotz des beachtlichen Umfangs der Sammlung ist diese Vollständigkeit des Archivs noch lange nicht erreicht, wofür unter anderem die Verluste in den Wirren des Kriegsendes verantwortlich sind. Neben dieser Generalsammlung, der Bogensammlung und der Ganzsachensammlung gibt es noch eine Fülle von Spezialsammlungen, die zum Teil durch Ankauf, zum Teil auch durch Schenkung in den Bestand des Archivs gelangen. Diese Sammlungen, die in der Regel eher thematisch ausgerichtet sind, legen zwangsläufig andere Maßstäbe an die Objektauswahl an, und es liegt den Sammlungsverantwortlichen fern, diese Motive gering zu schätzen. Im Gegenteil: Oft sind es gerade die philatelistisch als eher „nebensächlich" erachteten Objekte, die sich zur Dokumentation einer historischen Situation, eines zeittypischen, persönlichen Schicksals oder einer bemerkenswerten Geschichte besonders gut eignen. Über ihren Wert entscheidet nicht der philatelistische Sammlermarkt, sondern einzig und allein die Botschaft, die sie in die Gegenwart transportieren können, wenn sie etwa im Rahmen einer Ausstellung „zum Sprechen gebracht werden".

Die auf diesen Seiten präsentierten Karten bzw. das Telegramm stehen exemplarisch für solche Sammlungsobjekte. Natürlich ist es etwa möglich, eine Feldpostsammlung geordnet nach Feldpostämtern, Truppeneinheiten oder militärischen Bewegungen aufzubauen. Mindestens ebenso interessant ist es jedoch, mit Blick auf den Inhalt der transportierten Nachrichten zu sammeln. Auf diese Art und Weise werden die Schicksale der einzelnen Soldaten aus der Anonymität befreit und für die heutige Generation greifbar gemacht. Die Stempel „Zurück" und „Gefallen für's Vaterland" auf der Karte, die die Mutter an ihren im Ersten Weltkrieg kämpfenden Sohn schrieb, machen die Grausamkeit und Absurdität jedes Krieges ebenso exemplarisch deutlich wie der Inhalt des amtlichen Telegramms der militärischen Führung, das für den Vormittag erfolgreiche Abwehrkämpfe an der Front (mit sicherlich entsprechenden Opfern auf beiden Seiten) und für den Nachmittag das Inkrafttreten des Waffenstillstandes vom 11. November 1918 verkündet. Schließlich belegt eine Postkarte den verzweifelten Versuch eines jüdischen Ehepaares, im Juli 1941 eine Möglichkeit zur Auswanderung aus dem nationalsozialistischen Deutschland zu finden und den Kindern in die Vereinigten Staaten folgen zu können. Hier wird Geschichte real und für den Betrachter greifbar gemacht.

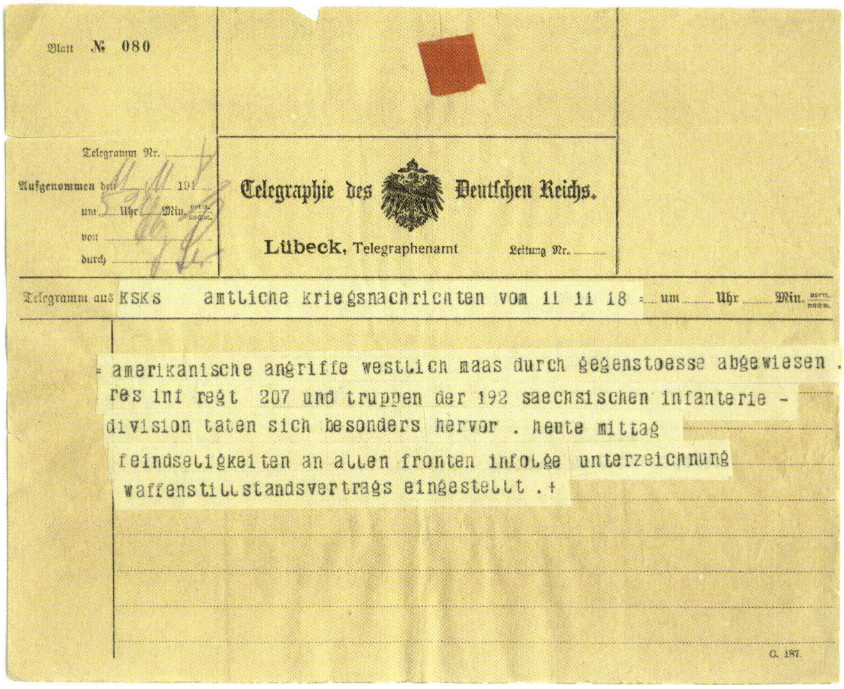

Blatt № 080

Telegramm Nr.
Aufgenommen den 11/11 191
um Uhr Min.
von
durch

Telegraphie des Deutschen Reichs.

Lübeck, Telegraphenamt Leitung Nr.

Telegramm aus KSKS amtliche kriegsnachrichten vom 11 11 18 um Uhr Min.

= amerikanische angriffe westlich maas durch gegenstoesse abgewiesen . res inf regt 207 und truppen der 192 saechsischen infanterie - division taten sich besonders hervor . heute mittag feindseligkeiten an allen fronten infolge unterzeichnung waffenstillstandsvertrags eingestellt .+

C. 187.

3

4

3 Telegrammformular des Deutschen Kaiserreiches vom 11.11.1918 mit Berichten über Abwehrkämpfe und den unmittelbar folgenden Waffenstillstand infolge der militärischen Niederlage Deutschlands.

4 Postkarte vom 24.7.1941 von Berlin nach New York. Zusätzlich mit MiNr. 780 als Luftpost frankiert und mit Zensurstempeln versehen. Der jüdische Absender schreibt an seine Kinder in Amerika und bittet verzweifelt um Hilfe bei der Suche nach einer Ausreisemöglichkeit.

1

1 DR: Entwürfe für Dienstmarken. Ab 1920 mussten alle Landes- und Reichsbehörden ihre Dienstpost mit besonderen Dienstmarken frankieren. In der Zeit der Hochinflation wurde die Ausgabe von besonderen Dienstmarken zeitweise unterbrochen und den Behörden Frankierung mit üblichen Freimarken gestattet. Ab dem 1.10.1923 benutzten die Reichsbehörden keine Dienstmarken mehr. Gezeigt wird hier ein Bogen mit Originalentwürfen von Professor E. R. Weiß. Alle Entwurfsskizzen, die in Originalgröße gezeichnet wurden, zeigen ein großes Ziffernmotiv.

Deutsche Dienstmarken im Aschenputtel-Dasein

Sie gehören zu den Postwertzeichen, die in den Katalogen in der Regel in die Anhänge verbannt sind und dort mehr oder weniger ein Aschenputtel-Dasein führen: die Dienstmarken. Jene Marken, die nicht für den privaten, sondern ausschließlich für den amtlichen Postverkehr produziert wurden. Sie kleben auf Sendungen von Behörden und Dienststellen, die mit der regulären Staatspost transportiert wurden und mit ihrem amtlichen Charakter besonders die hoheitliche Bedeutung von Postwertzeichen dokumentieren.

Als im Mai 1840 in Großbritannien die ersten Briefmarken der Welt erschienen, war eigentlich auch die Ausgabe einer ersten Dienstmarke vorgesehen. Im selben Muster wie die Penny Black, nur mit veränderten Eckbuchstaben, war sie bereits gedruckt. Sie ist in einigen Exemplaren auch erhalten, wurde aber nie offiziell gültig. So nimmt heute in der Regel Spanien für sich in Anspruch, 1854 die ersten Dienstmarken der Welt aufgelegt zu haben, allerdings nicht mit einer Wert-, sondern mit einer Gewichtsangabe.

In Deutschland gab es die ersten Dienstmarken im Norddeutschen Bund, und zwar ab dem 1. Januar 1870 in Groschenwährung für den nördlichen und in Kreuzerwährung für den südlichen Postbezirk. Parallel zu ihrer Einführung fielen die bis dahin gewährten Portofreiheiten für Dienstpostsendungen.

Das System der Portofreiheiten für regierende Fürstenhäuser wie für zahllose staatliche und andere Institutionen war über Jahrhunderte gewachsen. Das Postaufkommen hatte einen

2

2 DR: Entwürfe für Dienstmarken. Der nächste Schritt im Entwurfsprozess war die farbige Gestaltung der Entwürfe, die wiederum im Originalmaßstab ausgeführt wurden. Diese farbigen Entwürfe haben verschiedene Motive, tragen jedoch alle die Beschriftung „Reichsdienst“. Die später verausgabten Dienstmarken trugen dagegen die Aufschrift „Dienstmarke“.

solchen Umfang angenommen, dass der kostenfreie Transport in der zweiten Hälfte des 19. Jahrhunderts von Seiten der Post nicht länger tragbar erschien. Noch am 1. Januar 1868 hatte der Norddeutsche Bund in allen Postgebieten die gewährten Portofreiheiten übernommen, doch schon zum 1. Januar 1870 wurden sie mit wenigen Ausnahmen, zum Beispiel die regierenden Fürsten und Bundesbehörden, sämtlich aufgehoben.

Stattdessen gab es seither für die Gebührenabrechnung von Dienstpost im Wesentlichen drei Formen: Sendungen konnten mit Dienstmarken, wenn es sie denn gab, oder mit normalen Freimarken freigemacht werden. Oder aber eine Behörde konnte sich am Aversional- oder Aversionierungsverfahren beteiligen. Dabei wurde für einen bestimmten Zeitraum eine Pauschalsumme festgestellt, die regelmäßig zu bezahlen war. Die Sendungen bekamen keine Frankatur, dafür aber Stempel oder Klebezettel mit dem Text „Frei laut Avers.“ und eine Nummer, die Auskunft über den Gültigkeitsbereich des jeweiligen Vertrages gab. Eine dritte Möglichkeit bestand im so genannten Contierungsverfahren, bei dem die Post Dienstsendungen frankierte, die Gebühren erfasste und nachträglich von der Behörde einzog.

Diese verschiedenen Formen existierten auch in der Reichspostzeit ab 1870. Da finden sich die Gebührenzettel für Dienstbriefe der Eisenbahn, die anfangs ihre Gebühren erstattet bekam. Dort wird das Aversional- oder Portoablösungsverfahren mit den Vertragsnummern dargestellt, und aus dieser Zeit sind auch die Zähldienstmarken mit den Inschriften „Frei durch Ablösung Nr. 21 bzw. Nr. 16“ registriert, die 1903 in Preußen und 1905 in Baden der Festsetzung einer aktuellen Pauschalsumme für Dienstsendungen in diesen beiden Ländern

3

3 DR: Farbprobedrucke für Dienstmarken. Die Probedrucke, die dem Archiv für Philatelie freundlicherweise von der „INFLA Berlin – Verein der Deutschland-Sammler" gestiftet wurden, kamen jeder in einer festgelegten Farbe zur Ausgabe. Die Ablösungsziffer „21" in den Ecken einiger Marken fiel weg.

dienten. Einen Sonderfall stellen die Dienstmarken Bayerns (1908-20) und Württembergs (1875-1920) dar. Denn hier erschienen wegen der unveränderten Posthoheiten parallel zur Deutschen Reichspost eigene Dienstmarken.

Erst ab 1920 mussten alle Landes- und Reichsbehörden ihre gesamte Dienstpost mit Dienstmarken frankieren. Die erste Serie vom April 1920 erschien dabei in zwei Ausgaben: Die zunächst nur für Preußen produzierten Briefmarken trugen dabei die Ziffer 21 als Erinnerung an das dort bislang gültige Ablösungsverfahren. Für das weitere Reichsgebiet kamen motivähnliche Marken heraus – nur ohne besagte „21". Bisherige Dienstmarken Bayerns und Württembergs bekamen den Aufdruck „Deutsches Reich" und wurden eine Weile wei-

4

4 DR: Essays für Dienstmarken. Ein Beispiel eines nicht verwirklichten Entwurfs für eine Dienstmarke im Wert von 1 Mark gibt dieser Probedruck eines ganzen Bogens von 20 Stück. Bei dem lithografierten Kleinbogen von 20 Exemplaren wurde auf eine Zähnung verzichtet.

terverwendet. Und bis 1925 wurden auch noch gesonderte Dienstmarken für württembergische Gemeindebehörden verwandt, die zwar als Ausgaben des Deutschen Reichs anzusehen sind, traditionellerweise aber unter Württemberg katalogisiert werden.

Ab 1922-23 gerieten die deutschen Dienstmarken ebenso wie alle anderen Postwertzeichen in die Inflationswirren mit wachsenden, bald nur noch per Aufdruck herstellbaren Wertangaben. Dabei bürgerte es sich auch ein, normale Freimarken der Inflationszeit mit dem schlangenförmigen Aufdruck „Dienstmarke“ zu versehen. Diese Praxis wurde dann bei Einführung der Rentenmark weitergeführt, und erst 1927-28 gab es ein neues Dienstmarkenmuster.

Apropos Muster oder Motiv. Die deutschen Dienstmarken seit 1920 zeichnen Ziffernzeichnungen aus: mit verschiedener, durchaus gelungener Gestaltung der Zahlen und der Rahmen – aber ohne grafischen Schmuck oder besondere Motive versehen. Das änderte sich, als ab 1934 nationalsozialistische Dienstmarken in Umlauf kamen und nunmehr das Hakenkreuz im Eichenkranz propagierten. Ab 1938 gesellte sich die ganz eigene Art der Parteidienstmarken hinzu, die für Post der NSDAP zu verwenden waren.

Die Inflationszeit brachte außer den Aufdruckprovisorien an Dienstmarken auch eine Unterbrechung des Nutzungszwanges solcher Dienstmarken. Den Behörden wurde die Freimachung mit normalen Freimarken gestattet, weil die Post mit der Lieferung von Dienstmarken in den immer neuen Portostufen überfordert war. Das führte zur Praxis der

5 DR: Überdruckpoben für Dienstmarken. Abgebildet ist ein Bogenteil mit 25 bayerischen Dienstmarken, von denen jede einzelne Marke mit einem unterschiedlich gestalteten Probe-Überdruck mit der Aufschrift „Deutsches Reich" versehen wurde. Ab dem 1. April 1920 ging die bayerische Post ganz in die Post des Deutschen Reiches über, somit bekamen die vorhandenen Dienstmarken den Aufdruck „Deutsches Reich".

5

so genannten Dienst-Kontrollaufdrucke auf Freimarken-Ausgaben. Das sind Handstempelaufdrucke mit dem Textzusatz „Regierung", „Dienstmarke" oder „Der Landrat". Sie sollten grundsätzlich dem Missbrauch, der Unterschlagung und dem Diebstahl behördlicher Freimarkenbestände vorbeugen. Nach Ansicht von Experten schufen sie keine neuen Dienstmarken. Ähnlich einzuschätzen sind im Übrigen die POL-Lochungen von Polizeibehörden, die traditionellerweise ebenfalls unter Dienstmarken registriert werden.

Dienstmarken hat es in der deutschen Markengeschichte darüber hinaus in den Abstimmungsgebieten Oberschlesien (1920-22) und Schleswig (1920), im Saargebiet (1922-35), in der Freien Stadt Danzig (1921-27), in Böhmen und Mähren (1941-44) und im Generalgouvernement (1940-44) gegeben. Ein eigenes Kapitel stellt die Deutsche Dienstpost der Jahre 1939-45 dar, die Dienstsendungen aus besetzten Teilen Europas mit besonderen Stempeln versah und zu der es ein eigenes Handbuch gibt.

Nach 1945 fand die Geschichte der deutschen Dienstmarken eine Fortsetzung lediglich im Saarland (1949-53) und in der DDR (1954-1969). POL-Lochungen wurden weitergeführt in der unter amerikanischer und britischer Besetzung stehenden Bizone und der Bundesrepublik Deutschland (1945-56) sowie in der Sowjetischen Besatzungszone und der DDR (1945-53). In der DDR kamen in diesem Rahmen die Belege des Zentralen Kurierdienstes (ZKD) hinzu, der geführt vom Ministerium des Innern der DDR unter Nutzung postalischer Einrichtungen für den Postverkehr staatlicher Organe und Dienststellen sowie volkseigener Betriebe und anderer Institutionen fungierte.

Rund 100 Jahre deutscher Dienstmarken – von 1870 bis 1969 – haben eine große Vielfalt an Wertzeichen hervorgebracht. Zu Unrecht fristen diese Emissionen ein philatelistisches Schattendasein. Denn eines ist klar: Gerade Dienstpost, egal ob mit Marken versehen oder nicht, spiegelt in besonders deutlicher Weise Zeitgeschichte wider und lässt Zeitgeschehen oft fast handgreiflich lebendig werden. Sammler, die sich als Spurensucher gesellschaftlicher Entwicklungen fühlen, wissen dies zu schätzen.

1

1 DR MiNr. 366 ✶. Von 1924–27 erschien die Freimarkenserie „Bauwerke“ mit vier verschiedenen Motiven und recht hohen Nominalwerten. Alle Werte dieser Ausgabe, die im Stichtiefdruckverfahren hergestellt wurde, hatten im Markenbild eine Wertbezeichnung in „Mark“, so auch die Marienburg-Ausgabe von 3 Mark.

Zwei Mal „Burg Rheinstein“

Beim Blick in den Briefmarkenkatalog findet der Sammler im Jahr 1930 des Sammelgebietes Deutsches Reich den Verweis auf die nicht ausgegebene Marke „Burg Rheinstein“. Um diese Marke rankt sich eine regelrechte Kriminalgeschichte. Gibt es auch andere Ausgaben dieser Marke oder nicht?

Die Deutsche Reichspost plante Anfang 1930 die Herausgabe neuer Dauermarken zu 1, 2, 3 und 5 Reichsmark. Die Herstellung der Druckplatten erfolgte im so genannten Transfer-Verfahren, das in der Reichsdruckerei seit 1924 ständig gehandhabt wurde. Kennzeichnend für dieses Verfahren war, dass die Prägungen von zwei Urstempeln stammten: einem mit dem Markenbild und einem mit der Rahmenzeichnung. Bei dem Markenbild griff man auf die Vorlagen der Freimarken zu 1, 2, 3 und 5 Mark aus den Jahren 1924/25 zurück (Deutsches Reich MiNr. 364–367). Der wesentliche Unterschied zu dieser Serie bestand in der Rahmenzeichnung, die nun die Währungseinheit „Reichsmark“ trug.

Die neue Freimarke zu 2 Reichsmark erschien im Mai 1930 (MiNr. 440). Warum die drei anderen Werte nicht mehr an die Schalter kamen, lässt sich heute nicht mehr nachvollziehen. Dafür, dass sie tatsächlich vorgesehen waren, spricht die ursprüngliche Nummerierung im Michel-Katalog. In den vier Deutschland-Spezial-Katalogen der 30er Jahre hatte die 2 Reichsmark die Nummer 441; die Nummern 440, 442 und 443 (für die 1, 3 und 5 Reichsmark) fielen aus. Nach dem Zweiten Weltkrieg vergab man die MiNr. 440 an die 2 Reichsmark und ließ dafür die Nummern 441/443 ausfallen. Andere namhafte zeitgenössische Kataloge wie Senf (Leipzig) oder Zumstein (Bern) erfassten hingegen lediglich die 2 Reichsmark und nummerierten ohne Unterbrechung weiter.

Ein Zufallsfund im Archiv für Philatelie in Bonn erhärtet die These, dass neben der 2 Reichsmark auch die drei anderen Wertstufen herauskommen sollten. Es handelt sich um einen schmalen Vorlagekarton im Längsformat, der die Werte zu 1, 2, 3 und 5 Reichsmark in aufsteigender Reihenfolge trägt. Während die Entdeckung der 3 Reichsmark „Marienburg“ und der 5 Reichsmark „Dom zu Speyer“ einer philatelistischen Sensation gleichkommt, ist die 1 Reichsmark „Burg Rheinstein“ seit Ende des Zweiten Weltkrieges wohlbekannt. Damals tauchte ein ungummierter Probebogen zu 50 Stück auf, der später zerteilt

2 DR MiNr. 365 ✶. Zu der Freimarkenserie „Bauwerke“ gehört auch die dunkelgrünlichblaue 2-Mark-Ausgabe mit der linksrheinischen Ansicht von Alt-Köln, die hier in einem Viererblock abgebildet ist. Es ist die einzige Marke dieser Serie, die 1930 tatsächlich in einer Neuausgabe erschien, und zwar versehen mit neuer Wertbezeichnung in „Reichsmark“.

3 DR MiNr. 364, Schalterbogen. Die dunkelgrüne 1-Mark-Ausgabe „Burg Rheinstein“, von der hier ein kompletter Schalterbogen zu sehen ist, sollte später ebenfalls in einer Ausgabe mit der Wertbezeichnung „Reichsmark“ erscheinen, jedoch wurde diese spätere Ausgabe nicht verausgabt. Lediglich wenige Exemplare der „Reichsmark-Ausgabe“ (MiNr. IX) wurden gedruckt und haben sich erhalten.

2

wurde. Der Probedruck kam als Nummer IX (die römische Nummer bedeutet, dass die Marke zur Ausgabe vorgesehen war, aber nicht erschien) in den 50er bzw. 60er Jahren in den Michel-Katalog.

Im Januar 1991 fand ein Westberliner Bürger bei Aufräumarbeiten auf dem Dachboden zwei weitere Probebogen der 1 Reichsmark „Burg Rheinstein“ in den Farben Schwarzblaugrün und Olivgrün mit den spiegelverkehrten Wasserzeichen „1b“ bzw. „1a“ auf dem Bogenunterrand. Verbandsprüfer Hans-Georg Schlegel stufte im Februar 1991 beide Bogen, die ebenfalls keine Gummierung haben und deren Farbe sich von den seit Jahrzehnten in Umlauf befindlichen „Rheinstein“-Marken unterscheidet, als echte Zustandsdrucke ein. Im Herbst 1991 kündigte das renommierte Auktionshaus Christie's Robson Lowe die Versteigerung der beiden Bogen – aus dem olivgrünen waren der Eckrand-Viererblock rechts oben und die Eckrandmarke rechts unten zu Prüfzwecken herausgetrennt worden – für den 5. und 6. Dezember 1991 in Zürich an. Während der schwarzblaugrüne Bogen komplett für 650.000 SFr. angeboten wurde, sollte der olivgrüne in 14 Lose mit Ausrufpreisen zwischen 7.000 und 100.000 SFr. aufgeteilt werden.

Presseberichte und die Werbung des Auktionshauses machten die Bundesdruckerei Berlin auf den Sensationsfund aufmerksam. Unmittelbar vor der Versteigerung erwirkte sie als Rechtsnachfolgerin der ehemaligen Reichsdruckerei am Hauptsitz von Christie's in Genf beim zuständigen Gericht eine einstweilige Verfügung. Sie besagte, dass Christie's die Zustandsdrucke nicht versteigern, nicht zurück- oder anderweitig aus der Hand geben oder zertrennen dürfe. Es folgte ein jahrelanger Rechtsstreit mit der Witwe des Entdeckers. Die Juristen der Bundesdruckerei stützten ihre Argumentation auf den Archivierungsstempel „Abt. I. Mustersamml.“ und die handschriftliche Ziffernfolge „1226436“, die sich auf der Rückseite der beiden neu entdeckten Bogen rechts unten befindet. Denn: Die ehemalige Reichsdruckerei gliederte sich in fünf Betriebsabteilungen. Zu der Abteilung I (= Wertdruck) gehörte auch die Mustersammlung, in der alle ab 1871 verausgabten Wertzeichen archiviert waren. An der Herkunft der beiden „Burg Rheinstein“-Bogen bestand damit kein Zweifel.

Durch die mit derselben Handschrift auf beide Bogen geschriebene Ziffernfolge – 12264 steht für die Auftragsnummer und 36 für das Auftragsjahr – auf die Spur gebracht, fand die Bundesdruckerei in ihrem Archiv den Originalauftragsschein vom 18. Juli 1936. Darauf ordnete die Direktion der Reichsdruckerei die „Herstellung von Andrucken zu Postfrei-

3

4

5

marken über 1 M (Burg-Rheinstein) in Stahldruck für ‚Deutschland' Ausstellung" an. Dabei handelte es sich um die Ausstellung „Die Briefmarke", die vom 1. bis 16. August 1936 anlässlich der Reichsgartenschau in Dresden stattfand. Dort vermittelte die Reichsdruckerei „ein anschauliches Bild der Entstehung der Schloß-Rheinstein- und Schillermarke", wie im Katalog zu lesen ist. Diese Marken waren also nie für den Umlauf bestimmt!

Die lange juristische Auseinandersetzung, die durch mehrere Instanzen ging, endete im Jahr 2000 mit einem gerichtlichen Vergleich. Jede Streitpartei erhielt einen Bogen zugesprochen. Der komplette Bogen in der schwarzblaugrünen Nuance ging zurück ins Archiv der Bundesdruckerei GmbH. Der olivgrüne Bogen kam am 14. Dezember 2001 beim Londoner Auktionshaus Spink unter den Hammer. Zu Beginn der Versteigerung gab es einige Aufregung, weil der Schätzpreis kurzfristig auf 120.000 £ erhöht worden war. Der Verkauf selbst ging unspektakulär und schnell über die Bühne, denn es gab nur einen Interessenten – vertreten durch eine britische Kommissionärin –, der bereit war, diesen Preis zu zahlen.

Es gibt also zwei Versionen der 1 Reichsmark „Burg Rheinstein":

Die erste entstand Anfang 1930 als Teil einer geplanten Freimarkenserie, die vier Werte umfassen sollte. Diese zur Ausgabe vorgesehene, letztlich aber nicht erschienene Marke ist im Michel unter der Nummer IX katalogisiert. Auslöser dafür waren die bisher auf dem Markt kursierenden Exemplare in der Farbe Grün, die aus dem nach dem Zweiten Weltkrieg zerteilten Bogen stammen. Im Interesse aller Marktteilnehmer sollte man sie weiterhin dieser Ausgabe zurechnen. Ein Vergleich mit der Farbe des Exemplars auf dem Vorlagekarton im Archiv für Philatelie könnte letzte Zweifel beseitigen.

Die zweite Version der „Burg Rheinstein" wurde erst im Juli 1936 mit den Druckplatten von 1930 hergestellt. Sie diente ausschließlich Demonstrationszwecken während einer Briefmarkenausstellung in Dresden. Die 1991 aufgetauchten Bogen in den Nuancen Schwarzblaugrün und Olivgrün, die in den Kriegswirren 1945 der Reichsdruckerei abhanden kamen, lassen sich aufgrund des Archivierungsstempels auf dem Bogenrand eindeutig dieser Tranche zuordnen. Da sich der olivgrüne in Privathand befindet, muss über kurz oder lang damit gerechnet werden, dass der Bogen oder Exemplare beziehungsweise Einheiten daraus in den Handel gelangen werden. Es liegt an den Redaktionen der Briefmarkenkataloge, durch eine entsprechende Katalognotiz darauf hinzuweisen und eine Abgrenzung zur MiNr. IX zu schaffen.

4 DR MiNr. 367. Von der 5-Mark-Ausgabe mit der Ansicht des Doms zu Speyer waren bislang ebenso wie von der Marienburg-Ausgabe keine späteren Marken mit Wertangabe in „Reichsmark" bekannt, selbst von Planungen zur Herausgabe entsprechender Marken war nichts bekannt. Die Probedrucke legen jedoch nahe, dass es entsprechende Absichten durchaus gegeben hat.

5 DR: Probedrucke. Auf einem schmalen grauen Vorlagekarton sind alle vier Ausgaben der Freimarkenserie „Bauwerke" aufgebracht, und zwar sämtlich mit der Wertbezeichnung „Reichsmark" statt „Mark"!

1 DR Block 1, MiNr. 446–449 ✱. Anlässlich der Internationalen Postwertzeichen-Ausstellung IPOSTA im Jahr 1930 in Berlin wurde der erste Markenblock des Deutschen Reiches verausgabt und trug durch seinen Verkaufserlös zum Gelingen der IPOSTA ganz wesentlich bei. Die vier Marken der MiNr. 450–453 (Deutsche Nothilfe) wurden zu einem Viererblock zusammengefügt. Die groß angelegten Wasserzeichen, oben „IPOSTA" unten „1930", sind auch auf der Vorderseite gut zu lesen. Der abgebildete Block trägt die Unterschriften der damaligen Jury-Mitglieder dieser großen Ausstellung.

1

„Sonntagskleid" in kleiner Auflage

Für die ersten beiden Briefmarkenblocks Deutschlands müssen Sammler tief in die Tasche greifen. Diese „Briefmarken im Sonntagskleid", wie Blocks gerne genannt werden, erschienen im Deutschen Reich der Jahre 1930 und 1933. Ihre Auflage in handgeschöpftem Büttenpapier war mit 85.000 und 64.000 Stück äußerst niedrig. Block 1 kam aus Anlass der Internationalen Postwertzeichen-Ausstellung IPOSTA 1930 in Berlin heraus, einem gesellschaftlichen Ereignis ersten Ranges, das sich über zehn Tage zog und unter der Schirmherrschaft von niemand Geringerem als Reichspräsident Paul von Hindenburg stand.

Doch die Planung des Reichspostministeriums für die erste Blockausgabe stieß keineswegs auf Begeisterung. Der Deutsche Philatelistentag protestierte im Juli 1930 in Altenburg scharf gegen die „Viererblocksondermarken". Leipziger Vereine verurteilten das Vorhaben sogar als „abermaligen Beutezug auf die Taschen der Sammler und damit eine Schädigung der Philatelie." Dabei sollte mit dem Block-Verkauf ein besonderer Anreiz für das herausragende philatelistische Ereignis der damaligen Zeit geschaffen werden. Insgesamt waren für den ab dem 12. September 1930 erhältlichen Block 2,70 Reichsmark fällig. Denn: Neben dem Frankaturwert der vier Postwertzeichen von 98 Pfennig gehört dazu der Zuschlag von zusammen 59 Pfennig sowie 13 Pfennig „Papierpreiszuschlag". Außerdem war eine Eintrittskarte für eine Reichsmark zu kaufen, denn der Block war nur auf dem IPOSTA-Postamt erhältlich. Einzige Ausnahme: Man ließ ihn sich von der Ausstellungsleitung schicken. Doch auch dann war zusätzlich zum Kaufpreis – neben den Versandkosten – der Preis einer Eintrittskarte zu entrichten.

2

2 DR Block 2, MiNr. 508-511 ✶. Am 29. November 1933 wurde zum zehnjährigen Bestehen der Deutschen Nothilfe wiederum ein Markenblock herausgegeben. Als Vorlage dienten die Ausgaben MiNr. 351-354 (Szenen aus dem Leben der Heiligen Elisabeth) mit dem Aufdruck 1923-1933. Die Wasserzeichen „10 Jahre Deutsche Nothilfe" und „1923-1933" sind deutlich erkennbar.

Nicht nur die Liste der Aussteller und Händler aus dem In- und Ausland, sondern auch die der 26 Juroren liest sich wie ein „Who is Who“ der internationalen Philatelie. Zu der Männerriege gehörten der bekannte Auktionator und Prüfer Heinrich Köhler, Dr. Emilio Diena aus Italien, Theodore E. Steinway (USA), Tracey Woodward (Schanghai) und der Vorsitzende des 1926 in Paris gegründeten Internationalen Philatelistenverbandes (FIP), G.V. van Schooren aus den Niederlanden. Sie alle konnten am zweiten Ausstellungstag dazu bewegt werden, ihr Autogramm auf einigen postfrischen IPOSTA-Blocks zu hinterlassen. Von den vermutlich nur zwei erhalten gebliebenen Exemplaren befindet sich eines im Besitz der Museumsstiftung Post und Telekommunikation.

Besondere Beachtung verdient der Vorsitzende der Jury, der Berliner Dr. Herbert Munk. Bekannt wurde der damals 55-Jährige nicht nur als herausragender Juror, sondern auch als Bearbeiter des Kohl'schen Handbuchs der Briefmarkenkunde – bis in die Gegenwart eines der besten Nachschlagewerke der Philatelie. Munk musste 1934 Deutschland verlassen und lebte danach in der Schweiz. So international und ungezwungen wie auf der IPOSTA sollte es so schnell in Deutschland nicht mehr zugehen. Am dritten Tag der Briefmarkenausstellung gewannen die Nationalsozialisten bei der Reichstagswahl mit 18,3 Prozent deutlich an Stimmen und kamen damit ihrer Machtergreifung näher.

Nicht zu einem herausragenden philatelistischen Ereignis, sondern zum Jubiläum „10 Jahre Deutsche Nothilfe“ kam Block 2 heraus. Zum Postpreis von 3,50 Reichsmark bekamen die Sammler im November 1933 einen Block aus handgeschöpftem Papier. Die vier Markenmotive waren identisch mit den Bogenmarken, die zum Auftakt der staatlichen Wohlfahrtsorganisation Anfang 1924 in großer Auflage erschienen waren. Die Blockmarken weisen den Aufdruck 1923–1933 auf und das Wasserzeichen Nummer 4 hinter den Marken, das aus Hakenkreuzen besteht. Nicht zu übersehen war das große Wasserzeichen auf dem nicht gummierten Bogenrand mit dem Text „10 Jahre Deutsche Nothilfe“. Auf ein Hakenkreuz verzichteten die nationalsozialistischen Machthaber hier. Doch die Einnahmen kamen nun bereits dem Winterhilfswerk unter der Führung des Reichspropagandaministers Joseph Goebbels zugute. Verkauft wurden von Block 2 gerade mal 64.000 Exemplare, also noch weniger als von Block 1. Kein Wunder, dass der Nothilfe-Block das wertvollste Stück des Sammelgebietes Deutsches Reich (1872-1945) darstellt.

3

4

3, 4 DR Block 5, MiNr. 624–627 ✱ und DR Block 6, MiNr. 628–631 ✱. Anlässlich der Olympischen Sommerspiele in Berlin 1936 erschienen gleich zwei Blockausgaben mit den Darstellungen einzelner Sportler der verschiedenen Disziplinen. Die Wasserzeichen oben „XI. Olympische Spiele" und unten „Berlin 1936" betonen den Anlass. Hier beide Blocks in ungezähnter Erhaltung!

Die Welt schaut auf Deutschland

Alle vier Jahre messen die besten Sportler der Welt an wechselnden Orten im „ritterlichen Geist zum Ruhme des Sports und zur Ehre der Mannschaften" ihre Kräfte. So beschwört es der Olympische Eid. Doch zu den Olympischen Spielen 1936 in Garmisch-Partenkirchen und Berlin waren die Verhältnisse im gastgebenden Deutschland nach Hitlers Machtergreifung 1933 nicht mehr so friedfertig, wie es dem olympischen Geist bei der Vergabe durch das Internationale Olympische Komitee im Jahr 1931 entsprochen hatte. Die Sportbriefmarken des Deutschen Reiches im Jahr 1936 durften deshalb der internationalen Öffentlichkeit, die in Teilen den Boykott forderte, keinen Anlass zur Skepsis geben. Andererseits sollten sie aber nach innen und außen die Stärke des Deutschlands nationalsozialistischer Prägung widerspiegeln.

Nach der Verabschiedung der „Nürnberger Gesetze" gegen die deutschen Juden am 15. September 1935 meldeten sich bei Henry Graf de Baillet-Latour mahnende Stimmen aus zahlreichen Ländern. Doch Adolf Hitler beschwichtigte den damaligen IOC-Präsidenten und stellte sogar die Zulassung jüdischer Sportler in Aussicht. Noch unmittelbar vor der Eröffnung in Garmisch mit 757 Teilnehmern aus 28 Ländern rang Baillet-Latour dem Führer die Zusage ab, die nach IOC-Statut sehr kurze Ansprache nicht zu Propagandazwecken zu missbrauchen. Ohne Hitlers Zurückhaltung hätte wahrscheinlich eine Reihe von Ländern, darunter die USA und Frankreich, die Spiele boykottiert und den Nationalsozialisten wäre eine Bühne für ihre Selbstdarstellung versperrt geblieben.

Das Briefmarkenprogramm für die Winterspiele 1936 war geradezu bescheiden. Nur drei Bogenmarken mit Zuschlag, die einen Eisschnellläufer, einen Skispringer und einen Viererbob zeigen, kamen heraus. Umfangreicher sah das Markenprogramm zu den Sommerspielen 1936 in der Reichshauptstadt aus: Die acht Bogenmarken weisen im Bild keine direkte nationalsozialistische Symbolik auf. Sie präsentieren gesunde, kräftige Sportler verschiedener Sportarten. Für den Höchstwert wählte man den von Adolf Hitler hoch geschätzten Pferdesport.

Der ist auch Motiv eines Blocks, der sechs Wochen vor den Sommerspielen herauskam. Er ist dem Pferderennen um das Braune Band von München-Riem gewidmet, einer von Hitler selbst ausgelobten Trophäe. Dieser Block ist daher, ebenso wie die auffällig häufigen Pferdesport-Motive des Deutschen Reiches, als Referenz an den Führer zu verstehen. Philatelistisch sind die wenigen ungezähnten Exemplare von Block 4 eine Rarität und entsprechend hoch bewertet.

5

5 DR Block 4, MiNr. 621. Auch dieser Block ist ungezähnt geblieben. Er wurde zum Rennen um „Das Braune Band" in München-Riem am 22. Juni 1936 verausgabt.

Im Mittelpunkt des Sommer-Markenprogramms standen zwei auf dem Olympia-Gelände und in ausgewählten Sonderpostämtern verkaufte Blocks, in denen alle im Mai erschienenen Bogenmarken wieder auftauchten. Hakenkreuze waren relativ unscheinbar nur im Wasserzeichen direkt hinter den Marken, nicht aber am breiten Rand, auszumachen. Die Anmutung der Blocks allein wäre geradezu harmlos zu nennen, wenn nicht eine Reihe passender Sonderstempel Hakenkreuze aufgewiesen hätten, die eine klare propagandistische Richtung vorgaben. Ungezähnt sind auch diese Blocks heute eine philatelistische Kostbarkeit ersten Ranges.

Zu Olympia war Doppelbödigkeit angesagt: Einerseits bot das monumentale „Reichssportfeld" beste sportliche Bedingungen für die Rekordzahl von 4.066 Athleten aus 49 Ländern. Die Anlage verfügte über besondere Durchgänge für Kameras, die sich auf Schienen bewegen ließen. Andererseits wurde eben diese Technik vom aufkeimenden Fernsehen sowie ausgerechnet von Leni Riefenstahl genutzt. Die Regisseurin hatte es verstanden, durch propagandistische Filmaufnahmen von den Nürnberger NSDAP-Parteitagen das persönliche Vertrauen Adolf Hitlers zu gewinnen. Für die Nationalsozialisten ging das Konzept auf: Vor internationalem Publikum konnten sie eine scheinbar neutrale Sportwelt vorweisen, die aber bei näherem Hinsehen sehr wohl klare propagandistische Elemente enthielt.

Wenige Monate nach den Olympischen Spielen fiel die Maske: Am 5. April 1937 erschien der erste Markenblock mit Hitler-Kopfbild. In den Briefmarkenbildern wurden Hakenkreuze nun immer mehr zur Selbstverständlichkeit. Die Zeit der plumpen propagandistischen Selbstdarstellung konnte beginnen, da Rücksichten auf andere Länder nun nicht mehr genommen werden mussten.

1

1 „Blechdosen-Post“ (so genannte „Tin-Can-Mail“); Brief von Niuafoou nach Berlin mit verschiedenen Sonderstempeln auf einem HAPAG-Umschlag aus dem Jahr 1938. Die unterschiedlichen Stempel (darunter auch in deutscher Sprache!) weisen auf die zu diesem Zeitpunkt bereits weitgehende Kommerzialisierung dieser sehr ungewöhnlichen Beförderungsart hin.

„Post in Dosen“ – die „Tin-Can-Mail“ der Tonga-Inseln

Dass die Post auch die ungewöhnlichsten Transportmittel nutzte und auch heute noch nutzt, ist nicht nur den Sammlern bekannt: ob Postkutsche oder Dampfschiff, Flugzeug oder Zeppelin, Rakete oder U-Boot, Ballon oder Eisenbahn – stets bediente man sich der ganzen Palette der modernsten, jeweils zur Verfügung stehenden Hilfsmittel, um Nachrichten möglichst schnell und sicher vom Absender zum Empfänger zu transportieren.

Unter all diesen Beförderungsarten ragt jedoch eine besonders ausgefallene Methode des Posttransports hervor. Der Postmeister des kleinen, zu den Tongainseln in der Südsee gehörenden Eilands Niuafoou hatte in den Anfängen des Postverkehrs mit dem Umstand zu kämpfen, dass aufgrund des flachen Wassers rund um seine Koralleninsel kein Postschiff die Insel anlaufen konnte. Doch wusste man sich zu helfen. Post, die auf die Insel gelangen sollte, wurde noch bis in das 20. Jahrhundert hinein am Hauptpostamt in Sydney/Australien gesammelt, in eine Blechdose gepackt und wasserdicht verlötet. Diese Blech-

2

3

4

büchse („Tin-Can") gab man einem Schiff in Richtung Samoa mit. Die Besatzung warf die Post nördlich der Insel an einem festgelegten Punkt ins Wasser, von wo sie die Meeresströmung an den Strand von Niuafoou spülte. Wenn die Blechdose (häufig erst nach vielen Wochen) am Inselstrand gefunden wurde, dann wurde sie geöffnet und die Post an die Empfänger weitergeleitet.

Auch auf dem umgekehrten Weg nutzte man die Meeresströmung für den Posttransport. Wenn ein Bewohner der Insel ins Ausland schreiben wollte, dann wurde die Post auf der Insel wiederum in einer Dose wasserdicht verlötet und der südwärts verlaufenden Strömung übergeben. Man hoffte darauf, dass die Nachricht Wochen später an den Strand in der Nähe von Sydney gespült und dort gefunden werden würde.

Schnell wurden die Sammler auf diese exotische Art des Nachrichtentransports aufmerksam und versuchten, an entsprechende Belege zu kommen. Auf der Insel reagierte man auf diese Nachfrage, indem man die abgehende Post mit großen und dekorativen Stempeln und Verschlussmarken versah. Diese Stempel zieren auch den Beleg, mit dem das Berliner Reichspostmuseum diese höchst exotische Art der Postbeförderung dokumentierte. Am 12. April 1938 wurde in Sydney ein entsprechender Brief mit einer Bitte an den Postmeister von Niuafoou aufgegeben, der dann den abgebildeten Beleg auf seine lange Reise an den Empfänger in Berlin schickte, wo er endlich am 10. September 1938 wohlbehalten ankam.

Sicherlich hätte es zu dieser Zeit bereits andere und zuverlässigere Wege des Transports gegeben, doch dürfte kaum eine andere Transportart bei den Betrachtern dieses Beleges ähnliche Gefühle von Südseeromantik, Fernweh und vermeintlich paradiesischen Zuständen auslösen, in denen die Zeit für den Laufweg keine Rolle gespielt zu haben scheint.

2 Rückseite des auf der linken Seite abgebildeten Briefumschlages als Faksimile. Um den Brief mit den interessanten Stempeln (die auch den Umriss der Insel zeigen) und der dekorativen Verschlussmarke auf der Rückseite im Reichspostmuseum beidseitig präsentieren zu können, wurde von einem Kopisten eine bis in die Details verblüffend getreue Kopie der Rückseite für Ausstellungszwecke angefertigt.

3, 4 Detail der rückseitigen Verschlussmarken zum Vergleich: Original (3) und Kopie (4).

1

2

3

1, 3 DR Flugpost. In Deutschland begann die offizielle Postbeförderung durch Luftschiffe und Flugzeuge im Jahr 1912. Dafür wurden Flugpoststempel geschaffen, die ausschließlich zur Entwertung für Flugpostsendungen verwendet werden sollten. Die beiden abgebildeten Stempel gehören zu den frühesten Exemplaren der Flugpoststempel, sie wurden von der Flugpost Mainz am 12.6.1912 und der Flugpost Pforzheim-Karlsruhe am 30.6.1912 verwendet.

2 DR Flugpost. Eigens für den Flugpostverkehr wurden auch Postkarten entworfen. Diese Karte nach Dresden trägt den Stempel der Flugpost Dresden-Leipzig vom 10.5.1914. Sie ist mit einer 5-Pfennig-Marke des Deutschen Reiches frankiert, der damaligen Gebühr für Postkarten im Orts- und Fernverkehr.

Dem Zugvogel gleich dahinschweben

Von den ersten Versuchen des Menschen, sich mit der Leichtigkeit eines Vogels in die Lüfte zu erheben, bis zum weltumspannenden Luftverkehrsnetz unserer Tage war es ein langer Weg. Noch im Jahr 1896 fiel Otto Lilienthal mit seinem „Schwebegleiter" wie ein Stein vom Himmel und starb an seinen Verletzungen. Auch die ersten Flüge mit Ballons sowie mehr oder weniger lenkbaren Luftschiffen mit Enten, Menschen oder Post an Bord muten aus heutiger Sicht eher komisch an. Dabei hatte Generalpostmeister Heinrich von Stephan schon 1874 von der „Post im Reich der Lüfte" geträumt. Der „große Luftozean" sei bestens geeignet, Nachrichten um den ganzen Erdball zu befördern. Es müsse der Menschheit nur vergönnt sein, „dem Zugvogel gleich durch den unermesslichen Äther dahinzuschweben".

Ballons hatten einen großen Vorteil: Sie konnten relativ lange in der Luft schweben. Ihr großer Nachteil bestand jedoch darin, dass sie ein Spielball der Winde wurden und dabei Schäden erlitten. Doch auch die Pioniere des dynamischen Flugs mussten schwere Rückschläge hinnehmen, die sie nicht selten mit dem Tod bezahlten. Der Durchbruch gelang am 17. Dezember 1903 den amerikanischen Brüdern Orville und Wilbur Wright, indem sie ein

4

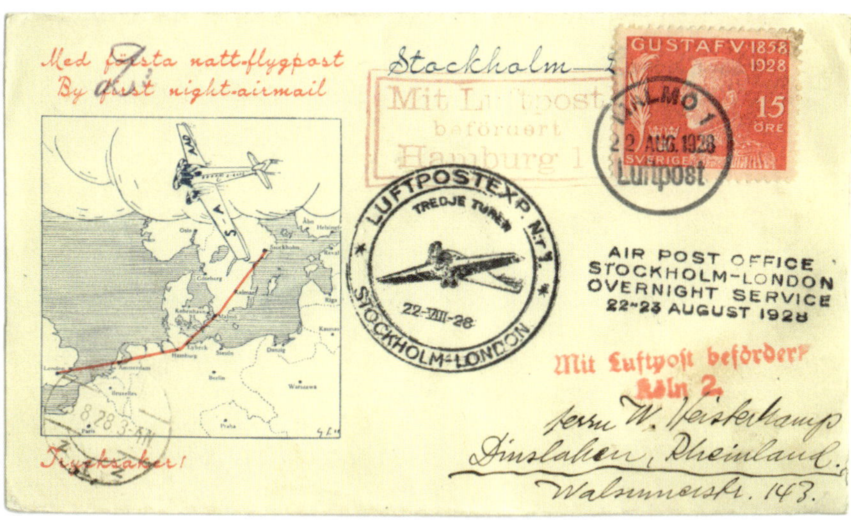

5

4 DR MiNr. 345, 355. Die Drucksache von 1925 nach Königsberg wurde mit einer Flugpostmarke von 10 Pfennig und einer üblichen Reichspost-Marke von 3 Pfennig freigemacht. Außerdem ist sie mit einem Luftpostaufkleber versehen. Zwei schwarze Flugpoststempel aus Berlin-Tempelhof tragen das Abflugdatum vom 25.9.1925, ein roter amtlicher Bestätigungsstempel aus Königsberg dokumentiert den Eingang.

5 Schweden MiNr. 210. Ein interessanter Beleg für die europäische Flugpost der zwanziger Jahre ist dieser Brief von Malmö ins Rheinland. Er wurde laut Flugpoststempel am 22.8.1928 in Malmö aufgegeben. Befördert wurde er zunächst mit der Stockholm-London-Linie, die ihn bis nach Hamburg brachte. Von dort wurde er der Luftpost bis Köln übergeben, dann nahm er den üblichen Postweg bis nach Dinslaken.

Fluggerät mittels Motorkraft in die Luft hoben, bevor es nach 53 Metern wieder zu Boden krachte. Nun ging es Schlag auf Schlag: 1908 starteten die ersten öffentlichen Motorflüge von Hans Grade und Henri Farman über Deutschland. Im gleichen Jahr gelang Wilbur Wright ein Langstreckenflug von 99 Kilometern. 1909 erfolgte der erste Flug über den Ärmelkanal, 1910 stellte Farman mit einem acht Stunden langen Flug über 600 Kilometer einen neuen Dauerflug-Weltrekord auf. Es schien, als wenn die Brieftaube als bislang einziger „Postbote der Lüfte“ ausgedient hätte.

Erste Verbindungen zwischen Luftfahrt und Postwesen gab es in den ersten Flugjahren zunächst nur durch Ansichtskarten mit Bildern von Pionierflügen und Fluggeräten. Massenhaften Absatz fand eine Serie von 250 zur Internationalen Luftschiffausstellung (ILA) 1909 in Frankfurt am Main erschienenen Motiven. Doch in der Luft befördert wurden

6

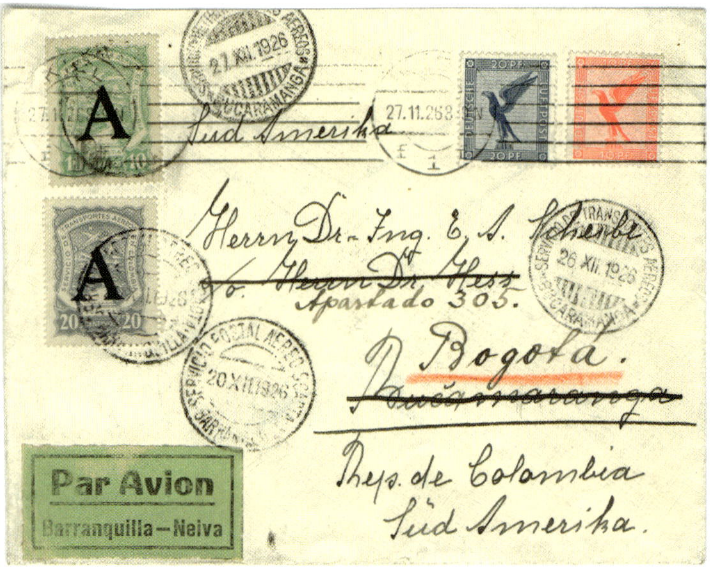

7

6, 7 DR MiNr. 379, 380, SCADTA MiNr. LA 541, 543. Die Deutsch-Kolumbianische Luftverkehrsgesellschaft „SCADTA" gab eigene Flugpostmarken heraus. Um dem Ausland die Benutzung der SCADTA-Flugpost in Kolumbien zu ermöglichen, verkaufte die Gesellschaft den kolumbianischen Konsulaten im Ausland ihre Marken mit einem speziellen Buchstaben-Aufdruck, für Deutschland ein „A". Die Marken dienten als Zusatzfrankatur für Luftpostzuschläge für Kolumbien. Mit zwei SCADTA-Ausgaben für Deutschland ist dieser Brief nach Bogota frankiert, dazu mit zwei Marken des Deutschen Reiches. Er wurde in Kiel am 27.11.1926 abgeschickt und landete zunächst in Bucaramanga, bevor er am 31.12.1926 in Bogota ankam.

sie noch nicht. Das geschah in Deutschland in größerem Umfang erstmals im Jahr 1912 unter dem Titel „Flugpost am Rhein und am Main" anlässlich einer Postkartenwoche, die als Wohltätigkeitsaktion der Großherzogin von Hessen ausgerichtet wurde. Die Luftschiffe des Grafen von Zeppelin, die gerade die Aura ihrer vorhergehenden Misserfolge abschüttelten, und ein wegen seines gelben Anstrichs „Gelber Hund" genannter Doppeldecker des Luftfahrtpioniers August Euler wurden dafür gleichermaßen eingespannt.

Zwischen den Städten Darmstadt, Frankfurt am Main, Mainz, Offenbach und Worms beförderten das Luftschiff „Schwaben" und das Kleinflugzeug des Frankfurter Fabrikanten Euler bei dieser Aktion 460.700 Briefe und Postkarten. Als Frankatur war neben dem normalen Porto der Deutschen Reichspost eine private Flugpost-Spendenmarke erforderlich. Sie wurde bei der Eingangsbearbeitung auf dem Boden ebenso gestempelt wie das amtliche Postwertzeichen und erhielt damit amtlichen Charakter, weshalb sie auch katalogisiert ist. Die größte Menge Sonder-Flugpost wurde zwischen dem 10. und 23. Juni 1912 vom gasgefüllten Zeppelin transportiert. Für den „Gelben Hund" waren 48 Kilogramm Post vorbehalten, die am 10. Juni unversehrt von Frankfurt nach Darmstadt befördert wurden. Die Flugzeit betrug nicht mehr als 14 Minuten. Die Deutsche Reichspost leitete die Post nach der Landung an die Empfänger weiter. Dieser Lufttransport war noch privat organisiert, wurde jedoch von der Reichspost anerkannt.

Schon im Februar 1912 hatte der bereits genannte Flugpionier Hans Grade zwischen dem brandenburgischen Bork und dem acht Kilometer entfernten Brück eine erste halbamtliche Flugpostbeförderung zu Wege gebracht, für die eigene Flugpostmarken verwendet wurden. Durch Einspruch der damaligen Reichspost wurde jedoch die Inschrift „Flugpost" vermieden. So steht nur „Durch die Luft" auf den Marken, denen eine größere, nachhaltige Bedeutung ebenso wenig zukommt wie den Versuchen für eine Luftbeförderung von Gotha nach Erfurt durch Ingenieur E. Schlegel. Philatelistische Aufzeichnungen gehen davon aus, dass zwischen Juli und September 1912 nur etwa 1.000 Postkarten befördert wurden. Vereinzelte Flugpost-Aktionen sind auch vom Margareten-Volksfest in Leipzig, den Regensburger Fliegertagen sowie aus München und Nürnberg überliefert. Zu diesen zeitlich begrenzten Anlässen wurden aufwändig bebilderte Sonderpostkarten aufgelegt, etwa zur Flugpost Dresden – Leipzig im Mai 1914. Schon im Jahr 1911 hoben übrigens die ersten Postflüge in Frankreich und England ab. Die Briten ließen es sich nicht nehmen, anlässlich der Krönung von König Georg zum Kaiser von Indien Post von London nach Windsor zu fliegen.

8

9

8, 9 SCADTA MiNr. 33, Kolumbien MiNr. 277. Luftpostbrief von Bogota nach München aus dem Jahr 1924. Er wurde am 31.3.1924 in Bogota aufgegeben, was die beiden roten Entwertungsstempel belegen. Frankiert wurde er wieder mit einer SCADTA-Marke neben einer üblichen kolumbianischen Freimarke. Ein weiterer roter Poststempel der SCADTA vom 2.4.1924 befindet sich auf der Rückseite, dazu ein ausführlicher Werbe-Stempel der Gesellschaft.

Die Entwicklung des Flugzeugbaus machte während des Ersten Weltkrieges wichtige Fortschritte. Die Maschinen wurden leichter, legten größere Entfernungen zurück und gewannen enorm an Zuverlässigkeit. Das ermöglichte die Einrichtung eines Netzes regelmäßiger militärischer Flugverbindungen im großräumigen russischen Kriegsgebiet. Damit wurde auch Feldpost transportiert. Von Februar bis Juni 1918 führten deutsche Heeresflieger zahlreiche Postflüge zwischen Berlin, Hannover und Köln durch, doch es haperte immer noch an der Zuverlässigkeit der Flugzeuge. Neben technischen Ausfällen machte den Fliegern auch die Witterung zu schaffen. Denn ihr waren die meisten Piloten zur damaligen Zeit noch ungeschützt ausgesetzt, weil sie unter freiem Himmel saßen.

Kurz zuvor, im Mai 1917, hatten auch die Italiener mit dem ersten amtlichen Versuch einer Luftpostverbindung zwischen Turin und Rom Flugpost-Erfahrung gesammelt. Im Juni 1917 pendelte ein Wasserflugzeug ein paar Mal zwischen Neapel und Palermo, doch etablieren konnte sich das System, zu dem Überdrucke einer Eilmarke als Sonder-Flugpostmarke herausgegeben wurden, nicht. Auch von der als erste reguläre Luftpostverbindung geltenden Verbindung Wien – Krakau – Lemberg ist wenig überliefert. Im März 1918 wurden dafür eigene Flugpostmarken gedruckt, die nicht nur für einen Sonderflug gültig waren und klar das Wort „Luftpost" aufwiesen.

Die erste regelmäßige staatliche Flugpostverbindung in Deutschland wurde am 5. Februar 1919 eingerichtet. An diesem Tag bediente ein Flugzeug der Deutschen Luft-Reederei (DLR) aus dem Ersten Weltkrieg im Auftrage der Deutschen Reichspost mehrfach die Strecke Berlin – Weimar. Zu dieser Zeit tagte dort die Deutsche Nationalversammlung der noch jungen Weimarer Republik. Reichspräsident Friedrich Ebert und die Abgeordneten wurden auf diesem Wege mit neuesten Nachrichten und Zeitungen aus der Reichshauptstadt versorgt. Für die Freimachung der Luftpostsendungen verwendete man neue Flugpostmarken der Reichspost, auf denen ein geflügeltes Posthorn (10 Pfennig) und ein Doppeldecker-Flugzeug (40 Pfennig) zu sehen sind.

In Schwung kam die Luftpost mit der Einrichtung der ersten Auslandsverbindung. Sie führte nach Schweden. Am 11. August 1920 flog ein Postflugzeug zum ersten Mal von Berlin über Warnemünde nach Malmö. Verlängerungen in die Hafenstädte Hamburg und Bremen folgten ebenso wie nach Kopenhagen und Amsterdam, wo Anschluss nach London entstand. 1922 startete der erste Linienflug mit einem Focker-Hochdecker der Deutsch-Russischen Luftverkehrsgesellschaft (DERLUFT) von Königsberg nach Moskau. Diese Strecke wurde später in Richtung Sibirien und Ferner Osten erweitert. Startpunkt war in Deutschland der 1923 gegründete Zentralflughafen Berlin-Tempelhof.

10 Schweiz MiNr. 189–191, 179–184. Der Luftpostbrief nach Dessau, als Einschreib- und Eilbrief deklariert, wurde insgesamt mit 4 Franken und 50 Cents freigemacht. Er wurde am 14.10.1912 in Zürich abgeschickt und landete in München, was der rote Bestätigungsstempel belegt. Von dort wurde er weiter befördert. Besonders dekorativ ist der eigens für die schweizerische Luftverkehrsgesellschaft in Zürich entworfene, vorgedruckte Briefumschlag.

11 Australien MiNr. 89, A 113. Ein besonderer Beleg der Luftpost- und Luftfahrtgeschichte ist dieser Einschreibbrief aus Australien von 1932. Der legendäre deutsche Pilot Hans Bertram und sein Co-Pilot Klausmann, die während ihres vielbeachteten Fluges von Deutschland nach Australien in Folge einer Notlandung mit ihrem einmotorigen Flugzeug 53 Tage im australischen Busch verschollen waren, transportierten ihn von Melbourne nach Darwin. Dies belegen ein Vermerk und der mit roter Tinte handsignierte Flugstempel des Piloten Bertram auf dem Brief. Am 10. Dezember 1932 wurde der Brief dann per Luftpost nach Essendon/Victoria weiterbefördert.

10

11

In den folgenden Jahren wurden zahlreiche regelmäßige Verbindungen, etwa bis nach Sevilla, Teneriffa, Bagdad, Teheran und Schanghai ausgebaut. Belege, die mit dem jeweiligen Erstflug transportiert wurden, dokumentieren eindrucksvoll diese Expansion. Ausgefallen die Route nach Schanghai: Sie ging mit mehrmaligem Wechsel der Flugzeuge und auf einer Teilstrecke über die Transsibirische Eisenbahn. 1929 bestand bereits ein innereuropäisches Nachtflugnetz, an dem sich die 1926 gegründete und bis 1934 getrennt geschriebene „Deutsche Luft Hansa" beteiligte. Das Netz hatte eine Länge von 4.000 Kilometern. Einen nachhaltigen Aufschwung erlebte die Luftfahrt durch die deutschen Junkers-Werke. Sie bauten das erste freitragende Leichtmetall-Verkehrsflugzeug der Welt, mit dem Professor Hugo Junkers in die Luftfahrtgeschichte einging. Es konnte deutlich größere Lasten über weitere Entfernungen transportieren. Immerhin vier Personen hatten in der Junkers 24, einem Vorläufermodell der legendären JU52 von 1930, Platz. Auch der Pilot durfte nun innen sitzen.

12

13

Bereits im Oktober 1923 waren die Luftverkehrsgesellschaften per Reichsluftfahrtgesetz verpflichtet worden, „auf Verlangen der Postverwaltung mit jeder flugplanmäßigen Luftfahrt Postsendungen gegen angemessene Vergütung zu befördern". Zur Frankatur stand eine ganze Serie von neun Flugpostmarken mit dem Einheitsmotiv „Holztaube" zur Verfügung. Der Einrichtung jeder internationalen Luftpostlinie gingen Absprachen der beteiligten Länder voraus. Zur Koordination der Einzelabsprachen wurde 1927 die Luftpostkonferenz in Den Haag einberufen. Das dort von 28 Nationen geschlossene Abkommen wurde zum 1. Juli 1930 auf alle zum Weltpostverein gehörenden Länder und ihre Postverwaltungen ausgedehnt. Geregelt war darin auch die Erhebung eines einheitlichen Luftpostzuschlages und die bis heute gültige einheitliche Kennzeichnung der Luftpost mit blauen „Par Avion"-Klebezetteln.

Eine besondere Herausforderung stellte die Überquerung des Atlantiks dar. Aufsehen erregend war der Aufruf des englischen Zeitungsmagnaten Lord Northcliffe in seiner Daily Mail von 1913, gegen eine Prämie von 10.000 Pfund Sterling den Non-Stop-Flug über den „Großen Teich" zu wagen. Zunächst verhinderte der Erste Weltkrieg das sensationelle Ereignis, doch im Mai 1919 startete auf Neufundland endlich die erste Maschine. Sie hatte Post an Bord, die mit offiziellen Luftpost-Sondermarken aus Neufundland frankiert war. Obwohl der Flug nach wenigen Metern auf der harten Oberfläche des Meeres endete, konnte die Post geborgen und mit dem Schiff nach England gebracht werden. Die wenigen Briefe mit den zwei teuersten Luftpostmarken der Welt markieren den Beginn einer 30-jährigen Ära neufundländischer Luftpostmarken. Sie endete erst 1949 mit der Angliederung an Kanada. Im Juni 1919 schafften die Piloten Alcock und Brown in 16 Stunden und 12 Minuten die gesamte Strecke über den Atlantik. An Bord hatten sie genau 196 Briefe und ein Paket. Speziell für diesen Flug war sogar eine eigene 1-Dollar-Luftpostmarke mittels Überdruck hergestellt worden.

Doch für regelmäßige Postflüge über den Atlantik war die Zeit noch nicht reif. Das änderte sich grundlegend nach der Überführungsfahrt des Zeppelins LZ 126, der am 15. Oktober 1924 mit viel Post an Bord einen triumphalen Empfang als ZR 3 „Los Angeles" in New York erlebte. Mit der Aufnahme regelmäßiger Zeppelinflüge stieg der Versand von Sendungen per Luftpost erheblich. Und die metallischen Flugzeuge? Die Reederei Norddeutscher Lloyd ließ an Bord seines Luxusliners „Bremen" ein Katapult montieren. Auf eine Gleitbahn von 20 Metern Länge wurde ein 2,6 Tonnen schweres Postflugzeug gesetzt. Am 22. Juli 1929 war es dann so weit: Ein Techniker startete den Propeller der Heinkel-Maschine. Pressluft schleuderte die He 12 auf hoher See rund 400 Kilometer vor New York ruckartig in die Luft. Sie landete nur 2 1/2 Stunden später auf ihren Holzschwimmkörpern im Hafen von New

12 Iran MiNr. 535, 541, 572–574. Dass auch im Ausland die Luftpost mit Einsatz von Junkers-Flugzeugen florierte und immer größere Entfernungen bewältigt wurden, zeigt dieser Brief von Teheran nach Bagdad aus dem Jahr 1929. Er ist mit einem Stempel der Fluggesellschaft Teheran-Bagdad versehen und wurde mit drei gewöhnlichen Freimarken sowie drei Flugpostmarken freigemacht. Die Abstempelung datiert vom 8.4.1929.

13 Iran MiNr. 525, 572, 573. Die Fluggesellschaft Teheran-Bagdad beförderte den hier abgebildeten Brief von Teheran nach New York. Er trägt wiederum den Stempel der Fluggesellschaft und wurde mit einer gewöhnlichen Freimarke und zwei Flugpostmarken frankiert. Die beiden Abgangsstempel stammen vom 8.4.1929. Beide Belege atmen durch ihr exotisch wirkendes Äußeres und ihre Destinationen noch etwas vom Geist der großen Zeit der Flugpioniere, als die Welt im Empfinden der Menschen stetig kleiner wurde.

14

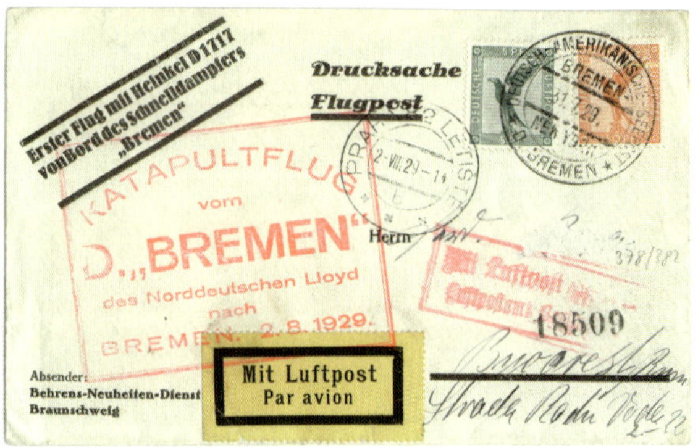

15

14 DR MiNr 87 II. Zu den ungewöhnlichen Beförderungsarten von Briefen nach Übersee gehörte die Beförderung durch die beiden Handels-U-Boote „Deutschland" und „Bremen". Die beiden Tauchboote sollten den während des Ersten Weltkriegs stark behinderten bzw. gar unmöglichen Handels- und Postverkehr mit Amerika unterstützen. Der abgebildete „Tauchbootbrief", der von Kornwestheim/Württ. nach Mexiko geschickt werden sollte, hat sein Ziel jedoch nie erreicht, da er aufgrund des Kriegseintrittes der USA im Jahr 1917 von der Deutschen Ozean Reederei Bremen an den Absender zurückgeschickt wurde. Der Stempel der Reederei trägt das Datum vom 16.1.1917. Der Brief wurde mit 20 Pfennig freigemacht und trägt den Abgangsstempel aus Kornwestheim vom 10.1.1917.

15 DR MiNr. 378, 381. Ein besonderes Kapitel in der Geschichte der Luftpost stellt die Schleuder- oder auch Katapultpost dar. Der abgebildete Beleg des Dampfers „Bremen" stammt vom Erstflug des Flugzeugs Heinkel D1717 im Jahr 1929 und wurde von einem der zahlreichen Neuheitendienste auf die Reise geschickt, die die Luftpostsammler mit solchen Dokumenten versorgten.

York, wo die „Bremen" erst einen halben Tag später eintraf. Mit dieser Katapultpost konnte die Beförderung um einige Stunden verkürzt werden. Die Aktion gelang auch in Gegenrichtung. 18.000 Postsendungen flogen die Strecke von Cherbourg bis Bremerhaven voraus und waren so einen Tag früher da als das Schiff. Am Zielhafen übernahm die „Luft Hansa" die Premiere-Post, um sie mit einem Sonderflug nach Berlin zu bringen.

Das Katapult wurde später auf die „Europa" umgesetzt. Die Umstände lassen jedoch leicht erkennen, dass ein massenhafter „Siegeszug der Luftpost" mit der Kombination von Schiff und Flugzeug noch nicht verbunden war. Schiff und Flugzeug in einer Konstruktion – so muss man sich den „Wal" von Professor Claudius Dornier vorstellen. Am 4. Februar 1934 eröffnete die „Deutsche Luft Hansa" mit diesem Fluggerät die erste planmäßige Transozean-Luftpostlinie von Berlin nach Rio de Janeiro. Dazu waren mehrere Zwischenlandungen an schwimmenden Stützpunkten auf hoher See nötig. Mit dem fünf Mal so großen Flugboot „DO X" waren sogar schon im Mai 1932 Briefe von Neufundland nach Europa transportiert worden.

Es dauerte noch bis 1938, als am 10. August um 19.53 Uhr die viermotorige Focke Wulf FW 200 „Condor" zu ihrem ersten Non-Stop-Flug von Berlin-Staaken nach New York startete. Erst die Leistungsfähigkeit der „Condor" mit bis zu 18 Tonnen Startgewicht ermöglichte den Aufbau endlich zuverlässiger Luftpostverbindungen. Schon im November des gleichen Jahres flog die „Condor" – mit Hakenkreuz am Seitenleitwerk – in 46 Stunden von Berlin nach Tokio mit kurzen Zwischenlandungen in Basra, Karatschi und Hanoi. Die Postlaufzeiten verkürzten sich radikal. Doch die praktische Umsetzung für den Postverkehr verhinderte zunächst der Zweite Weltkrieg.

Die erste zivile Nachkriegs-Luftpost brachten die Amerikaner am 28. August 1946 nach Deutschland. Sie wurde aber für Deutsche erst am 2. März 1948 freigegeben. In der gesamten Bizone konnten ab 1. Mai 1948 wieder Luftpostbriefe ins Ausland aufgegeben werden. Die Zulassung war auf Geschäftsbriefe beschränkt und musste mit speziellen Zulassungsmarken nachgewiesen werden. Ab 30. Juni 1948 beförderten die Alliierten wegen der sowjetischen Blockade die gesamte Post nach West-Berlin in „Rosinenbombern" über die Luftbrücke. DDR-Bürger konnten ab 1. März 1950 wieder Luftpost in alle Welt aufgeben.

Heute spielt das Flugzeug auch in der nationalen Postbeförderung eine herausragende Rolle. Die deutschlandweite Zustellung von Briefen und Postkarten bereits am Tage nach der Einlieferung wäre ohne das Nachtluftpostnetz nicht möglich. Zwischen 14 Flughäfen der Republik werden deshalb jede Nacht rund zwölf Millionen Briefe durch die Luft transportiert, damit sie am nächsten Morgen pünktlich dem Empfänger zugestellt werden, zum normalen Portosatz versteht sich.

16

17

16 Der Brief, den Siegmund Jähn und sein sowjetischer Kollege Waleri Bykowski an Bord ihres Raumschiffs mitführten und unterschrieben, gehört zu einem Bestand, der aus dem Besitz des persönlichen Adjutanten Jähns stammt. Der „erste Fliegerkosmonaut der DDR" wurde nach seiner Rückkehr aus dem Weltall in der DDR begeistert gefeiert, neben zahllosen Ehrungen und höchsten Auszeichnungen („Held der DDR", „Held der Sowjetunion") wurden auch Straßen und Plätze nach ihm benannt.

17 Interkosmosstempel der Deutschen Post der DDR. Als mit Sigmund Jähn die DDR im August 1978 den ersten deutschen Raumfahrer als Kosmonauten an Bord des sowjetischen Raumschiffs Sojus 31 in den Weltraum geschickt hatte, wurde dies zweifelsohne als großer Erfolg im Wettbewerb der beiden deutschen Staaten gesehen. Jähn hatte eine Reihe von Briefen mit ins All genommen, wo sie an Bord der Raumstation Saljut 6 einen speziellen Stempel erhielten. Der originale „Interkosmosstempel" hat sich als ein besonderes Dokument des ersten deutschen Weltraumabenteuers im Sammlungsbestand der Museumsstiftung erhalten.

In ganz andere Sphären vorgestoßen ist die Postbeförderung mit der bemannten Weltraumfahrt. Es gibt in zahlreichen Ländern der Erde eben nicht nur Sonderbriefmarken und Sonderstempel mit Weltraummotiven, sondern auch Belege, die tatsächlich in der Schwerelosigkeit waren. 1969 beförderten Sojus 4 und Sojus 5 erstmals einige Briefe um die Erde. Die Amerikaner schmückten ihre Apollo-Mondbriefe mit den Original-Unterschriften der Astronauten. Deutsche Post verließ erstmals 1978 unseren Planeten, als der DDR-Bürger Sigmund Jähn zusammen mit dem russischen Kosmonauten Waleri Bykowski um die Erde kreiste.

Derartige Weltraumpost, die anders als auf der Erde abgefertigte Belege anlässlich bestimmter Ereignisse tatsächlich durch das All flog, ist für den Durchschnittssammler unerschwinglich. Öffentlich am besten zugänglich sind die Exemplare, die Museen gehören und dort ausgestellt werden. Die Museumsstiftung Post und Telekommunikation gehört dazu.

Nicht in den unendlichen Weiten des Alls, sondern tief unter dem Meeresspiegel spielte sich eine andere ungewöhnliche Postbeförderung ab. Im zweiten Halbjahr 1916 beförderten die Handels-U-Boote „Deutschland" und „Bremen" zwischen Bremen und den USA „Tauchbootbriefe". Für Wertsendungen gab es „U-Boot-Marken" mit einem Nennwert von bis zu 100 Reichsmark. Häufig verklebt wurden sie jedoch nicht. Die „Bremen" ging bereits während ihrer ersten Fahrt verloren. Vermutlich lief sie in die von den Briten aufgebaute Nordsee-Blockade. Auch die „Deutschland" konnte nur zwei Fahrten hin und zurück erfolgreich absolvieren: Der Eintritt der USA in den Ersten Weltkrieg im Februar 1917 zwang zur kurzfristigen Einstellung des Dienstes. Die bereits eingesandten Briefe wurden mit Zurück-Vermerken versehen und den Absendern wieder ausgehändigt. So sind sie zwar nicht tatsächlich durch die Tiefen des Atlantik befördert worden, dokumentieren aber doch eine höchst seltene Beförderungsart. Wäre die „Deutschland" im Februar 1917 nochmals in Bremen gestartet, lägen die Briefe heute möglicherweise unerreichbar auf dem Grund des Atlantiks.

1

1 Zeppelin-Abwurfbeutel. Von Anfang an trugen die an Bord der Luftschiffe des Grafen Zeppelin transportierten Briefe und Postkarten durch ihre Zuschläge nicht unerheblich zur Finanzierung des kostspieligen Unternehmens bei. Da Landungen der Luftschiffe nicht überall möglich oder sinnvoll waren, wurde Post oft in solchen Beuteln abgeworfen. Ein langes, schwarz-weiß-rotes Band erleichterte das Wiederfinden der aus Ölpapier bestehenden Beutel, eine Aufschrift versprach dem ehrlichen Finder eine Belohnung von 50 Pfennigen (!) für die Ablieferung des Beutels auf einem Postamt. Von dort wurde der Inhalt dann weitergeleitet.

2 Brasilien MiNr. 243, 366. Ein spezielles Kapitel in der Geschichte der Luftpost ist die Zeppelinpost, die seit 1912 offiziell Post beförderte. Von 1928 bis 1937 führten die beiden Zeppeline L127 „Graf Zeppelin" und L129 „Hindenburg" insgesamt 653 Fahrten durch, davon 181 über den Atlantik. Eine Zeugin dieser Zeit ist die Ansichtskarte der „Graf Zeppelin" mit Abstempelung vom 24.9.1931 aus Brasilien. Der Abgangsstempel ist kaum lesbar, während der Eingangsstempel aus Friedrichshafen/Bodensee das Datum vom 28.9.1931 trägt. Interessant sind der Stempel der brasilianischen Luftfahrtgesellschaft Zeppelin-Condor und die Flugpostmarke MiNr. 366 mit Aufdruck „Zeppelin" sowie der Wertangabe in Dollar und Cent. Diese Marke wurde am 16. August 1931 anlässlich der Eröffnung des ständigen Zeppelinverkehrs zwischen Europa und Südamerika herausgegeben. Der Inhalt vieler der an Bord der Zeppeline geschriebenen Karten kündet unisono von der Begeisterung der Passagiere über das wohl einmalige Erlebnis der luxuriösen Reise an Bord dieser Giganten der Lüfte.

Die fliegenden Zigarren des Grafen von Zeppelin

Als am 6. Mai 1937 das mächtige Luftschiff LZ 129 „Hindenburg" nach einer Atlantiküberquerung in Lakehurst (USA) verbrannte, endete die Blüte der Zeppelin-Luftfahrt. Auf 653 Fahrten, davon 181 über den Atlantik, hatten die zwei mächtigsten Luftschiffe der Welt in neun Jahren fast 50 Tonnen Post befördert. Mit einem erhöhten Porto wurde ein wesentlicher Teil der Kosten gedeckt. Doch: Immer wieder stand der Konstrukteur der „fliegenden Zigarren" vor den Trümmern zerstörter Luftschiffe. Nur mit Hilfe von Gönnern gelang es ihm mehrfach, den wirtschaftlichen Ruin abzuwenden.

Die Begeisterung des Deutschen Graf Ferdinand von Zeppelin für die Luftschifffahrt geht auf Erfahrungen im Deutsch-Französischen Krieg 1870/71 zurück. Damals beobachtete der Kavallerieoffizier im Dienste des Königs von Württemberg, wie die Franzosen aus dem von Preußen eingeschlossenen Paris im Ballon Post in das unbesetzte Frankreich transportier-

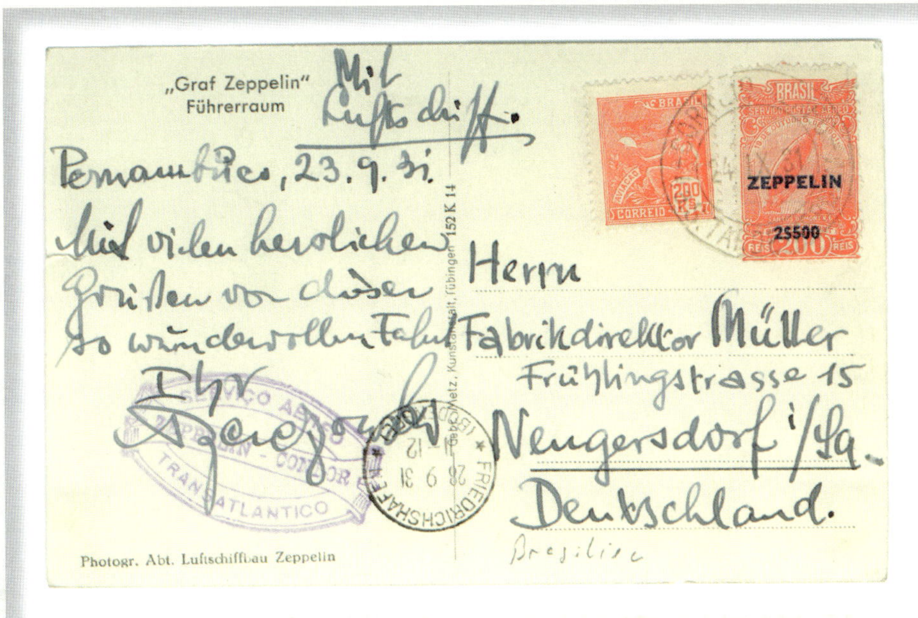

2

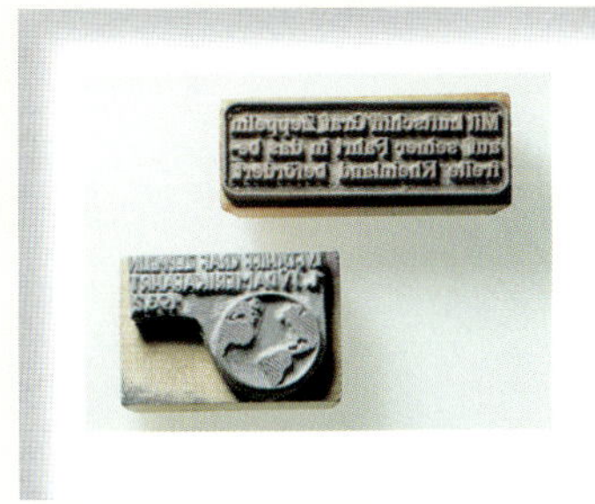

3

4

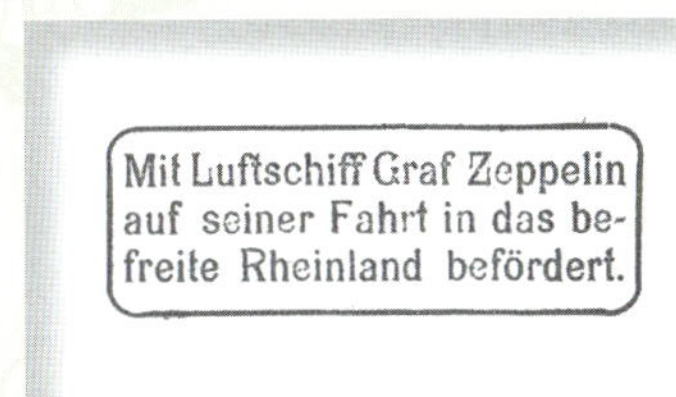

5

3–5 Originalstempel von Fahrten in das Rheinland sowie nach Südamerika. Die beiden an Bord der Luftschiffe benutzten Stempel sind nicht nur Zeitzeugen für eine der wohl faszinierendsten Epochen der Zivilluftfahrt, sondern spiegeln zugleich ein Kapitel deutscher Zeitgeschichte wider. Insbesondere der Stempel von der Fahrt in das „befreite Rheinland“ dokumentiert auch die politischen Spannungen, denen das Deutsche Reich nach dem verlorenen Ersten Weltkrieg und infolge des Vertrages von Versailles ausgesetzt war.

ten. Seine patriotische Gesinnung bewegte von Zeppelin, seinem Dienstherren 1887 eine Denkschrift zukommen zu lassen, in der der Militärbevollmächtigte des Königreiches Württemberg in Berlin den seiner Meinung nach hohen Nutzen der Luftschiffe für die Kriegsführung betonte. Das Militär ließ sich jedoch von seinen Visionen keineswegs überzeugen. Dennoch gab der in Konstanz geborene „Konstrukteur aus Leidenschaft“ 1891 den Offiziersdienst auf, um seine Pläne auf eigene Initiative zu verfolgen. 1895 legte er sein erstes Patent für ein „lenkbares Luftschiff“ vor. Ein Jahr später gelang es ihm, den Verein Deutscher Ingenieure (VDI) für seine Idee zu begeistern. Dessen Aufruf zur Unterstützung des Projekts brachte schließlich 800.000 Reichsmark zusammen. Damit konnte die „Gesellschaft zur Förderung der Luftschiffahrt“ gegründet werden, die sich der Unterstützung durch den württembergischen König versicherte.

Das erste Luftschiff brachte es auf 128 Meter Länge und gut elf Meter Durchmesser. Treibende Kraft waren zwei Motoren von Daimler und Maybach mit bescheidenen 12 und 16 PS. Am 2. Juli 1900 wurde LZ 1 aus der schwimmenden Halle in der Bodensee-Bucht von Manzell gezogen und erhob sich zur Jungfernfahrt in die Luft. Aber es zeigte sich schnell, dass die Lenkbarkeit des Ungetüms noch deutlich verbessert werden musste. Zudem ging der Zeppelin-Gesellschaft das Geld aus. Es reichte nicht einmal mehr für genügend Gas, um den 11.300 Kubikmeter großen Flugkörper zu füllen. Noch im Jahr der Premiere wurde LZ 1 abgewrackt. Kein Militär hatte maßgebliches Interesse gezeigt. Für die Postbeförderung war der nach seinem Konstrukteur benannte Zeppelin noch viel zu unzuverlässig. Einige Bildpostkarten mit Ansichten von LZ 1 und der schwimmenden Halle sind die einzigen postalischen Zeugen der Anfangszeit.

Es hätte nicht viel gefehlt, und LZ 1 wäre der einzige Zeppelin geblieben. Doch dem Grafen gelang es, den württembergischen König zur Genehmigung einer Lotterie zu überreden. 1905 konnte mit den erzielten Einnahmen LZ 2 gebaut werden, doch schon der erste Startversuch im November misslang. Am 17. Januar 1906 startete das reparierte LZ 2 erneut. Am Abend des gleichen Tages wurde es von Gewitterböen so stark beschädigt, dass es im Allgäu notlanden musste und abgewrackt wurde. Zeppelin gab wieder nicht auf und baute LZ 3, das im Oktober 1906 startete. Der Durchbruch war zum Greifen nah, denn die Reichsregierung bekundete nun endlich die Absicht, zwei Luftschiffe zu kaufen. Bedingung: Ein Exemplar sollte auf einer 24-Stunden-Fahrt seine Tauglichkeit unter Beweis stellen.

6 Sammlung von Originalstempeln, die an Bord der Zeppeline benutzt wurden.

6

Das wäre dem inzwischen 70-jährigen Grafen fast geglückt. Am 4. August 1908 startete LZ 4 von Friedrichshafen über Basel und Straßburg nach Mainz. Die Bevölkerung jubelte. Die Presse feierte das Ereignis. Doch ein Motorschaden zwang zur Notwasserung auf dem Rhein bei Mainz. Nach der Reparatur hieß es wieder: Leinen los! Nach einer Weile bockte der Motor erneut. Man entschloss sich zum Zwischenstopp in Echterdingen bei Stuttgart. Während sich Graf von Zeppelin in einem nahe gelegenen Gasthaus ausruhte, kümmerten sich zwei Mechaniker um den Motor. Doch beim Wiederaufstieg schlug ein Blitz in das Luftschiff und zerstörte es restlos.

Nein, die Zeppelin-Euphorie war so groß, dass innerhalb kürzester Zeit ausreichend Spenden für ein neues Luftschiff zusammenkamen. Kaiser Wilhelm II. persönlich tröstete den zum Volkshelden aufgestiegenen von Zeppelin über das Unglück von Echterdingen hinweg. Der Regent reiste am 10. November 1908 eigens nach Friedrichshafen und erklärte den Grafen zum größten Deutschen des 20. Jahrhunderts. Zunächst ohne größere Beachtung hatte LZ 4 übrigens die legendäre Verbindung zur Postbeförderung begründet. Auf der 24-Stunden-Fahrt wurden Meldekarten abgeworfen, auf denen gezielte Informationen über die Position des Luftschiffes notiert waren. Dem Finder, der die Karte in der jeweiligen lokalen Niederlassung des Wolffschen Telegrafenbüros abgab, winkte der beachtliche Botenlohn von zehn Reichsmark. Auch Brieftauben hatte LZ 4 an Bord, um den Nachrichtenfluss an die Öffentlichkeit sicherzustellen. Für andere Abwurfkarten wurden erste Stempel eingesetzt, die handschriftliche Einträge ersetzten.

Getragen von einer Welle der Sympathie gelang es von Zeppelin, seine Konstruktion voranzubringen. Im Sommer 1909 wurden fast eine Million Menschen auf die Internationale Luftschiff-Ausstellung (ILA) in Frankfurt am Main gelockt, wo Graf Zeppelin mit LZ 5 die Herzen der Massen eroberte. Großen propagandistischen Anteil daran hatten 250 verschiedene Postkarten mit Zeppelinmotiven, die reißenden Absatz fanden. Ebenfalls in Frankfurt wurde nun die kommerzielle Deutsche Luftschifffahrts-AG DELAG gegründet, die eine Reihe erfolgreicher Publikumsfahrten durchführen sollte.

Luftschiff-Passagiere konnten an Bord Postkarten schreiben, die in speziellen Beuteln zur Erde geworfen wurden. Der Finder sollte den Inhalt sofort beim nächsten Postamt abliefern und wurde dafür mit einem beiliegenden 50-Pfennig-Stück belohnt. Anlässlich einer Wohltätigkeitsaktion der Großherzoglichen Zentrale für Mutter- und Säuglingsfürsorge in Hessen führte LZ 10 „Schwaben" im Juni 1912 im Rahmen einer äußerst erfolgreichen

7

7 Saargebiet MiNr. 126, 127, 158, 159, 160, 168. Mit der Abschlussfahrt vom 25.6.1933 geht die Geschichte des Luftschiffes „Graf Zeppelin" zu Ende. Das Luftschiff startete noch einmal in Friedrichshafen, machte einen Rundflug über das Saargebiet und flog zurück zum Bodensee. Ein Dokument dieser Fahrt ist der Brief mit der reichen Frankatur von Marken aus dem Saargebiet, der Abstempelung in Saarbrücken vom 25.6.1933 sowie den dekorativen blauen Stempeln der Zeppelin-Abschlussfahrt.

„Postkarten-Woche" erste Postflüge durch. Dazu konnte erstmals Post aufgeliefert werden, die von dem Luftschiff an Bord genommen wurde. Zusätzlich zum normalen Postkartenporto hatte der Absender eine private Luftpostmarke aufzukleben. Am 17. Juli 1912 wurde an Bord des Luftschiffes LZ 11 „Victoria Luise" die erste offizielle Postbetriebsstelle eingerichtet. Der Traum des Generalpostmeisters Heinrich von Stephan, der schon 1885 die Zukunft der „Post im Reich der Lüfte" gesehen hatte, war näher gerückt. Im Ersten Weltkrieg erlangten die Luftschiffe doch noch eine gewisse militärische Bedeutung, als von ihnen Granaten abgeworfen wurden. Postalische Spuren hinterließen Luftschiffbesatzungen, als sie gelegentlich Post abwarfen. Dies war zwar verboten, wurde aber stillschweigend geduldet.

Ihre hohe Zeit erlebte die an Bord von Zeppelinen beförderte Post nach Kriegsende und nach dem Tod von Zeppelins im Jahr 1917. Die Weichenstellung erfolgte durch einen Tauschhandel. Statt einer Reparationszahlung von 3,2 Millionen Reichsmark wurde den Amerikanern ein Luftschiff geliefert. LZ 126 nahm am 12. Oktober 1924 Kurs auf Amerika. Amtlich zugelassen war die Beförderung von gewöhnlichen Briefen und Postkarten. Das Porto betrug 50 Pfennig für eine Karte und eine Mark für den Standardbrief. Zusätzlich zu den Poststempeln von Friedrichshafen und New York erhielten die Postsendungen einen violetten Bestätigungsstempel. Nach 81 Stunden Fahrt kam LZ 126 als ZR 3 „Los Angeles" mit 150 Kilogramm Post an Bord unversehrt in Lakehurst bei New York an. Der erste Übersee-Posttransport per Zeppelin war vollbracht.

Nach dieser Pioniertat war allerdings erneut eine Spenden-Kampagne nötig, um die Luftschiffwerft vor dem Ruin zu retten. Der Reichsausschuss der „Zeppelin-Eckener-Spende" veranlasste die Herausgabe einer Reihe von Postkarten und gab drei Briefverschlussmarken heraus, die auf späteren Fahrten zusätzlich zur Frankatur verklebt wurden. Neben dem Verkauf von Fahrscheinen sollte sich nun die Postbeförderung als wichtigste Einnahmequelle erweisen. Das zum 90. Geburtstag des Grafen Zeppelin am 8. Juli 1928 als damals weltgrößtes Luftschiff LZ 127 auf den Namen „Graf Zeppelin" getaufte Gefährt transportierte nun regelmäßig Post. Rechtzeitig zur ersten Nordamerikafahrt erschienen die ersten zwei offiziellen Reichspostmarken mit einem Portowert von stattlichen zwei Reichsmark für eine Postkarte und vier Reichsmark für einen Brief. Die meiste Post wurde von Sammlern aufgegeben, die am Glanz der Zeppeline teilhaben wollten. Bei großen Fahrten, wie etwa der Orientfahrt oder der Weltrundfahrt, waren offizielle Posthilfsstellen mit anlassbezogenem Stempel direkt an Bord.

8

8 Das Ende der „Hindenburg". Am 3. Mai 1937 trat das Luftschiff „Hindenburg" mit 97 Menschen an Bord seine 11. Nordamerikafahrt an. Die Fahrt endete am 6.5.1937 mit einer Katastrophe. Bei der Landung in Lakehurst/USA geriet das Schiff (vermutlich durch einen Blitzschlag) in Brand und stürzte ab. Es gab zahlreiche Tote. Von den Postsendungen konnten nur wenige beschädigte Exemplare gerettet werden, diese wurden dann von der amerikanischen Post dem Empfänger (wenn lesbar) zugestellt. Dazu gehört der abgebildete Brief, der am 5.5.1937 an Bord des Luftschiffes abgestempelt wurde. Der Brief befindet sich in dem offiziellen Siegel-Umschlag der amerikanischen Postverwaltung, mit dem die Katastrophenpost weitergeleitet wurde.

Die Post wurde an verschiedenen Positionen aus geringer Flughöhe abgeworfen und zu Lande weiterbefördert. Im Laufe des Jahres 1929 schlossen immer mehr Staaten Verträge mit der Deutschen Reichspost über die Zulieferung von Zeppelin-Post aus dem Ausland ab. Zur Freimachung der „Vertragsstaatenpost" wurden Briefmarken der betreffenden Länder verwendet. Die Zeppelinpost verbreitete sich damit um die ganze Welt. Durch die Weltwirtschaftskrise wurde es allerdings immer schwieriger, die Zeppelinfahrten zu finanzieren. Vor der ersten großen Fahrt nach Südamerika überzeugte Hugo Eckener, der einst als Journalist in die Dienste von Graf Zeppelin getreten war, 1930 das Reichspostministerium, kurzfristig eine weitere Zeppelin-Sondermarke herauszubringen. Von den Einnahmen aus der Postbeförderung erhielt die Luftschiffbau Zeppelin GmbH vier Fünftel, die Reichspost den Rest.

Höhepunkt der Polarfahrt 1931, zu der gleich drei weitere Zeppelin-Sondermarken der Reichspost erschienen, war der Austausch von 300 Kilogramm Sonderpost zwischen LZ 127 und dem russischen Eisbrecher „Malygin". Die Kosten der Fahrt waren mit dem Porto zum Großteil gedeckt. Die Palette der Zeppelin-Sondermarken (Motiv: Zeppelin über Erdkugel) wurde letztmalig 1933 anlässlich der Weltausstellung in Chicago und der 50. Ozean-Überquerung von LZ 127 ergänzt. Schon gab es Überlegungen, einen noch größeren Zeppelin zu bauen. Die Pläne für LZ 128 wurden jedoch zu den Akten gelegt, nachdem beim Absturz eines britischen Luftschiffes 38 Menschen verbrannt waren und die USA sich weigerten, sicheres Helium zu liefern. Man fühlte sich letztlich aber doch sicher genug, LZ 129 „Hindenburg" zu bauen und mit Wasserstoff zu füllen. Der größte Zeppelin aller Zeiten brach ab März 1936 zu mehreren großen Fahrten mit Passagieren und Post an Bord auf und ersetzte das kleinere LZ 127.

9

10

9 Ein weiteres Belegstück der Hindenburg-Katastrophe zeigt noch deutlicher die Brandspuren des Unglücks, von denen Teile der Marken und der komplette Briefrand betroffen sind. Bordstempel und roter Flugpostbestätigungsstempel sind gleichwohl gut zu erkennen. Auch dieser Katastrophenbeleg befindet sich in dem offiziellen Siegel-Umschlag der amerikanischen Postverwaltung.

10 Original-Bordstempel des Luftschiffes „Hindenburg" und Abschlag des Hindenburg-Stempels vom 14.5.1936.

Nach einem großen Auftritt während der Olympischen Spiele 1936 in Berlin startete die „Hindenburg" erneut zu großen Fahrten. Am 6. Mai 1937 kam es dann in Lakehurst zur Katastrophe: Beim Festmachen ging das mit explosivem Gas gefüllte Luftschiff in schwerem Wetter in Flammen auf. Wie durch ein Wunder überlebten 62 der 97 Menschen an Bord. Suchtrupps konnten einen kleinen Teil der 17.000 an Bord genommenen Briefe und Postkarten sichern und knapp 400 Stück an die Empfänger schicken. Diese angekohlte „Katastrophen-Post" gilt heute unter Philatelisten als besonders wertvoll und erzielt auf Auktionen Höchstpreise.

Die in der Katastrophe von Lakehurst zu Tage getretenen Sicherheitsmängel, die wachsende Konkurrenz durch den „geflügelten" Flugverkehr und nicht zuletzt die Spannungen des Zweiten Weltkriegs bewirkten die Einstellung aller Zeppelinfahrten und die Vernichtung der verbliebenen Luftschiffe LZ 127 und LZ 130.

Mit seinem Erstflug über dem Bodensee am 18. September 1997 meldete sich der Zeppelin als Version NT (Neue Technologien) zurück. Der „Beginn einer neuen Ära" wurde schon bei der Premiere mit Postsendungen an Bord dokumentiert.

1
2

3

4

1 Kriegs- und Propagandafälschung II. Weltkrieg MiNr. 12 IV h ✶. Deutsche Fälschung für Großbritannien: Überdruckserie. Vorbild für diese Fälschung waren die Marken der britischen Dauerserie von 1937 mit dem Kopf König Georgs VI. Die Fälschung ersetzte das Kreuz auf der Krone durch einen Davidstern, dazu kam der Propaganda-Aufdruck „Liquidation of Empire Hongkong". Deutschland nutzte erst relativ spät Briefmarken zur „psychologischen Kriegsführung". Ab 1943 ließen die Nationalsozialisten deutsche Kriegs- und Propagandafälschungen (sowie Falschgeld ausländischer Währungen!) im Konzentrationslager Oranienburg-Sachsenhausen von einer kleinen Gruppe von Häftlingen mit Druckkenntnissen herstellen.

2 Kriegs- und Propagandafälschung II. Weltkrieg MiNr. 10 IV a ✶. Gleichfalls eine deutsche Propagandafälschung für Großbritannien mit Überdruck, hier jedoch mit dem Aufdruck für Singapur. Als Vorlage dafür diente wiederum die britische Dauerserie von 1937 mit dem Kopf König Georgs VI.

3 Kriegs- und Propagandafälschung II. Weltkrieg MiNr. 2 ✶. Deutsche Propagandafälschung für Großbritannien. Auf der britischen Marke anlässlich der Krönung Georgs VI. von 1937 wurde der Kopf der Königin Elisabeth durch den Kopf Stalins ersetzt. Dazu wurden Inschriften und Symbole geändert, um so auf die (im Verständnis der nationalsozialistischen Ideologie) Verbrüderung von Kommunismus und Weltjudentum hinzuweisen. Die propagandistische Wirksamkeit dieser Markenfälschungen darf sicher nicht überschätzt werden.

4 Kriegs- und Propagandafälschung des Zweiten Weltkriegs nach Italien MiNr. 625 ✶. Sie wurde in Anlehnung an die italienische Sonderausgabe zur italienisch-deutschen Waffenbrüder-

Briefmarken als Waffe

Wenn es eines Beweises bedürfte, der die Bedeutung von Briefmarken als zeithistorische Dokumente belegen soll, dann wäre dafür kaum ein Thema besser geeignet als der große Bereich der Propagandafälschungen sowie der Auseinandersetzungen zwischen verschiedenen Postverwaltungen, die gemeinhin unter dem Begriff des „Postkriegs" zusammengefasst werden können.

Bereits lange vor den ersten Briefmarken gab es Konflikte um das wirtschaftlich einträgliche und machtpolitisch sehr wichtige Postregal. So stritt sich etwa die Thurn und Taxis-Post seit dem 16. Jahrhundert mit verschiedenen Landesposten oder kommunalen Posten, die die Monopolstellung des Hauses, die ihm vom Kaiser verliehen worden war, nicht anerkennen wollten.

Das Recht des Nachrichtentransports war zugleich ein Zeichen politischer Bedeutung und Unabhängigkeit, die Verweigerung der Annahme oder des Durchgangs von Sendungen fremder Postverwaltungen kann man als eine der vielen Maßnahmen in einem dauernden Kampf um selbstbestimmte Herrschaft interpretieren. Die grundsätzliche Verweigerung des Transports oder der Zusammenarbeit war und ist in diesen Auseinandersetzungen zwischen Territorien, Staaten und Postverwaltungen sicherlich die schärfste und radikalste Waffe. Ein subtileres, doch in seiner Wirkung wohl kaum weniger effektives Mittel waren und sind die Propagandafälschungen von Briefmarken, die es bereits seit dem Ersten Weltkrieg gibt.

Diese Fälschungen von Postwertzeichen, die von einer staatlichen Stelle veranlasst wurden und die den Postwertzeichen des militärischen und ideologischen Gegners mehr oder weniger ähnlich sahen, wurden sowohl zu Spionagezwecken verwendet (dann in der Regel optisch völlig identisch mit der Vorlage) als auch als Propaganda-Mittel eingesetzt. Die Propaganda-Marken wollten durch absichtliche Abweichung vom Original wirken, sei es durch motivische Änderungen oder durch Aufdrucke mit entsprechendem Inhalt. Eine ganze Reihe dieser Propagandafälschungen wurde während des Zweiten Weltkriegs hergestellt, dabei bedienten sich sowohl das nationalsozialistische Deutschland wie auch seine militärischen Gegner dieser Propagandawaffe.

schaft von 1941 mit der Abbildung von Hitler und Mussolini hergestellt. Die Köpfe Hitlers und Mussolinis sind hier fast grimassenhaft verzerrt dargestellt, und auch die lachende Maske auf einem der beiden Schwerter in der Bildmitte lässt an der Wirksamkeit einer Propagandaabsicht zweifeln.

5

5 Kriegs- und Propagandafälschung II. Weltkrieg MiNr. 17. Amerikanische Fälschung für Deutschland. Ein ungezähnter Viererblock mit einem Hitlerkopf, der in der Kinnpartie in einen Totenkopf übergeht, sowie der Inschrift: „Futsches Reich". Als Vorlage für die Fälschung diente die karminrote Marke der Hitler-Dauerserie MiNr. 788 von 1941. Diese Fälschung wurde vermutlich 1944 von einer amerikanischen Felddruckerei in Rom hergestellt.

6

6 Kriegs- und Propagandafälschung II. Weltkrieg MiNr. 29. Britische Fälschungen für Deutschland auf einem Brief von 1946 von Bregenz nach Vaduz. Gefälscht wurde die MiNr. 863, die zum 20. Jahrestag des Hitlerputsches von 1923 am 9. November 1943 verausgabt wurde. Statt der Abbildung eines SA-Mannes mit Fahne ist das Bild des Feldmarschalls von Witzleben eingesetzt, der im Zusammenhang mit dem Hitler-Attentat vom 20. Juli 1944 hingerichtet wurde. Die obere Randbeschriftung ist umgeändert in „Gehängt am 8. August 1944". Unter dem Bild des Feldmarschalls befindet sich die Beschriftung „Gen. Feldmarschall v. Witzleben". Die Inschrift „Und ihr habt doch gesiegt" ergreift solchermaßen Partei für den militärischen Widerstand im Dritten Reich. Zusätzlich zu dieser Fälschung wurde der Brief mit einer österreichischen Marke vom 20. Juni 1945 frankiert. Dieser Brief aus dem Jahr 1946 zeigt, dass auch noch nach Kriegsende Fälschungen auf Briefen verwendet wurden. Ob hierfür philatelistische oder andere Motive verantwortlich waren, muss wohl offen bleiben.

Die Propagandamarken des Dritten Reichs, die hier gezeigt werden, richteten sich alle gegen Großbritannien. Vielleicht ist das kein Zufall, denn bereits im Ersten Weltkrieg war Großbritannien auf dem Gebiet der Propagandamarken am aktivsten gegen das Deutsche Reich tätig gewesen. Die Nazi-Propaganda arbeitete inhaltlich im Wesentlichen zweigleisig. So versuchte man, die Folgen der englischen Kriegsbeteiligung möglichst negativ darzustellen und das Ende des Empires als Folge des Krieges zu beschwören. Zwar waren die langfristigen politischen und wirtschaftlichen Folgen des Krieges für die Siegermacht Großbritannien nicht nur positiv, doch muss gleichwohl die Wirksamkeit dieser Art der Nazi-Propaganda bezweifelt werden. Im regulären Postverkehr wären die Marken mit dem „End of the Empire"-Aufdruck vermutlich sofort erkannt worden, also blieb nur der Abwurf

7 Kriegs- und Propaganda-fälschung II. Weltkrieg MiNr. 18. Amerikanische Fälschung für Deutschland. Hier diente als Vorlage die Viererer-Blockausgabe vom 5. April 1937 zum 48. Geburtstag Hitlers mit dem aufgedruckten Motto „Wer ein Volk retten will, kann nur heroisch denken". Das Hitler-Bild der einzelnen Marken wurde verändert. Der Hitler-Kopf ist durch einen Hitler-Totenschädel über Grabkreuzen ersetzt, für die Wertbezeichnung in den oberen Ecken stehen Galgen, die Inschrift am unteren Markenrand „Deutsches Reich" hat jetzt den Zusatz „1944".

8 Kriegs- und Propaganda-fälschung II. Weltkrieg MiNr. 30 und 31. Britische Fälschungen für Deutschland von 1943. Zu sehen ist das rote Deckblatt eines gefälschten Markenheftchens der Winterhilfs-Marken-Serie, das einem echten der deutschen Reichspost sehr ähnlich ist. Die schwarze Beschriftung lautet „Winterhilfsbriefmarken der Deutschen Reichspost", aufgedruckt sind vier verschiedene Wertstufen auf insgesamt 19 Marken. Ursprünglich enthielt die Fälschung zwei Zusammendruck-Kleinbögen von je zweimal fünf Marken mit den Werten 12+6 und 3+2, die Pfennigangabe fehlt. Dazwischen lag ein weißes Blatt. Leider ist das vorliegende gefälschte Markenheftchen nicht mehr vollständig. Von dem zweiten Markenbogen ist nur noch ein Zusammendruck von zwei Marken erhalten.

9 Kriegs- und Propaganda-fälschung II. Weltkrieg MiNr. 30 und 31. Britische Fälschungen für Deutschland von 1943. Diese Propagandafälschungen wurden in Anlehnung an die Markenheftchen der Winterhilfs-Serie von 1938 geschaffen. Doch wurden Bild und Inschriften in ihrer Anordnung derart verändert, dass eine Ähnlichkeit kaum noch feststellbar ist. Die obere 12+6-Pfennig-Marke

7

8

9

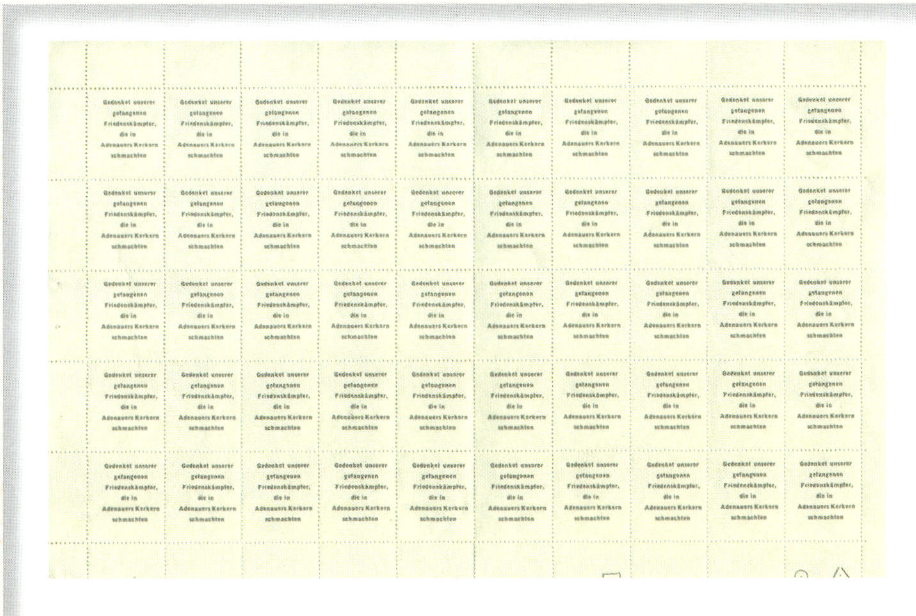

zeigt eine Karikatur Himmlers, der für das Winterhilfswerk sammelt. Er trägt in der linken Hand eine Sammelbüchse mit aufgemalten Totenkopf und in der rechten eine Pistole. Die Zeichnung der unteren 3+2-Pfennig-Marke stellt Goebbels mit weit aufgerissenem Mund (oder eingeschlagenem Gesicht – ein wenig an die Figuren in den Bildern von George Grosz erinnernd) dar, im Hintergrund prosten sich Göring und Streicher zu. Ein kleiner Aufdruck ist am unteren Rand der Marken zu sehen „von Axster-Heudtlass". Laut einem Artikel in der „Stamps" von 1950 sollen polnische Truppen im britischen Heer diese Marken hergestellt haben. Es sei nicht geplant gewesen, die Marken lose und ungebraucht zu verbreiten.

10 Vignetten-Druckbogen der DDR von 1953 mit der Aufschrift „Gedenket der Gefangenen, die in Adenauers Kerkern schmachten" (sog. „Adenauer-Klebemarke"). Vignetten dieser Art waren eines der „Kampfmittel" in dem „Postkrieg", der zwischen der BRD und der DDR zu Zeiten des Kalten Krieges herrschte und in dem der Konflikt der gegensätzlichen politischen Systeme auf dem Feld des Postverkehrs ausgefochten wurde. Die Vignetten dienten der Propaganda und wurden vorzugsweise zur Konterkarierung missliebiger Aussagen fremder Briefmarken oder Poststempel benutzt. Hier sollte die Klebemarke speziell die Marke der Deutschen Bundespost von 1953 kommentieren, mit der der noch in der Sowjetunion befindlichen deutschen Kriegsgefangenen gedacht wurde.

zusammen mit oder auf Flugblättern. Diese Art der Verwendung war sicherlich auch für die Marken vorgesehen, die die Sonder-Ausgabe zur Krönung von König George VI. von 1937 verfälschten, indem sie die Königin Elisabeth gegen ein Porträt Stalins austauschten und durch das Platzieren des Davidsterns eine „Allianz von Weltjudentum, Kommunismus und englischem Königshaus" suggerieren wollten.

Auch die Briten bedienten sich der Elemente der Verfremdung, um die Gegner verächtlich oder lächerlich zu machen. Dies galt etwa für die Propagandamarken, die die italienische Ausgabe zur Deutsch-Italienischen Waffenbrüderschaft oder die deutsche Dauerserie mit dem Hitler-Kopf verfremdeten und karikierten. Besonders subtil und intelligent wurde diese Methode jedoch bei der Fälschung der deutschen Marke angewendet, die am 5. November 1943 aus Anlass des 20. Jahrestages des Hitlerputsches erschienen war. Die Marke (MiNr. 863) zeigt im Original einen Fahnenträger der NSDAP mit dem NS-Adler und dem Spruch „Und ihr habt doch gesiegt", dazu die Daten 9. November 1923 respektive 1943. Die bekannteste Fälschung, die von dieser Marke erschienen ist, zeigte statt des Fahnenträgers den General-Feldmarschall von Witzleben, der im Zusammenhang mit dem Attentat auf Hitler vom 20. Juli 1944 verhaftet und hingerichtet worden war. Das obere Datum wurde durch die Inschrift „Gehängt am 8. Aug. 1944" ausgetauscht. Der Text „Und ihr habt doch gesiegt" erhielt durch diesen neuen Zusammenhang ein völlig andere Bedeutung und erwies so zugleich dem deutschen Widerstand die Ehre.

Es ist bis heute nicht unumstritten, ob es sich bei dieser Marke wirklich um eine Propagandafälschung im eigentlichen Sinne handelt, denn mit der Herstellung der Marke konnte ja überhaupt erst nach dem 8. August 1944 begonnen werden. Zudem wurde sie häufig auf Briefen oder mit Stempeldaten nach dem Krieg gefunden. Gleichwohl deutet vieles darauf hin, dass diese Marken vom britischen Geheimdienst angefertigt wurden und in der Schweiz (angeblich in ganzen Bogen) von der Abteilung MI5 in absenderlosen Briefen an bekannte Philatelisten verschickt wurden. Von diesen mögen die Marken dann weiterverwendet worden sein. Auf den englischen Geheimdienst als Urheber dieser Propagandafälschung weist unter anderem auch die anspruchsvolle Drucktechnik (Rastertiefdruck) und die qualitativ sehr gute Druckqualität hin, zu der eine kleine Fälscherwerkstatt schwerlich in der Lage gewesen wäre. In Deutschland selbst ist diese Marke während des Krieges wohl kaum eingesetzt worden, gestempelte und gelaufene Exemplare sind nur aus der neutralen Schweiz bekannt. Dies ändert jedoch nichts an der zeitgeschichtlichen Faszination, die von dieser Fälschung (auch wenn sie einen gewissen „philatelistischen" Hintergrund hat) ausgeht.

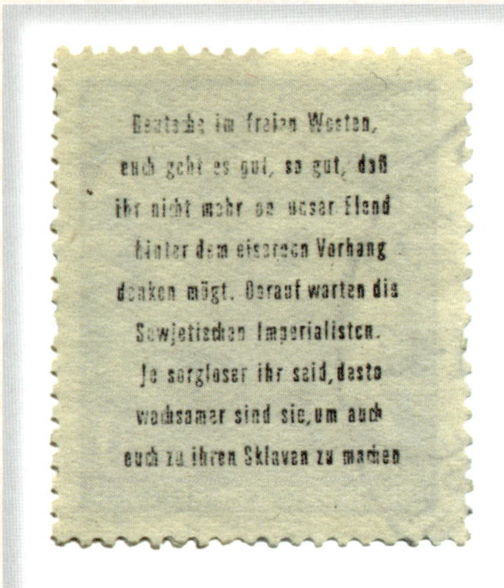

11

12

13

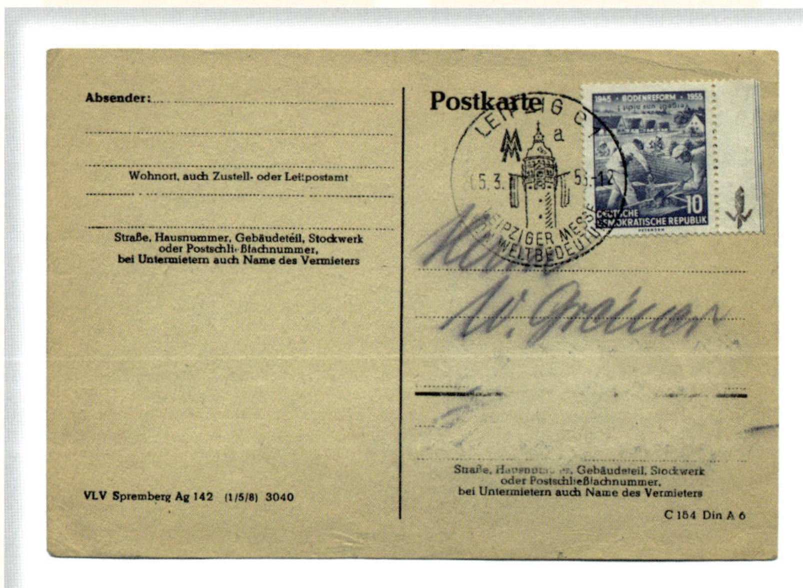

14

11 Rückseitiger Propagandaaufdruck auf eine Briefmarke. Der Text dieses Propagandaaufdrucks richtete sich an die Menschen in den Westzonen/Westberlin und erweckte den Eindruck, von einer antikommunistischen Organisation verfasst worden zu sein. Er war nur zu lesen, wenn die Marke vom Brief gelöst wurde. Doch scheint es sich in diesem Fall nicht um echte politische Agitation, sondern um eine Fälschung von W. F. Kleine in West-Berlin gehandelt zu haben, der diese Fälschungen wohl vor allem zum Schaden der Sammler anfertigte.

12 „Kleine-Fälschungen" der DDR MiNr. 439 und MiNr. 491 von 1954 und 1955. Kleine versah die echten Marken mit gefälschten Propagandaaufdrucken. Der Text lautet: „Wir protestieren gegen

Ein zumindest ebenso faszinierendes Objekt ist die Propagandafälschung des Markenheftchens, das das Deutsche Reich zu Gunsten des Winterhilfswerks im Jahr 1938 herausgab. Die Marken im Inneren zeigen statt der „Ostmark-Landschaften" und Alpenblumen des Originals groteske Karikaturen von Himmler und Goebbels. Die Geschichte, die sich um dieses Objekt rankt, ist genauso interessant. Diese Markenheftchen seien angeblich von den polnischen Truppen angefertigt worden, die in den britischen Streitkräften gegen Nazideutschland kämpften. Es sei geplant gewesen, die Marken auf Briefe zu kleben und sie über dem Generalgouvernement von den polnischen Piloten im Dienste der Royal Airforce abwerfen zu lassen – diese Art der Propaganda sei jedoch von den Briten untersagt worden, der Abwurf blieb aus. Auch eine mögliche Verwendung durch niederländische oder belgische Widerstandsgruppen wird gelegentlich diskutiert.

15

Doch nicht nur der „heiße" Zweite Weltkrieg, sondern auch der Kalte Krieg scheint für Propagandafälschungen und Erzeugnisse des „Postkriegs" einen hervorragenden Nährboden abgegeben zu haben. Mit der Währungsreform begann am 25. Juni 1948 in Berlin eine Phase, die von Kompetenzstreitigkeiten und immer stärker werdenden Interessengegensätzen zwischen den westlichen und der östlichen Besatzungsmacht geprägt war. Die gegenseitige Nichtanerkennung von Postwertzeichen zunächst aus grundsätzlichen Erwägungen, später aus inhaltlichen Gründen, war dabei nur eine Spielart der Auseinandersetzung, an der sich nicht nur die offiziellen Postverwaltungen, sondern auch private Gruppen beteiligten. Diese Gruppen, die im Westen in der Regel durch ihre streng antikommunistische Haltung gekennzeichnet waren, erzeugten einige Propagandafälschungen von DDR-Marken, die sie in die DDR einschleusten. So fälschte etwa die so genannte „Kampfgruppe gegen Unmenschlichkeit" (KgU) in Berlin Dienstmarken der DDR oder versah beispielsweise das Bild Wilhelm Piecks mit einem Henkerstrick, außerdem wurde die Inschrift in „Undeutsche Undemokratische Diktatur" geändert.

Diese Fälschungen, die für Philatelisten natürlich stets besonders interessant waren, wurden nun sogar ihrerseits gefälscht – jetzt sollte nicht mehr in erster Linie die Post der DDR geschädigt oder eine Propagandamission erfüllt werden, jetzt hatte es der Fälscher namens Wilhelm Friedrich Kleine hauptsächlich auf die Geldbeutel der Sammler abgesehen. In ganzen Bogen druckte der Mann solche Marken nach bzw. erfand eigene Propagandamarken, die er einzeln oder auf gefälschten Briefen und mit gefälschten Stempeln versehen den Sammlern verkaufte. Schließlich landete er vor einem westlichen Richter und wurde verurteilt.

Die Kommentierung missliebiger Aussagen auf Postwertzeichen und Stempeln bzw. deren Nichtanerkennung wurde im Übrigen auf beiden Seiten des Eisernen Vorhangs betrieben. Jede der beiden Seiten berief sich dabei zwar auf die Bestimmungen des Weltpostvereins, doch wurde deren Ächtung von kriegsverherrlichenden oder der Völkerverständigung zuwiderlaufenden Markenmotiven jeweils den eigenen Anschauungen entsprechend ausgelegt. So wurden beispielsweise in den späten 60er und frühen 70er Jahren Marken und Ersttagsbriefe der DDR, die die Solidarität mit dem „Unbesiegbaren Vietnam" feierten, von den bundesdeutschen Postbehörden nicht anerkannt – ebenso fanden etwa Markenausgaben der Bundesrepublik oder West-Berlins, die in irgendeiner Weise auf die ehemaligen deutschen Ostgebiete oder das Schicksal der Vertriebenen Bezug nahmen, keine Gnade vor den Augen des Warschauer Pakts. Der Kampf mit den Briefmarken wurde bisweilen mit an Verbissenheit grenzender Ernsthaftigkeit geführt!

Sprengung unserer Kirchen durch die Knechte der Sowjets" bzw. „Iwan go home, dawai!". Auch diese Marken wurden ausschließlich hergestellt, um Sammler zu schädigen. Kleine stellte von zahlreichen DDR-Marken, speziell aus der Serie mit Motiven des Fünfjahresplanes, Fälschungen her, indem er sie mit Aufdrucken versah und sie zum Teil auch mit selbst gefertigten Poststempeln entwertete.

13 Die „Kleine-Fälschungen", die sich auf dem nach Willich adressierten Brief befinden, hat der Fälscher nicht nur durch simplen Aufdruck hergestellt, vielmehr handelt es sich in diesem Fall um Komplettfälschungen. Kleine ersetzte den Landesnamen in den zum Tag der Menschenrechte 1956 herausgegebenen Marken DDR MiNr. 548 und MiNr. 549 durch die Texte „Deutsche Kolonie der Sowjetrussen", „Deutsche sind Sklaven der Sowjets" und „Tag der Menschen ohne Rechte". Auch in diesem Fall wollte der Fälscher wohl eine Bedarfsverwertung vortäuschen.

14 „Kleine-Fälschung" der DDR MiNr. 462 mit dem Aufdruck „Iwan go home, dawai!" auf einer Postkarte.

15 Propagandafälschung der DDR MiNr. 323. Die „Originalfälschung" dieser Marke mit dem Porträt Wilhelm Piecks, des ersten Präsidenten der DDR, wurde von der so genannten „Kampfgruppe gegen Unmenschlichkeit" (KgU) in West-Berlin hergestellt und in die DDR eingeschleust. Die Marke mit der Aufschrift „Undeutsche Undemokratische Diktatur" zeigte Pieck mit einem Henkerstrick um den Hals. Um Sammler zu schädigen, wurden auch davon Fälschungen hergestellt. Der abgebildete Druckbogen stammt aus den Prozessunterlagen gegen den Fälscher W. F. Kleine.

17

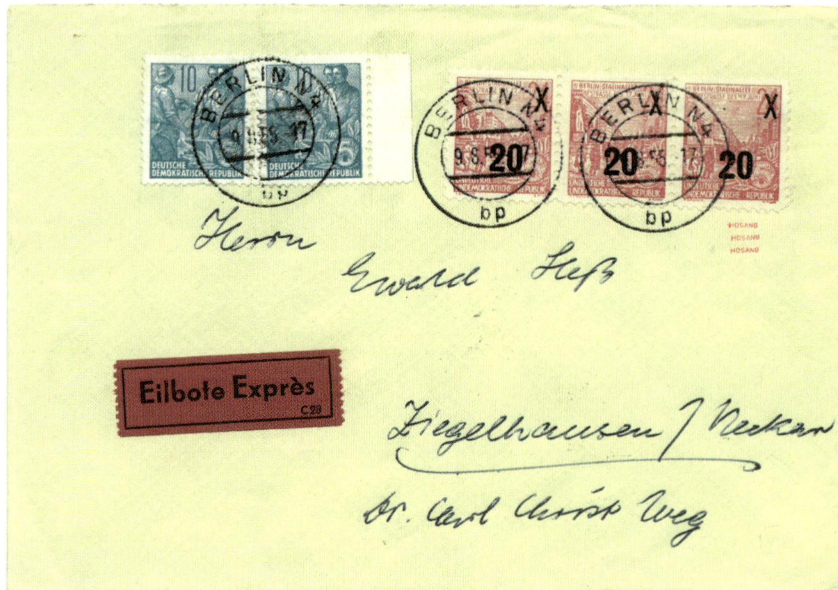

18

17 Fälschungen der DDR-Dienstmarken MiNr. 8 und 9. Auch hier ist die „Kampfgruppe gegen Unmenschlichkeit" als Urheber zu betrachten, doch handelt es sich nicht um Propagandafälschungen mit verändertem Text oder Bild, sondern um „normale" Fälschungen zum Schaden der Post.

18 Brief mit zwei Mal DDR MiNr. 453 und einem Dreierstreifen der Propagandafälschung DDR MiNr. 439. Außer der Änderung des Landesnamens in „Undeutsche Undemokratische Republik" wurde zu dem Aufdruck „Berlin Stalinallee" noch „Straße des 17. Juni" hinzugefügt. Hier handelt es sich um eine „echte" Propagandafälschung der KgU.

Spaß verstanden auch die bundesrepublikanischen Gerichte nicht, als sich im Jahr 1970 der Verleger Jörg Schröder daranmachte, eine private Gedenkmarke aus Anlass des 100. Geburtstags von Wladimir Iljitsch Lenin zu drucken und in Umlauf zu bringen. Nun war zu diesem Zeitpunkt die politische Grundstimmung in der Bundesrepublik keinesfalls so, dass die Bundespost ernsthaft an die Herausgabe einer offiziellen Lenin-Marke gedacht hätte. Aus DKP-nahen Kreisen erhielt Schröder jedoch die Anregung, eine solche Marke eben selbst herzustellen – auch eine Form der „Propaganda-Marke".

Ein Lithograf und ehemaliger Banknotenfälscher, der damals bei der Satirezeitschrift Pardon arbeitete, erstellte eine Reinzeichnung, eine hübsche rote 20-Pfennig-Marke der Deutschen Bundespost. Als echtes Problem erwies es sich allerdings, eine Druckerei zu finden, die bereit war, die Marke auch zu drucken. Schließlich erklärte sich die Druckerei der DKP-Zentrale in Frankfurt bereit, die Marke zu drucken und zu perforieren. Nachdem Schröder mit der fertigen Lenin-Marke einige Protestbriefe an Mitglieder des Deutschen Bundestages verschickt hatte, meldete sich einige Tage später die Staatsanwaltschaft bei ihm. Er selbst hatte höchstens mit einer Ordnungsstrafe gerechnet, doch wurde er wegen „Portodefraudation" angeklagt und zu einer Geldstrafe von 12.000 DM verurteilt, nur knapp entging er einer Haftstrafe.

Der Paragraf 148 des Strafgesetzbuches sagt zum Thema „Wertzeichenfälschung" recht deutlich: „(1) Mit Freiheitsstrafe bis zu fünf Jahren oder mit Geldstrafe wird bestraft, wer 1. amtliche Wertzeichen in der Absicht nachmacht, dass sie als echt verwendet oder in Verkehr gebracht werden oder dass ein solches Verwenden oder Inverkehrbringen ermöglicht werde ..." Hätte der Fälscher die Briefe außer mit den Fälschungen noch mit offiziellen Marken frankiert (und sich mithin nicht die Beförderungsleistung der Post erschlichen), dann wäre er vermutlich sehr viel glimpflicher davongekommen. So konnte Schröder den Betrag nach eigenem Bekunden nur aufbringen, weil ihm der bekannte Philatelist (und Stifter des Alternativen Nobelpreises) Jakob von Uexküll unter die Arme griff – gegen das Überlassen einiger Belegexemplare der inkriminierten Marke versteht sich ...

Interessantes Detail am Rande: Da dem Grafiker zu Beginn das falsche Geburtsdatum genannt worden war (11. April), musste die Marke noch einmal mit dem richtigen Datum (22. April) durch die Presse. Von der Lenin-Fälschung existieren mithin gleich zwei Versionen!

19

20

19 Propagandafälschung der DDR MiNr. 413. Der Text „Bad Elster – Bad der Werktätigen" wurde in „Bad Elster – Bad der Werkbonzen" geändert. Es ist schwer zu entscheiden, ob es sich bei dem abgebildeten Druckbogen um ein Produkt der „KgU" oder aber des Fälschers W. F. Kleine nach deren Vorbild handelt.

20 Markenfälschungen als vorgebliche Ausgabe der Deutschen Bundespost zum 100. Geburtstag von Wladimir Iljitsch Lenin. Der Fälscher irrte sich zunächst mit dem korrekten Geburtsdatum Lenins und musste den Druckvorgang deshalb wiederholen. Bei der von ihm als humoristisch-anarchistisch-politische Aktion verstandenen regulären Verwendung der Marken waren die deutschen Behörden allerdings völlig humorlos und wendeten die ganze Härte des Gesetzes gegen den Angeklagten an.

1

2

1 BRD MiNr. AK 2 von 1951, Ziffernserie mit Posthorn, der so genannte „Posthornsatz". Ziffernserie der Deutschen Bundespost auf einem schwarzen Vorlagekarton mit weißer Inschrift und Prägesiegel der Bundesdruckerei Berlin mit den aufgeklebten Orginalmarken: MiNr. 124, 128, 130, 132. Am 20. Juni 1951 gab die Deutsche Bundespost eine neue Dauerserie heraus. Das schlichte Motiv ist bei allen Werten gleich, jedoch wurden die hohen Werte in einem aufwändigeren Druckverfahren hergestellt als die niedrigen Werte. Die Marken zeigen auf farbigem Hintergrund in einem Oval die Wertziffer und darunter das Posthorn. Eingerahmt ist das Oval von der Beschriftung „Deutsche Bundespost". Der Entwurf zu dieser Serie stammt von Georg Mathey.

Und die Politik ist fast immer dabei

Seit der Übernahme der Posthoheit im Herbst 1949 hat die Bundesrepublik Deutschland gut 2.000 Postwertzeichen herausgegeben. Es begann mit einer Sonderausgabe zur Eröffnung des ersten Deutschen Bundestags, die im Katalog allerdings nicht als Nummer 1 und 2, sondern als 111 und 112 gezählt wird, da der Übergang von den Postwertzeichen der „Alliierten Besetzung" fließend war. Im Juni 1951 kam schließlich die erste Bund-Dauerserie (Posthorn) heraus, der sich zahlreiche Spezialsammler widmen. Zu den Besonderheiten gehören aber auch die „Unverausgabten", also Briefmarken, die zwar vorbereitet, aber nie regulär an den Postschaltern erhältlich waren. Und dennoch gibt es sie.

Am 20. Juni 1951 kamen die ersten drei Werte der ersten Bund-Dauerserie heraus. Postoffiziell wurde die bis 16. April 1952 in sechs Tranchen vervollständigte Ausgabe „Ziffernserie" genannt, unter Sammlern ist sie dagegen als „Posthornserie" bekannt. Weniger die eher schlichte Einheitsgestaltung der 16 Marken ist für die herausragende Bekanntheit dieser Serie verantwortlich als vielmehr die besonderen Umstände, die im Vorfeld des Ersttages festzustellen waren.

Erste Vorüberlegungen im damals in Frankfurt am Main residierenden Bundespostministerium und in der Hauptverwaltung der Deutschen Bundespost hatten ergeben, dass die neue Dauerserie lieber keine Wappen, Personenporträts oder Landschaften zeigen sollte. Zu

3

2 BRD Farbprobedrucke zur MiNr. 130 in 9 verschiedenen Farben auf einem schwarzem Vorlagekarton mit Prägesiegel, hergestellt von der Bundesdruckerei Berlin. Kartons in dieser Art dienten den zuständigen Stellen im Bundespostministerium dazu, den verschiedenen Werten ihre endgültige Farbe zuzuweisen.

3 BRD MiNr. 130. Schalterbogen mit 100 Marken der karminroten 20-Pfennig-Marke des Posthornsatzes.

schnell wäre man entweder in der noch frischen „tausendjährigen" Vergangenheit oder bei der gesamtdeutschen Frage gelandet. So hätte man zwar aus jedem Bundesland der neugegründeten Republik eine schöne Landschaft nehmen können, aber wo blieben dann „unsere Brüder und Schwestern" in der „Sowjetisch Besetzten Zone"? Das Thema wurde erst 1964 bei der Serie „Deutsche Bauwerke" mit Motiven aus West und Ost gelöst.

1950 ließen die Verantwortlichen diese Fragen zunächst einmal offen. Sie schrieben am 2. Januar 1950 einen „Allgemeinen Wettbewerb zur Erlangung von Entwürfen für neue Postwertzeichen" aus. Teilnehmen durfte jeder Deutsche mit Wohnsitz im „Vereinigten Wirtschaftsgebiet" oder in den Westsektoren Berlins. Detailliert waren die Vorgaben: So hatten die Entwürfe die Zahlen in arabischen, gut lesbaren Ziffern zu tragen. „In dem vorzulegenden Entwurf muss die Zahl 20 wiedergegeben sein", heißt es in der Ausschreibung weiter. Diese Zahl musste leicht gegen die gewünschten Wertstufen 2 bis 90 Pfennig und 1 und 2 Mark ausgetauscht werden können. Daneben musste der Entwurf den Text „Deutsche Bundespost" aufweisen.

Ein bestimmtes Motiv wurde nicht verlangt, jedoch wurden einige ausgeschlossen. So war unter „Aufgaben" zu lesen: „Der Entwurf darf als Motive nicht enthalten: Porträts, Wappen, Landschaften und Darstellungen parteipolitischer, nationalistischer, militaristischer, monar-

4

4 BRD MiNr. 138. Schalterbogen mit 100 Marken der grünoliv-farbigen 90-Pfennig-Marke. Marken mit diesem hohen Wert wurden in den wirtschaftlich schwierigen Aufbaujahren der jungen Bundesrepublik nur von wenigen Sammlern postfrisch gesammelt, die weitaus meisten Exemplare sind ihrer postalischen Bestimmung zugeführt worden. Ein kompletter Schalterbogen, der immerhin 90 DM kostete (und das nur wenige Jahre nach der Währungsreform), war nahezu unerschwinglich und ist heute entsprechend selten.

5 BRD Probedruck zur MiNr. 585, 30 Pfennig. Der Anlass zur Ausgabe war das 20-jährige Bestehen der Bundesrepublik Deutschland vom 23. Mai 1969. Das Motiv stammt von Herbert Stelzer, es stellt den Bundes- und Reichsadler auf goldenem Hintergrund dar.

chistischer und religiöser Art." Als erster Preis winkten 3.000, als zweiter Preis 2.000 DM. Als Schlusstag wurde zunächst der 15. Februar 1950 veröffentlicht, der später bis zum 1. März 1950 verlängert wurde. Das war dem „Schutzverband bildende Künstler" und dem „Bund Deutscher Berufsgrafiker" nicht genug. Doch dessen Antrag auf erneute Verlängerung bis zum 25. März 1950 wurde abgelehnt.

Trotzdem war die Zahl von Entwürfen außerordentlich groß. Eine siebenköpfige Jury, der unter anderen Postminister Dr. Hans Schuberth (CSU), Sammlerverbandspräsident Dr. Hermann Deninger, Behördenvertreter und Grafiker angehörten, hatte nun eine Auswahl aus den 10.000 Einsendungen zu treffen. Unter großer Anteilnahme der Presse waren vom 10. April bis 7. Mai 1950 in der Frankfurter Paulskirche fast 5.000 verschiedene Entwürfe zu sehen. Darunter befanden sich auch die Sieger. Der erste Preis ging an den Maler und Grafiker Johannes Wohlfahrt, der einen Menschen mit Friedenstaube abbildete. Den zweiten Preis errang der Grafiker Karl-Hans Walter, dessen Entwurf zwei überlappende Weltkugeln („Orient und Okzident") zeigte. Doch keiner davon wurde jemals realisiert, denn die Kritik war überwältigend. Es wurde allgemein als Zumutung empfunden, mit derartigen „Machwerken" Briefe zu frankieren und Alben zu füllen. Der bekannte Sammler und Fachjournalist Wolfgang Maaßen zitiert einen empörten Duisburger Sammler: „Es ist für eine Kulturnation wie Deutschland an sich beschämend, dass sowohl nach dem Ersten, als auch

6

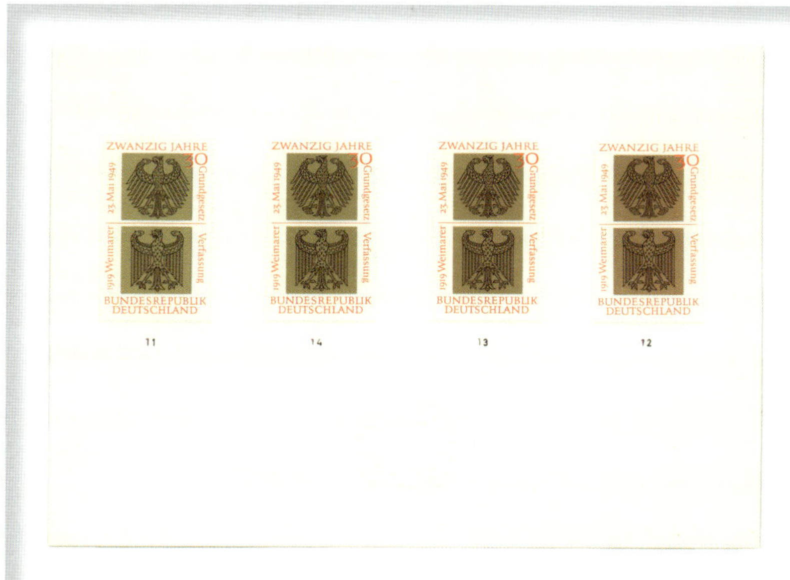

7

5

nach dem Zweiten Weltkrieg in Deutschland Briefmarkenserien in einer grafischen wie künstlerischen Gestaltung erscheinen konnten, die zum allergrößten Teil so minderwertig waren, dass sie alles andere als die Visitenkarte eines kulturbewussten Volkes waren."

Also wurde im Mai 1950 ein beschränkter Wettbewerb unter 14 Künstlern ausgerufen. Zwischenzeitlich wurde sogar das Bundeskabinett mit der Motivsuche für die erste Nachkriegsserie befasst. Zudem sicherte Postminister Schuberth dem Bundespräsidenten Theodor Heuss, ehemaliger Vorsitzender des Deutschen Werkbundes, öffentlich das letzte Wort in der Sache zu.

Da zogen die Verantwortlichen aus heute nicht mehr näher nachvollziehbaren Umständen plötzlich einen Entwurf hervor, von dem nicht nur Wolfgang Maaßen vermutet, dass er schon seit Monaten im Postministerium vorgelegen haben muss. Er stammt von dem Grafiker Georg Mathey und zeigt über dem klassischen Posthorn die Wertziffer, die von einem Oval mit der Schrift „Deutsche Bundespost" umschlossen wird. Am 3. Januar 1951, also ein Jahr nach dem Start des ad acta gelegten Volkswettbewerbs, kündigte Postminister Schuberth im Amtsblatt „für Anfang 1951" die neue Dauerserie an. Es sollte aber noch bis zum 20. Juni 1951 dauern, bis die ersten drei Werte zu 4, 10 und 20 Pfennig herauskamen. Bis dahin wurde eine Reihe von Farb- und Druckproben erstellt. So existieren etwa von den erst 1952 herausgegebenen Werten zu 70 und 90 Pfennig ganze Andruckbogen „zur besseren Kontrolle der Zeichnung", die in Blau angefertigt wurden, obwohl die Marken tatsächlich in Gelborange und Gelbgrün erschienen. Die Proben einzelner Marken wurden, wohl für ministerielle Vorlagezwecke, auf schwarze Kartonblätter mit dem geprägten Siegel der Bundesdruckerei aufgeklebt. Für die Presse und ausgewählte Persönlichkeiten wurden zudem verschiedene „Ankündigungskartons" hergestellt, auf denen einzelne oder mehrere Marken präsentiert wurden. Sie gehören zu den heute gesuchten Besonderheiten der Serie.

Eine spezialisierte Facharbeitsgemeinschaft erforscht die Serie, deren Werte von zwei bis 25 Pfennig im kostengünstigen Buchdruck, die restlichen Werte dagegen im hochwertigen Stahlstichtiefdruck hergestellt wurden. Die Aufmerksamkeit der Spezialsammler richtet sich auch auf Druckerzeichen, Bogenzähler, Hausauftragsnummern und Plattennummern, die auf dem Bogenrand angebracht wurden. Auch die Posthorn-Markenheftchen, die Ganzsachen und die drei als Rollenmarken erschienenen Wertstufen zu 4, 10, und 20 Pfennig rufen das Interesse der Spezialisten wach. Fast schon eine „Wissenschaft für sich" sind Einheiten, also zusammenhängende Postwertzeichen, die nicht wie üblich einzeln aus dem Bogen getrennt wurden.

6 BRD zwei Probedrucke zur MiNr. 585 auf hellem Karton mit Prägesiegel der Bundesdruckerei Berlin.

7 BRD vier Essays zur MiNr. 585 auf hellem Karton mit Prägesiegel der Bundesdruckerei Berlin. Die Probedrucke zeigen die Detailunterschiede, mit denen der Grafiker „spielt". Der Markenentwurf selbst stellte durch die Kombination von altem Reichsadler und modernem Bundesadler den Anspruch der Bundesrepublik gegenüber der DDR heraus, der legitime Rechtsnachfolger des alten Deutschen Reichs zu sein und ist vor dem innerdeutschen Konflikt sowie den politischen Gegensätzen des Kalten Kriegs zu sehen.

8 BRD MiNr. X, 1961. Originalentwurf der Freimarke „Brot für die Welt“ in leuchtend roter Farbe. Das Markenbild stammt von Reinhart Heinsdorff. Diese Marke war zur Ausgabe vorgesehen, wurde aber nur wenige Tage vor dem angekündigten Schalterverkauf zurückgezogen, da es von kirchlicher Seite Kritik an dem Markenbild gab, das ein hungerndes Kind der Dritten Welt in ungewohnter Deutlichkeit und damals wohl schockierender Drastik zeigte.

9 Andruck der Marke „Brot für die Welt“ in dunklem Rot. Die meisten auf dem Markt befindlichen Exemplare dieser Marke wurden zuvor an Pressevertreter etc. verschickt und tragen den Aufdruck „Muster“. Exemplare ohne Aufdruck wie dieses sind besonders selten und gesucht.

8

9

Zu der ursprünglich geplanten Herausgabe der Werte zu 1 und 2 Mark ist es übrigens nie gekommen. Es standen noch genügend Wertzeichen der „Bautenserie“ zur Verfügung, die zwar schon vor der Gründung der Bundesrepublik Deutschland herausgekommen waren, aber ihre Gültigkeit bis Ende 1954 behielten. Zum gleichen Zeitpunkt verloren auch alle 16 Posthorn-Marken ihre Frankaturgültigkeit. Die gebräuchlichen, im Buchdruck hergestellten Werte erreichten trotz der kurzen Laufzeit eine Auflage in Milliardenhöhe, während die Stichtiefdruckmarken weit darunter blieben.

Abgelöst wurde die erste deutsche Nachkriegsserie von den Freimarken, die ein Porträt des ersten Bundespräsidenten Theodor Heuss zeigen. Als Premieretag der ersten drei Werte wurde der 31. Januar 1954 festgelegt. Das war der 70. Geburtstag des FDP-Politikers, der nun wohl sein öffentlich zugesichertes Mitspracherecht bei der Herausgabe von Briefmarken doch noch genutzt hat.

Die Grundfesten künstlerischer Freiheit im Konflikt mit diplomatischer Feinfühligkeit berührt ein Vorgang, der Ende 1961 die Briefmarkenwelt erschütterte. Auf Vorschlag der Evangelischen Kirche sollte am 1. Dezember 1961 eine Briefmarke „Brot für die Welt“ herauskommen. Den elf eingeladenen Künstlern wurde empfohlen, auf die altchristlichen Symbole „Brotkorn und Fisch“ oder auf das biblische Thema „Speisung der Fünftausend“ zurückzugreifen. Bis auf einen Künstler hielten sich alle an die Vorgaben. Der Münchner Grafiker Reinhart Heinsdorff entschied sich für ein vom Hunger gepeinigtes Kind, das mit flehender Gebärde seinen Essnapf erhebt.

10

11

10 BRD MiNr. XI, Juli 1968. Farbproben zur nicht verausgabten Freimarke „1. Todestag von Dr. Konrad Adenauer", die so genannte „Rote Adenauer". Entwerfer: Heinz und Hella Schillinger. Gedruckt wurde diese Marke zunächst in den Farben lebhaftrot/schwarz. 1968 waren den verschiedenen Portostufen für Postkarten, Briefe etc. jeweils noch bestimmte Grundfarben zugewiesen – letztlich ein Relikt aus den frühen Tagen des Deutsch-Österreichischen Postvereins, als auch die Farben für bestimmte Wertstufen einheitlich waren. Es stand also fest, dass die Grundfarbe für den vorgesehenen Markenwert ein Rot-Ton zu sein hatte. Auf einen Protest der Familie Adenauer hin, der das Rot (an das Rot der Roten Fahne erinnernd) „zu rot" war und für den Geehrten unpassend erschien, wurde die Marke noch vor Beginn des Schalterverkaufs eingestampft und durch eine bildgleiche Marke in den Farben Lebhaftrotorange/Schwarz ersetzt.

11 BRD MiNr. XI. Original-Andruckbogen der nicht verausgabten Konrad-Adenauer-Marke mit dem handschriftlichem Vermerk „Druckreif Rot 2.6.68".

Diese aufrüttelnde Darstellung muss zu einer heftigen Diskussion im Kunstbeirat geführt haben, gleichwohl erteilte das Gremium seine Zustimmung. Die Marke ging bei Bagel in Düsseldorf in Druck. Anfang November traf eine Ankündigung bei der Presse ein, dem wie üblich eine Briefmarke mit dem Gummistempel „Muster" beigefügt war. Nun sah die Öffentlichkeit das erste Mal den Entwurf. Anders als in der Deutschen Briefmarken-Zeitung, wo es hieß „Es ist nicht verkehrt, dass auch die bundesdeutschen Bürger und Bürgerinnen gelegentlich an die Not erinnert werden, die heute noch bei anderen Völkern herrscht", brach anderenorts blankes Entsetzen aus.

Da besann sich die Kirche darauf, dass sie ihre Zustimmung zu dem Motiv nur unter dem Vorbehalt erteilt habe, dass das Außenministerium zustimmt. Das war jedoch nicht gefragt worden. So erschien am 24. November 1961, also eine Woche vor dem geplanten Erstausgabetag, eine Verfügung von Bundespostminister Richard Stücklen (CSU), mit der die Marke ohne nähere Begründung zurückgezogen wurde. Philatelistisch bedeutsam ist, dass der Marke „Brot für die Welt" sogar schon eine Michel-Nummer zugeteilt worden war. Die Muster-Marken wurden von den Empfängern zurückgefordert, doch nicht alle kamen diesem Begehren nach. So sind einige wenige Exemplare in Sammlerhänden geblieben, die heute Spitzenpreise erzielen, wenn sie überhaupt einmal angeboten werden.

Als Ersatz für die zurückgezogene Marke erschien erst ein ganzes Jahr später ein besonders schlichtes Postwertzeichen, das lediglich den Schriftzug „Brot für die Welt" und die Wertziffer 20 zeigt. Post, Postminister und Kirche haben damals die Chance verpasst, mit einer Briefmarke ein Thema aufzugreifen, das damals fast als überwunden galt. Heute wissen wir, dass die Ernährungsprobleme auf der Welt doch noch so drastisch sind, wie es dem zurückgezogenen Motiv entspricht.

In die Amtszeit von Stücklens Parteikollegen und Nachfolger Werner Dollinger fiel der Fall der zweiten Bund-Marke, die kurz vor dem Erstausgabetag zurückgezogen wurde. Der Kunstbeirat hatte einen Entwurf des Künstlerehepaars Hella und Heinz Schillinger gebilligt, der ein Porträt von Ex-Bundeskanzler Konrad Adenauer auf rotem Grund zeigte. Die Einzelmarke mit einem Wert von 30 Pfennig sollte im Juli 1968 genau drei Monate nach dem Block zum 1. Todestag Adenauers erscheinen und es dem breiten Publikum ermöglichen, Standardbriefe im Inland damit zu frankieren. Dies entsprach dem Wunsch des Deutschen Bundestags, der in einer Fragestunde kritisiert hatte, dass die Adenauer-Marke

12 BRD MiNr. XIII, 1980. Andruckbogen der nicht verausgabten Marke zu den Olympischen Sommerspielen in Moskau von 1980, der so genannten „Gscheidle-Marke". Eine handschriftliche Bezifferung befindet sich am linken Bogenrand. Der untere Rand ist versehen mit 2 Stempeln „Druckreif nach Berücksichtigung der Änderungen" und „Der Bundesminister für das Post- und Fernmeldewesen", daneben das handgeschriebene Datum vom 28.1.1980 und eine Unterschrift. Diese Marke wurde wegen des westlichen Olympia-Boykotts (nach dem sowjetischen Einmarsch in Afghanistan) nicht mehr verausgabt. Drei komplette Bogen, die der Bundespostminister Gscheidle erhalten hatte, wurden bei der Vernichtung der Markenbestände vergessen und später von der Familie des Ministers irrtümlich für Frankaturen benutzt. Ein rundes Dutzend Exemplare dieser „Gscheidle-Irrtümer" ist inzwischen wieder aufgetaucht und erzielte jeweils Höchstpreise. Postfrische Exemplare dieser Rarität (noch dazu in ganzen Bogen) haben sich nur im Archiv für Philatelie erhalten.

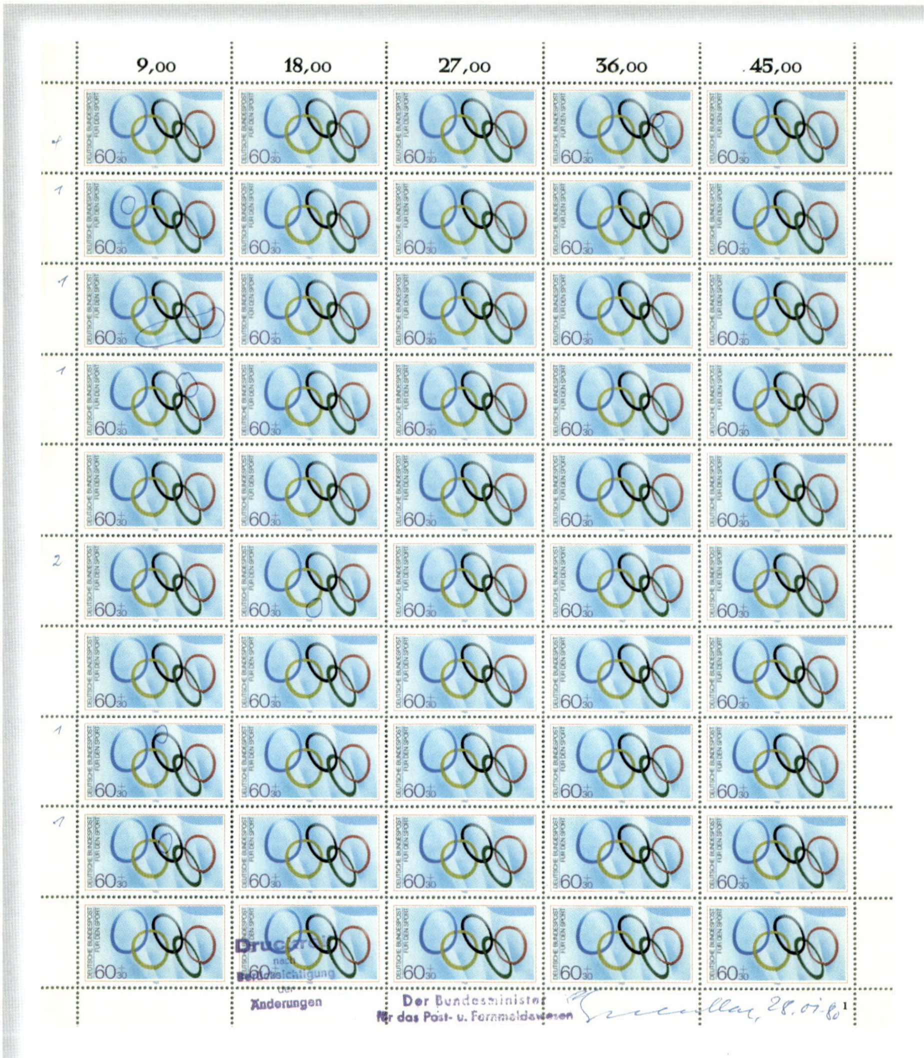

12

im Markenblock mit einem Wert von 50 Pfennig nur einen eingeschränkten praktischen Wert hatte. Doch als die ersten rotgrundierten Adenauer-Marken gedruckt waren, kamen Bedenken auf. So rot dürfte der „schwarze" Politiker nicht gezeigt werden. In einer Routinesitzung, so wurde in amtlichen Verlautbarungen versichert, entschied der Kunstbeirat sich nunmehr für einen weniger lebhaften Rot-Ton. Doch wie schon bei der Marke „Brot für die Welt" waren bereits einige wenige Mustermarken an die Fachpresse verschickt worden. Während die „Hungermarke" im Katalog als nicht verausgabtes Postwertzeichen X. zu finden ist, wurde der „Rote Adenauer" mit der Zählung XI. versehen. In diesem Falle schafften es die Verantwortlichen jedoch noch, die lediglich farblich veränderte Marke zum vorgesehenen Erstausgabetag an die Schalter zu bringen. Es hielt sich lange Zeit das nie belegte Gerücht, dass der plötzliche Stopp der Markenproduktion auf eine Intervention der Familie Adenauer zurückginge. Offiziell blieb es jedoch dabei, dass „ausschließlich grafische Gründe" zum Farbwechsel geführt hätten. Die Häme aus der DDR ließ nicht lange auf sich warten. Der Ost-Berliner „Sammler-Express" spottete: „Stellen sie sich vor, wollten doch Werner Dollingers Beamte eine Adenauer-Briefmarke in roter Farbe herausgeben. Ausgerechnet rot, wo der erste westdeutsche Kanzler doch immer nur schwarz gedacht und auch so gehandelt hat. Das ging dem ‚Dolli' denn doch zu weit. Mit Entsetzen, wie westdeutsche Gazetten schreiben, sei Minister Dollinger über das Rot gestolpert. Spornstreichs ordnete er eine neue Farbe an: ein gedecktes Orange. Vermutlich dachte er an den harmlo-

13

14

13 Essay der so genannten „Gscheidle-Marke" mit einem vom späteren Markenbild deutlich abweichenden Motiv.

14 Brief, der versehentlich von der Familie Gscheidle mit der nicht verausgabten Olympia-Marke frankiert wurde. Komplette Briefe, zudem mit vollständigem Absender der Familie Gscheidle, sind besonders gesuchte Raritäten.

sen Rosenzüchter Adenauer. Der ist nun, Gott sei Dank, rehabilitiert, nachdem er unfreiwillig so weit links stand. Und Dollinger schläft seitdem wieder ruhig, im Bewusstsein, das Kabinett gerettet zu haben. Es bleibt wie er und seine sozialdemokratischen Erfüllungsgehilfen weiterhin schwarz, was die bundesdeutsche Staatspolitik betrifft."

Im Spannungsfeld von Ost und West spielt auch der Marken-Krimi um eine Briefmarke zu den Olympischen Spielen 1980 in Moskau, die es eigentlich gar nicht gibt. US-Präsident Jimmy Carter löste nach dem Einmarsch sowjetischer Truppen in Afghanistan im Dezember 1979 eine heftige Diskussion über den Boykott der Spiele in der sowjetischen Hauptstadt aus. Während Länder wie Frankreich und Großbritannien ihren Protest gegen die sowjetische Militärintervention dadurch ausdrückten, dass sie nicht mit ihrer Nationalflagge sondern mit der olympischen Fahne in der Hand zur Eröffnung einmarschierten, stand Deutschland in uneingeschränkter Solidarität an der Seite der USA und zwang das Nationale Olympische Komitee zum Boykott. Genau die als Protest eingesetzte Olympiafahne wäre auf einer geplanten Briefmarke zu sehen gewesen, wenn diese nicht aufgrund des Boykotts zurückgezogen worden wäre.

Die Presse hatte noch keine Mustermarken erhalten. Die wenigen Andruckexemplare verschwanden in den Archiven – und im privaten Schreibtisch von Postminister Kurt Gscheidle. Die Frau des auf der klassischen gewerkschaftlichen Karriereleiter vom Fernmeldemechaniker zum Bundesminister aufgestiegenen SPD-Politikers muss jedoch Ende 1982 – Gscheidle und die Regierung Schmidt waren gerade von Helmut Kohl abgelöst worden – auf die Andruckmarken gestoßen sein und sie für frankaturgültig gehalten haben. Nach und nach tauchten nämlich zwei Dutzend dieser modernen Raritäten im Postumlauf auf. Darunter befand sich eine Rätsel-Postkarte an eine Zigarettenfirma. Entdeckt hatte das gute Stück der norddeutsche Briefmarkenhändler Franz Pokelsek in Kiloware. Absender: Elisabeth Gscheidle.

Diese formal nicht als Postwertzeichen zu bezeichnenden Fundstücke brachten Spitzenpreise auf Auktionen. Darunter ist auch ein Brief an die Krankenversicherung der Bundesknappschaft, der Anfang 1999 bei Köhler in Wiesbaden an einen Sammler in den USA versteigert wurde, aber schon im Jahr 2001 über eine Versteigerung bei Schwanke in Hamburg nach Deutschland zurückkehrte – und zwar in den Besitz der Museumsstiftung. Philatelistisch sind die als „Gscheidle-Irrtum" bekannten Raritäten bis heute eine Sensation.

1

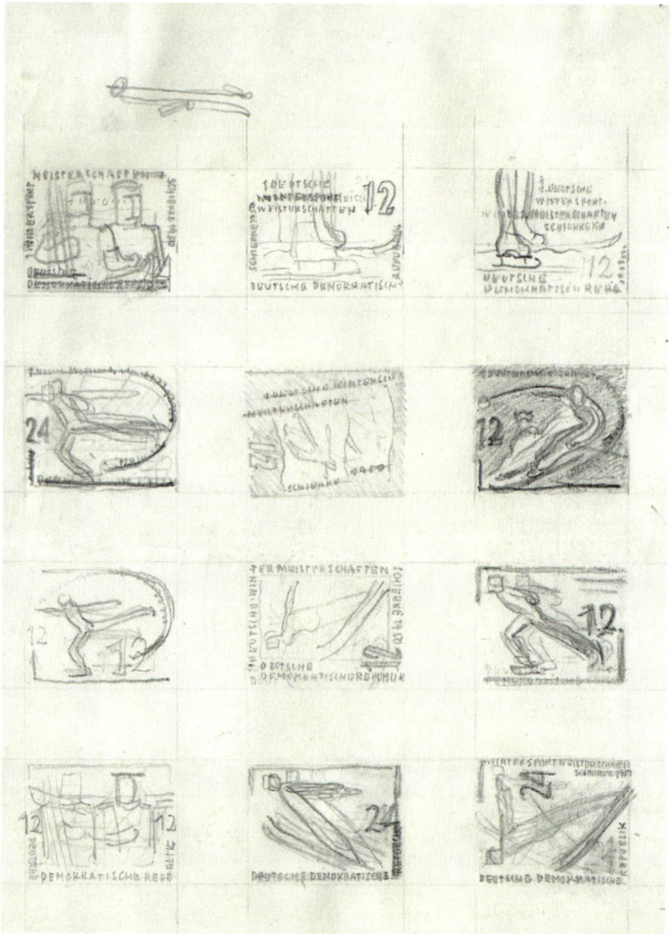

2

1 DDR MiNr. 307 ⊙. Internationale Friedensfahrt (5. Mai 1952). Die seit 1948 jährlich zwischen Prag und Warschau ausgetragene Internationale Radfernfahrt für den Frieden führte 1952 erstmals auch durch die DDR und nach Berlin. Der in der DDR-Bevölkerung sehr populären Friedensfahrt waren in den fünfziger Jahren mehrere Markenausgaben gewidmet. Die Friedensfahrt sollte auch zur Anerkennung der noch jungen DDR bei den „sozialistischen Bruderländern" beitragen.

2–4 Entwurfsskizzen für die Marken anlässlich der ersten Wintersportmeisterschaften der DDR in Schierke (MiNr. 246 und 247). Die Wintersport-Marken waren die ersten Briefmarken der DDR, die die neue Staatsbezeichnung „Deutsche Demokratische Republik" trugen. Nachdem im Juli 1950 auch bei den Marken der Bundesrepublik Deutschland die Bezeichnung „Deutsche Post" zugunsten „Deutsche Bundespost" verschwand, war die deutsche Teilung auch auf dem Gebiet der Philatelie für rund 40 Jahre augenfällig festgeschrieben. Die Briefmarkenentwürfe des Grafikers Fred Gravenhorst belegen die Genese eines Entwurfs von den ersten, fast spielerischen Bleistiftskizzen in Originalformat über ausgearbeitete, größere Zeichnungen, bis hin zur Reinzeichnung als Vorlage für die Druckerei.

„Die größte DDR der Welt" – Staatsauftrag Weltniveau und Internationalität im Briefmarken-Spiegel

In der DDR kursierte spätestens seit den 80er Jahren der Witz „Kennst du die drei größten Länder der Erde mit dem Anfangsbuchstaben U?" Die Antwort lautete: UdSSR, USA und „Unsere DDR". Der Volksmund machte sich vor dem Hintergrund des offensichtlichen Widerspruchs zwischen Anspruch und Wirklichkeit lustig über den immer wieder von der Staatsmacht propagierten Wunsch nach DDR-Produkten und Leistungen mit Weltniveau.

Über die grafische und drucktechnische Qualität der DDR-Briefmarken lässt sich sicherlich streiten. In Bezug auf die Anzahl der Briefmarkenausgaben war die DDR – wie das gesamte sozialistische Lager auch – in der Tat Weltspitze. In den fast 41 Jahren ihrer Existenz erschienen in der DDR über 3.000 verschiedene Marken. Im selben Zeitraum verausgabte die Bundesrepublik weniger als die Hälfte der DDR-Anzahl. Worin liegen nun die Ursachen für die Vielzahl der DDR-Briefmarkenausgaben? Die DDR-Führung wollte die Briefmarke in

3

4

5

5 DDR MiNr. I–III, nicht ausgegeben (1984 – Olympische Sommerspiele Los Angeles). Die Zeichnungen der Marken sind – bis auf die entsprechenden Inschriften – identisch mit der DDR-Olympia-Sommerausgabe 1988 (DDR MiNr. 3183, 3185, 3186).

ihrer Funktion als Postwertzeichen (Gebührenquittung), Propaganda- und Werbeträger sowie Sammel- und Wertobjekt konsequent für ihre Politik nutzen. Die Instrumentalisierung der Briefmarke geschah sowohl unter finanziellen als auch unter propagandistischen Gesichtspunkten. Viele Motive, große Auflagen und teure Sperrwerte versprachen hohe Einnahmen im In- und Ausland. Briefmarken stellten eine sichere Deviseneinnahmequelle dar. Die Vielzahl der politischen Briefmarkenmotive spiegelt nicht nur 40-jährige DDR-Geschichte wider, sondern verdeutlicht auch den diktatorischen Anspruch der Staatsmacht auf propagandistische Allgegenwart.

Staatliche Briefmarken sind Hoheits- und Herrschaftszeichen. Der Landesname „Deutsche Demokratische Republik“ ersetzte daher schon Anfang 1950 die Bezeichnung „Deutsche Post“ auf den Marken. Bezeichnenderweise tragen zwei Sportmarken erstmals den hoheitlichen Namenszug. Die vielen Sportmotive auf Briefmarken der DDR sind Beleg für den hohen Stellenwert, den der Sport in der DDR, insbesondere im Ringen um internationale Anerkennung genoss. Sportliche Leistung sollte die DDR weltweit bekannt machen und ihr international, aber auch bei den eigenen Bürgern Reputation verschaffen. Die Teilnahme von DDR-Sportlern an den Olympischen Spielen war von besonderer Bedeutung und wurde mit eigenen Briefmarken geehrt. Der Boykott der Olympischen Sommerspiele 1984 in Los

6

7

8

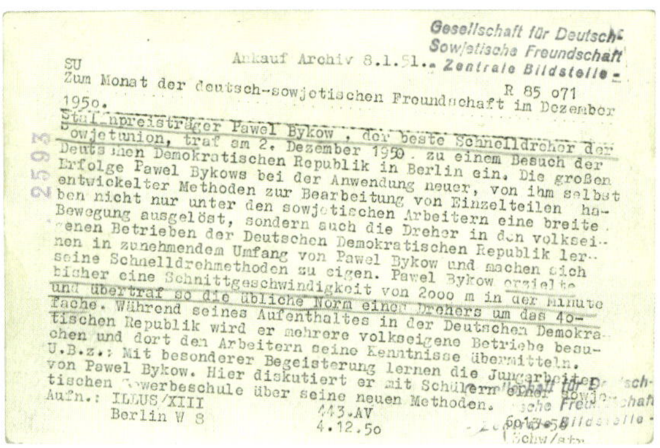

Gesellschaft für Deutsch-
Sowjetische Freundschaft
Ankauf Archiv 8.1.51. - Zentrale Bildstelle -
SU
Zum Monat der deutsch-sowjetischen Freundschaft im Dezember
R 85 o71
1950.
Stalinpreisträger Pawel Bykow , der beste Schnelldreher der Sowjetunion, traf am 2. Dezember 1950 zu einem Besuch der Deutschen Demokratischen Republik in Berlin ein. Die großen Erfolge Pawel Bykows bei der Anwendung neuer, von ihm selbst entwickelter Methoden zur Bearbeitung von Einzelteilen haben nicht nur unter den sowjetischen Arbeitern eine breite Bewegung ausgelöst, sondern auch die Dreher in den volkseigenen Betrieben der Deutschen Demokratischen Republik lernen in zunehmendem Umfang von Pawel Bykow und machen sich seine Schnelldrehmethoden zu eigen. Pawel Bykow erzielte bisher eine Schnittgeschwindigkeit von 2000 m in der Minute und übertraf so die übliche Norm eines Drehers um das 40-fache. Während seines Aufenthaltes in der Deutschen Demokratischen Republik wird er mehrere volkseigene Betriebe besuchen und dort den Arbeitern seine Kenntnisse übermitteln.
U.B.z.: Mit besonderer Begeisterung lernen die Jungarbeiter von Pawel Bykow. Hier diskutiert er mit Schülern einer sowjetischen Gewerbeschule über seine neuen Methoden.
Aufn.: ILLUS/XIII
Berlin W 8
443.AV
4.12.5o
2593

9

10

6–10 Entwürfe für die DDR MiNr. 296 und 297, Monat der Deutsch-Sowjetischen Freundschaft (1. und 15. Dezember 1951). Während die Entwürfe des Grafikers Gerhard Martens, der auch die Marken zur Deutsch-Polnischen und Deutsch-Chinesischen Freundschaft gestaltet hatte, mit den Köpfen von Marx und Engels sowie Lenin und Stalin auf die Darstellung lebender Deutscher verzichteten, setzte sich der Entwerfer Erich Gruner mit seinen Porträts von Jossif W. Stalin und Wilhelm Pieck bzw. der beiden Industriearbeiter Pawel Bykow und Erich Wirth durch (DDR MiNr. 296 und 297).

Angeles seitens der Ostblockstaaten als Reaktion auf die westliche Blockade der 1980er Spiele in Moskau brachte der DDR-Philatelie neue Raritäten. Wenige Exemplare der bereits gedruckten, aber offiziell nicht verausgabten Marken gelangten – bewusst oder unbewusst – in den Handel.

Die DDR-Propaganda feierte die Nichtteilnahme der DDR-Sportler an der Olympiade 1984 als Ausdruck der „unverbrüchlichen deutsch-sowjetischen Freundschaft". Die DDR fest an der Seite der Sowjetunion war Thema vieler Briefmarken, obwohl erst im Dezember 1951 und damit relativ spät zwei Sonderausgaben der deutsch-sowjetischen Freundschaft gewidmet wurden.

Noch vor Stalin erhielten der polnische Präsident Boleslaw Bierut und der Vorsitzende der chinesischen Kommunistischen Partei Mao Zedong Abbildungen auf Briefmarken der DDR. Bis zur Entstalinisierung, die auch in der DDR nach der Chruschtschowschen Geheimrede auf dem XX. Parteitag der KPdSU 1956 einsetzte, folgten noch sechs weitere Marken bzw. Blöcke mit Stalins deutlich erkennbarem Konterfei.

11

12

13

14

15

16

11–14 Aufgrund der großen Druckmengen konnte man nicht den technisch anspruchsvollen Stichtiefdruck, sondern nur den Offsetdruck anwenden. Deshalb versuchten die Originalvorlagen durch angedeutete Kreuz- und Parallelschraffuren zumindest die Bildwirkung der Marken dem Stichtiefdruck anzunähern.

15 DDR MiNr. 302, Staatsbesuch (1. Mai 1952). Nach Bierut, Mao und Stalin wurde auch der tschechische Staatspräsident Klement Gottwald anlässlich seines Staatsbesuches auf einer DDR-Briefmarke abgebildet. Zwischen Prag und Berlin sollte ebenfalls Freundschaft herrschen.

16 DDR MiNr. 284, Oder-Neisse-Grenze (22. April 1951). Im Görlitzer Abkommen vom Juli 1950 erkannte die DDR die Oder-Neisse-Linie als Westgrenze Polens an. Die Unterzeichnung des Vertrages war eine Grundvoraussetzung für die Zusammenarbeit der beiden Staaten innerhalb des Machtbereiches der Sowjetunion.

17

18

19

17, 18 DDR MiNr. 601 und 602 ✶, (7. November 1957).

19 Originalentwurf DDR MiNr. 601 und 602. Der international anerkannte Künstler John Heartfield schuf seine Briefmarkenvorlage ganz im Stil seiner typischen Collage-Arbeiten. Heartfield hatte sich nach dem Ersten Weltkrieg durch seine Illustrationen in den Zeitschriften der Berliner Dada-Gruppe einen Namen gemacht. Seine politischen Karikaturen und seine Antikriegspublizistik, für die er das Mittel der Foto-Collage entwickelte, waren bei den Nationalsozialisten gefürchtet. 1933 musste er emigrieren. Nach dem Krieg kehrte er in die DDR zurück. 1957 erhielt er den Nationalpreis für Kunst und Literatur der DDR.

Zum 40. Jahrestag der Oktoberrevolution erschien 1957 eine von John Heartfield entworfene Marke, die den Sturm auf das Winterpalais ohne den Personenkult um Stalin darstellt. Im Vordergrund des Markenbilds ist ein Arm mit roter Fahne und Gewehr zu sehen. Waffen sind sehr häufig auf Briefmarken der DDR abgebildet. Steht der Panzer auf dem 6-Pfennig-Wert der Sonderausgabe zum Friedenstag 1950 noch für Tod und Qualen, zeigt die Serie „Deutsche Patrioten“ aus dem Jahr 1953 bewaffnete Kämpfer, die die SED für ihre Traditionslinie vereinnahmte. Die 1958 – zwei Jahre nach Gründung der Nationalen Volksarmee (NVA) – anlässlich der 1. Sommerspartakiade der befreundeten Armeen verausgabten drei Werte sind die ersten DDR-Briefmarken, die nicht historische, sondern mit der Markenausgabe zeitgleich aktiv dienende Soldaten im Markenbild erkennen lassen. Der zum 40. Jahrestag der Novemberrevolution am 7. November 1958 herausgegebene Einzelwert wurde allerdings am Ausgabetag aus inhaltlich-ästhetischen Gründen wieder vom Schalter zurückgezogen.

20

21

20 Originalentwurf
DDR MiNr. 662.

21 DDR MiNr. 662 ✶, (7. November 1958). Nur ein Teil der Auflage gelangte 1958 in den Verkehr. Der auf der noch am Ausgabetag zurückgezogenen Marke abgebildete NVA-Soldat hieß im Volksmund „Pappchinese". Keine gute Werbung für die noch junge Nationale Volksarmee, die Freiwillige benötigte. Die allgemeine Wehrpflicht wurde in der DDR erst 1962 eingeführt.

Das Gewehr ist auch ein zentrales Motiv der 1966 in der DDR begonnenen Zuschlagsserie „Unbesiegbares Vietnam". Mit 5 Pfennig pro Wert übte der Briefmarkenkäufer „internationale Solidarität mit dem um seine Befreiung kämpfenden vietnamesischen Volk". Die jährlichen Ausgaben Anfang der siebziger Jahre rückten dagegen das Bild der unbewaffneten Vietnamesin in den Mittelpunkt, die als Mädchen oder Mutter beim Aufbau ihres Landes hilft. Als Beispiel internationaler Solidarität wurde auch die Beschäftigung vietnamesischer Vertragsarbeiter in der DDR propagiert.

22

22-25 Solidarität
Im Konflikt zwischen dem kommunistischen Nord-Vietnam und dem von den Vereinigten Staaten von Amerika unterstützten Süd-Vietnam stand die DDR an der Seite des kommunistischen Nordens mit seinem Präsidenten Ho Chi Minh. Ein Jahr nach Landung amerikanischer Bodentruppen in Süd-Vietnam gab die DDR 1966 eine Briefmarke heraus, die für die Solidarität mit Vietnam warb und den Konflikt dadurch auf eine Auseinandersetzung zwischen den USA und dem gesamten vietnamesischen Volk reduzierte. Dieser Marke (MiNr. 1220) folgten von 1968 bis 1973 jährlich weitere Marken zum gleichen Thema, erst 1979 erschien die letzte Solidaritätsmarke. Im Verlaufe des „Postkriegs" zwischen den beiden deutschen Staaten, d.h. der wechselseitigen Nichtanerkennung von Marken und Stempeln mit unerwünschtem Inhalt, wurden diese Marken bzw. die dazugehörigen Ersttagsbriefe von der Deutschen Bundespost häufig nicht akzeptiert, entsprechend frankierte Briefe und Karten wurden zurückgeschickt.

23

24

25

26

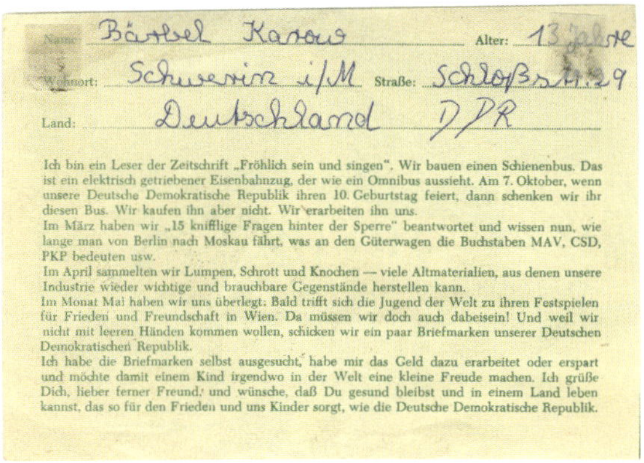

Name: Bärbel Karow Alter: 13 Jahre
Wohnort: Schwerin i/M Straße: Schloßstr. 29
Land: Deutschland DDR

Ich bin ein Leser der Zeitschrift „Fröhlich sein und singen". Wir bauen einen Schienenbus. Das ist ein elektrisch getriebener Eisenbahnzug, der wie ein Omnibus aussieht. Am 7. Oktober, wenn unsere Deutsche Demokratische Republik ihren 10. Geburtstag feiert, dann schenken wir ihr diesen Bus. Wir kaufen ihn aber nicht. Wir erarbeiten ihn uns.
Im März haben wir „15 knifflige Fragen hinter der Sperre" beantwortet und wissen nun, wie lange man von Berlin nach Moskau fährt, was an den Güterwagen die Buchstaben MAV, CSD, PKP bedeuten usw.
Im April sammelten wir Lumpen, Schrott und Knochen — viele Altmaterialien, aus denen unsere Industrie wieder wichtige und brauchbare Gegenstände herstellen kann.
Im Monat Mai haben wir uns überlegt: Bald trifft sich die Jugend der Welt zu ihren Festspielen für Frieden und Freundschaft in Wien. Da müssen wir doch auch dabeisein! Und weil wir nicht mit leeren Händen kommen wollen, schicken wir ein paar Briefmarken unserer Deutschen Demokratischen Republik.
Ich habe die Briefmarken selbst ausgesucht, habe mir das Geld dazu erarbeitet oder erspart und möchte damit einem Kind irgendwo in der Welt eine kleine Freude machen. Ich grüße Dich, lieber ferner Freund, und wünsche, daß Du gesund bleibst und in einem Land leben kannst, das so für den Frieden und uns Kinder sorgt, wie die Deutsche Demokratische Republik.

27

28

29

26, 27 Selbstdarstellung (DDR MiNr. 583, 681, 679, 673). Die Auswahl der nach Wien zu schickenden Briefmarken oblag dem Absender. Die 13-jährige Schülerin aus Schwerin entschied sich für um Anerkennung werbende Motive aus Geschichte, Kultur, Wirtschaft und Politik. Die Botschaft sollte positiv, die DDR im Ausland angesehen sein.

28, 29 Gewerkschaftsinternationale (27. Oktober 1949, DDR MiNr. 243 und 244). Die anlässlich der Berliner Gründungskonferenz der internationalen Gewerkschaftsvereinigung für die Post in zwei Werten verausgabte Briefmarke trug noch die Aufschrift „Deutsche Post". Ein Konkurrenzentwurf kennzeichnete mit „Deutsche Demokratische Republik" bereits den neuen Geltungsbereich. Die für die Markenausgabe zuständige Hauptverwaltung für das Post- und Fernmeldewesen der Deutschen Wirtschaftskommission für die Sowjetische Besatzungszone rechnete im Sommer 1949 schon mit der kommenden Zweistaatlichkeit.

Im Ringen um Anerkennung und Internationalität richtete die DDR gerne internationale Tagungen und Veranstaltungen aus. Der bereits Ende Oktober 1949 im historischen Gebäude des alten Berliner Reichspostmuseums organisierten Internationalen Tagung der Post-Gewerkschaft war schon die zweite Markenausgabe der DDR gewidmet. Zwischen einer Postbotin und einem Postboten krönt das Brandenburger Tor die Weltkugel.

So erhielten auch die in der DDR 1951 und 1973 inszenierten „Weltfestspiele der Jugend und Studenten" eigene Markenausgaben. Während für West-Berlin ein Durchführungsverbot für das in der DDR politisch instrumentalisierte Treffen seitens des Regierenden Bürgermeisters existierte, trafen sich im Sommer 1951 in Ost-Berlin zwei Millionen junge Menschen aus Deutschland, darunter 3.500 aus Westdeutschland und West-Berlin, zu kulturellen und sportlichen Veranstaltungen, Umzügen und Diskussionsforen. Auf sichtbare internationale Präsenz (26.000 Delegierte aus 104 Ländern) legten die Veranstalter besonderen Wert. Das anlässlich der Ost-Berliner Weltfestspiele 1951 organisierte Sportfest war in der DDR die erste große Sportveranstaltung mit internationaler Beteiligung. Im Vorfeld der Spiele hatte ein Sonderbauprogramm für die Instandsetzung von Sport- und Kulturstätten sowie Schulen gesorgt. In der Länderwertung belegte die DDR nach der Sowjetunion und Ungarn einen dritten Platz. Während des Festivals öffneten in Berlin 16 Sonderpostämter, um die Flut der aufgelieferten Post mit Zielorten im In- und Ausland zu bewältigen.

30 Werbewirksam
(14. August 1957, Ersttagsbrief mit DDR MiNr. 593, 594). Die Kombination aus Marke, Stempel und Text- oder Bildzudruck macht den Ersttagsbrief besonders attraktiv und aussagekräftig. Technische oder inhaltliche Fehler bei der Herstellung – wie hier die falsche Schreibweise des Vornamens – bescheren den Philatelisten begehrte Sammelobjekte.

31-33 Einfallsreich
(12. März 1963, DDR Block 18). Der Block „Chemie für Frieden und Sozialismus" wurde nicht auf Papier, sondern gleich auf einer in der DDR entwickelten Chemiefaser mit Namen Dederon gedruckt. Die Konkurrenzentwürfe spiegeln eine Vielzahl von Propaganda-Losungen des DDR-Chemieprogramms wider.

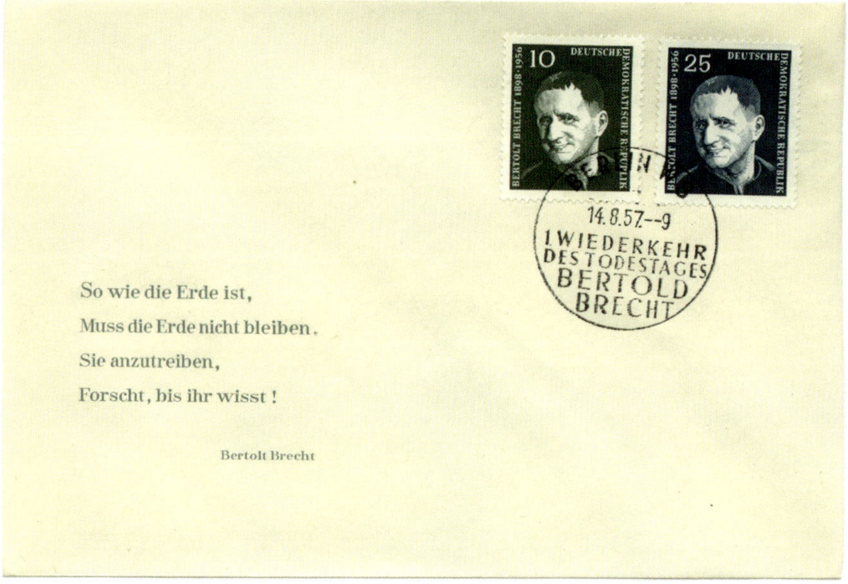

30

31

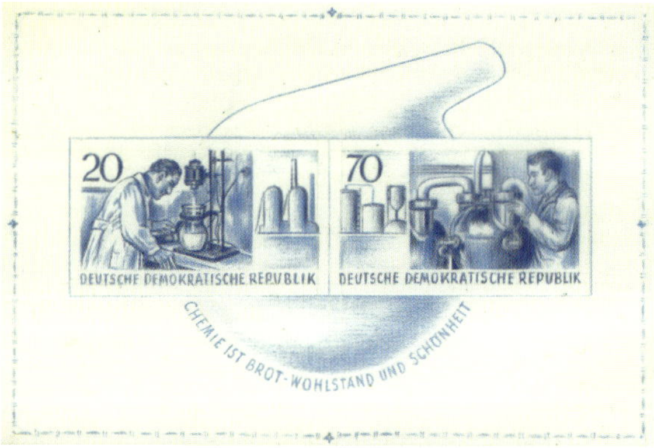

32

Zu internationalen Veranstaltungen – wie zu den Weltfestspielen 1959 nach Wien – durften Delegationen ins Ausland reisen. Philatelistische Belege sollten von der DDR-Teilnahme zeugen und die propagandistische Nachricht vom politischen Erfolg der DDR auf internationalem Parkett verbreiten.

Auch die Rückkehr von international anerkannten Künstlern und Wissenschaftlern aus der westlichen Emigration in die Sowjetische Besatzungszone oder in die DDR wurde von der SED- und DDR-Führung propagandistisch gefeiert und als Bestätigung des eingeschlagenen diktatorisch-sozialistischen Weges gedeutet. Zum ersten Todestag erhielt der weltbekannte Dramatiker und Dichter Bertolt Brecht 1957 ein eigenes Sonderpostwertzeichen. Der Sonderstempel musste allerdings wegen falscher Schreibweise des Vornamens zurückgezogen werden. Die bereits gestempelten Ersttagsbriefe – weit über Tausend an der Zahl – wurden in die philatelistische Sammlung des Postmuseums der DDR gegeben.

33

34

35

34, 35 Abgeschlossen
Bereits 1990 erschien keine DDR-Briefmarke mehr zur Leipziger Messe. Die noch mit dem Hoheitszeichen „DDR" versehenen Entwürfe zur Leipziger Frühjahrsmesse 1991 sind daher attraktive zeithistorische Sachzeugen für den friedlichen Untergang eines Staates mit fast 41-jähriger Briefmarkengeschichte und wertvolle Belegstücke für ein abgeschlossenes Sammelgebiet.

Mit dem Export qualitativ hochwertiger Wirtschaftsgüter ins westliche Ausland hätte die DDR-Regierung gern Devisen eingenommen. Doch „Made in GDR" blieb in den Ländern mit harter Währung ein Zeichen der Mangelwirtschaft, nicht der Weltspitze. Für die 1959 zum 10. Jahrestag der DDR mit dem Kürzel Dederon versehene Chemiefaser wurde 1963 mit einem Block „Chemie für Frieden und Sozialismus" – bestehend aus Dederon-Gewebe – geworben. Der Ersttagsstempel forderte: „Dederon – Aus der DDR in alle Welt". Auf der Leipziger Messe und in der DDR verkündeten Losungen: „Chemie bringt Brot, Wohlstand und Schönheit" sowie „Chemiefasern der DDR – international anerkannt". Zu den Leipziger Frühjahrs- und Herbstmessen als „Schaufenster und Aushängeschild des Sozialismus" erschienen stets spezielle Markenausgaben. Die DDR-Briefmarkenentwürfe zur Leipziger Frühjahrsmesse 1991 dokumentieren nicht nur die Langfristigkeit der Briefmarken-Planung in der DDR, sondern auch die enorme Rasanz des Wiedervereinigungsprozesses 1990.

1

2

3

4

1 Afghanistan MiNr. 1 von 1871–72, schwarz, geschnitten ⊙. Wert 1 Schahi. Die Markenzeichnung der ersten drei afghanischen Marken besteht aus zwei Ringen mit Schriftzeichen und Zahlen. Im Zentrum befindet sich ein nach links gestellter Tigerkopf, darüber die Wertstufe. Die Jahreszahl von 1288 steht im äußeren Ring. Die Entwertung erfolgte bei diesen Marken durch Abreißen eines Teils der Marke. Das Abreißen, üblicherweise der Teil der Marke mit dem Wort „Machsul" (Steuer, Porto), war ebenso wie das Abschneiden bis 1891 üblich.

2 Afghanistan MiNr. 2 von 1871–72, schwarz, geschnitten ⊙. Wert 1 Senar. Auf der Marke lassen sich Reste von rötlicher Stempelfarbe erkennen.

3 Afghanistan MiNr. 3 von 1871–72, schwarz, geschnitten ✶. Der Wert des sehr dekorativen und gut erhaltenen Stückes betrug1 Abasi.

4 Afghanistan MiNr. 155. Einschreibmarken von 1892. Die Marken dieses geschnittenen Viererblocks sind schieferblau und hatten einen Wert von jeweils 1 Rupa. Die rechte untere Marke des Viererblockes wurde als Kehrdruck kopfstehend gedruckt. Einschreibmarken wurden nicht auf den Brief, sondern auf den „R-Zettel" geklebt, der an dem Brief befestigt wurde.

Tigerköpfe vom Hindukusch

Bis ins späte Mittelalter unterstand die Provinz Kabul fremden Herrschern aus Persien, Indien und der Mongolei. Achmed Schah, ab 1747 Emir der Afghanen, konnte ebenso wenig wie seine Erben verhindern, dass die unwegsame Bergregion auf den bis zu 6.000 Meter hohen Westausläufern des Himalaya-Gebirges als Pufferstaat zwischen den Großmächten Russland und Britisch-Indien hin- und hergeschubst wurde. Die karge Landschaft bot dem Vieh der Nomaden nur unzureichende Nahrung. Die Bauern pflanzten lieber Mohn für die Rauschgiftproduktion als Getreide, Baumwolle und Obst. Pfade, auf denen sich kaum zwei Fußgänger begegnen können, sind selbst in unseren Tagen „Hauptverkehrswege".

Die ersten Briefmarken Afghanistans kamen trotz schlechter Voraussetzungen schon 1871 heraus. Das entspricht dem islamischen Jahr 1288. Auch wenn das Postwesen in der damaligen Zeit auf die Hauptstadt Kabul und deren Umgebung beschränkt war, sah Emir Scher Ali einen Sinn darin, den Briefverkehr in seinen Besitzungen zu reformieren. Der Bau der englisch-indischen Eisenbahn war zwar nur bis Peshawar gekommen, doch das leuchtende Vorbild der benachbarten Besatzungsmacht, das für den Auslandspostverkehr ebenso wie die Russen eigene Postämter in Kabul unterhielt, sollte bis zum Hindukusch-Gebirge ausstrahlen. In der Mitte der drei kreisrunden Marken ist ein kleiner Tigerkopf auszumachen. Das Symbol für Kraft, Ausdauer und Tapferkeit genoss höchsten Respekt. Die heute beinahe ausgerottete Großkatze galt als nahezu unbezwingbar. Oberhalb des Tigerkopfes befindet sich in arabischer Schrift die Wertangabe. Ein Schahi entsprach einem halben Senar. 16 Schahis hatten damals den Gegenwert einer persischen Rupie.

5

6

5 Afghanistan MiNr. 1. Briefstück von 1871 mit Einzelmarke, 1 Schahi, die durch Abriss und Stempel entwertet wurde. Man kann auf dem Briefstück zwei schwarze und einen rötlichen Kreisstempel erkennen, ebenfalls die Datierung vom Absende- und Ankunftstag: „22 Ju 71" und „23 Ju 71". Zusätzlich befindet sich ein nicht mehr lesbarer schwarzer Rechteckstempel auf dem Briefstück.

6 Afghanistan MiNr. 3, schwarz, geschnitten. Pärchen, je 1 Abasi, auf einem Briefstück. Die Entwertung erfolgte wiederum durch Abriss und Stempel.

Auch die Jahreszahl, gerechnet nach dem islamischen Kalender, ist Teil der reich verzierten Markeninschrift. Für Europäer ist sie jedoch wegen der arabischen Zeichen und der abweichenden Zeitrechnung ebenso schwer verständlich wie die Haupt-Inschrift, die übersetzt so viel heißt wie „Gebühr des Postamtes Kabul". Die in der afghanischen Hauptstadt per Holzschnitt handgefertigten Briefmarken wurden zunächst nur in schwarzer Farbe gedruckt. Ab 1876 kamen fünf verschiedene Farbvarianten dazu, die den Regionen des Landes zugeordnet wurden. Gummierung wies das gelbliche Papier nicht auf, doch war dies auch nicht unbedingt erforderlich: In Afghanistan, wie auch in vielen anderen Ländern, wurden die Briefmarken damals nicht für den freihändigen Privatgebrauch verkauft, sondern vom Postbeamten direkt am Schalter mit den dort vorhandenen Utensilien verklebt.

Doch in Afghanistan passierte etwas in den Augen eines jeden Sammlers Ungeheuerliches: Aus den Briefmarken wurde ein Stück herausgerissen! Dadurch sollte die Entwertung der Postwertzeichen sichergestellt werden. Selten wurde dies einmal mit einem Federstrich erledigt. Mit dem Messer ritzte der Postbedienstete die Marke ein und riss ein Papierstück ab. Zur Zierde einer Sammlung wird ein derartiges Stück natürlich nicht, aber die Handhabung entsprach den damaligen Regeln. Wie so häufig ist damit der Echtheitsbeweis aber noch nicht vollständig erbracht. In Handbüchern heißt es immer wieder, die „äußerst primitive Ausführung" und der „höchst mangelhafte Druck" der afghanischen Briefmarken fordere die Fälscher geradezu heraus. Dem eigentümlichen Charakter des dünnen gelblichen Papiers gilt deshalb die besondere Aufmerksamkeit der Spezialisten und philatelistischen Prüfer. Das Papier ist nämlich kaum nachzuahmen. Zu allem Ungemach sank im Laufe der ersten Markenjahre die Druckqualität sogar noch, so dass vor Fälschungen immer wieder gewarnt wird. Die afghanischen Tigerköpfe sind jedoch längst Teil der internationalen Philatelie-Geschichte und aus ihr nicht mehr wegzudenken.

1

2

3

1 Sardinien MiNr. 1–3 ✶. Die ersten Briefmarken Sardiniens wurden am 1. Januar 1851 mit drei Werten zu je 5, 20 und 40 Centesimi verausgabt. Sie zeigen den Kopf König Viktor Emanuels II. in einem farbigen Oval, umgeben von Zierelementen und einer Inschrift, die keinerlei Staatsangabe enthält. Der Druck erfolgte in farbigem Steindruck, die Ränder sind geschnitten. Diese Ausgabe war bis zum 30. September 1853 frankaturgültig.

2 Sardinien MiNr. 4–6 ✶. In einer neuen Markenserie von 1853 blieben die Wertstufen und das Muster gleich, jedoch änderte sich die Drucktechnik. Die Ausgaben wurden jetzt in farblosem Prägedruck auf farbigem Papier herausgebracht.

3 Sardinien MiNr. 9 ✶. Die 40-Centesimi-Ausgabe von 1854 zeigt das weiße Kopfbild des Königs auf einem rosafarbenen Hintergrund. Bei der 1854 neu ausgegebenen Markenserie blieben wiederum Muster und Wertstufen unverändert. Im Zentrum der Marken befindet sich ein weißes Oval in farblosem Prägedruck mit dem Kopf des Königs. Sie konnten bis zum Aufbrauch verwendet werden.

Auf dem Wege zur Einheit – altitalienische Staaten

Ganz ähnlich wie in Deutschland konnte sich in Italien im Mittelalter keine starke Zentralmacht herausbilden. Es gab eine große Zersplitterung, und das Ergebnis war, dass die Landkarte der Apenninenhalbinsel eine Vielzahl von Staaten aufwies. Im Gefolge der Französischen Revolution wurde erstmals die Forderung nach einer einigen unteilbaren Republik umgesetzt. Allerdings scheiterten diese Verschwörungen in Turin, Neapel und Palermo. Trotzdem begann sich ein Nationalbewusstsein zu entwickeln, und die Bewegung des Risorgimento (= Wiederauferstehung) zielte in den Jahren 1815 bis 1870 auf einen einheitlichen und unabhängigen Nationalstaat.

Die anfängliche Hoffnung, dieses Ziel zum Ende der Napoleon-Ära zu erreichen, erfüllte sich nicht. Und auch die Revolution von 1848-49 scheiterte im kämpferischen Bemühen darum. Erst die Jahre 1859 bis 1870 sahen die etappenweise Herstellung der Einheit Italiens unter der Führung des Königreichs Sardinien. So sind folgerichtig die Anfänge der Herausgabe italienischer Briefmarken ab 1850 „zersplittert" und Spiegelbild des Nebeneinanders unterschiedlich regierter staatlicher Territorien. Für den Philatelisten sind das die altitalienischen Staaten – eine Bezeichnung vergleichbar dem Namen „Altdeutsche Länder" für die zeitlich parallele Vielzahl politischer Gebilde mit eigenen Marken im damaligen Deutschland.

Österreichische Vorherrschaft in Lombardei-Venetien

Die ersten italienischen Postwertzeichen sind jene des Königreichs Lombardei-Venetien, wie es 1815 mit der Hauptstadt Mailand gebildet wurde. Hier herrschte Österreich, was jahrzehntelang ein Haupthindernis der nationalstaatlichen Einigung Italiens war. Die ersten Marken, die am 1. Juni 1850 erschienen, sind daher getreue Motivkopien der Wappenwerte, die zum selben Zeitpunkt auch im Kaiserreich selbst herauskamen. Sie hatten lediglich mit 100 Centesimi = 1 Lira und ab Ende 1858 mit 100 Soldi = 1 Florin eine andere Währung. Diese Silberwährung machte sie im übrigen auch in ganz Österreich gültig, während dessen Ausgaben wegen geringer wertiger Papierwährung in Lombardei und Venetien nicht galten.

In einem Krieg 1859 verlor Österreich die Lombardei an Sardinien-Piemont, das sich mit Frankreich verbündet hatte und mit dem die Region 1861 schließlich im Königreich Italien aufging. 1866 mußte Österreich nach dem Krieg gegen Preußen, an dessen Seite sich das nun schon weitgehend geeinte Italien gestellt hatte, auch Venetien abtreten. Damit endete die Vorherrschaft Wiens in Norditalien. Von den Marken der Lombardei und Venetiens waren die beiden ersten Emissionen von 1850 und 1858 noch in beiden Landesteilen gültig. Drei weitere Ausgaben, die in den 60er Jahren an die Schalter kamen, dienten dann nur noch in Venetien dem Postverkehr und kamen in identischer Form ab 1863 außerdem bei den österreichischen Postämtern in der Levante zum Einsatz.

4 5 6 7 8

4 Toskana MiNr. 1 ✶. Die 1852 vom Großherzogtum Toskana herausgegebene Marke von 1 Quattrino zeigt den „gekrönten Löwen von Etrurien". Vorlage für das Bild war ein Denkmal von Donatello in Florenz. Die schwarze Marke wurde im Buchdruck auf getöntem Papier erstellt.

5 Toskana MiNr. 2 ✶ . Diese 1-Soldo-Ausgabe erschien bereits 1851. Die Briefmarken bis 1860 sind im Buchdruck hergestellt und haben alle die gleiche Zeichnung.

6 Toskana MiNr. 8 ✶. Der Abstand der Marken in den Druckbogen zu je 240 Stück war sehr gering, so dass Marken mit angeschnittenen Seiten häufig vorkommen. Das ist bei dieser Marke nicht der Fall.

7 Toskana MiNr. 18 ✶. Unter der provisorischen Regierung der Toskana wurde 1860 eine neue Markenserie mit neuer Zeichnung, dem Wappen von Savoyen, und anderen Wertstufen verausgabt. Der höchste Wert dieser Serie hat den sehr hohen Nominalwert von 3 Lire (MiNr. 23). Die grüne hier abgebildete Marke hat einen Wert von 5 Centesimi.

8 Toskana MiNr. 21 ✶. Die karminrote 40-Centesimi-Marke ist ebenfalls unter der provisorischen Regierung 1860 erschienen.

Apropos Katalogisierung: Obwohl die Marken der Lombardei und Venetiens vom Gebiet, in dem sie galten, eindeutig zu Italien gehören und mit der ersten Serie dessen (wenn auch fremdbestimmte) Erstlinge sind, werden sie wegen ihrer österreichischen Herkunft gerade in deutschen Katalogen nicht unter Italien, sondern im Anhang unter Österreich aufgeführt.

Mit Viktor Emanuel II. von Sardinien nach Italien

Ein halbes Jahr nach den (österreichischen) Marken für die Lombardei und Venetien gab das Königreich Sardinien am 1. Januar 1851 seine ersten Wertzeichen heraus. Sardinien war zu jenem Zeitpunkt ein Zentrum italienischer Einigungsbemühungen. Als König amtierte seit März 1849 Viktor Emanuel II., der 1861 den Titel eines Königs von Italien annahm und den Beinamen eines „Padre della patria", eines Vaters des Vaterlandes, bekam. Entscheidender Motor der Einheit war sein Minister Graf Camillo Benso Cavour (1810-61), der zur Zeit der ersten Marken Sardiniens Handels-, Marine- und Finanzminister war und ab Ende 1851 als Regierungschef den Prozess der italienischen Einheit entscheidend mitbestimmte.

Unter dem Königreich Sardinien darf man sich in jenen Jahren nicht nur die Insel Sardinien vorstellen, der es seinen Namen verdankte. Vielmehr umfasste die Sardinische Monarchie außerdem auf dem Festland Savoyen, Piemont als Hauptland mit Turin als Zentrum, Aosta und Montferrat, Nizza und Genua. Unter der „Schutzherrschaft" Sardiniens stand zu dieser Zeit Monaco.

Im Prozess der italienischen Einheit gab es – ausgehend von diesem Stand – einige Veränderungen. Nizza und Savoyen gingen als Ausgleich für die Hilfe im Krieg gegen Österreich Mitte 1860 an Frankreich, wo vom 14. Juni jenes Jahres an nur noch französische Marken gültig waren. Dafür bekam Sardinien – wie bereits geschildert – die Lombardei. 1860 schlossen sich Modena, Parma, die Romagna, die sich vom Kirchenstaat getrennt hatte, die Toskana sowie im Ergebnis der Kämpfe des Freiheitshelden Giuseppe Garibaldi ganz Süditalien mit Neapel und Sizilien der Sardinischen Monarchie an mit dem Ergebnis, dass am 17. März 1861 das Königreich Italien proklamiert wurde. Abgeschlossen wurde die italienische Einigung, die hier überblicksweise dargestellt ist und deren Verlauf bei den Ausgaben der einzelnen altitalienischen Staaten mit weiteren Angaben ergänzt wird, als Österreich 1866 Venetien abtrat sowie 1870-71 mit dem Ende des Kirchenstaates und der Erklärung Roms zur Hauptstadt.

Vor dem Hintergrund dieser historischen Daten sind die Markenausgaben zu betrachten, die unter Sardinien katalogisiert sind. Zwischen 1851 und 1861 erschienen fünf Emissionen – vier mit dem nach rechts blickenden Porträt des Königs, eine mit einer Ziffernzeichnung. Die Währung lautete – wie später im vereinten Italien – auf Lire zu je 100 Centesimi.

Die ersten Marken vom 1. Januar 1851 kamen auf der Grundlage eines Gesetzes vom 18. November 1850 heraus, das Postwertzeichen vorsah. Deren obligatorischer Gebrauch aber wurde erst zum 1. Februar 1857 eingeführt, so dass bis dahin auch reichlich marken-

9

9 Toskana MiNr. 3. Der senkrechte Fünfer-Streifen einer 2-Soldi-Marke wurde waagerecht auf einen Brief nach Milano aufgeklebt. Entwertet wurde dieser Streifen mit vier schwarzen achteckigen Stempeln, welche in sich in acht gleiche Dreiecksegmente aufgeteilt sind. Der ebenfalls schwarze Zweikreisstempel ist kaum lesbar. Die 2-Soldi-Marke wurde schon zum 20. September 1852 wieder außer Kurs gesetzt, während die anderen Ausgaben bis zum 31. Dezember 1859 postgültig waren.

lose Post vorkommt. Den Entwurf und Steindruck der ersten drei Marken auf weißem Papier lieferte Francesco Matraire aus Turin. Die Bogen zu 50 Werten waren in zwei Gruppen zu je 25 Marken geteilt. Dazwischen war der Abstand breiter als zwischen den Einzelmarken, so dass eine schmale Brücke entstand.

Mischfrankaturen dieser ersten Ausgabe auf Brief mit späteren Emissionen gibt es nicht, da die drei ersten Marken am 30. September 1853 außer Kurs gesetzt wurden, ehe die zweite Serie mit ebenfalls drei Werten am 1. Oktober 1853 erschien. Von dieser zweiten bis zur fünften Ausgabe sind dagegen Mischfrankaturen bekannt. Eine Besonderheit der zweiten Ausgabe war, dass sie in farblosem Prägedruck des Porträts, des Rahmens und der Inschrift auf farbigem Papier hergestellt wurde. Diese Prägungen erfolgten in Ausnahmefällen irrtümlich auch doppelt oder dreifach.

Bei der dritten Ausgabe vom April 1854 wurde erneut farbloser Prägedruck eingesetzt, wobei jetzt das Königsporträt in weißem Mittelstück stand, während den farbigen Rahmen ein kombinierter Stein- und Prägedruck schuf. Auch hier gibt es Mehrfachprägungen sowie eine Doppelprägung, bei der diese einmal richtig und einmal kopfstehend angebracht wurde. Eine registrierte dritte Farbvariante der dritten Ausgabe wurde zwar vorbereitet, kam aber nicht zum Einsatz, so dass sie nur ungebraucht existiert.

Die vierte Emission von 1855 blieb bis 1863, also über den Termin der Bildung des Königreichs Italien hinaus, gültig und hat in acht Jahren eine Fülle von Farbvarianten hervorgebracht. Für die einzelnen Druckjahre registrieren Spezialkataloge bei einzelnen Werten bis zu 14 verschiedene Farben. Es existieren außerdem Typenunterschiede sowie Abarten des Prägedrucks, der sich jetzt auf das Kopfbild beschränkte, während der Rahmen in reinem Steindruck hergestellt wurde. Neben doppelten und dreifachen Prägungen gibt es vor allem auch kopfstehende Mittelstücke sowie ausnahmsweise Marken ohne Kopfbildprägung. In größerem Umfang gebraucht wurden bei dieser Serie senkrechte und diagonale Halbierungen. Eine Halbierung der Marke zu 5 Centesimi wurde als Wert zu 2 Centesimi eingesetzt. Bei der Marke zu 80 Centesimi kommt die Verwendung von Halbierungen im Werte zu 20 oder 40 Centesimi vor.

Die fünfte Ausgabe Sardiniens besteht aus zwei Werten zu 1 Centesimo und 2 Centesimi, bei denen die Wertziffer statt des Porträts im Mittelfeld im Prägedruck erscheint. Hier existieren kopfstehende Ziffern sowie die Ziffer 1 im Rahmen für 2 Centesimi oder die Ziffer 2 im Rahmen zu 1 Centesimi.

10

11

10 Toskana MiNr. 4. Der waagerechte Dreier-Streifen von je 1 Crazia auf dem Briefstück ist kopfstehend aufgebracht. Entwertet ist er mit zwei schwarzen Rechteckstempeln mit Rost.

11 Toskana MiNr. 4 ⊙. 1 Crazia, 1852.

In der letzten Periode ihrer Gültigkeit bis 1863 sind Sardiniens Marken zugleich als erste Postwertzeichen Italiens zu betrachten. Das ist ähnlich wie bei den Wertzeichen des Norddeutschen Bundes, die nach Bildung des Deutschen Reichs 1871 weiter verwendet wurden.

Die grundsätzlich geschnittenen Marken Sardiniens erschienen 1862 im Viktor-Emanuel-Muster erstmals auch gezähnt und bilden in dieser Form die erste eigene Ausgabe des neuen vereinigten Königreichs.

Wer in den Michel-Katalog schaut, wird davor aber noch acht Marken finden, die ebenfalls das Bildnis des Königs Viktor Emanuel II. zeigen, statt der sardinisch-italienischen Lire-Währung aber die alte Grana-Tornese-Währung des Königreichs Neapel tragen. Sie sind in anderen Katalogen auch unter Neapel aufgeführt, obwohl sie nach dem Anschluss Neapels an den neuen vereinigten Staat erschienen. An ihrer Stelle war zunächst eine andere Viktor-Emanuel-Serie in Lire-Währung vorgesehen, die gedruckt, aber nicht verwendet wurde. Sie ist offenbar in wenigen Werten 1861 dennoch auf Briefen vorgekommen. Reste der Auflage, die 1862 einer Einäscherung entgingen, gelangten außerdem um 1925 auf den Markt, so dass auch dieser Satz mit fünf Marken in Spezialkatalogen auftaucht.

Die Tatsache, dass Sardiniens Markenausgaben direkt in jene Gesamtitaliens übergingen, bedingt zahlreiche Mischfrankaturen. Einmal natürlich mit den neuen Wertzeichen Italiens, die bis Ende 1863 erschienen. Zum anderen aber gibt es solche Mischfrankaturen auch mit Wertzeichen anderer altitalienischer Staaten wie Parma, Modena, der Romagna oder der Toskana. Daher sei an dieser Stelle zusammenfassend aufgeführt, wann und wo sardinische Marken im Prozess der Herstellung der italienischen Einheit allgemein eingeführt wurden: in der Lombardei ab 1. Juli 1859; in Modena, Parma und der Romagna, zusammengefasst als Emilia, ab 1. Februar 1860; in Teilen des Kirchenstaates (Umbrien, Marken und Sabina) ab September 1860; in der Toskana ab 1. Januar 1861; in Sizilien ab 1. Mai 1861; in Neapel ab 1. Oktober 1862.

Abweichend davon wurden in einzelnen Fällen in einzelnen Regionen sardinische Marken begrenzt und provisorisch auch schon früher verwendet.

Bleiben drei Anmerkungen: Als Vorläufer der Postwertzeichen Sardiniens werden in der Regel die Cavallini registriert: jene sardinischen Pferdchen, die Motiv von gedruckten Wertstempeln sind. Sie wurden auf Briefbogen angebracht, die ohne Zuhilfenahme der Staatspost durch private Boten befördert worden sind. Sie galten also nicht die Beförderung ab, sondern waren eine Art Steuerstempel. Dennoch hat es sich eingebürgert, dass sie in den Briefmarken- und Ganzsachenkatalogen erscheinen.

Dass Sardinien auch Postämter im Ausland unterhielt, so in Tunis und Alexandria, dass sardinische Postämter in Monaco Belegspuren hinterließen und dass es eine sardinische Feldpost während des Krimkrieges 1853-56 gab, sei für Posthistoriker erwähnt.

12

12 Toskana MiNr. 22, Sardinien MiNr. 13. 1860 wurde die Toskana mit Sardinien vereinigt. Auf dem Brief nach Malta von 1861 ist eine Mischfrankatur beider Länder zu sehen. Freigemacht ist er mit einem waagerechten Pärchen der Ausgabe Toskana MiNr. 22 mit je 80 Centesimi und der Marke Sardinien MiNr.13 mit 40 Centesimi, insgesamt 200 Centesimi. Die vier schwarzen Entwertungsstempel (Zweikreisstempel) sind nicht lesbar. Zusätzlich befindet sich noch ein grüner Absenderstempel auf dem Brief.

Den Thematiker schließlich könnte interessieren, dass der einst vor allem in Frankreich und Italien übliche Knebel-Bart dem Profil von Viktor Emanuel II. auf den Marken Sardiniens und den ersten Wertzeichen Italiens etwas Charakteristisches und durchaus Zeittypisches gibt.

Die Toskana mit dem „Marzocco“ von Florenz

Als im Großherzogtum Toskana am 1. April 1851 die ersten Briefmarken erschienen, regierte dort Leopold II. aus dem Hause Habsburg-Lothringen. Diese von Napoleon abgesetzte Dynastie war 1815 wieder zurückgekehrt. Die Revolution von 1849 verjagte sie erneut, doch mit Österreichs Hilfe wurde sie kurz darauf abermals an die Macht gebracht.

Die ersten Marken der Toskana zeigen – anders als in Sardinien – nicht den Fürsten, sondern ein Wappen. Ein Löwe, wie er in Florenz als Werk des Bildhauers Donatello (1386-1466) auf den Stufen des Palazzo Vecchio sitzt, hält einen Schild mit einer Lilie. Der Löwe wird in Florenz liebevoll „Marzocco“ genannt, was etymologisch bisweilen auf den antiken Gott Mars zurückgeführt wird. Die Lilie erinnert an das Familienwappen der Medici, die vor den Lothringern die Fürsten in der Toskana stellten.

Die ersten fünf Marken, zu denen sich im Juli 1851 und im September 1852 je zwei weitere gesellten, wurden auf getöntem Papier gedruckt, das anfangs tiefblau, dann blau und schließlich graublau bis grauweiß war. Es trug ein Flächenwasserzeichen mit Kronen und senkrechten sowie waagerechten Linien, das jeweils über mehrere Marken lief. Die Druckbogen bestanden aus 240 Marken mit je drei Schalterbogen zu 80 Werten. Die Wertangaben der Marken basieren auf der Lira toscana, die mit 12 Crazie = 20 Soldi = 60 Quattrini gerechnet wurde. Eine zweite Freimarken-Ausgabe der Toskana von 1857-59 zeigt dasselbe Motiv des „Marzocco“, aber weißes Papier mit neuem Wasserzeichen in Gestalt von gekreuzten Wellenlinien mit einer diagonal verlaufenden Inschrift (II e RR Poste Toscane).

13

14

Während diese Freimarken auch für Zeitungssendungen Verwendung fanden, wurde 1854 nach dem Vorbild Österreichs im Großherzogtum Toskana zusätzlich eine Zeitungsstempelmarke aufgelegt, die als runder Handstempelabdruck auf farbigem Papier – auch im Kehrdruck – vorliegt und bis November 1859 gültig war. Zeitungsstempelmarken sind im allgemeinen Steuermarken für Druckgebühren oder Papiersteuer; in der Toskana wie in Parma und Modena dienten sie jedoch vor allem der Besteuerung importierter Zeitungen.

Als sich Großherzog Leopold II. 1859 weigerte, einem Anschluss der Toskana an Sardinien zuzustimmen, kam es zu einem Aufstand und im Mai des Jahres zur Flucht des Fürsten, der die Dynastie auch durch Übertragung der Macht auf seinen Sohn nicht retten konnte. So wurde eine Provisorische Regierung gebildet, die ab 1. Januar 1860 eigene Marken auflegte: in sieben Wertstufen in der neuen, seit 1. November 1859 gültigen Währung von 1 italienischen Lira = 100 Centesimi. Motiv ist das Wappen von Savoyen, womit die Abwendung vom Hause Lothringen und die Hinwendung zum Königreich Sardinien dokumentiert wurde, dessen König Viktor Emanuel II. aus dem Hause Savoyen-Carignano stammte. Dabei wirkt das Wappen von Savoyen auch deshalb auf den ersten Blick verwirrend, weil Sardinien 1860 als Kompensation für die französische Hilfe im Krieg gegen Österreich die ehemalige Grafschaft Nizza und das Kernland Savoyen an Frankreich abtreten musste.

Am 31. Dezember 1859 wurden die beiden Marzocco-Serien der Toskana ungültig. Bis Ende 1861 galten die Wertzeichen der Provisorischen Regierung; sie wurden teilweise aber noch bis Mitte 1862 aufgebraucht. Es gibt Mischfrankaturen mit Sardinien-Marken, Halbierungen des 40-Centesimi-Werts der Ausgabe der Provisorischen Regierung aus Terni und Orvieto sowie Neudrucke zweier Marken der ersten und eines Wertes der dritten Serie.

Der Markenabstand ist bei den Toskana-Marken im Bogen sehr gering und beträgt nur 1/4 bis 1/2 Millimeter. Schön geschnittene Stücke mit allseitig weißem Rand sind daher entsprechend gesucht.

Das Patrimonium Petri – bis 1870 mit eigenen Marken

Eine große Rolle in der Geschichte Italiens haben die Gebietsansprüche der Päpste in Rom gespielt. Seit dem 6. Jahrhundert wurden sie als Patrimonium Petri, Vermögen des Petrus, bezeichnet. Als am 1. Januar 1852 der Kirchenstaat als viertes Territorium Italiens die ersten eigenen Postwertzeichen herausbrachte, erstreckte sich sein Gebiet vom Po im Nordosten bis nach Gaeta zwischen Rom und Neapel im Südwesten am Tyrrhenischen Meer. Papst war zu diesem Zeitpunkt Pius IX. (1792-1878), der als Graf Giovanni Maria Mastai-Ferretti 1846 in dieses Amt gekommen war. Mit seiner Papstzeit verbunden sind die Verkleinerung des Kirchenstaates 1859-60 – Romagna, Umbrien und die Marken wurden Teile Sardiniens und dann Italiens – sowie dessen Ende 1870, als Rom und die restlichen päpstlichen Besitzungen nach Besetzung und Volksabstimmung ins Königreich Italien einbezogen wurden und sich Papst Pius IX. zum „Gefangenen im Vatikan" erklärte. Erst 1929 wurde mit den Lateranverträgen zwischen Italien und dem Papst erneut ein Kirchenterritorium geschaffen, seither als Vatikanstadt oder Vatikanstaat bezeichnet.

Einheitliches Motiv der Kirchenstaatmarken von 1852, zu denen sich 1864 ein Ergänzungswert gesellte, ist das päpstliche Wappen mit den gekreuzten Schlüsseln und der Tiara. Dafür wurden elf verschiedene Rahmen geschaffen. Die meisten dieser Marken wurden in

13 Kirchenstaat MiNr. 1, 2, 7 *. Die erste Briefmarkenausgabe des Kirchenstaates erschien zwischen dem 1. Januar und dem 1. Oktober 1852. Sie umfasst neun Werte. Alle Markenzeichnungen zeigen das päpstliche Wappen in jeweils verschiedenen Rahmen. Die ersten acht Werte sind in schwarzem Buchdruck auf farbigem Papier gedruckt, der neunte in Schwarz auf weißem Papier.

14 Kirchenstaat MiNr. 10 *. Bei der abgebildeten 50 Bajocchi-Marke handelt es sich um einen Nachdruck von 1864, der Druck ist mangelhaft und die Farbe dunkelblau statt hellblau.

15

15 Kirchenstaat MiNr. 7, 9 und 10. Einschreib- und Eilbrief aus dem Kirchenstaat via Marseille an das Büro der Post in Paris mit dem Vermerk, den Umschlag sofort zu öffnen und den Inhalt unverzüglich dem Kabinett der Königin von Preußen in Paris auszuhändigen. Freigemacht ist er auf der linken Seite mit einer 50-Bajocchi-Marke (MiNr. 10) und einer 8-Bajocchi-Marke (MiNr. 9), auf der rechten Seiten mit zwei 8-Bajocchi-Marken als waagerechtes Pärchen und einer Marke von 6 Bajocchi (MiNr. 7), ein Gesamt-Frankaturwert von 80 Bajocchi. Die Vorderseite zeigt zahlreiche Abstempelungen. Die Marken sind mit drei schwarzen Rautenroststempeln entwertet. Auf dem schwarzen Ortsstempel, dem Abgangsstempel, kann man nur noch das Jahr „59" erkennen, während der rote Grenzübergangsstempel aus Marseille das Datum vom 24. März 1859 trägt. Der dekorative Umschlag wurde mit handschriftlichen Vermerken versehen, die den Postweg des Umschlags dokumentieren.

16 Modena MiNr. 2 ✶. Dieses waagerechte Pärchen der 1852 vom Herzogtum Modena herausgegebenen 10-Centesimi-Ausgabe ist ein interessanter Zusammendruck zweier Druckausführungen. Bei der linken Marke befindet sich hinter der Ziffer „10" ein Punkt, bei der rechten fehlt er. Das Markenmotiv zeigt den „Adler Estense" mit der Herzogskrone. Der Druck der ersten Briefmarken wurde von der herzoglichen Staatsdruckerei in schwarzem Buchdruck auf farbigem Papier erstellt. In die obere Randleiste wurde die Inschrift „Poste Estensi" gesetzt, in die untere die Wertangabe. Die Nummer 2 erschien in den Farben schwarz auf rosa.

17 Modena MiNr. 6 ✶. Die letzte Marke der Serie von 1852 mit einem Wert von 1 Lire ist schwarz auf weißem Papier mit Wasserzeichen.

Schwarz auf farbigem Papier gedruckt, einige wenige auch auf weißem Papier. Die Papierunterschiede bedingen dabei eine ziemliche Breite von Farbvarianten.

Die in 100er Bogen hergestellten Marken tragen zwischen vier 25er Blöcken breitere Zwischenräume, die als Brücken vorkommen. Zwischen allen Marken gibt es ein System von Doppellinien, das beim Wert zu 1 Bajocchi in den Varianten senkrecht bzw. waagerecht durchgehend vorkommt, vergleichbar den unterschiedlichen Schnittlinien der Sachsen-Dreier. Die grundsätzlich wasserzeichenlosen Marken sind in Ausnahmefällen auch mit Wasserzeichen versehen, das auf die Papierproduzenten hinweist, oder sie haben gelegentlich sogenannte Nahtwasserzeichen (stitch-watermark) von einem Draht im Filzbelag der Gautschpresse.

Typisch für die erste Kirchenstaatausgabe sind zudem die häufig auftretenden Markenteilungen. Halbierungen senkrecht und diagonal sind die Regel. Aber es kommen auch gedrittelte und geviertelte Werte vor, und es gibt sogar die Verwendung von Sechstel- und Zweisechstel-Marken des 6-Bajocchi-Wertes.

Eine Ausnahmeerscheinung stellen ein 100er Bogen und ein Einzelwert zu 20 Bajocchi dar, die in gelber Papierfarbe 1858 als Frankatur für Briefe nach Frankreich erscheinen sollten, aber aus bisher nicht bekannten Gründen nie ausgegeben wurden. Der Bogen wurde vom Vatikanischen Postmuseum erworben, er entging offenbar ebenso wie die Einzelmarke der Vernichtung. Fälschungen zum Schaden der Post sind von einigen Werten im Steindruck statt im Buchdruck in Bologna hergestellt worden und echt gelaufen.

Als im September 1859 in der Romagna eigene Marken erschienen, verloren jene des Kirchenstaates dort ihre Gültigkeit. In Umbrien und den Marken ersetzten 1860 die Marken Sardiniens die Kirchenstaatausgaben.

Im Juni 1866 führte der Kirchenstaat, dessen Währung bis dahin auf 1 Scudo = 100 Bajocchi lautete, in Anpassung an Italien die neue Währung von 1 Lira = 100 Centesimi ein. Erst über ein Jahr später, am 21. September 1867 erschienen dazu auch neue Marken, wei-

16 17 18
19 20 21 22

18 Modena MiNr. 7 ✶. Im Juni 1859 wurde Modena an das Königreich Sardinien angeschlossen und erhielt somit im Oktober 1859 eine neue Freimarkenserie. Der farbige Buchdruck erfolgte auf gewöhnlichem weißen Papier und zeigt das Savoyer Wappen der Könige von Sardinien. Die erste Marke dieser Serie ist die MiNr. 7 mit 5 Centesimi in Grün. In die obere Randleiste ist jetzt „Franco Bollo" gedruckt, in die linke „Provincie" und in die rechte „Modonesi". Unten steht wie bei den früheren Marken die Wertangabe. Die Serie war bis zum 29. Februar 1860 gültig, ihre Verwendung wurde bis zum 15. März 1861 toleriert.

19 Modena MiNr. 11 ✶. Die 80-Centesimi-Ausgabe ist die letzte Marke der Serie von 1859.

20 Modena MiNr. 11 ✶. Bei diesem Fehldruck der MiNr. 11 steht statt der Ziffer „80" in der Wertangabe nur eine „8".

21 Modena Zeitungsstempelmarke MiNr. 1 ⊙. Die Zeitungsstempelmarke wurde am 1.4.1853 eingeführt und hatte einen Wert von 9 Centesimi. Vorausgegangen war ein Abkommen zwischen Österreich, Modena und Parma, wonach ausländische Tageszeitungen, die in die vertragschließenden Staaten eingeführt wurden, mit einer Taxe belegt wurden. Diese hatte der Empfänger zu bezahlen. Als Vorlage diente das Markenbild der Freimarkenausgaben von 1852 mit der zusätzlichen Inschrift „B. G." (für Bollo Gazzette). Statt „Cent." steht hier nur „Cen." Die Nr. 1 ist schwarz auf violett.

22 Modena Zeitungsstempelmarke MiNr. 4 ✶. Die neue, 1859 herausgegebene Zeitungsstempelmarke ist schwarz auf weiß und zeigt einen Adler mit Krone im Kreis. In einem äußeren Kreis darüber steht nun „Tassa Gazzette" und der Wert „Cent.10". Das Markenbild ist viereckig eingerahmt.

terhin mit dem Papstwappen als Motiv in verschiedenen Rahmen, weiterhin auf farbigem, jetzt allerdings glänzendem Papier und weiterhin geschnitten. Ab 15. März 1868 gab es die gleichen Marken dann auch gezähnt. Von diesen gezähnt geplanten Wertzeichen wurden unfertige Bestände – noch ohne Zähnung und ohne Gummi – 1870 bei der Besetzung Roms durch italienische Truppen beschlagnahmt und gelangten später in Sammlerhand.

Die Markenbogen der geschnittenen Lire-Emission waren von den 100er-Einheiten der Ausgabe von 1852 auf 64 Wertzeichen (viermal 16 Stück) verkleinert worden. Bei den gezähnten Werten gab es dann Bogen zu 64 bzw. 120 Exemplaren. Soweit bei den 64er Bogen Drucke von 1867 der geschnittenen Ausgabe nachträglich gezähnt wurden, weisen sie senkrecht wie waagerecht kleine Zwischenfelder auf, und zwar dort, wo zwischen den Markenblöcken zu viermal 16 Stück größere Zwischenräume bestanden. Dies nennen die Italiener gezähnt „a vicolo" („mit Gasse").

Von den Kirchenstaat-Ausgaben von 1867-68 existieren vier private Neudrucke, die leicht an abweichenden Farben und Zähnungen erkennbar sind.

Am 2. Oktober 1870 ergab eine Volksabstimmung die Willensbekundung zum Anschluss des Kirchenstaats mit dem ihm nach 1859-60 noch verbliebenen Gebiet an Italien, am 8. Oktober 1870 bekräftigte ein königliches Dekret diese Entscheidung. Die Kirchenstaat-Marken wurden zum 31. Oktober 1870 aus dem Verkehr gezogen, aber noch bis Ende Dezember 1870 verwendet. Es kam daher in dieser Periode auch zu Mischfrankaturen mit Marken Italiens.

Zwei Herzogtümer mit Wappengeschichte

Der 1. Juni 1852 war Ersttag für Briefmarken gleich in zwei altitalienischen Staaten, den Herzogtümern Modena und Parma. Eine Postkonvention zwischen Österreich und den beiden Fürstentümern, die am 3. Mai 1849 in Mailand geschlossen worden war, hatte das Ziel, die postalischen Verhältnisse denen von Lombardei und Venetien anzupassen. Das bedeutete auch die Einführung von Briefmarken.

Für Modena war deren Druck zunächst in Wien vorgesehen, wurde dann jedoch im Lande selbst ausgeführt. Herzog war seit 1846 Franz V. aus dem Fürstengeschlecht Este, das langobardischen Ursprungs war, seinen Namen von der Stadt Este herleitete und seit 1288 Modena regierte. Das Motiv der ersten Briefmarken von 1852 in einer Währung von Centesimi und Lira war folgerichtig ein golden gekrönter, silberner Adler der estensischen Dynastie.

23

23 Parma MiNr. 4 und 6. Brief nach Genua von 1855. Er ist mit einer 25-Centesimi-Marke, schwarz auf violett, und einer orangefarbenen 5-Centesimi-Marke frankiert, insgesamt 30 Centesimi. Normalerweise hätte die Gebühr für einen einfachen Brief 40 Centesimi betragen. Auf den Marken ist ein nicht mehr lesbarer gelber Abgangsstempel zu erkennen, daneben der damals übliche rote Gebührenstempel „PD-Stempel" und oben links ein blauer Absenderstempel.

Fünf der sechs Marken erschienen auf wasserzeichenlosem farbigen Papier und lediglich der Spitzenwert zu 1 Lira wurde auf weißem Papier mit einem großen A als Wasserzeichen gedruckt. Dieses A war der Anfangsbuchstabe des Familiennamens des Papierfabrikanten Amici in Modena. Die Marken gibt es mit und ohne Punkt hinter der Wertziffer, und zwar je nach Wertstufe sowohl als auch oder nur mit oder nur ohne Punkt. Auch Paare derselben Wertstufe mit und ohne Punkt kommen vor. Insgesamt existieren die Wertzeichen von Modena darüber hinaus mit einer Vielzahl von Druckfehlern in der Wertangabe, die in Typen in einen allgemeinen Druckrahmen besonders eingesetzt wurde. Statt CENT liest man dort auch ENT, EENT, CNET, CETN oder CCNT.

Ebenso wie in der Toskana und in Parma wurde auch in Modena eine Gebühr für ausländische Zeitungen erhoben. Sie wurde zunächst mit einem Handstempel auf den Zeitungen quittiert, ehe es ab 1853 Zeitungsstempelmarken gab. Deren Zeichnung ähnelte zunächst den Freimarken und trug als Abkürzung die Buchstaben B.G., was Bollo Gazette (=Zeitungsmarke) bedeutete. 1857 fielen die Buchstaben B.G. weg und die Wertstufe stieg von 9 auf 10 Centesimi. 1859 erschien nochmals eine neue Zeitungsmarke, mit dem Adler im Kreis und der klaren Inschrift Tassa Gazette = Zeitungstaxe, was auf Beschwerden der sardinischen Post über die Verwechslungsgefahr zwischen Freimarken und Zeitungsstempelmarken zurückzuführen war.

Dabei war die Taxe auf Zeitungen ausländischer Herkunft grundsätzlich auch von nicht geringer politischer Bedeutung. Bot sie doch eine gute Handhabe, die Verbreitung politischer Zeitungen missliebiger Richtung möglichst einzuschränken, wenn sie mehr oder weniger offen die Gedanken zur Einheit Italiens vertraten und damit die Souveränität der regionalen Fürsten gefährdeten. Am Hofe in Modena besonders gut angeschriebene Blätter wurden daher – zumindest zeitweise und mit der Androhung des Widerrufs – von der Taxe freigestellt.

Mit dem Einmarsch sardinischer Truppen im April 1859 in Modena, der Flucht des Herzogs am 11. Juni nach Österreich, der Bildung einer Provisorischen Regierung und dem Beschluss einer Volksversammlung vom 20. August 1859 zum Anschluss Modenas an

24

24 Parma MiNr. 7. Der Brief nach Genua von 1856 wurde mit einem waagerechtem Pärchen von je 5 Centesimi freigemacht. Der schwarze Entwertungsstempel ist nicht mehr lesbar.

Sardinien änderten sich auch die Postverhältnisse. Die alten herzoglichen Marken wurden zwar zunächst bis Mitte Oktober 1859 weiter verwendet, doch unternahm man alle Anstrengungen, sie abzulösen. Dies sogleich durch sardinische Marken zu tun, scheiterte zunächst angesichts zu geringer Liefermöglichkeiten. Nur in der Provinz Massa-Carrara wurden bereits ab 13. Juni bis etwa Mitte Oktober 1859 sardinische Marken verwendet.

Dann folgte zunächst noch eine eigene Ausgabe der Provisorischen Regierung mit Ersttag am 15. Oktober. Sie zeigte ein Wappen mit dem Kreuz von Savoyen und verwies damit in derselben Weise wie eine Emission der Toskana auf das Stammhaus des sardinischen Königs Viktor Emanuel II. Diese Serie mit fünf Werten blieb jedoch nur viereinhalb Monate im Gebrauch. Denn zum 1. Februar 1860 wurden nun allgemein die sardinischen Marken eingeführt und zum 29. Februar 1860 verloren die Wertzeichen Modenas ihre Gültigkeit. Was zugleich bedeutet, dass es einen Monat lang offiziell die Gelegenheit zu Mischfrankaturen zwischen den Marken Sardiniens und Modenas gab. Der endgültige Anschluss von Modena an Sardinien erfolgte am 18. März 1860.

Im Herzogtum Parma herrschten mit Unterbrechungen seit 1731 Fürsten aus dem Hause der spanischen Bourbonen. Von 1849 bis zu seiner Ermordung 1854 regierte Herzog Karl III., ihm folgte sein minderjähriger Sohn Robert I., für den seine Mutter, Louise Marie-Thérèse von Bourbon-Artois, das Zepter führte. Die erste Markenausgabe vom 1. Juni 1852 in der Währung von Centesimi und Lira zeigt demzufolge ein Wappen mit der bourbonischen Lilie.

Ähnlich wie in anderen altitalienischen Staaten sind die Marken in schwarzem Buchdruck auf farbigem Papier hergestellt. Stücke auf weißem Papier sind Probedrucke, die jedoch auch gebraucht vorkommen. Erst in den Jahren 1853 bis 1859 änderte sich das Aussehen der Marken, indem farbiger Buchdruck auf weißem Papier eingesetzt wurde. Ab 1857 gab es auch eine Motivänderung, bei der die Lilie in einen neuen Rahmen gestellt worden ist.

Beim ersten Markenmuster von Parma gibt es zwei Typen der Mäanderlinie im Rahmen links und rechts. Beim zweiten Muster notieren die Kataloge mehrere Typenunterschiede, besonders auffällig für den höchsten Wert zu 40 Centesimi mit breiter und schmaler Null der Wertangabe. Die erste Ausgabe von 1852 und die Marken von 1853-55 wurden in Bogen zu 80 Marken gedruckt, wobei zwischen Blöcken von viermal 20 Werten waagerecht

25 Parma MiNr. 9. Auf diesem Brief nach Piacenza wurde die rote 15-Centesimi-Marke kopfstehend aufgebracht, entwertet mit einem schwarzem Rautenroststempel. Der Abgangsstempel trägt das Datum vom 16.3.1859. Das Markenbild dieser MiNr. 9 zeigt nicht mehr das bourbonische Wappen, sondern eine Lilie im gekrönten Schild.

26 Parma MiNr. 14. Der Brief aus dem Jahr 1859 nach Ferrara ist mit einem waagerechten Pärchen von je 20 Centesimi frankiert und durch einen schwarzen Kreisstempel aus Parma vom 4. Oktober 1859 entwertet. Nach Inkrafttreten einer provisorischen Regierung wurde auch eine neue Freimarkenserie herausgebracht. Die blaue Nummer 14 erschien am 31. August 1859 und zeigt ein achteckiges Schild anstelle des bourbonischen Wappens.

25

26

wie senkrecht größere Zwischenräume gelassen waren, so dass es Brücken gibt. Bei den Marken von 1857-59 ist die Anordnung von nunmehr 72 Marken im Bogen gleichmäßig. Beim Wert zu 15 Centesimi von 1852 sind Kehrdrucke bekannt.

Ebenso wie in der Toskana und in Modena wurden auch in Parma Gebühren auf importierte Zeitungen erhoben, was zuerst zu schwarzen Handstempeln und dann seit 1853 zu Zeitungsstempelmarken führte.

Als 1859 der Ruf nach Anschluss Parmas an Sardinien immer lauter wurde, verließ die Regentin mit ihrem Sohn am 1. Mai das Land. Im Juni wurde eine Provisorische Regierung gebildet und im September fasste die Nationalversammlung den Beschluss der Vereinigung mit Sardinien. Ebenso wie Modena wurde Parma am 18. März 1860 Teil Sardiniens. Postalisch fand diese Entwicklung ihren Ausdruck darin, dass ab Juli 1859 die Stempel-

27

27 Neapel MiNr. 1 und 3. Wertbrief nach Neapel um 1860. Er wurde freigemacht mit zwei Pärchen der ersten Marke Neapels von je 1/2 Grano und drei Einzelmarken der MiNr. 3 von je 2 Grana, einem Gesamtporto von 8 Grana. Entwertet sind die Marken durch vier schwarze Rechteckstempel mit dem Einzeiler „Annullato". Datum und Ort auf dem ebenfalls schwarzen Abgangsstempel sind kaum erkennbar, dafür ist der schwarze Einzeiler „Assicurata" deutlich erkennbar. Eine Besonderheit der ersten Marken ist, dass jede ein unterschiedliches Geheimzeichen aufweist. Dazu hat der Stecher Masini jeweils einen Buchstaben seines Namens verwendet und diesen an unterschiedlicher Stelle in der Rahmenzeichnung positioniert.

gebühr abgeschafft wurde und ab 1. August 1859 die alten herzoglichen Marken außer Kraft gesetzt waren. Seither galten in Parma zunächst provisorisch die Marken Sardiniens.

Daneben allerdings gab die Provisorische Regierung von Parma ab Ende August 1859 noch eigene Wertzeichen in fünf Wertstufen heraus, die ohne alle Symbolik einen schlichten Schild in Achteckform zeigten, der von den Zeitungsstempelmarken der Herzogszeit von 1853-57 übernommen war. Auch bei diesen Marken gibt es Abarten in der Zeichnung der Wertziffern.

Die Gültigkeit der letzten Marken Parmas endete am 31. Januar 1860, doch wurden sie toleriert bis 29. Februar 1860. Von da an galten allein die Marken Sardiniens.

Neapel und Sizilien – mit Trinacria und König Bomba

Das unteritalienische Königreich Neapel war seit dem 12. Jahrhundert immer wieder mit dem Königreich Sizilien vereint. Die Jahre 1130-1282, 1442-58, 1504-1707/13, 1720-98, 1799-1805 und 1816-60 nennen historische Nachschlagewerke für die Gemeinsamkeit. Seit 1815 lautete der Landesname auf Königreich beider Sizilien. König seit 1830 war Ferdinand II. aus dem Hause Bourbon, der während der Revolution von 1848-49 und danach eine wahre Schreckensherrschaft ausübte. Er ging als „König Bomba" in die Geschichte ein, nachdem seine Generäle Palermo und Messina brutal beschossen hatten.

Trotz der Zusammengehörigkeit von Neapel und Sizilien erschienen dort keine gemeinsamen Marken, sondern jeder der beiden Landesteile bekam seine eigenen Ausgaben. Den Anfang machte am 1. Januar 1858 Neapel mit einer Emission von insgesamt sieben Marken. In der Währung von 1 Ducato = 100 Grana = 200 Tornesi haben alle sieben Werte eine rosa oder auch weinrot genannte Farbe, die Anteile von Braun bis Lila aufweist. Sie ist sehr empfindlich, so dass zahlreiche Tönungen auftreten.

28

28 Neapel MiNr. 3, 4 und 6. Brief nach Genua, 1859. Dieser Brief aus dem Königreich Neapel wurde mit einem französischen Postdampfer befördert, was der rote Dreizeiler „Piroscafi/Postali/Francesi" dokumentiert, und mit insgesamt 49 Grana frankiert.

Zu dieser einheitlichen Farbe Rosa gibt es im übrigen eine plausible politische Erklärung: Der Bourbonenkönig Ferdinand II. oder seine Berater fürchteten die Möglichkeit, dass Marken mit verschiedenen Farben für verschiedene Werte so auf der Post kombiniert werden könnten, dass die rot-weiß-grüne Trikolore herauskäme. Und diese italienischen Einheitsfarben, der die Massen in jenen Jahren folgten, fürchtete die Monarchie beider Sizilien wegen ihrer propagandistischen Wirkung.

Die Herstellung in Bogen zu 200 Stück erfolgte im Stichtiefdruck auf einem Papier, das ein Bogenwasserzeichen in Form von 40 bourbonischen Lilien und einer um sie herumlaufenden Umrandung mit Mäandermuster und der Inschrift „BOLLI POSTALI" (= postalische Marken) aufweist. Außerdem ist beim Wasserzeichen in der linken unteren Ecke einmal das Monogramm BT des Papierfabrikanten erkennbar.

Der Name des Stechers G. Masini, der für die Ausführung des Motivs verantwortlich zeichnete, ist mit je einem Buchstaben auf jeder der sieben Marken versteckt:

- das G im unteren Rahmen, rechts von der Wertangabe der Marke zu 1/2 Grano;
- das M in der unteren linken Ecke zwischen Rosette und GRA der Marke zu 1 Grano;
- das A im unteren Rahmen rechts unter dem letzten A von NAPOLITANA der Marke zu 2 Grana;
- das S auf der Marke zu 5 Grana an derselben Stelle wie das M auf dem Wert zu 1 Grano;
- das erste I auf der Marke zu 10 Grana an derselben Stelle wie das A auf dem Wert zu 2 Grana;
- das N auf der Marke zu 20 Grana an gleicher Stelle wie die Buchstaben auf den Werten zu 2 und 10 Grana;
- das zweite I als letzter Buchstabe mit zwei Punkten versehen (im Gegensatz zu nur einem Punkt bei allen anderen Buchstaben) rechts unter der 0 der Wertangabe der Marke zu 50 Grana.

29

29 Neapel MiNr. 2, 3, 4, 5, 6, 7. Brief ab 1858 nach Genua. Bis auf die Nummer 1 sind alle Marken der ersten Briefmarkenserie Neapels auf diesem Brief zu sehen, das Gesamtporto betrug 88 Grana. Seine Beförderung erfolgte wieder durch einen französischen Postdampfer.

Motiv der Marken ist das Wappen des Königreichs beider Sizilien, das von verschiedenen Rahmen eingefasst wird: einem Kreis, einem Quadrat, einem Achteck, einem Hochrechteck, einem Sechseck, einer Raute und einem Oval. Das Wappen selbst ist in drei Felder geteilt. Links enthalten ist das Wappen Neapels mit einem galoppierenden Pferd. Rechts wird als Wappen Siziliens ein Medusenhaupt gezeigt, von dem drei Menschenbeine ausgehen. Diese gebogenen Beine symbolisieren die drei hauptsächlichen Landspitzen oder Kaps der Insel, die von altersher auch Trinacria oder Dreispitzenland genannt worden ist. Es sind dies die Kaps Faro im Nordosten, Passero im Süden und Bolo im Westen. Das dritte Wappenfeld unten bringt die drei Lilien des regierenden Hauses Bourbon.

Die ersten Marken von Neapel gibt es jeweils in zwei Typen von verschiedenen Platten und im Falle des Wertes zu 2 Grana sogar in drei Typen. Aufgetreten sind zudem Fälschungen zum Schaden der Post, deren Papier ohne Wasserzeichen ist und bei denen die Farben stark abweichen. Auch diese Fälschungen der Werte zu 2, 10 und 20 Grana existieren in jeweils mehreren Typen. Es sind Probedrucke bekannt, darunter einer mit dem Porträt des Königs Ferdinand II. bereits aus dem Jahre 1849. Es kommen Brücken aus größeren Zwischenräumen zwischen Markengruppen im Druckbogen vor. Private Neudrucke der Ausgabe mit dem dreiteiligen Wappen, allerdings ohne den Wert zu 2 Grana, kamen 1896 in Turin auf dickem Papier ohne Wasserzeichen und in abweichender Farbe in den Verkehr.

Genau ein Jahr nach den ersten Briefmarken Neapels erschienen Postwertzeichen am 1. Januar 1859 auch auf Sizilien. In derselben Währung und mit denselben Wertstufen zeigen sie das Porträt des Monarchen Ferdinand II. Um sein Bildnis bei der Markenentwertung nicht zu verunzieren, wurden sogenannte Türrahmenstempel eingeführt, die oben und an den beiden Seiten eine Art von Girlande zeigen, mit der das Porträt bei exakter Stempelung „umkränzt" wurde.

1071 — Al Sig. Ippolito Capozzi
MORCONE

[M]artedì, Giovedì e Sabato — Anno XXVIII Num. 104

[OM]NIBUS
[POLITI]CO-LETTERARIO
[D]E QUIBUSDAM ALIIS)
[Fe]rdinando nº 48

L' OMNIBUS

Un foglio di 16 colonne, contenente — *Politica — Atti governativi — Scienze-Letteratura seria ed amena — Arti — Commercio — Invenzioni — Scoverte — Usi. Costumi Novelle — Varietà — Album — Teatri — Mode — Tutto.*

Per Napoli - Costo - Un foglio solo. . . . Gr. 5
» Un trimestre anticipato (39 fogli) . . D. 1,95
» Un semestre id. (78 fogli) . . » 3,95
» Un' annata id. (156 fogli) . . » 7,80
Per le provincie incluso la tassa postale
» Un trimestre anticipato. . . . . » 2,00
» Un semestre id. . . . . » 4,00
» Un' annata id. . . . . . . » 8,00
Per l'Estero – Un anno (156 fogli) . . . » 15,60
Articoli Comunicati — Quelli che vogliono inserire articoli *comunicati* nell' *Omnibus*, da ora innanzi avran cura di farli pervenire al nostro Officio insieme al prezzo d'inserzione, calcolandolo D. 1.20 per ogni venti righi del manoscritto. — Senza di ciò, nulla sarà pubblicato.

[I]talia l' opera che essa prosegue in Germania senza [su]icidarsi, e la Russia assolutista non potrà per lun[g]o tempo ancora dimenticare la potenza delle armi [fr]ancesi, che la umiliarono nella Turchia. Se nel li[b]ro dei destini sta scritto che la Causa italiana do[v]rà ancora subire la pruova delle battaglie, essa [p]erò sorgerà da questa pruova novella radiante di [n]uova luce. Se l'Italia dovrà combattere, non sarà

« voce. Ma non seguiteranno lo straniero, anzi se ne « fuggiranno da lui, perchè non conoscono la voce de« gli stranieri (4). » Voi siete nemici più che guardia e mandriani della greggia. Se voi avete bisogno di tenere avvinto il vostro gregge con funi e con catene, e di batterlo forte di verghe e di bastoni chi non vede che voi siete piuttosto ladri, che pastori? « Tutti quanti « coloro che son venuti sono stati rubatori, e ladroni; « ma le pecore non gli hanno ascoltati (5). Il ladro non « viene se non per rubare, ed ammazzare, e distrug-

30

30 Neapel MiNr. 8. Die Nr. 8 auf der Zeitung „L'Omnibus". Entwertet ist sie durch einen schwarzen Rechteckstempel mit Einzeiler „Annullato". Unter der provisorischen Regierung Neapels erschien im November 1860 eine neue Briefmarke. Sie hat die gleiche Wappenzeichnung wie Nr. 1, ist blau statt rosa und trägt die Wertbezeichnung von 1/2 Tornese. Benötigt wurde sie, nachdem Anfang November 1860 die einfache Versandgebühr für Zeitschriften von 1/2 Grano auf 1/2 Tornese herabgesetzt worden war.

Die Druckbogen umfassten 100 Marken in vier Gruppen zu je 25 Stück oder in zehn Reihen zu je 10 Exemplaren. Für jeden Wert gab es mehrere Platten und mehrere Retuschen, was für Spezialsammler ein reiches Betätigungsfeld bietet.

Neben normalen Farbunterschieden, die auch durch unterschiedlichen Gummi hervorgerufen werden, gibt es einen spektakulären Farbfehldruck von der ansonsten gelben 1/2-Grano-Marke in der blauen Farbe des 2-Grana-Wertes. Vermutlich wurde davon nur ein Bogen versehentlich gedruckt. Davon besaß der bekannte Sammler Philipp la Renotière de Ferrary (1848-1917) einen Brief mit zwei Werten. Eine Marke wurde später abgelöst, die zweite blieb auf einem größeren Briefstück. Beide Werte sind mit dem Türrahmenstempel entwertet, auf dem Briefstück ist außerdem ein Stempel von Palermo vom 21. April 1859 erkennbar. Weitere Farbfehldrucke wurden nie gefunden.

Am 22. Mai 1859 starb „König Bomba" und Nachfolger auf dem Thron beider Sizilien wurde sein Sohn Franz II., der es ablehnte, sich mit Sardinien über die Einheit Italiens zu verständigen. So landete im Mai 1860 der Freiheitskämpfer Giuseppe Garibaldi (1807-82) auf Sizilien und eroberte mit dem „Zug der Tausend" in kurzer Zeit die ganze Insel. Schon im August landeten Garibaldis Freischaren auch auf dem Festland und stürzten dort gleichfalls die Bourbonenherrschaft. Am 6. September 1860 verließ Franz II. Neapel, einen Tag später zog Garibaldi ein. Nach einer Volksabstimmung im Oktober 1860 wurde das Königreich beider Sizilien am 17. Dezember 1860 mit dem Königreich Sardinien vereinigt.

31 32 33

34 35

31 Italien MiNr. 1 ✶. Das Königreich Italien gab 1861 vorerst nur Briefmarken für das ehemalige Königreich Neapel heraus. Die erste Marke mit einem Wert von 1/2 Tornese wurde wieder in Stein- und Prägedruck von dem Drucker Matraire erstellt. Dieser gestaltete das Markenbild nach früheren Entwürfen mit dem Kopf König Viktor Emanuels II.

32 Italien MiNr. 9 ✶. 1862 erschienen Markenausgaben für das gesamte Königreich Italien in Centesimiwährung. Die hier abgebildete MiNr. 9 zeigt wieder den Kopf Viktor Emanuels II., ihr Wert beträgt 10 Centesimi, die Ränder sind gezähnt.

33 Italien MiNr. 13 ✶. Am 1. Mai 1862 wurde eine gelbe Marke von 2 Centesimi mit einer Ziffernzeichnung und geschnittenen Rändern verausgabt.

34 Sizilien MiNr. 1 ✶. Erst am 1. Januar 1859 wurde im Königreich Sizilien die gelbe 1/2-Grano-Marke mit noch sechs weiteren Marken verausgabt. Alle Ausgaben zeigen das Kopfbild König Ferdinands II. in verschiedenen Farben. Die Marken waren nicht lange im Gebrauch, denn infolge der politischen Ereignisse des Frühjahrs 1860 wurden die Marken nicht mehr verwendet. Letzter bekannter Verwendungstag ist der 23. Juli 1860.

35 Sizilien MiNr. 1. Briefstück mit einem waagerechten Pärchen der Nummer 1. Entwertet ist das Pärchen mit zwei dekorativen schwarzen Girlandenstempeln. Auf dem schwarzen Abgangsstempel neben den Marken sind noch der Monat „MAR" und die Jahreszahl „60" schwach zu erkennen. Eine Besonderheit im Postwesen Siziliens ist der Einsatz eines einzigartigen Entwertungsstempels, des so genannten Girlandenstempels. Durch ihn sollte vermieden werden, dass bei der Entwertung der Marken das Kopfbild des Königs beschmutzt wurde.

Auf Sizilien wurden die Bomba-Marken am 17. Juli 1860 außer Gebrauch gesetzt. Da es nicht möglich war, sie sofort durch sardinische Wertzeichen abzulösen, ging die Post auf der Insel für einige Monate zur Barfrankierung über, ehe ab 1. Mai 1861 die Marken Sardiniens bzw. Italiens eingeführt wurden.

In Neapel gab die Provisorische Regierung, die nach der Flucht des Bourbonenkönigs amtierte, im November/Dezember noch zwei eigene Briefmarken aus. Beide im Wert zu 1/2 Tornese und beide in Abwandlung der Marke zu 1/2 Grano aus der Wappenserie. Diese Wertstufe war notwendig, weil Garibaldi als eine der ersten Maßnahmen die Gebühr für die Beförderung von Zeitungen halbiert hatte und diese Wertstufe fehlte.

Dazu wurde eine vorhandene Druckplatte genutzt. Auf einer Hälfte zu 100 Marken veränderte man das G für Grano in ein T für Tornese. Dieser Wert trägt bei italienischen Sammlern speziell den Beinamen „Trinacria", obwohl diese Bezeichnung auch für alle Marken des Königreichs Neapel zutreffen würde. Ungebraucht gilt diese Marke als die seltenste Italiens.

Auf der anderen Hälfte derselben Platte zu 100 Marken wurde wesentlich umfangreicher verändert. Man entfernte das Wappenmotiv und stach stattdessen ein weißes Kreuz von Savoyen, über dessen symbolische Bedeutung bereits unter der Toskana Näheres ausgeführt ist. Eine Einmaligkeit in der Markenproduktion ist es wohl, dass damit von ein und derselben Druckplatte, die zweimal per Hand verändert wurde, nacheinander drei verschiedene Wertzeichen hergestellt worden sind. Entsprechend der Handarbeit unterscheiden sich auch die einzelnen Marken beider Ausgaben zu 1/2 Tornese voneinander, das heißt es gibt letztlich je 100 verschiedene.

Alle Marken Neapels – die königlichen wie die aus der Garibaldi-Zeit – galten bis Ende 1861. Doch schon zuvor wurden sie ersetzt durch eine besondere Serie mit dem Bildnis von König Viktor Emanuel in der alten Währung von 1 Dukaten = 100 Grana = 200 Tornese, die ab Februar 1861 erschien und über die bereits im Kapitel zu Sardinien berichtet ist. Neben der dort erwähnten nicht erschienenen Ausgabe für Sardinien existieren auch Proben für eine geplante, aber nicht realisierte Emission für Sizilien – im sardinischen Porträttyp mit der Inschrift FRANCO BOLLO POSTALE SICILIANO.

36 37 38 39 40 41

42

36 Sizilien MiNr. 2 ✶. Braunolivfarbene Marke von 1 Grano. Die Ränder sind wie bei allen Ausgaben Siziliens geschnitten. Bei allen Marken der Serie gibt es mehr oder weniger deutliche Farbabweichungen.

37 Sizilien MiNr. 3 ✶. Auch diese Marke erschien in verschiedenen blauen Farbnuancen, hier in Ultramarin.

38 Sizilien MiNr. 4 ✶. Die karminrote 5-Grano-Ausgabe hat ebenfalls unterschiedliche Farbtöne.

39 Sizilien MiNr. 5 ✶.

40 Sizilien MiNr. 6 ✶.

41 Sizilien MiNr. 7 ✶. Die braune MiNr. 7 ist die letzte Markenausgabe Siziliens. Sie galt wie die anderen bis zum 17.7.1860.

42 Sizilien MiNr. 7. Das Briefstück aus dem Jahr 1859 zeigt wieder einen schwarzen Girlandenstempel auf der Marke, der den Kopf des Königs sauber umrandet. Daneben erkennt man den Ankunftsstempel (Einkreisstempel) aus Palermo und den Abgangsstempel (Zweizeiler) aus Messina.

Übergangsausgabe der Romagna

Die Erfolge Sardiniens 1859 im Krieg gegen Österreich ermutigten in der Romagna, einem Teil des Kirchenstaats, jene Kräfte, die für eine Trennung von der päpstlichen Herrschaft und einen Anschluss an Sardinien eintraten. Der päpstliche Legat wurde verjagt und bereits im Juni 1859 der Anschluss an Sardinien erklärt. Es gab danach auch hier eine Provisorische Regierung, ehe in Etappen die Romagna gemeinsam mit Parma und Modena zum 18. März 1860 Teil Sardiniens wurde.

Die Marken des Kirchenstaats galten zunächst weiter, wurden jedoch knapp und gerade in dieser Periode des Übergangs häufiger halbiert. Mit Dekret vom 30. August 1859 verloren die päpstlichen Ausgaben ihre Gültigkeit und konnten 24 Stunden lang umgetauscht werden. Ab 1. September 1859 verfügte die Romagna über eigene Briefmarken, die in Bogen zu 120 Stück mit einem größeren Zwischenraum zwischen je 60 Marken oben und unten hergestellt wurden. Die neun Werte in der alten im Kirchenstaat geläufigen Währung zu 1 Scudo = 100 Bajocchi zeigten eine einfache Ziffernzeichnung, die ihre provisorische, hastige Bereitstellung dokumentiert. Die Marken sind in Schwarz auf farbigem Papier gedruckt, das in verschiedenen Stärken vorkommt. Bekannt sind Halbierungen von sechs der neun Marken. Früher als Brüsseler und Hamburger Nachdrucke von 1892 und 1897 gehandelte Belege, die Moens und Goldner zugeschrieben werden, gelten heute als Fälschungen.

Am 1. November 1859 änderte sich im Postverkehr die Währung auf 1 Lira = 100 Centesimi. Die Provisorien der Romagna blieben jedoch bis 29. Februar 1860 gültig, nachdem bereits ab 1. Februar 1860 ihr Verkauf aufgehört hatte. Zu diesem Zeitpunkt führte die Romagna sardinische Marken ein.

43

43 Sizilien MiNr. 3, 6. Dieser gefaltete Brief von Messina nach Genua wurde mit der französischen Schiffspost befördert, was der schwach lesbare rote Dreizeiler dokumentiert. Der Stempelabdruck auf der 20-Grana-Marke ist kaum erkennbar, während der Girlandenstempel auf der 2-Grana-Marke gut zu sehen ist. Der schwarze Abgangsstempel (Einkreisstempel) aus Messina trägt das Datum vom 14.5.1860. An diesem Tag proklamierte sich Garibaldi zum Diktator von Sizilien. War es Zufall oder Absicht, dass der schöne Girlandenstempel nun den Kopf des Königs halb verdeckte?

44

44 Romagna MiNr. 1-9 ✶. Die Romagna trennte sich 1859 vom Kirchenstaat und bildete eine eigene vorläufige Regierung. Die neue Regierung gab am 1. September desselben Jahres eine Serie von Briefmarken heraus, die neun Werte zwischen 1/2 und 20 Bajocchi umfasste. Sie wurden in schwarzem Buchdruck auf farbigem Papier hergestellt. Das klare Design ist ähnlich wie das der ersten englischen oder bayerischen Markenausgabe. Es zeigt im Zentrum die Wert- und Währungsangabe, umgeben von einem rechteckigen Rahmen mit Inschrift und Verzierung in den vier Ecken. Die postalische Ausgabe der Marken endete bereits am 1.2.1860. Sie wurden jedoch noch bis zum 29.2. des Jahres verwendet.

Ein Blick auf San Marino und Monaco

Verbindungen zur Markengeschichte Altitaliens hat auch die kleine Republik San Marino, die seit dem Mittelalter (13./14. Jahrhundert) ihre Unabhängigkeit bewahrte. Ehe sie am 1. August 1877 eigene Briefmarken einführte, verwandte sie auf der Grundlage eines Vertrages vom 22. März 1862 sardinische und dann italienische Postwertzeichen, die an entsprechenden Stempeln erkennbar sind.

Das Fürstentum Monaco war 1815 unter die „Schutzherrschaft" von Sardinien gestellt worden, die bis 1860 andauerte. Mit dem Ergebnis, dass die Postämter dort bis Juni 1860 sardinische Marken benutzten. Seither wurden französische Wertzeichen verwendet, ehe ab 1885 eigene Ausgaben Monacos erschienen.

1

2

3

1 Azoren MiNr. 2 ✱. Bis 1868 wurden für die Azoren die Marken des Mutterlandes Portugal benutzt. Am 1. Januar 1868 kam dann eine eigene Briefmarkenserie (zunächst mit Aushilfsausgaben) von sechs Werten heraus. Dafür wurden noch portugiesische Marken verwendet, die nur den waagerechten Aufdruck „Açores" bekamen. Die hier abgebildete gelbliche Marke zeigt wie die anderen Ausgaben das Kopfbild König Luis I., ihre Ränder sind geschnitten, der Wert beträgt 10 Reis.

2 Azoren MiNr. 2 ⊙, entwertet durch einen schwarzen Roststempel mit Nummer.

3 Azoren MiNr. 23 ✱. Die blaue Marke mit dem Wert von 120 Reis trägt ebenfalls den Aufdruck „Açores" und wurde zwischen 1871 und 1875 verausgabt. Die Ränder sind in diesem Fall gezähnt.

Aufdrucke gegen unerwünschte Spekulation

Weit über 1.000 Kilometer vor der portugiesischen Hauptstadt Lissabon liegen die Azoren. Krater und Spalten, aus denen der Dampf warmer Quellen aufsteigt, weisen auf den vulkanischen Ursprung des „grünen Paradieses im Atlantik" hin, das früher auch als Habichtsinseln bekannt war. Durch den warmen Golfstrom und eine hohe Luftfeuchtigkeit herrscht auf den neun Inseln, die nach 1432 von den portugiesischen Siedlern unbewohnt vorgefunden wurden, ein subtropisch-mildes Klima. Vom 2.345 Meter hohen Pico, dem höchsten Berg ganz Portugals, haben Besucher der bei Kreuzfahrt-Touristen besonders beliebten Insel einen hervorragenden Ausblick über das Archipel.

Neben dem Anbau von Wein, Tee, Ananas, Zitrusfrüchten und Kaffee spielt der Fischfang eine große Rolle. Die Fischer beherrschen hier noch heute die Kunst, den Pottwal mit der Handharpune zu erlegen. Trotz ihrer Abgeschiedenheit gehören die Azoren, ebenso wie Madeira, zum portugiesischen Mutterland. Als das am 1. Juli 1853 die ersten Postwertzeichen einführte, wurden auch die Postämter der Inseln damit ausgestattet. Die Münzanstalt in Lissabon hatte sich in London mit den benötigten Geräten eingedeckt und produzierte fleißig drauf los.

Die vier Marken der ersten Briefmarken-Serie zeigen ein mit verschiedenen Rahmen geschmücktes Porträt von Königin Maria II. Die Marken wurden im ganzen Land, also auch auf den Azoren verbreitet. Daran änderte sogar der Tod der Königin im gleichen Jahr nichts. Die reichlich vorhandenen Vorräte sollten erst einmal aufgebraucht werden.

Erst ab 1. Februar 1855 gab es Freimarken mit dem Porträt von König Pedro V. Auch als sein Bruder Ludwig I. im Jahr 1861 von ihm die Regentschaft übernahm, änderte sich an den Briefmarken wenig. Die auf den Azoren verklebten Marken waren nur an der Nummer im Poststempel zu erkennen. Im Verwaltungsbezirk Angra verwendete man die 48, im Bezirk Horta die 49 und im Bezirk um die Hauptstadt Ponta Delgada immer die Nummer 50. Doch die portugiesische Post hatte ein Problem: Zwischen dem Mutterland und den Inseln bestand trotz gleicher Währungsbezeichnung ein Gefälle. Ein Reis war auf den

4

4 Azoren MiNr. 23. Einzelmarke im Wert von 120 Reis auf einem Brief von 1874 von den Azoren über Lissabon nach London mit einer Reihe von Stempeln. Auf der Marke befindet sich ein schwarzer Roststempel, auf dem Brief sind ein schwarzer Einkreisstempel aus Portugal, ein roter Gebühren-Bestätigungsstempel „P. D.", ein roter Ankunftsstempel aus London (Kreisstegstempel) mit dem Vermerk „Paid" und wegen unvollständiger Adresse ein schwarzer Ellipsenstempel „Not Fully-Addressed". Die Adresse wurde ergänzt. Die Rückseite ist versehen mit einem schwarzen Zweikreisstempel aus Lissabon und einem roten Stempel aus London.

Azoren ein Viertel mehr wert als in Lissabon. Findige Geschäftemacher kauften deshalb auf den Azoren Briefmarken in großen Mengen auf, um sie unter Ausnutzung des Valuta-Unterschiedes auf dem Festland wieder in Umlauf zu bringen.

Um den Profiteuren das Handwerk zu legen, beschloss die Post, mit Wirkung vom 1. Januar 1868 für die Azoren nur noch Briefmarken zu verkaufen, die den waagerechten Aufdruck AÇORES tragen. So konnte jeder Postbedienstete in Lissabon, Porto oder Faro auf Anhieb erkennen, dass diese Marken zu billig gekauft worden waren. Sie hatten auf dem Festland keine Gültigkeit. Die portugiesischen Urmarken dagegen waren weiter auf den Inseln gültig, doch für den normalen Postnutzer wäre das ein schlechtes Geschäft.

Fortan sollten die Azoren-Marken aus portugiesischen Urmarken mit Azoren-Aufdruck bestehen. Der Bankrott des Königreiches brachte 1892 für die drei Verwaltungsbezirke der Azoren für einige Jahre jeweils eigene Briefmarken, auf denen direkt im Druckbild der Name des Postgebietes zu finden war. 1905 kehrte die Post zum alten Aufdruck-System zurück, das noch bis 1930 fortgeführt wurde. Und nach genau 50 Jahren Unterbrechung, also im Jahr 1980, kamen wieder Azoren-Marken heraus.

Die Post in Lissabon hatte beschlossen, mit der Sonderausgabe zur Erinnerung an die erste Azoren-Briefmarke von 1868 das „Briefmarkenland Azoren" wieder aufleben zu lassen. Doch diesmal sind es keine Aufdruckmarken, sondern ganz eigene Postwertzeichen, die extra für das Archipel gedruckt werden. Sie zeigen Motive, die den Azoren als Touristenziel gerecht werden. Weitere Schwerpunkte der modernen Ausgaben sind das Kunsthandwerk, historische Gebäude der Inseln und die heimische Tierwelt. Es lohnt sich also, alte wie neue Azoren-Briefmarken zu entdecken.

1 Belgien MiNr. 1, Druckprobe vom Urstöckel, schwarz. Im gleichen Jahr 1849 wie das Königreich Bayern gab auch das Königreich Belgien seine ersten Briefmarken heraus. Die Marken wurden im Stichtiefdruck (Kupferdruck) hergestellt und zeigen das Bildnis von König Leopold I. Die abgebildete Druckprobe vom Urstöckel trägt weder in den beiden Medaillons in den oberen beiden Ecken noch am unteren Rand eine Wertangabe. Außerdem fällt neben dem fehlenden Schatten des Kopfes auf, dass das Markenformat von der später realisierten Ausführung erheblich abweicht: die Marke ist höher, im unteren Viertel war ursprünglich wohl mehr Platz (für Schrift?) vorgesehen. Auch diese Druckproben stammen vermutlich ebenso wie die Essays und Druckproben der ersten englischen Briefmarken (siehe dort) aus der Sammlung Friedl in Wien.

2 Belgien MiNr. 2, Druckprobe vom Urstöckel, blau. Im Gegensatz zu dem vorhergehenden Stück sind bei dieser Druckprobe die Wertbezeichnungen (20 Centimes) bereits eingefügt worden, zudem stimmt das Format mit den realisierten Marken überein. Die wunderbar klare Druckprobe, die jede Einzelheit des Markenbildes erkennen lässt, ist 1930 als Geschenk des Eschborner Baurates Luce, der als Spezialkenner Belgischer Marken bekannt war, in den Besitz des Archivs gekommen.

3 Belgien MiNr. 1 und MiNr. 2, Probedrucke. Beide Probedrucke sind in schwarzer Farbe ausgeführt worden, vermutlich sind die Farben für die beiden Werte 10 Centimes und 20 Centimes erst danach festgelegt worden.

4 Belgien MiNr. 2. Abzug in blauer Farbe auf festem, fast kartonartigen Papier, wie es ähnlich auch in den Neudrucken aus dem Jahr 1866 verwendet worden ist.

1

2

3

4

Probedrucke mit Epauletten und Medaillons

Das kleine Königreich Belgien gehört zu den ersten zehn Ländern in der Welt, die Briefmarken an die Postschalter brachten. Die beiden ersten Werte gingen unter dem Namen „Epauletten" in die Philatelie-Geschichte ein; es folgten Marken, die unter Sammlern als „Medaillons" bekannt sind. Auch mit den zahlreichen Probedrucken für die Briefmarken in der Herrschaftszeit von Leopold I. (1831-1865) hat das Sammelgebiet Belgien weitere Besonderheiten zu bieten.

Ihren kuriosen Namen bekamen die ersten beiden Werte zu 10 und 20 Centimes aus dem Jahre 1849, weil auf ihnen Leopold I. in einer Uniform mit besonders großen Schulterstücken, französisch Epaulettes, abgebildet ist. Im Oktober desselben Jahres kam eine weitere Marke in der Wertstufe 40 Centimes an die Schalter, auf der das Bildnis des Königs mit einem verzierten Oval eingeschlossen war und somit einem Medaillon glich. Die schönen Schulterstücke der Uniform waren seither verdeckt.

Das Königreich Belgien entstand 1830, als die Union aus Liberalen und Katholiken gegen das niederländische Königtum Wilhelm I. revoltierte. Die südlichen Niederlande spalteten sich ab und gründeten eine parlamentarische Monarchie, in der Prinz Leopold aus dem Hause Sachsen-Coburg zum König Belgiens gewählt wurde. Er vertrat einen gemäßigten Liberalismus und gewann durch diplomatisches Geschick großes Ansehen in Europa. Die Belgier gaben sich eine liberale Verfassung, die in Europa als vorbildlich galt. Die Eigenständigkeit und Neutralität des Landes wurde bereits 1831 von den fünf Großmächten anerkannt.

5

6

7

8

5 Belgien MiNr. 3–5, Druckproben in bräunlicher Farbe. Bereits Mitte 1850 wurde das Markenbild der ersten Ausgabe insofern geändert, als der Kopf König Leopolds nun in ein ovales Medaillon eingefügt wurde, das von einem rocaille-artigen Rankenmotiv umgeben war. Die Druckprobe zeigt in der Manier eines Kleinbogens sechs Exemplare eines frühen Zustandes, der noch völlig auf Schrift und Wertbezeichnungen verzichtet.

6 Belgien MiNr. 3–5, Druckprobe vom Urstöckel(?). Das klarere Druckbild sowie der isolierte Einzeldruck auf dünnem Papier lassen vermuten, dass es sich bei diesem Exemplar um einen Abzug vom Urstöckel handeln könnte.

7 Belgien MiNr. 3–5, Druckprobe vom Urstöckel(?), späterer Zustand. Zunächst wurden die beiden kleinen Medaillons für die Wertziffern sowie die Bezeichnung „Postes" hinzugefügt, wie die handschriftlich mit „second state" bezeichnete Druckprobe belegt.

8 Belgien MiNr. 4, Farbprobedruck. In einem letzten Arbeitsschritt wurden in die Druckstöckel die Wertziffern und die Wertbezeichnung eingefügt. Die 20-Centimes-Marke wurde später in blauer Farbe gedruckt, hier testete man offensichtlich die Wirkung in schwarzer Farbe.

65 Jahre nachdem ein Franzose dem General von Brabant vorschlug, in Brüssel eine Postzentrale zu eröffnen, lud 1841 die katholisch-liberale Regierung Belgiens einen englischen Postinspekteur ein, um ihr das neue Postsystem seines Landes vorzustellen. 1847 beschließt sie, Freimarken herauszugeben. Die Gebrüder Wiener wurden beauftragt, die ersten Briefmarken zu entwerfen und herzustellen. So entstanden erste Probedrucke der beiden Epauletten-Werte in unterschiedlichen Farben und auf diversen Papiersorten, die Jacques Wiener zugeschrieben werden. Weil die Jury jedoch mit der Qualität dieser Probedrucke nicht zufrieden war, zog Wiener für die Gravur den Spezialisten John Henry Robinson aus England hinzu. Dieser zeichnete schließlich in Wieners Auftrag für die Epauletten-Ausgabe und die ersten Marken des Medaillon-Typs verantwortlich.

Weil der Druck der kleinen Marken wegen der schnellen Abnutzung der Druckplatten sehr teuer war, setzte der zuständige Minister 1862 eine Kommission ein, die neue Methoden des Briefmarkendrucks untersuchen sollte. Dieser Ausschuss beauftragte belgische Künstler, Markenentwürfe vorzulegen, die zweifarbig gedruckt werden können, um Fälschungen zu erschweren. Jacques Wiener legte Entwürfe mit unterschiedlichen Schriftzügen und Verzierungen auf den Medaillons vor und präsentierte diese auf zwei Varianten von Druckplatten. Da auch andere Künstler Proben vorlegten, begutachtete die Kommission 200 Variationen, nahm jedoch keinen der Entwürfe an. Auch ein mit 5.000 Franc dotierter Wettbewerb für alle belgischen und ausländischen Graveure im Jahre 1864 brachte kein zufriedenstellendes Ergebnis.

Erst als ein Jahr später dem auf Briefmarkenherstellung spezialisierten Haus De la Rue in London Entwurf und Druck der Marken überlassen wurde, war es endlich soweit. Nach zahlreichen Probedrucken kamen am 1. November 1865 die drucktechnisch verfeinerten Werte zu 10, 20, 30 und 40 Centimes an die Schalter. Sie zeigen Leopold I. im Profil in einem Medaillon und tragen erstmals auch die Währungsbezeichnung. Der Hartnäckigkeit der Belgier verdanken Spezial-Sammler in den Hunderten von Probedrucken eine wahre Fundgrube.

1

2 3
4 5

1 Brasilien MiNr. 1 ✶. Schon 1843 gab das Kaiserreich Brasilien seine erste Briefmarkenserie heraus. Die Herstellung von Freimarken wurde angeregt durch den brasilianischen Konsul in Preußen, J. D. Sturz. Wegen ihres Motivs, der großen Wertziffer in einem liegenden Oval, werden die ersten drei brasilianischen Marken auch „Ochsenaugen" genannt. Das Markenbild ist schlicht, die Ränder sind geschnitten.

2 Brasilien MiNr. 2 von 1843, schwarz, geschnitten ✶. Ein „Ochsenauge" mit der Wertstufe 60 Reis.

3 Brasilien MiNr. 2 ⊙. Entwertet wurde die Marke durch einen schwarzen, nicht lesbaren Zweikreisstempel.

4 Brasilien MiNr. 3 von 1843, geschnitten ✶. Ein schwarzes „Ochsenauge" mit dem Wert von 90 Reis, das besonders schön den Kontrast zwischen der einfachen Wertziffer und dem bei aller Schlichtheit doch recht differenziert wirkenden Hintergrund zeigt.

5 Brasilien MiNr. 3 ⊙. Ein durch einen schwarzen, nicht mehr lesbaren Ellipsenstempel entwertetes Exemplar der gleichen Marke.

Ochsen-, Ziegen- und Katzenaugen

Keine Frage: Die erste Briefmarke der Welt kam im Mai 1840 in England heraus. Doch dem weit von der Alten Welt entfernen Brasilien gebührt mit dem Ersttag 1. August 1843 die Ehre des Zweitplatzierten. Seit Kaiser Pedro I. 1822 die Unabhängigkeit von Portugal ausgerufen hatte, war die Führungselite des großen Landes sehr an der wirtschaftlichen Prosperität interessiert. Daran änderte auch nichts, dass sein Sohn Pedro II. schon mit fünf Jahren den Thron bestieg und 1840 im zarten Alter von 14 für volljährig erklärt wurde, um uneingeschränkt regieren zu können.

Im Gegenteil: Der Bedeutung des Postwesens für das – hochverschuldete – Land wurde durch eine Reihe kaiserlicher Verordnungen Rechnung getragen. Das riesige Land war postalisch vor allem an der Küste gut erschlossen. In über 300 Postämtern wurden die Briefe gestempelt – allerdings ohne Briefmarken für deren Vorausbezahlung. Am 29. November 1842 legten Kaiser und Innenminister per Verordnung einheitliche Portosätze für das ganze Land fest und verfügten die Herausgabe von Briefmarken.

Bei der Umsetzung des ehrgeizigen Plans kam der Casa de Moeda, der Staatlichen Münzanstalt, ein Zufall zur Hilfe: Der Zoll hatte im Januar 1842 eine merkwürdige Maschine beschlagnahmt, mit dem man Wertpapiere fälschen könnte. Die Münzanstalt wurde um ein Gutachten über das Gravurgerät gebeten – und kam kurze Zeit später in dessen Besitz. Der bestimmungsgemäße Besitzer ging leer aus. Über einen gewissen Eduardo Lemerick, Vertreter der Londoner Wertpapierdruckerei Perkins, Bacon & Petch, besorgte man sich das nötige Zubehör und begann mit der Markenproduktion. Später sollte durch diese Beziehung das Gerücht aufkommen, die Marken seien gar nicht im „Entwicklungsland" Brasilien, sondern in England gedruckt worden. Doch diese Vermutung stellte sich als falsch heraus.

Brasiliens erste Marke weist einen maschinell gestochenen Hintergrund auf, dem per Handgravur lediglich eine große Wertziffer hinzugefügt wurde. Auf weitere Angaben, wie etwa eine Landesbezeichnung, wurde der Einfachheit halber verzichtet. Die Marken waren schließlich nur für das Inland bestimmt. Der Form des Hintergrunds verdankt Brasiliens erste Briefmarke die Bezeichnung „Ochsenauge". Doch schon kurze Zeit nach dem Ersttag

6 7 8 9
10 11 12

13 14 15
16 17 18
19 20

6 Brasilien MiNr. 4, von 1846, schwarz, geschnitten ✶. Diese 10-Reis-Marke wurde 1846 für die Beförderungen von Zeitungen verausgabt, auf Briefen aber nicht beanstandet.

7 Brasilien MiNr. 5 von 1844, schwarz, geschnitten ✶. Wert 30 Reis.

8 Brasilien MiNr. 6 von 1844, schwarz, geschnitten ✶. Wert 60 Reis. Die Ausgaben der Serie von 1844–1846 werden wegen ihres Motivs (Ziffernzeichnung mit schräger Wertziffer) „Inclinados" genannt. Hier ist das Markenbild jetzt viereckig mit nach innen gebogenen Ecken.

9 Brasilien MiNr. 7 von 1844, schwarz, geschnitten ✶. Der Wert beträgt 90 Reis. Diese Marke ist ungenau geschnitten, über dem oberen Rand und auf der rechten Seite sind Ränder von Marken desselben Bogens zu sehen.

10 Brasilien MiNr. 8 von 1845, schwarz, geschnitten ⊙. Sie kostete 180 Reis. Der schwarze Stempel ist kaum zu erkennen und nicht mehr lesbar.

11 Brasilien MiNr. 9 von 1845, ebenfalls schwarz und geschnitten ⊙. Wert 300 Reis. Auf der Marke ist ein nicht mehr lesbarer Teilabdruck eines schwarzen kreisförmigen Stempels zu sehen.

12 Brasilien MiNr. 10 von 1845, schwarz, geschnitten ⊙. Auf der 600-Reis-Marke ist neben Resten eines schwarzen Stempels auch ganz schwach rote Stempelfarbe zu erkennen.

13–20 Brasilien MiNr. 11–18, geschnitten. Die von 1849 bis 1850 verausgabten Nummern 11–18 werden wegen ihres Motivs (Ziffernzeichnung mit kleiner gerader Wertziffer) „Verticais" genannt. Das Markenbild ist viereckig geblieben, jedoch ohne besonders ausgearbeitete Ecken.

stellte sich heraus, dass die schlichten Marken verbotenerweise von einem bereits beförderten Brief abgerissen und auf einen neuen Brief aufgeklebt wurden. Dünneres Papier, besserer Klebstoff und eine neue Zeichnung der nachfolgenden Serie sollten diesen Missbrauch verhindern. Nur elf Monate nach dem Erscheinen der ersten „Ochsenaugen" kamen die ersten „Ziegenaugen" heraus, die zudem den Vorteil hatten, dass wegen des kleineren Formats drei Mal so viele Marken auf einen Bogen passten.

Große Mengen postfrischer „Ochsenaugen" wurden 1846 im Hofpostamt vernichtet. Ungebrauchte Exemplare sind deshalb deutlich seltener als gestempelte. Doch auch die sind nur in kleiner Stückzahl erhalten, denn damals klebte man die Marke nicht auf die Vorderseite des Briefes, sondern als eine Art Briefverschlussmarke auf die Rückseite. Beim Öffnen des Briefes wurde sie zerstört. Doch auch die zweite Dauerserie Brasiliens wurde schnell ersetzt. Schon im September 1849 kamen die ersten „Katzenaugen" heraus, alle in Schwarz. Es folgten 1854 die ersten farbigen Werte dieser dritten Freimarkenserie, die etwas länger Bestand haben sollte. Erst 1866 erschienen Briefmarken, die den – in die Jahre gekommenen – Kaiser Pedro II. mit Bart zeigen und erstmals eine Landesbezeichnung aufweisen.

1

1 Albumseite aus der Sammlung Ernst W. Spies mit Ausgaben der ersten französischen Briefmarken. Spies sammelte „preisbewusst“, folglich fehlen postfrische oder besonders gut erhaltene Exemplare dieser dann sehr wertvollen Marken. Gleichwohl beeindruckt die Fülle des zusammengetragenen Materials. Die Albumblätter waren 1921 nach seinen speziellen Vorgaben und mit seinem Namen versehen gedruckt worden – auch dies bereits ein Beleg für ein „auf Dauer“ angelegtes Sammeln.

Sammeln als Lebensaufgabe – die Sammlung Ernst W. Spies

In den 70er Jahren gelangte im Rahmen einer testamentarischen Verfügung eine umfangreiche Privatsammlung in den Besitz des Archivs für Philatelie (damals: Postwertzeichenarchiv der Deutschen Bundespost).

Der 1898 geborene Ernst Willen Spies begann mit zehn Jahren Briefmarken zu sammeln und trug im Laufe eines langen und engagierten Sammlerlebens eine auf ihre Art gewiss einmalige Briefmarkensammlung zusammen. Spies interessierte sich ausschließlich für jene Marken, die bereits vor 1875 ausgegeben worden waren – und dies weltweit! Das Ergebnis seiner Sammeltätigkeit sind 23 Alben mit rund 30.000 Marken aus aller Herren Länder. Da dieses Sammelgebiet auch einige finanziell sehr aufwändige Markenländer und Ausgabegebiete umfasst, konnte sich Spies weniger auf die meist sehr teuren und für einen „normalen“ Sammler kaum erschwinglichen Seltenheiten konzentrieren. Auch bezüglich der

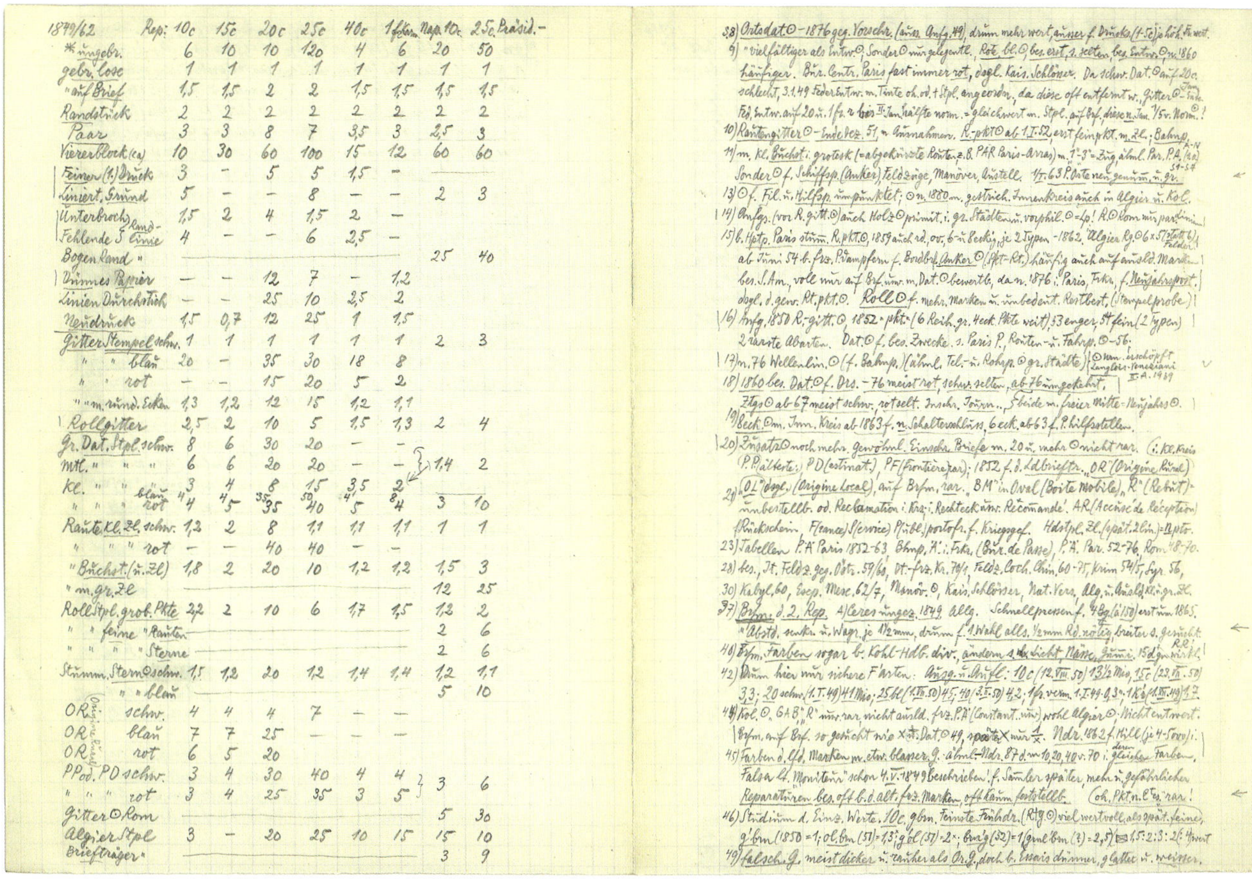

2

Qualität der einzelnen Stücke hegte er keine hohen Ansprüche. Hingegen war es ihm offensichtlich wichtiger, eher mehrere fehlerhafte Stücke einer Marke zu besitzen als ein sehr gutes (aber auch entsprechend teures) Exemplar. Die dabei zusammengetragene Fülle von Marken wurde sorgfältig nach Ländern sortiert und penibelst kommentiert. Die Seiten für seine Klemmalben hatte sich Spies bereits 1921 speziell für seine Bedürfnisse anfertigen lassen.

Ernst Willen Spies promovierte schon 1922 mit der Arbeit „Postwertzeichen und Verkehr" zum Doktor der Staats- und Wirtschaftswissenschaften. Er sammelte nicht nur Briefmarken, sondern trug ebenso eine reiche Sammlung von Kunst- und Alltagsgegenständen zusammen, die den Grundstock für das von ihm gegründete Mittelmosel-Museum in Traben-Trarbach bildeten.

Hier steht seine Sammlung exemplarisch für eine ganze Reihe von Privatsammlungen, die dem Archiv im Laufe der Zeit übergeben worden sind und noch übergeben werden. Dahinter steht meist der verständliche Wunsch der Stifter, die Früchte eines langen Sammler- und Forscherlebens nicht bei einer Auktion oder einem Händler wieder in alle Winde verwehen zu sehen, sondern eine mit viel Engagement und finanziellem Einsatz aufgebaute Sammlung als geschlossenes Werk der Nachwelt zu erhalten. Die auf diese Weise in den Besitz des Archivs gelangten Sammlungen werden fachgerecht archiviert und erweitern den Archivbestand ganz wesentlich. Das meist mühsam zusammengetragene Spezialwissen der Stifter bleibt zugänglich, und gelegentliche Ausstellungen von Objekten im Rahmen von Dauer- oder Wechselausstellungen der Museen für Kommunikation belegen die große Leistung der Sammler.

2 Besonders beeindruckend sind die Kommentare, mit denen Spies die einzelnen Blätter seiner Sammlung und letztlich jedes einzelne Stück versehen hat. Das Beispiel zeigt die Anmerkungen, die dem auf der gegenüberliegenden Seite abgebildeten Albumblatt mit den ersten französischen Briefmarken zuzuordnen sind und belegt die Sorgfalt und Akribie, ohne die eine solche Sammlung wohl nicht zusammenzutragen ist.

1

1 Großbritannien, Vorphilatelie-Brief. Der Brief an einen gewissen „W. Norwood" in Charing/Grafschaft Kent ist am 5.12.1839 abgestempelt. An diesem Tag wurde in Großbritannien das 4-d-Einheitsporto eingeführt. Der Beleg, der mit einer handschriftlichen „4" versehen ist, markiert dadurch den Beginn der Hill'schen Postreform.

„One Penny Black" – Die erste Briefmarke der Welt

Die Einführung der ersten Briefmarken 1840 in Großbritannien im Rahmen einer großen und weitreichenden Postreform ist eng verbunden mit dem Namen von Rowland Hill. Hill wurde 1795 bei Birmingham geboren und zeigte früh seine Begabung für mathematische und statistische Fragestellungen.

Die ersten Jahrzehnte des 19. Jahrhunderts waren in Großbritannien, dem damals industriell wie auch politisch führenden Staat, durch ein Klima gesellschaftlicher Reformen gekennzeichnet. Fortschrittlich gesinnte Menschen befassten sich mit Fragestellungen, die der Modernisierung aller Bereiche des öffentlichen Lebens gewidmet waren, so etwa in der 1826 gegründeten „Society for the Diffusion of Useful Knowledge". Dort rückte man auch das veraltete, komplizierte und zu teure Portosystem der englischen Post in den Blickpunkt. Bis zur Reform des Postsystems wurde das vom Empfänger zu entrichtende Porto äußerst kompliziert nach Entfernung und Gewicht errechnet, zudem gab es erhebliche Einnahmeausfälle etwa durch Parlamentsabgeordnete, die ihre Portofreiheit missbrauchten und sich mit dem Versenden fremder Post ein stattliches Zubrot verdienten. Zwar gab es bereits seit 1680 in London und später auch in anderen englischen Städten eine „Penny-Post" für den Transport vorausbezahlter Sendungen, doch wurden diese nur innerhalb eines begrenzten Areals befördert.

1837 propagierte Rowland Hill in seiner Schrift „Post office reform, its importance and practice" eine weitreichende Postreform in England, die folgende Neuerungen vorschlug: Das Briefporto sei in Zukunft nicht mehr vom Empfänger, sondern vom Absender in Form

2

3

4

2 Großbritannien, Vorphilatelie-Brief. Am 10.1.1840 wurde das One-Penny-Einheitsporto für alle Briefe bis zu einem Gewicht von einer halben Unze und unabhängig von der Entfernung eingeführt. Der Brief wurde am 10.1.1840 verfasst und am folgenden Tag abgestempelt. Das bezahlte Porto ist durch einen Stempel vermerkt.

3 Großbritannien MiNr. 1 ⊙. Die Entwertung der ersten Briefmarke der Welt erfolgte meistens mit einem Stempel in Form eines (roten oder schwarzen) Malteserkreuzes. Das mit der Einführung des Penny-Portos sprunghaft ansteigende Postaufkommen stellte für die Postangestellten eine erhebliche Herausforderung dar, verwischte und undeutliche Stempelabschläge wie in diesem Fall waren infolgedessen nicht selten.

4 Großbritannien MiNr. 1, Essay. Der Entwurf zeigt in einem durch Lorbeer, Löwe und Einhorn gerahmten Medaillon den Kopf der Königin Victoria und ist im Prägedruck auf rosafarbenem, leider sehr verblichenen Papier ausgeführt. Durch eine handschriftliche Notiz wird dieser Entwurf dem Stecher und Bildhauer Robert W. Sievier zugewiesen, der sich mit zahlreichen Entwürfen am Wettbewerb um die Gestaltung beteiligt hatte.

von aufklebbaren Postwertzeichen zu entrichten; um eine massenhafte Zunahme des Postverkehrs zu erreichen, solle das Porto stark verbilligt (1-Penny-Einheitsporto) und zudem Umschläge mit eingedrucktem 1-Penny-Stempel eingeführt werden; schließlich solle die komplizierte Staffelung nach Entfernung entfallen. Gegen starke Widerstände entschloss sich das Schatzamt 1839, die Hill'sche Post- und Portoreform einzuführen und zum Gesetz zu erheben, und Rowland Hill selbst wurde mit der Durchführung der Reform beauftragt. Man forderte die Allgemeinheit in einem Wettbewerb auf, Vorschläge für die Gestaltung der Briefmarken einzureichen. Daraufhin wurden rund 2.600 Entwürfe eingeschickt, die heute leider zum allergrößten Teil verloren sind. Einige der Entwerfer reichten gleich eine Fülle von Entwürfen ein, unter ihnen der Drucker Charles Whiting oder Henry Cole, der als Assistent von Hill beim Schatzamt arbeitete.

Man entschloss sich schließlich, aufklebbare Marken nach dem Entwurf von William Cheverton anzufertigen. Als Motiv der Marken hatte Hill den Kopf der jungen Königin Victoria nach einer Medaille von William Wyon ausgewählt. Für die Wahl des Kopfmotives sprach neben anderen Gründen vor allem die Tatsache, dass das Porträt eines Menschen als besonders fälschungssicher erachtet wurde – bei einem bekannten Porträt würde jedem Betrachter selbst eine kleine Änderung schneller auffallen als bei einem sachlichen Motiv. Zudem wurden Rahmung und Hintergrund der Marke mit einem komplizierten, maschinell erstellten Linienmuster versehen, das gleichfalls Fälschungen erschweren sollte.

5,6 Großbritannien MiNr. 1, Essays. Die beiden Entwürfe zeigen das königliche Wappen, welches von Löwe und Einhorn gehalten wird. Unten steht das königliche Motto „Dieu et mon droit", auf alle vier Seiten des gelben bzw. schwachrosafarbenen Papiers ist „One Penny" gedruckt. Von wem dieser grobe und nicht sehr attraktive Entwurf eingereicht wurde, ist nicht bekannt.

7–9 Großbritannien MiNr. 1, Essays. Auch für diese drei Entwürfe, die wiederum das königliche Wappen als Motiv haben, kommt Robert W. Sievier als Entwerfer in Frage. Sie kombinieren den Präge- mit dem Stichtiefdruck und sind fein ausgearbeitet, doch unterscheidet sich der dunkelblaue Entwurf von dem hellblauen bzw. grünen Essay. Die Aufschrift nimmt Bezug auf das zulässige Höchstgewicht für eine mit einem Penny freigemachte Sendung, und die Linienführung der Gravur unterstreicht die starke Plastizität des Prägedrucks nachdrücklich.

10 Großbritannien MiNr. 1, Druckprobe. Der Prozess von den ersten Teilentwürfen hin zur fertigen Briefmarke war lang und führte zu einer verwirrenden Anzahl von Zustandsdrucken. Bei diesen Druckproben war der Kopf ausgespart, es ging offensichtlich um eine Bewertung des Hintergrundes und der zu wählenden Farbe. Ob diese Auswahl tatsächlich von der ersten (später zurückgewiesenen) Platte stammt, wie die Aufschrift behauptet, ist indes fraglich.

5 6

7 8 9

10

11

12

13

11 Großbritannien MiNr. 1, Essay. Einen bemerkenswerten Vorschlag für die neuen Postwertzeichen reichte L. Schönberg aus Hatton-Garden im Oktober 1839 ein. Sein Essay zeigt einen antikisch behelmten, nach links blickenden Kopf in einem runden, münzähnlichen Medaillon. Interessanterweise tragen alle vier Essays unterschiedliche Nummern, obwohl sie vermutlich von dem gleichen Druckstock stammen. Ein erhaltener Brief von Schönberg erläutert die Absicht: Die Nummern sollten in einem größeren Druckbogen die Unterscheidung der einzelnen Marken erleichtern.

12 Großbritannien MiNr. 1, Essay. Während die im Mai 1840 ausgegebenen Briefmarken in den oberen Ecken Sternchen und in den unteren Ecken Buchstaben haben, die Aufschluss über die Stellung der einzelnen Marke im Druckbogen geben, hat dieses besonders klar gedruckte Essay abweichend davon in allen vier Ecken Buchstaben. Jedes Detail des Entwurfs ist für den Betrachter hervorragend zu erkennen!

13 Großbritannien MiNr. 1, Druckprobe, grün. Um die Wirkung unterschiedlicher Druck- und Stempelfarben bzw. Papiere zu testen, fertigte man von April bis November 1840 verschiedenfarbige Druckproben von jeweils 12 Marken an, bei denen die Druckstöcke in den linken, oberen Ecken mit Wachs abgedeckt wurden und infolgedessen in den Drucken die rechte, obere Ecke fehlte. Diese Druckproben, die in vielen Farben existieren, sind auch unter dem Begriff „Rainbow Colour Trials" bekannt.

Der Stecher Henry Corbould führte die Gravur des Motivs aus, und nach zahlreichen Essays, Probe- und Zustandsdrucken begann die Druckerei Perkins, Bacon and Petch mit dem Druck der Marken. Neben den Briefmarken produzierte man noch eine Ganzsache, deren Gestaltung von dem Künstler William Mulready stammte. Das romantisierende Motiv, das auf die Briefbogen aufgedruckt war und schnell zum Gegenstand beißender Kritik wurde, zeigte die weltweiten Segnungen des preiswerten Portos: Eine über dem Ozean thronende Britannia sendet mit großer Geste geflügelte Boten in alle vier Himmelsrichtungen, wo die Nachrichten von Menschen verschiedener Kontinente empfangen und gelesen werden. Die Theatralik des Entwurfs wurde bereits von den Zeitgenossen als unangemessen empfunden und führte zu zahlreichen Karikaturen.

14 Großbritannien, Ganzsache Nr. 1, Essay. Der Entwurf für diesen Umschlag mit Werteindruck dürfte von William Wyon und Charles F. Whiting stammen. Die eingedruckte Wertmarke kombiniert das Porträt von Königin Victoria in Prägedruck (Wyon) mit einem Medaillon, das ein maschinell hergestelltes und schwer zu fälschendes Muster trägt (Whiting). Der handschriftliche Kommentar auf dem Entwurf stammt von Rowland Hill, wie sein Sohn auf der Rückseite bestätigt hat. Als die Mulready-Umschläge nach nur kurzer Gültigkeitsdauer bereits 1841 wegen anhaltender öffentlicher Kritik von neuen Ganzsachen abgelöst wurden, entschied man sich für einen ganz ähnlichen Entwurf als Nachfolger.

15 Großbritannien, Ganzsache Nr. 1, Essay. Der zweite Entwurf für eine Ganzsache ist motivisch besonders interessant. Er hat in den vier Ecken Medaillons, die neben dem Porträt der jungen Königin Victoria auch das Profil ihres Gatten, des Prinzgemahls Albert, zeigen. Es scheint so, dass das bekannt innige Verhältnis der beiden Eheleute hier seinen Niederschlag in der Philatelie gefunden hat.

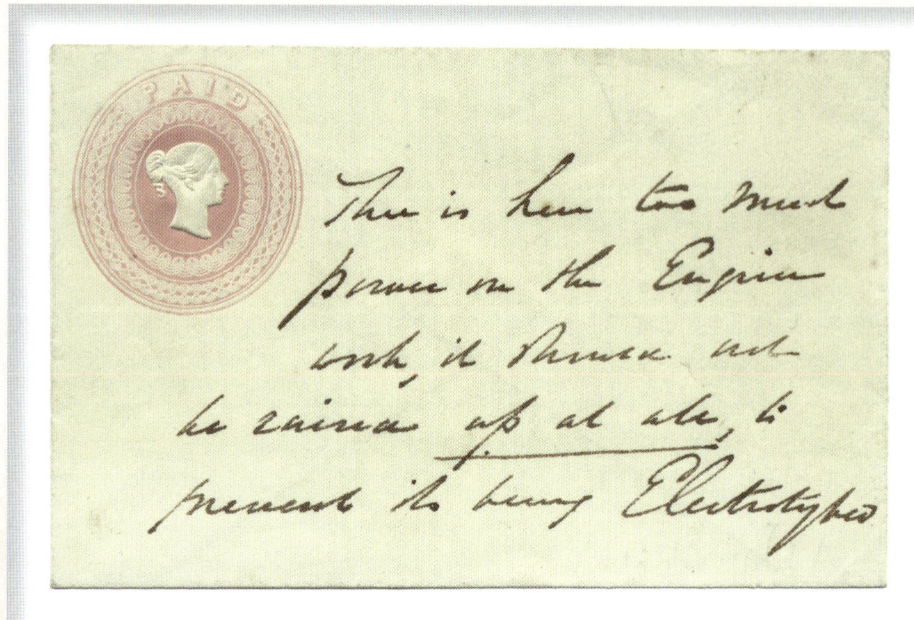

14

15

Um die Post bei einer zu plötzlichen Portoreduzierung nicht durch das zu erwartende gesteigerte Postaufkommen zu überfordern, wurde die Reform stufenweise umgesetzt. Zum 5. Dezember 1839 wurde das Porto in London auf das Einheitsporto von 1 d, außerhalb von London auf 4 d für Sendungen bis zu dem Gewicht von einer halben Unze herabgesetzt. Die Entfernung spielte bei der Portoberechnung keine Rolle mehr, zudem waren nichtvorausbezahlte Sendungen deutlich teurer. In einer zweiten Stufe wurde zum 10. Januar 1840 das einheitliche One-Penny-Porto für vorausbezahlte Sendungen eingeführt.

Schließlich wurden ab dem 1. Mai 1840 die neuen Postwertzeichen an die Postämter verteilt und ab dem 6. Mai offiziell an das Publikum abgegeben. Der Erfolg von Rowland Hills Postreform schlug sich sofort in einem drastisch gesteigerten Postaufkommen nieder und fand bald Nachahmer im Ausland. Die Einnahmeverluste für das Schatzamt durch die

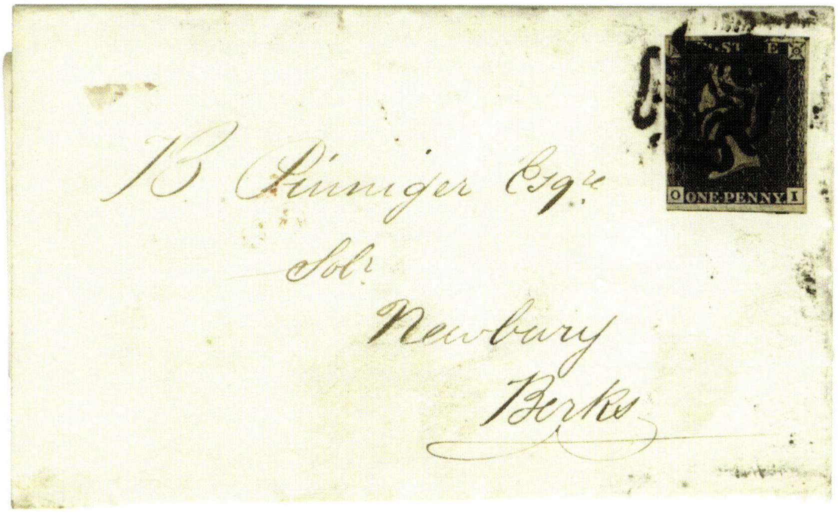

16

17

16 Großbritannien, Brief mit MiNr. 1. Seit dem 6. Mai 1840 waren in Großbritannien zwei Briefmarken gültig: die berühmte „Penny Black" und die blaue „Two Pence". Beide Marken wurden in der Regel mit einem Stempel in der Form eines Malteser-Kreuzes entwertet, meistens in Rot bzw. später in Schwarz wie bei diesem Beleg. Ein Grund für die Ablösung der „Penny Black" durch eine rote „Penny Red" ab Februar 1841 dürfte in der schlechten Erkennbarkeit der Stempel auf den schwarzen Briefmarken zu suchen sein.

17 Großbritannien, Ganzsache Nr. 1 ⊙. Die Mulready-Umschläge waren die weltweit ersten „echten" Ganzsachen. Das abgebildete Exemplar wurde am 7. Mai 1840 in Rotherham abgestempelt, dem zweiten Tag der Gültigkeit. Neben dem runden Orts- und Datumsstempel wurde der Umschlag noch mit einem roten Malteserkreuzstempel entwertet. Diese Maltesersstempel wurden einzeln und von Hand gefertigt, entsprechend gibt es keine zwei völlig identischen Exemplare – ein großes Sammelgebiet für Spezialisten!

Senkung des Portos, die die Kritiker der Reform prognostiziert hatten, traten jedoch gleichfalls ein und konnten erst nach vielen Jahren ausgeglichen werden.

Die Herkunft der seltenen Probedrucke und Essays, die sich im Besitz des Archivs für Philatelie befinden, ist nicht ganz klar. Es gibt jedoch Hinweise, die darauf hindeuten, das dieser Bestand aus dem Besitz von Frederick A. Philbrick (1835-1910), dem Gründungsmitglied und vormaligen Präsidenten der „London Philatelic Society" (später: „Royal Philatelic Society, London"), stammt. Philbrick verkaufte 1882 seine berühmte Sammlung, die viele Essays und Probedrucke speziell der Marken Großbritanniens enthielt, an den legendären Sammler Baron Ferrary. Da dieser sich jedoch nicht für Essays interessierte, gab er diesen Sammlungsteil an seinen Freund Sigmund Friedl weiter, der in seiner Villa in Wien 1883 ein „Internationales Postwertzeichen-Museum" einrichtete. Nach dem schnellen Ende dieses Privat-Museums bereits im Jahr 1896 gelangten die Essays durch Ankauf in den Besitz des Reichspostmuseums in Berlin.

1

2

3

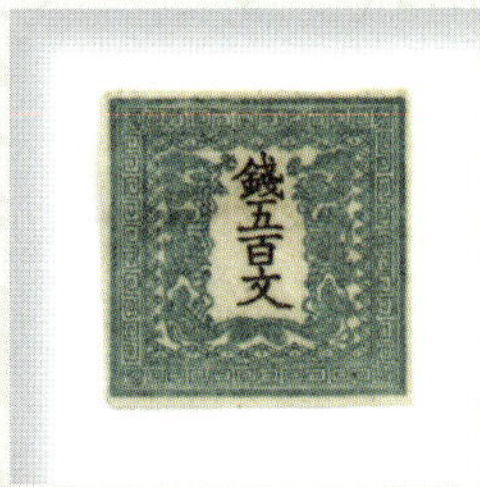

4

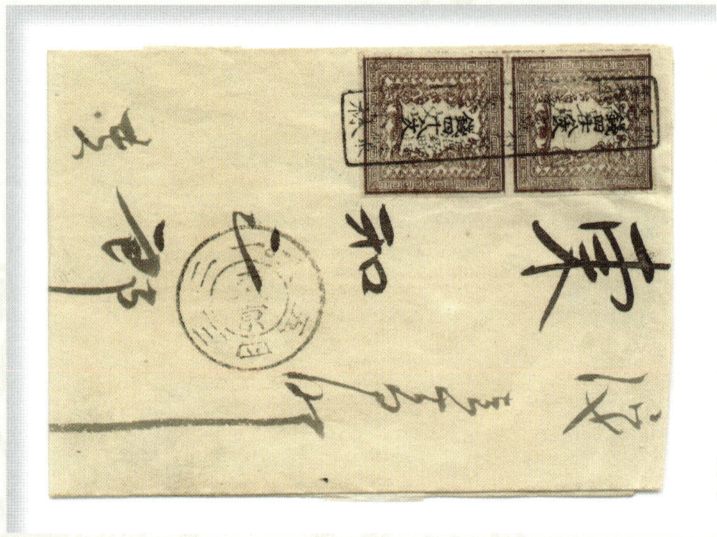

5

1 Japan MiNr. 1 ✶. Erst 1871 wurde die erste japanische Briefmarkenserie mit vier Wertstufen herausgegeben, die so genannte „Drachenserie". Das Motiv, das auf einheimischen Zeichnungen basierte, stellt zwei aufrechte Drachen mit verschlungenen Schwänzen dar. Die Drachen sind umrahmt von einer Rauten-Verzierung nach griechischem Muster, darüber verläuft ein Mäanderband. Zwischen beiden Drachen steht in senkrechter, japanischer Schrift der jeweilige Wert in Mon. Die hier abgebildete 48-Mon-Marke wurde wie die anderen Ausgaben in geätztem Tiefdruck und mit geschnittenen Rändern auf Japanpapier hergestellt. Sie ist dunkelbraun mit schwarzer Schrift.

2 Japan MiNr. 2 ✶. Die blaue Ausgabe von 100 Mon hat im Mäanderrahmen eine zusätzliche Drehung. Auch das innere Rautenband unterscheidet sich von der vorherigen Ausgabe. Die Halbrauten an beiden Seiten sind weniger zahlreich, dafür jedoch breiter. Zudem sind die Drachen geringfügig anders ausgeführt.

3 Japan MiNr. 3 ✶.

4 Japan MiNr. 4 ✶.

Das „Land des Lächelns" öffnet sich der Welt

Der ostasiatische Inselstaat Japan mit den Hauptinseln Honschu, Kiuschu, Schikoku und Hokkaido wurde 700 Jahre lang von Kronfeldherren (Schoguns) beherrscht, die ein feudalistisches Herrschaftssystem aufbauten und Japan von der Außenwelt abschotteten. Erst als das Schogunatssystem 1868 abgeschafft wurde, begann die Modernisierung des auch als „Land des Lächelns" bekannten Staates. Unter der Herrschaft des jungen Kaisers Mutsuhito, mit dem Regierungsnamen Meiji Tenno, gehörte hierzu auch der Aufbau eines staatlichen Postwesens und die Herausgabe von Briefmarken, deren erste Ausgaben einen Drachen zeigt.

Der Drache ist ein schlangen- oder echsenartiges, oft geflügeltes Fabeltier, das in den Helden-, Götter- und Schöpfungssagen sowie in der Kunst vieler Völker auftritt. In der Mythologie des Fernen Ostens ist der Drache ein wohltätiges und Glück bringendes Wesen und gilt als Symbol der Kraft und der Macht. Der Drache ist daher, neben dem Pfau und zwei Nationalpflanzen, auch Bestandteil des kaiserlichen Wappens. Er hat einen gehörnten Kopf, einen geschuppten, mit vielen Borsten versehenen schlangenartigen Körper und vier Füße mit je drei mächtigen Klauen. Die Motive der japanischen Marken Nr. 1 bis 8 bilden diesen Wappendrachen, der auch auf dem Papiergeld erschien, nach.

Mit Beginn der Meiji-Ära (1868 bis 1912) entwickelte sich das Volk, das in überlieferten Sitten und Gebräuchen sowie in der altjapanischen Naturreligion des Schintoismus und der Staatsreligion Buddhismus verwurzelt war, zur ersten Großmacht des Fernen Ostens, die sogar gegen China und Russland erfolgreich Krieg führte. Bereits 1854, also in der Endphase des Schogunats, sind mit dem Vertrag von Kanagawa die Weichen für einen sich langsam entwickelnden Handel mit den Vereinigten Staaten von Amerika gestellt worden; schon bald folgten weitere Verträge mit Großbritannien, Russland, den Niederlanden, Frankreich und schließlich auch Preußen. Die ersten Jahre des Meiji Tenno sind durch Reformen geprägt, unter anderem auch im Postwesen. Bereits in seinem ersten Herrschaftsjahr eröffnete die erste regelmäßige Postverbindung zwischen den Hauptstädten Tokio, Kioto und Osaka entlang der Östlichen Seestraße. Die Anzahl der Postanstalten Japans stieg von 180 im März 1871 auf 1.160 Ende des Jahres 1872 und hatte sich zwei Jahre später noch einmal fast verdreifacht. Die Eröffnung der ersten Eisenbahnlinie trug ihren Teil dazu bei.

Mit dem Aufbau einer japanischen Postverwaltung nach amerikanischem Vorbild wurden die bisherigen privaten Postdienste nach und nach verdrängt, die teurer und langsamer

6

7

5 Japan MiNr. 1, ab 1871. Der Brief wurde mit einem senkrechtem Pärchen der 48-Mon-Ausgabe freigemacht, welches jedoch waagerecht aufgebracht worden ist. Die Entwertung erfolgte mit einem schwarzen Rechteckstempel, daneben befindet sich noch ein schwarzer Kreisstempel als Abgangsstempel.

6 Einschreibbrief von 1889 aus Dairen, als Eil- und Luftpostbrief über Amerika nach Berlin mit ungewöhnlich reicher Frankatur und verschiedenen Stempeln.

7 Einschreibbrief, 1898, von Yokohama über San Francisco nach Stuttgart mit einer dekorativen Buntfrankatur sowohl auf Briefvorder- als auch -rückseite.

waren als der staatliche Dienst. Die ersten Briefmarken erschienen 1871 im Drachenmotiv mit den Wertstufen 48, 100, 200 und 500 Mon. Als die ersten Handelsverträge zwischen Japan und Amerika Mitte der 50er Jahre geschlossen wurden und damit die Erschließung des Landes für die übrige Welt begann, entsprach 1 US-Cent 48 Mon, woraus die Wertstufe der ersten japanischen Marke abgeleitet wurde. Mit dem Übergang zum Dezimalsystem wurde schon ein Jahr später eine neue Ausgabe notwendig, die bei gleichem Markenmotiv die Währungsangabe Sen erhielt, die als Untereinheit vom Yen die bis heute gültige Währung ist.

Als die europäische Zivilisation immer stärker in das Inselreich drängte, änderte sich bald auch der Geschmack, der die Darstellungen auf den Marken beeinflusste. Waren die ersten Markenmotive von der ostasiatischen Vorliebe für Fabelwesen und ihre Symbolik bestimmt, trug die nächste Briefmarkenausgabe von 1872 ein Kirschblütenmuster, das sich in den folgenden Ausgaben, neben Gürtel- und Vogelmustern, wiederholte. So lässt sich die Öffnung Japans in der zweiten Hälfte des 19. Jahrhunderts mit den verschiedenen Markenmotiven philatelistisch belegen.

1 2 3
4 5 6
7 8 9

1 Kap der Guten Hoffnung MiNr. 1 von 1853 ✶. Der Wert dieser dreieckigen Marke beträgt 1 Penny, ihre Ränder sind geschnitten, ihre Farbe ist dunkelbräunlichrot. Das Motiv „Allegorie der Hoffnung" wird symbolhaft dargestellt durch eine auf einem Anker sitzende Frau. Das Markenbild wurde von Charles Bell entworfen und im Stichtiefdruck von der renommierten Druckerei Perkins, Bacon & Co. in London gedruckt. Die dreieckige Form der frühen Kap-Marken wurde gewählt, damit sich die Marken dieser Kronkolonie auf den ersten Blick von den Marken des britischen Mutterlandes unterschieden.

2 MiNr. 2, blau ✶.

3 MiNr. 3, lila ✶.

4 MiNr. 4 Ia, dunkelgrün ✶.

5 MiNr. 4 Ib, gelbgrün ✶. Die Auflage mit gelbgrünen Marken wurde erst 1858 gedruckt.

6 MiNr. 5 von 1861, rot ✶. Die 1-Penny-Marke mit dem gleichen Motiv der vorherigen Marken wurde nicht mehr im Stichtiefdruck, sondern im Buchdruck hergestellt. Daher fielen die Markenbilder der Ausgaben von 1861 deutlich gröber und holzschnittartiger aus als die früheren Ausgaben. Ein Problem bei diesen Marken bildet (wie bei einem hohen Sammlerwert und vermeintlich primitivem Herstellungsverfahren naheliegend) die Gefahr von Fälschungen sowie die Verwechslung mit Neudrucken, die im März 1883 für den Weltpostverein hergestellt wurden.

Dreiecksform als Hilfe für Eingeborene

Eine Briefmarke hat üblicherweise vier Ecken. In der klassischen Zeit des 19. Jahrhunderts überwog das einfache Quadrat, das mit der Schere einfach aus dem Markenbogen zu trennen war. Die abweichende Form eines Postwertzeichens als Hochrechteck mit ungleicher Kantenlänge war beinahe schon gewagt. Doch die seit 1814 zu Großbritannien gehörende Kronkolonie am Kap der Guten Hoffnung belegt, dass eine gänzlich ausgefallene Form Weltberühmtheit erlangen kann: das Dreieck.

Bereits im Jahr 1844 schlug Sir Peregrine Maitland, seines Zeichens Gouverneur der mehrere Wochen Schiffsreise entfernten Kolonie am Fuße des Tafelberges, die Einführung von Briefmarken und einheitlicher Portostufen nach dem Vorbild des Mutterlandes vor. Doch die königliche Zustimmung ließ lange auf sich warten. Erst ab 1. September 1853 wurden die in der Londoner Druckerei Perkins, Beacon & Petch produzierten Briefmarken an den Postschaltern der Kap-Provinz verkauft. Den Entwurf mit einer Frauengestalt fertigte der Engländer Charles Bell, Mitglied des „Postal Enquirey Board". Doch was hat er sich da einfallen lassen? Statt der üblichen rechteckigen Form wählte Bell ein Dreieck.

Platzgründe können für diese Entscheidung nicht ausschlaggebend gewesen sein, denn kleine Rechtecke hätten genauso gut auf den Druckbogen gepasst. Die Erklärung ist eigentlich ganz einfach, wenn man die Verhältnisse am Kap der Guten Hoffnung zur damaligen Zeit näher betrachtet: Mit der alltäglichen Abfertigung der Post waren Angehörige der schwarzen Mehrheit beschäftigt, die weder lesen noch schreiben konnten. Um ihnen das Sortieren zu erleichtern, entschieden sich die Verantwortlichen für die Aufmerksamkeit erregende Form. Zwei Tarife gab es damals: 1 Pence für den Nahbereich und 4 Pence für die Ferne. Nur diese zwei Wertstufen der „Kap-Dreiecke" wurden gedruckt.

Doch das System hatte so seine Tücken. Perkins, Beacon & Petch lieferte die Markenbogen ohne Perforation aus. Die Marken mussten also mit der Schere voneinander getrennt werden. Meistens wurden die Spitzen der Längsseite beim Ansetzen der Schere beschädigt, so dass nur wenige Stücke tadellos erhalten blieben. Entsprechend groß sind heute die von der Erhaltung der Marken abhängigen Preisunterschiede. Als außerordentlich hinderlich erwies sich die große Entfernung zwischen dem Druckort London und Kapstadt. Anfang 1861 wurden die Bestände vor Ort bedenklich knapp, so dass Gouverneur Sir George Grey entschied,

10

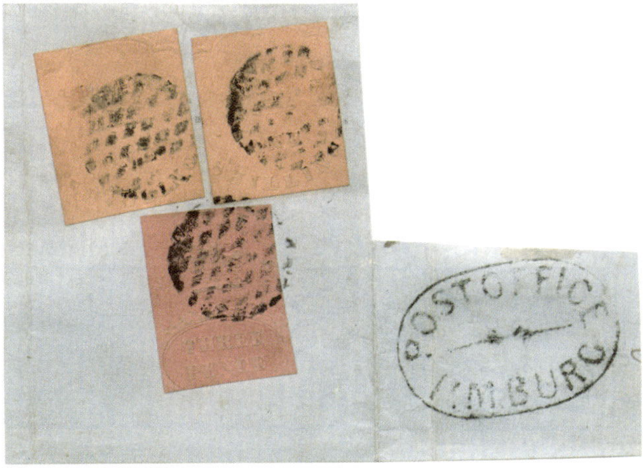

11

12

7 MiNr. 5 von 1861 ⊙. Auf dieser ebenfalls rötlichen Marke sind Reste eines nicht lesbaren schwarzen Stempels zu erkennen.

8 MiNr. 6 von 1861, hellblau ⊙.

9 MiNr. 6 ✶. Diese Ausgabe der Nummer 6 hat einen ganz anderen Blauton, nämlich dunkelblau.

10 MiNr. 1. Viererblock auf einem schönen Brief, der 1857 vom Kap der Guten Hoffnung nach Kapstadt geschickt und mit insgesamt 4 Pence freigemacht wurde. Alle vier Ecken des Viererblocks sind schräg abgeschnitten. Auf den Marken erkennt man zwei schwarze Rostdreieckstempel, daneben zwei schwache Abdrücke von roten Schnallenstempeln mit roter Federzugentwertung. Auf der Rückseite befinden sich ein roter Ankunftsstempel aus Kapstadt (Schnallenstempel), ein schwarzer Kreisstempel und ein rotes Siegel.

11 Natal MiNr. 1 und 4. Briefstück mit MiNr. 1 (Einzelmarke) und MiNr. 4 ab 1857. Alle drei Marken, die in einem schlichten Prägedruck auf durchgefärbtem Papier hergestellt wurden, sind mit je einem schwarzen Kreispunktroststempel entwertet, daneben befindet sich ein schwarzer Poststempel (Ellipsenstempel), dessen Ortsname leider nicht lesbar ist.

12 Natal MiNr. 3 von 1857 ✶. Die 9-Pence-Marke auf blauem Papier wurde wie alle Marken der ersten Ausgabe der Kronkolonie Natal nicht im Mutterland, sondern in einer Druckerei in Pietermaritzburg hergestellt.

in Kapstadt bei Saul Solomon & Co. Nachdrucke zu bestellen. Die Abweichungen waren jedoch immens. Die lokale Produktion von je 100.000 Stück sah aus, als wenn die Druckstöcke statt in Kupfer gestochen in Holz geschnitzt worden wären. MiNr. 5 und 6 erhielten deshalb die Bezeichnung „Holzschnitte", auch wenn sich dafür kein sachlicher Grund feststellen ließ. Frankaturgültig waren die „Kap-Dreiecke" bis 1900, doch schon 1864 gingen die Verantwortlichen zur Ausgabe gewöhnlicher Rechteck-Briefmarken über.

Eine Betrachtung nur der Kap-Provinz mit ihren ausgefallenen Dreiecken würde dem gesamten Südafrika nicht gerecht. Die holländischen Siedler waren 1836-1840 vom Kap verdrängt worden und gründeten weiter östlich die Burenrepubliken Natal, Oranjefreistaat und Transvaal. Doch schon 1843 annektierten die Engländer Natal, mussten dem Land aber nach dem Aufstand der Buren eine weitreichende Unabhängigkeit zugestehen. Dazu gehörte auch die Ausgabe eigener Briefmarken, die 1857 begann. Sie wurden in der Hauptstadt Pietermaritzburg gedruckt. Das Markenbild mit britischer Krone fiel zwar eher schlicht aus, doch die abwechslungsreichen Einfassungen der ersten Natal-Marken zeugen von großem Einfallsreichtum.

1

2

3

4

5

1 Englische Notausgabe während des Burenkrieges MiNr. 1, 1900, mit Aufdruck „Mafeking besieged" (Belagertes Mafeking). Das Briefstück mit Freimarke vom Kap der Guten Hoffnung wurde durch einen schwarzen Einkreisstempel „MAFEKING MR 29 1900 C. G. H" entwertet.

2 Englische Notausgabe während des Burenkrieges MiNr. 12, 1900. Briefstück mit Freimarke von Britisch-Betschuanaland, entwertet durch schwarzen Einkreisstempel.

3 Englische Notausgabe während des Burenkrieges MiNr. 14 ⊙, 1900. Freimarke von Britisch-Betschuanaland.

4 Englische Notausgabe während des Burenkrieges MiNr. 15 ⊙, 1900. Die neue Ausgabe zeigte einen Feldbriefträger auf dem Fahrrad und würdigte durch ihr Markenbild auch die Jugendlichen, die während der Belagerung von Mafeking den Botendienst übernahmen. Die 1-d-Marken dienten zur Freimachungen von Sendungen innerhalb des Stadtgebietes.

5 Englische Notausgabe während des Burenkrieges MiNr. 16 ⊙, 1900. Neue Ausgabe mit einem Porträt von Robert S. Baden-Powell, dem späteren Begründer der Pfadfinderbewegung. Die 3-d-Marken waren für Sendungen an die Soldaten der äußeren Verteidigungsstellungen gedacht und durch ihr einfaches Herstellungsverfahren (Lichtdruck) sehr lichtempfindlich.

Pfadfinder weltweit

In den Jahren von 1899 bis 1902 wurde die Öffentlichkeit im Mutterland des Britischen Weltreiches in den Zeitungen und Journalen vor allem von einem Thema gefesselt: gebannt verfolgte man die Geschehnisse rund um den Krieg, der zwischen Großbritannien und den südafrikanischen Burenstaaten ausgebrochen war.

Die Bestrebungen der Briten, in Afrika ein zusammenhängendes Kolonialreich „vom Kap bis Kairo" zu errichten, hatten zum Widerstand der in Südafrika ansässigen Buren und zu erbitterten Auseinandersetzungen zwischen ihnen und der Weltmacht Großbritannien geführt. Am 10.11.1899 erklärten die Republik Transvaal und wenig später auch der Oranje-Freistaat Großbritannien den Krieg. Die Buren waren zunächst zahlenmäßig überlegen und gingen in die Offensive. Sie belagerten mehrere Städte, darunter auch das kleine Städtchen Mafeking. Dort befanden sich die Verteidiger unter dem Kommando des jungen und fähigen Generalmajors Robert Stephenson S. Baden-Powell (1857–1941). Dieser täuschte den Angreifern trotz der militärisch verzweifelten Lage eine große Zahl von Verteidigern vor, hielt die Eingeschlossenen mit Theatervorführungen bei Laune und setzte für Boten- und Kundschafterdienste Jungen ein, die ihn mit ihrem Mut und ihrem Pflichtbewusstsein beeindruckten.

Nach dem Entsatz Mafekings durch britische Truppen im folgenden Jahr galt Baden-Powell als Nationalheld und kehrte gefeiert nach Großbritannien zurück. Bald quittierte er den Dienst in der Armee und verfasste ein militärisches Handbuch für Späher („Scouting"), das auch bei vielen Jugendlichen begeisterte Aufnahme fand. Daraufhin veranstaltete Baden-Powell 1907 mit Jungen aus allen sozialen Schichten ein erstes Zeltlager, schrieb das Handbuch „Scouting for Boys" und war von dem immensen Erfolg der Bewegung der Boy-Scouts selbst überrascht. Innerhalb kürzester Zeit breitete sich die den Idealen von Solidarität, Mitverantwortung und Völkerverständigung verpflichtete Bewegung weltweit aus, bereits 1910 kamen die Girl-Guides dazu.

Baden-Powell, der 1929 für seine Verdienste vom König zum Lord of Gilwell geadelt wurde, gründete mit der Pfadfinderbewegung die größte freiwillige Jugendbewegung der Welt, der

6

7

8

heute weltweit über 26 Millionen Jungen und Mädchen angehören. Auf Briefmarken bzw. in Sonderstempeln findet sich eine Vielzahl von Motiven mit Pfadfinder-Bezug, die von spezialisierten Sammlern gesucht werden.

Auch in den mittel- und osteuropäischen Ländern hatte es vor der Oktoberrevolution bzw. vor dem Zweiten Weltkrieg Pfadfindergruppen gegeben. Besonders populär war die Pfadfinderbewegung bis zum Überfall der Deutschen Wehrmacht in Polen gewesen. Als sich im August 1944 die Polnische Untergrundarmee gegen die Deutsche Wehrmacht erhob, um Warschau noch vor dem Heranrücken der Roten Armee zu befreien, richteten polnische Pfadfinder in den befreiten Stadtteilen einen provisorischen Postdienst ein und kennzeichneten die Briefe mit groben, handgefertigten Stempeln. Diese Stempel zeigten eine Lilie, das weltweite Symbol der Pfadfinder.

Die erhaltenen Belege aus dieser Zeit, die zu den großen Raritäten der polnischen Philatelie gehören, legen ein bewegendes Zeugnis vom mutigen Kampf gegen die Besatzer ab. Unter den rund 166.000 Polen, die während des Aufstandes ums Leben kamen, waren 150.000 Zivilisten. Nach der Niederschlagung des Aufstandes und noch kurz vor dem Einzug der Roten Armee ordnete Hitler die völlige Zerstörung Warschaus an.

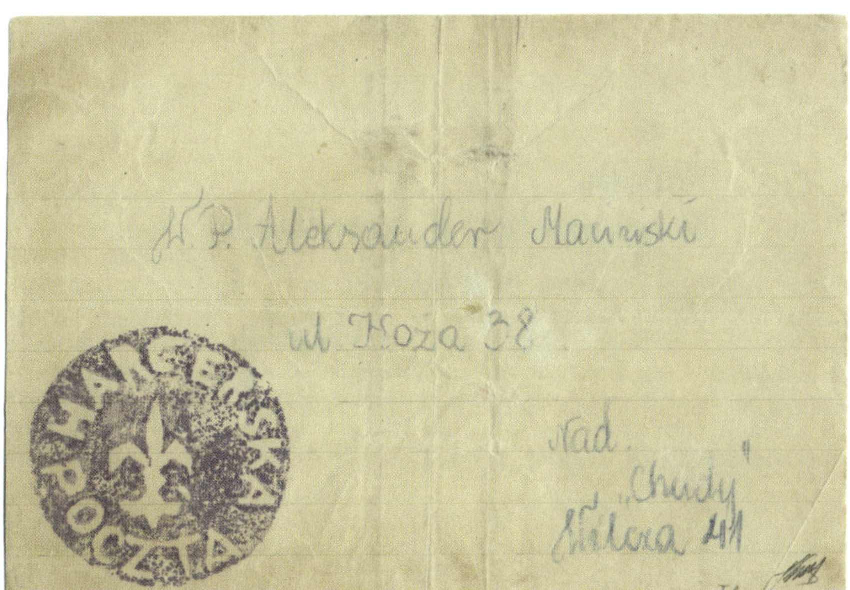

9

6 Belgien MiNr. 1068 ✶. Sonderausgabe zum 50-jährigen Bestehen der Pfadfinderbewegung und zum 100. Geburtstag des Gründers der Pfadfinderbewegung, Robert Stephenson Baden-Powell. Der ehemalige General wurde in der typischen Pfadfindertracht porträtiert.

7 Großbritannien MiNr. 913 ✶, 1982. Das Markenbild zeigt zwei englische Girl-Guides in ihrer typischen Tracht. Die Pfadfinderinnen fanden sich bereits wenige Jahre nach den Pfadfindern in Gruppen zusammen und wurden viele Jahre lang von Baden-Powells Ehefrau, Lady Olave Baden-Powell, geführt.

8 Großbritannien MiNr. 912 ✶, 1982. Die beiden englischen Pfadfinder zeigen neben dem typischen Halstuch auch den internationalen Pfadfindergruß, der u.a. den Schutz des Schwachen durch den Starken symbolisiert.

9 Polnischer Pfadfinderbrief vom Warschauer Aufstand 1944 mit so genanntem „Kartoffel"-Pfadfinderpoststempel Type 2b – Poczta Harcerska. Dieser Stempel wurde nur in den ersten Tagen des Warschauer Aufstandes in der südlichen Innenstadt verwendet. Der schlichte Faltbrief mit dem Textinhalt u.a. „Zur Erinnerung an die ersten Tage der Freiheit" vom 4. August 1944 ist nicht nur ein bewegendes zeitgeschichtliches Dokument, sondern zählt auch zu den großen Raritäten der polnischen Philatelie.

1

1 Das Tableau in Schaukastenform mit Glasabdeckung war in einem Wandtresor im Reichspostmuseum in Berlin untergebracht. Durch die Kriegs- und Nachkriegswirren galt der wertvolle Besitz lange als verschollen. Nach der Rückgabe der Beute durch den illegalen Besitzer kehrte das Tableau mit den philatelistischen Welträritäten 1990 nach Deutschland zurück. Die wertvollen Marken befinden sich auch heute noch in dem Original-Metallrahmen auf der originalbeschrifteten Pappunterlage montiert und sind in gutem Zustand. Bei den acht vorhandenen Marken handelt es sich um eine orangerote Ein-Penny- und eine dunkelblaue

Die Königinnen der Briefmarken

Sonnenhungrigen Urlaubern ist der am 20. Breitengrad südlich des Äquators im warmen Indischen Ozean gelegene Inselstaat Mauritius als angenehme Mischung afrikanischer Traditionen und indischer Düfte mit europäischem Komfort bekannt. In früheren Jahrhunderten gehörte Mauritius zuerst zu Portugal, danach zu den Niederlanden und dann zu Frankreich. 1810 begann hier das britische Zeitalter, dem 1968 die Unabhängigkeit im Commonwealth folgte. Obwohl eine Schiffspassage ins weit entfernte Europa damals fast drei Monate in Anspruch nahm, schrieb die Insel mit ihren am 21. September 1847 verausgabten Freimarken philatelistische Weltgeschichte. Die „Blaue Mauritius" POST OFFICE und ihre orangerote kleine Schwester sind heute für Fachleute und Laien gleichermaßen der Inbegriff wertvoller Briefmarken.

Die britische Kronkolonie Mauritius war erst das fünfte Land der Welt, das eigene Briefmarken herausgab. Der britische Gouverneur Gomm veranlasste 1846 einen Parlamentsbeschluss, der nach dem Vorbild der englischen Postreform zwei Werte vorsah. Die 1-Penny-Marke war für die Beförderung innerhalb der Hauptstadt Port Louis vorgesehen, während für die Beförderung auf der übrigen Insel und nach Übersee ein 2-Pence-Wert ge-

Zwei-Pence-Mauritius (MiNr. 1 und 2), eine rosafarbene Zwei-Cents-British Guiana (MiNr. 1) von 1850, eine blaue Vier-Cents-British Guiana (MiNr. 11) von 1856 sowie vier blaue Hawaii-Marken zu 2, 5 und zweimal 13 Cents (MiNr. 1-4) von 1851/52. Die frühen Marken von British Guiana und die ersten Briefmarken von Hawaii besitzen nicht den Mythos der Mauritius-Marken – dennoch zählen sie zu den größten Weltseltenheiten.

2

2 Mauritius MiNr. 2. Die dunkelblaue Two-Pence-Mauritius aus dem Jahr 1847 befindet sich auf einem Brief, der an die Messieurs Ducan et Lurgny in Bordeaux gerichtet war. Die überaus wertvolle Marke aus dem Erscheinungsjahr 1847, die trotz Beförderung ungestempelt erhalten geblieben ist, enthält die an sich falsche Inschrift „POST OFFICE". Der Brief wurde mit dem Schiff „Mischief", das am 14. Oktober 1847 in See stach, nach Liverpool in England befördert. Von dort gelangte er an die Westküste Frankreichs, nach Boulogne. Ein Stempel dokumentiert als Datum der Ankunft den 27. Dezember 1847. Zwei Tage später war er bei seinen Empfängern in Bordeaux. Der Stempel „COLONIES & c ART.13" bedeutet, dass das Empfängerland Frankreich nach dem englisch-französischen Postbeförderungsvertrag von 1843 dem Überbringerland England drei Shilling und vier Pence erstatten musste.

3

3 Mauritius MiNr. 1 ⊙. Die orangerote Mauritius „POST OFFICE" (MiNr. 1) mit dem One-Penny-Wert galt für die Beförderung eines Briefes innerhalb der Hauptstadt Port Louis. Diese Marke, entwertet durch Roststempel, ist eines von nur 13 bekannten Exemplaren.

plant wurde. Trotz der zahlreichen Bevölkerung war der Bedarf an Postwertzeichen ausgesprochen gering: Der Graveur Joseph Barnard fertigte demzufolge nur eine Druckplatte pro Wert an, mit der er je Arbeitsgang genau eine Briefmarke herstellen konnte. Auf diese Weise entstanden 500 rote Marken zu einem Penny und 500 blaue Marken im Wert zu zwei Pence. Als Vorbild diente ihm die „One Penny Black" aus dem Mutterland, die 1840 ihre Weltpremiere hatte. Zum Profil von Königin Victoria kamen auf der Umrandung die Wertangabe, die Herkunftsbezeichnung Mauritius, das aus England bekannte Wort „Postage" und das später für Verwirrung sorgende POST OFFICE hinzu. Man hielt die erste Mauritius-Serie eine Zeit lang für einen Fehldruck der bereits im Mai 1848 nachfolgenden Serie, die nach englischem Vorbild die Worte POST PAID aufwies. Doch mit dieser Legende konnte 1912 aufgeräumt werden, als anhand der aufgefundenen Original-Druckplatte nachgewiesen wurde, dass es sich um eine eigenständige Serie handelt. Schriftliche Anweisungen an den Graveur sind nicht mehr erhalten, so dass die Annahme, wonach die Aufschrift POST OFFICE eine Unaufmerksamkeit Barnards sei, aus heutiger Sicht eher als nette Anekdote anzusehen ist.

Auch die Behauptung, die Post-Office-Marken seien speziell für den Versand einer Einladung der Gouverneursgattin Lady Gomm zu einem Kostümball gedruckt worden, kann heute zwar noch als unterhaltsam, nicht jedoch als wissenschaftlich tragfähig angesehen werden. Denn nicht nur die für den Stadtpostverkehr geschaffene Wertstufe von einem Penny spricht gegen diese Annahme, sondern auch ein öffentlich zugängliches philatelistisches Dokument ersten Ranges, das bereits 1903 in den Besitz des damaligen Reichspostmuseums gelangte. Dabei handelt es sich um einen Brief, den ein gewisser Edward Francis

4

5

6

7

4 Mauritius MiNr. 3 ⊙. Die zweite Ausgabe von Mauritius im Jahr 1848 hat die gleiche Zeichnung wie die erste Ausgabe, trägt aber die korrigierte Inschrift „POST PAID" (Gebühr bezahlt). Die vier gebrauchten Marken des 1-Penny-Wertes (MiNr. 3 I, 3 II, 3 III und 3 IV) weisen deutlich die Druckfolge der verschiedenen Auflagen nach und dokumentieren die fortschreitende Abnutzung der Druckplatte. Die ersten Drucke (MiNr. 3 I) mit schräg und senkrecht liniertem Grund erfolgten auf dickem, gelben Papier.

5 Mauritius MiNr. 3 II. Für die Drucke wurde dünnes, bläuliches Papier verwandt.

6 Mauritius MiNr. 3 III. Bei den späteren Drucken sind nur noch die schrägen Linien deutlich erkennbar, die senkrechten sind nur schwach oder nicht vorhanden.

7 Mauritius MiNr. 3 IV. Das senkrechte Paar aus der IV. Auflage spiegelt die bereits abgenutzte Druckplatte wider. Erkennbar sind im Hintergrund nur noch schräge Linien, jedoch stark abgenutzt.

8 Mauritius MiNr. 4 F. Das Briefstück mit zwei entwerteten Marken des 2-Pence-Wertes der zweiten Ausgabe zeigt im Stempel das Datum vom 24. Februar 1855. Die linke Marke zeigt als Fehldruck in der Inschrift unten die Buchstaben „PENOE" anstatt „PENCE".

am 4. Oktober 1847 von Port Louis an die Weinhandlung Ducan & Lurgnie Negts in Bordeaux schickte, wo er am 29. Dezember 1847 ankam.
Der erhalten gebliebene Briefinhalt ist rein geschäftlich: Francis bestätigte darin den Erhalt von 48 Fässern Wein, von denen er bereits 30 verkaufen konnte. Im Text äußerte er die Hoffnung, auch die restlichen Fässer ohne Preisnachlass verkaufen zu können. Den Brief schrieb er in zweifacher Ausfertigung. Ein Exemplar wurde gemäß Leitvermerk auf der Anschriftenseite des Umschlags mit dem Schiff „Mischief" über Liverpool nach Frankreich transportiert. Das andere Exemplar nahm an Bord der „John King" bereits eine Woche vorher Kurs auf den Korrespondenzpartner, wo es am 28. Dezember 1847 ankam. Die doppelte Versendung ist als durchaus übliche Vorsichtsmaßnahme gegen die Unwägbarkeiten des damaligen Schiffsverkehrs zu verstehen. Recherchen aufgrund von Anfang des 20. Jahrhunderts aufgetretenen Zweifeln an der Echtheit der Briefe ergaben zweifelsfrei, dass beide Briefe den durch Stempel und Briefinhalt belegten Kurs genommen hatten.

Doch zunächst einmal wanderten beide Briefe, der eine mit der Roten und der Blauen Mauritius frankiert, der andere allein mit der Blauen Mauritius freigemacht, in das Firmenarchiv der Weinhandlung, wo sie erst 1902 von einem Schüler entdeckt wurden. Von nun an gingen die „Bordeaux-Briefe" getrennte Wege. Während das Exemplar mit den zwei Postwertzeichen in private Hände gelangte und inzwischen mehrfach den Besitzer wechselte, ging das andere Exemplar 1903 über den berühmten Berliner Briefmarkenhändler Philipp Kosack in das Reichspostmuseum, das nach Großbritannien die zweitgrößte Briefmarkensammlung der Welt unterhielt.

Hier wurde der Brief zusammen mit anderen philatelistischen Raritäten ersten Ranges auf einer Pappunterlage in einem Metallrahmen hinter Glas untergebracht. Das Tableau wurde in einem Wandtresor im Postwertzeichensaal ausgestellt und enthielt zusätzlich eine gebrauchte Rote Mauritius, die Philipp Kosack im Tausch mit einigen Kolonialmarken 1901 dem Museum übertragen hatte. Zusätzlich in den Rahmen eingefügt wurden zwei der ersten

8

9

10

11

9 Mauritius MiNr. 10 ✶. Die Ausgabe von 1858/59 zeigt die sitzende Britannia mit dem Landesnamen Mauritius, aber ohne Wertangabe. Die Unterscheidung der verschiedenen Wertstufen erfolgte ausschließlich durch die unterschiedlichen Farben.

10 Mauritius MiNr. 3. Der Brief von Port Louis nach Réunion (Französische Kolonie) wurde mit einem senkrechten Viererstreifen des 1-Penny-Wertes frankiert und mit Rostovalstempelabdrucken entwertet.

11 Mauritius MiNr. 10. Der Mauritius-Brief war in ein Departement in Südfrankreich über den Leitweg Marseille adressiert, er wurde mit der Marke 4 Pence grün freigemacht und mit Ringstempel entwertet.

Postwertzeichen von British Guiana. Von der rosafarbenen 2-Cents-Marke von 1851 existieren nur noch zehn Exemplare. Mit seiner Signatur bestätigte Postmeister J. B. Smith die Echtheit der Rarität. Aus dem Jahr 1856 stammt die blaue 4-Cents-Marke daneben mit der Inschrift „Damus petimusque vicissim“: Wir geben und fordern dafür. Wegen der Ähnlichkeit mit Nähgarn-Etiketten werden die Marken auch „Cotton Reels“ genannt.

Doch nicht genug: Bei den vier Hawaii-Marken (drei lose, eine auf Brief) darunter handelt es sich um die komplette erste Serie des Pazifik-Archipels. Vom 2-Cents-Wert sind lediglich 15 Exemplare bekannt. Bei der 13-Cents-Marke auf Brief mit der Aufschrift „H.I. & U.S.“ (Hawaiian Islands and United States) handelt es sich um die Portostufe für Briefe in die USA. Weil diese Marken häufig von amerikanischen Missionaren benutzt wurden, erhielten sie den Beinamen „Missionarsmarken“.

Doch das friedliche Bild der sechs auf dem Tableau vereinten Einzelmarken und zwei Briefe wurde durch den Zweiten Weltkrieg nachhaltig gestört. Über die Reichsbank wurde es

12

13

14

15

12 St. Vincent MiNr. 1 ✶. 1861 erschien in der Britischen Kronkolonie St. Vincent die erste karminfarbene Briefmarke. Die Marke im Wert von einem Penny zeigt das Bildnis Königin Victorias in einem Oval. Ihre Ränder sind, wenn auch unvollkommen, gezähnt.

13 St. Vincent MiNr. 2 ✶, blau, von 1866.

14 St. Vincent MiNr. 3 ✶.

15 St. Vincent MiNr. 4 ✶. Wie auch die anderen abgebildeten Ausgaben der ersten Markenserie hat diese 1-Shilling-Ausgabe eine unregelmäßige Zähnung.

16 Tobago MiNr. 1 ✶. 1879 wartete man in der Britischen Kronkolonie Tobago auf die Ankunft regulärer Briefmarken. Bis zu deren Eintreffen verwendete man als Ersatz Fiskalmarken wie diese rosa One-Penny-Ausgabe. Die Marken tragen wiederum das Bild von Königin Victoria im Oval. Diese Fiskalmarken haben zwei unterschiedliche Wasserzeichen, eine Krone mit darunter stehenden Buchstaben „CC" oder eine Krone mit „CA". Marken mit dem Wasserzeichen „CA" wurden ausschließlich als Fiskalmarken verwendet.

17 Tobago MiNr. 2 ✶. Bei dieser abgebildeten Ausgabe von 3 Pence weist einzig und allein das Wasserzeichen mit „CC" im Papier auf die Verwendung als Freimarke hin.

zusammen mit anderen Wertsachen nach Eisleben gebracht. Noch bevor die sowjetischen Truppen das Gebiet von den Amerikanern übernahmen, brachten die ihre Schätze in den Westzonen in Sicherheit. Doch was für ein Drama! Bei der Inventur wurde festgestellt, dass das kostbare Tableau fehlte.

Auf einer Briefmarkenmesse in Philadelphia bot 1976 der Amerikaner Charles E. Sweeney einem Londoner Fachhändler das Tableau zum Kauf an. Doch der ließ seine Finger von der heißen Ware und schaltete die Polizei ein. Mit der Aussicht, den Schatz durch Beschlagnahme zu verlieren, rückte der Ex-Soldat Sweeney, der an der Evakuierung der Schätze aus Eisleben beteiligt gewesen war, das Tableau an den amerikanischen Zoll „freiwillig" heraus. Die von der Bundesrepublik Deutschland ausgelobte Belohnung hat Sweeney jedoch nie erhalten.

Das Tableau blieb trotzdem noch viele Jahre in Amerika, weil neben der Bundesrepublik Deutschland auch die DDR Anspruch auf den Schatz erhob. Erst nach der Wiedervereinigung gelangten die unversehrten Marken 1990 nach Bonn in das Archiv für Philatelie und werden seit dem Jahr 2000 im renovierten Museum für Kommunikation Berlin der Öffentlichkeit präsentiert. Sie sind damit jeder Spekulation entzogen, so wie es etwa der andere „Bordeaux-Brief" erlebte, der zuletzt 1993 in Genf für die atemberaubende Summe von 6,125 Millionen Franken versteigert wurde. Eine Anekdote rankt sich um ein Pärchen der Roten und der Blauen Mauritius, das 1985 von der deutschstämmigen „Revlon-Witwe" Rita Lachman für 1,995 Millionen Mark ersteigert, aber nie bezahlt wurde. Ein Großteil der insgesamt 26 erhaltenen Mauritius-Marken befindet sich heute in öffentlichem Besitz und ist damit unverkäuflich und vor derartigen Spekulationen geschützt.

Ebenfalls in einer Übersee-Kolonie des britischen Empire spielt eine andere Philatelie-Geschichte, von der unbedingt berichtet werden muss, um einen an Superlativen reichen Schatz vorzustellen. Klimatisch müssen wir uns gar nicht umstellen, denn wir bleiben einfach in den Tropen. Nur befinden wir uns nun nicht mehr im Indischen Ozean, sondern im Südosten der Karibik, wo weiße Sandstrände heutzutage Touristen aus aller Welt zum Schwimmen, Schnorcheln, Surfen und Sonnenbaden einladen.

Wenn man vor über 150 Jahren auf einer Insel etwas zu transportieren hatte, tat man dies häufig nicht auf dem beschwerlichen Landweg, sondern wich auf das Meer aus. Vor der Insel Trinidad, unweit der Küste Venezuelas, versah ein Raddampfer namens Lady McLeod diesen Dienst. Zwischen der Inselhauptstadt Port of Spain an der Westküste und dem Hafenort San Fernando verkehrte das mit Hilfssegeln ausgestattete Dampfschiff regelmäßig im Liniendienst, um neben Passagieren und Fracht auch Post an ihr Ziel zu bringen.

Anfang 1847 kam der Schiffseigner und Kapitän David Bryce auf die Idee, die Gebührenerhebung für den Posttransport auf seinem Schiff mittels Briefmarken zu bewerkstelligen. So ließ er Marken drucken, die sein dampfendes Schiff und die verschlungenen Initialen des Schiffsnamens LMcL zeigen. Die auf dickem geblichen Papier in dunkelblauer Farbe gedruckten Marken weisen jedoch keinerlei Herkunftsbezeichnung auf. Der Grund ist einfach: Nicht die Postverwaltung der britischen Kolonie Trinidad, sondern der Kapitän war der Herausgeber der ersten Trinidad-Marke, die ab 24. April 1847 zum Einsatz kam. Den-

16

17

18

22

19

20

21

18 Tobago MiNr. 3 ✶.

19 Tobago MiNr. 4 ✶. Die dargestellte 1-Shilling-Marke hat das Zeichen „CC" für den normalen Gebrauch.

20 Tobago MiNr. 5 ✶. Auch bei dieser Marke kann man nur durch das Wasserzeichen erkennen, dass sie als Freimarke benutzt werden konnte.

21 Tobago MiNr. 6 ✶. Das Wasserzeichen kennzeichnet wiederum die abgebildete One-Pound-Marke mit dem „CA" ausschließlich als Fiskalmarke.

22 Trinidad und Tobago MiNr. I ✶. Der Kapitän des Dampfers „Lady McLeod", David Bryce, gab am 24. April 1847 eine private Schiffspostmarke heraus. Sein Dampfer verkehrte damals zwischen Port of Spain und San Fernando. Die blaue Marke zeigt die Abbildung des Dampfers Lady McLeod mit den darunter stehenden dekorativ geschnörkelten Initialen „LMcL". Sie ist auf dickem, gelblichen Papier gedruckt, die Ränder sind geschnitten. Eine Wertziffer fehlt, doch ist bekannt, dass der Kapitän eine einzelne Briefmarke zu 5 Cents verkaufte. Bei Abnahme von 100 Stück reduzierte er den Preis der Marken auf 4 Cents. Die Entwertung erfolgte durch Federstrich oder Abreißen einer Ecke.

noch wird diese private Schiffspostmarke in den Katalogen als erste Briefmarke des Sammelgebietes „Trinidad und Tobago" aufgeführt. Die „Lady McLeod" ist damit die erste Schiffspostmarke der Welt. Außerdem ist sie das erste in einer britischen Kolonie verwendete Wertzeichen. Sie kam ein halbes Jahr eher heraus als die berühmte Mauritius.

Obwohl die Marke keine Wertangabe aufweist, ist bekannt, dass sie zum Stückpreis von fünf Cents verkauft wurde. Kapitän Bryce räumte bei Abnahme von 100 Stück einen Rabatt ein und überließ seinen Großabnehmern die Marke für nur vier Cents. Umso erstaunlicher ist es, dass von der „Lady McLeod"-Marke keinerlei Paare oder größere Einheiten wie Viererblocks bekannt sind. Die Marke existiert nach heutigem Kenntnisstand – im Gegensatz zu den meisten anderen Raritäten der Weltphilatelie – nur in Einzelstücken. Experten schätzen, dass von dieser originellen Rarität kaum mehr als ein halbes Hundert existiert.

Die ersten postamtlichen Trinidad-Briefmarken kamen gut vier Jahre nach der „Lady McLeod" heraus. Die ab 1851 verbreitete Ausgabe zeigt die Sitzende Britannia und wurde bei Perkins, Bacon & Co. in London gedruckt. Dagegen entschieden sich die Verantwortlichen auf der nur wenige hundert Kilometer entfernten Insel St. Vincent zehn Jahre später für das Porträt von Königin Victoria. Die ebenfalls bei Perkins, Bacon & Co. gedruckte Freimarkenserie der zu der „Windward-Gruppe" gehörenden Karibikinsel kam zwischen 1861 und 1866 in vier verschiedenen Auflagen heraus. Während die besonders wertvolle erste Auflage von 1861 unscharf gezähnt war, macht auch die Perforation der zweiten Auflage einen unvollkommenen Eindruck. Die vier Werte erhielten danach eine feinere Zähnung, die europäischem Standard entsprach.

Doch zurück vor die Küste Südamerikas: Auch auf dem heute als Touristeninsel beliebten Tobago kamen vor der Vereinigung mit dem größeren Trinidad eigene Postwertzeichen heraus. Neben Freimarken setzte man ab 1879 zunächst Fiskalmarken für postalische Zwecke ein. Diese Serie mit dem Porträt von Königin Victoria kann sicherlich als eine der grafisch gelungensten Ausgaben ihrer Zeit bezeichnet werden. Gedruckt wurde sie übrigens vom Perkins-Konkurrenten De la Rue, der ebenfalls vom Mutterland aus zahlreiche Kronkolonien mit Postwertzeichen versorgte. De la Rue versteht sich wie andere zentraleuropäische Spezialisten in Deutschland, Frankreich und Holland für Kunden in aller Welt noch heute als Hersteller hochwertiger Sicherheitsdrucke, wozu neben Briefmarken etwa Geldscheine, Wertpapiere und Ausweise gehören.

1

1 Mexiko MiNr. 4 I H I. Brief von 1858 nach Santa Catarina. Die rote Marke hat durch die Halbierung einen Wert von 2 statt 4 Reales. Sie zeigt wie alle frühen Marken Mexikos das Bild des mexikanischen Freiheitskämpfers Miguel Hidalgo y Costilla. Unter der schwarzen Abstempelung lässt sich ein schwarzer Bezirksaufdruck erkennen.

Freiheitskämpfer halbiert und geviertelt

Vor fünf Jahrhunderten eroberte Hernán Cortés das Aztekenreich zwischen Nord- und Mittelamerika für Spanien. Mexiko wurde zum Vizekönigreich Neu-Spanien, in dem sich später das Postwesen entwickelte. Mit Beginn des 19. Jahrhunderts rebellierten die Einheimischen gegen die Spanier, was 1824 in der Gründung der unabhängigen Republik Mexiko mündete. Als Folge der „Großen Reformen" von 1854 verausgabte Mexiko als drittes lateinamerikanisches Land nach Brasilien und Chile seine ersten Briefmarken. Diese wurden nach Bedarf auch in Halbierung und Viertelung verwendet, wie Briefe und Briefstücke heute noch belegen.

Die Einführung von Briefmarken im Jahre 1856 fiel in eine unruhige Zeit. Nach der Befreiung von der spanischen Herrschaft und einem Krieg gegen die USA, wobei Mexiko alle seine Nord-Provinzen verlor, folgte in den 50er Jahren die Vorbereitung einer liberalen Verfassung, die ab 1857 die Trennung von Kirche und Staat und die Menschenrechte garantierte. Unter dem liberalen Präsidenten Benito Juaréz litt Mexiko unter einem dreijährigen Bürgerkrieg, in dem sich Anhänger des Fortschritts und der Unabhängigkeit mit den konservativen Gefolgsleuten der spanischen Kolonialmacht und der reichen Staatskirche schwere Kämpfe lieferten. Als Juaréz 1861 wegen der zerrütteten Staatsfinanzen die Auslandsschulden nicht mehr bezahlte, entsandten Spanien, Großbritannien und Frankreich Soldaten nach Mexiko. Im zweiten Anlauf besetzten die Franzosen 1863 Mexiko-Stadt.

So wundert es nicht, dass das erste Markenmotiv der Republik die Büste eines Freiheitskämpfers zeigt. Der Priester Miguel Hidalgo y Costilla, der auf den Ausgaben 1856, 1861 und 1864 abgebildet ist, führte 1810 den Indianeraufstand in Zentralmexiko gegen die Spanier an. Der Aufstand wurde im folgenden Jahr niedergeschlagen und Hidalgo hingerichtet. Er ging als erster Held der Unabhängigkeit in die Geschichte Mexikos ein.

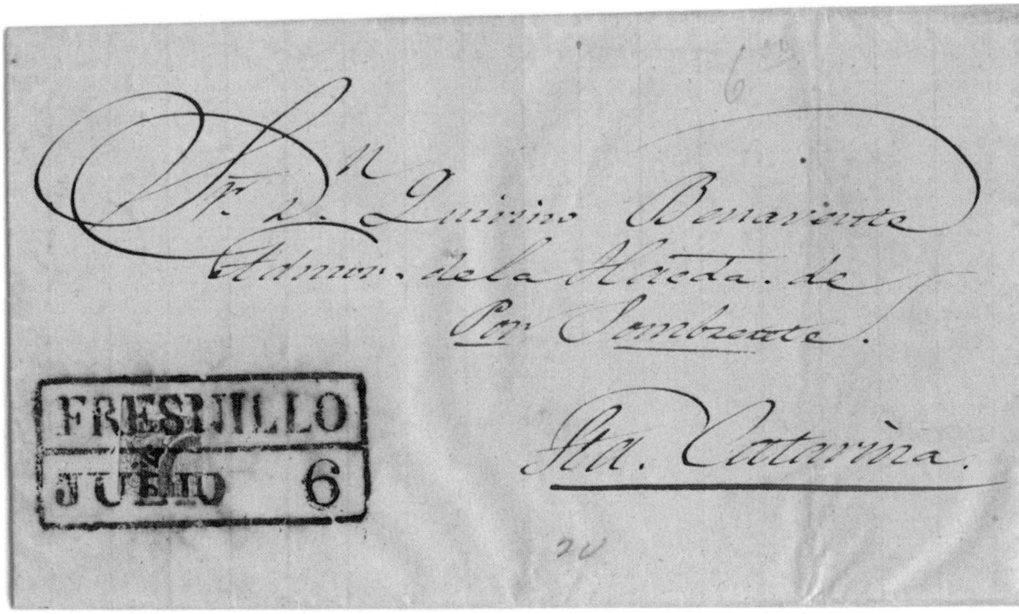

2

2 Mexiko MiNr. 5 H II. Der Brief aus dem Jahr 1859 ging ebenfalls nach Santa Catarina. Die in diesem Fall geviertelte Marke hat einen Wert von 2 Reales.

Am 1. August 1856 erhielt die Bezirkspostdirektion von Mexiko-Stadt die ersten Lieferungen der Marken zu 1/2, 1, 2, 4 und 8 Reales (medio real, un real, dos reales, cuatro reales und ocho reales) aus der Regierungsdruckerei; die weiteren 47 auswärtigen Bezirkspostverwaltungen wurden erstmals Ende August beliefert. Damit die Wertzeichen in politisch unruhigen Zeiten auf den Verkehrswegen nicht in falsche Hände gerieten, wurden die Briefmarken erst frankaturgültig, wenn sie mit einem Handstempel des zuständigen Bezirkspostamtes, den so genannten Bezirksaufdrucken, versehen waren. Die Posttarife, die bereits vier Monate nach Einführung angehoben worden sind, richteten sich nach dem Gewicht des Briefes und der Entfernung.

Die Wertstufen von 1 und 2 Reales wurden am häufigsten gebraucht. Manche Postbezirke hatten jedoch zu wenig Marken dieser Wertstufen; zudem war der Nachschub wegen des Bürgerkriegs erschwert. So behalfen sie sich mit der Teilung der Marken zu 4 und 8 Reales, für die vor allem in kleineren Bezirken wenig Bedarf bestand. Auf Briefen oder Briefstücken sind Halbierungen und Viertelungen der 4- und 8-Reales-Marken der Ausgaben von 1856 und 1861 gut belegt. Dabei wurden die Marken überwiegend waagerecht, senkrecht oder diagonal halbiert oder normal geviertelt, um auf die am häufigsten benötigte Frankatur von 2 Reales zu kommen. Halbierungen der 1- und 2-Reales-Marken sowie Dreiviertelungen der höheren Wertstufen sind ebenfalls belegt, gehören aber zu den Raritäten. Auf vielen Teilungen ist der Bezirksname nur unvollständig oder gar nicht zu sehen. Aus dem Bezirk Zacatecas existieren dagegen 4- und 8-Reales-Werte, die doppelt mit dem Bezirksaufdruck gestempelt worden sind – offensichtlich waren diese Marken von vornherein zur Teilung vorgesehen.

Die letzte Briefmarkenausgabe der Juaréz-Regierung von 1864, die nur mit den Bezirksaufdrucken Monterrey und Saltillo existiert, wurde bereits im Mai desselben Jahres durch die „Adler"-Ausgabe Kaiser Maximilians abgelöst, den Napoleon III. in Mexiko eingesetzt hatte.

1

2

1 Niederlande MiNr. 1 ✶. Die ersten niederländischen Marken wurden am 1. Januar 1852 verausgabt. Die blaue 5-Cent-Marke trägt das Bild des regierenden Königs Wilhelm III. Die Ränder sind geschnitten.

2 Niederlande MiNr. 33, 35, 35 F. Das Besondere an diesem Brief nach Berlin ist der Fehldruck der gelborangefarbenen 5-Cent-Ausgabe. Diese Marke wurde in der Druckerei Enschede statt in der regulären blauen Farbe in Gelborange hergestellt. An die 50 Exemplare davon gingen in den Verkehr, sie wurden von der Post jedoch nie für ungültig erklärt. Der Brief wurde mit einer lila 2 1/2-Cent-Marke, der regulären blauen 5-Cent-Ausgabe und dem Fehldruck der 5-Cent-Marke freigemacht. Auf den schwarzen Zweikreisstempeln aus Rozendaal ist noch deutlich das Absendedatum 27. September 1895 zu sehen.

3 Niederlande MiNr. 164, 165, 166 ✶. Die drei Wohltätigkeitsausgaben vom 17. Dezember 1925 „Voor het Kind" wurden zugunsten des Bundes für Kinderbetreuung herausgegeben. Die dekorativen zweifarbigen Blumenzeichnungen, die der Künstler A. Molkenboer entwarf, stellen jeweils das Wappen einer niederländischen Provinz dar.

Drei Kapitel der Briefmarkenkunst

Vor 150 Jahren begann die Briefmarken-Ära unseres westlichen Nachbarlandes. Den ersten niederländischen Briefmarken-Satz schmückt ein Bildnis des Staatsoberhauptes, König Wilhelm III. Abbildungen der Herrscher im Königreich ziehen sich seither ebenso wie ein roter Faden durch die Philateliegeschichte der Niederlande wie die Ziffern- und die Wohlfahrtsmarken. Bis heute erscheinen jährlich Kinder- und Sommermarken, die in den 20er und 30er Jahren des 20. Jahrhunderts das Licht der Welt erblickten.

1850 ersetzte die Regierung unter dem Liberalen Johan Rudolf Thorbecke die Postgesetze von 1818 durch ein neues Postwesen nach englischem Vorbild. Dies schloss auch die Herausgabe von Briefmarken mit ein, die auf Anweisung des Finanzministers das Staatsoberhaupt als Motiv haben sollten. Die ersten Werte von 1852 zu 5, 10 und 15 Cent zeigen ein Reliefporträt von König Wilhelm III. umgeben von einem Zierrahmen. Seither ist die Abbildung von Königsporträts und Mitgliedern des Königshauses Tradition in der niederländischen Philatelie, die bis heute andauert. Als 1869 für Drucksachen ein getrenntes Motiv eingeführt wurde, begann ein neues Kapitel. Die erste Drucksachen-Portostufe zeigte zunächst das niederländische Reichswappen mit einem Kranz von Eichen- und Lorbeerlaub, seit 1876 erschienen Marken mit Wertziffern in einem Kreis oder Oval inmitten einer Randverzierung. Auch diese Tradition wurde bis heute fortgesetzt, zuletzt mit Ziffernmarken, die die neuen Wertstufen in Euro repräsentieren.

Mit Beginn des 20. Jahrhunderts, das Land wurde inzwischen von Königin Wilhelmine regiert, deren Konterfei auf zahlreichen Briefmarken zu sehen ist, wurde ein weiteres Kapitel der Briefmarkenkunst aufgeschlagen. Das kulturelle und soziale Leben im Land der Windmühlen spiegelte sich immer häufiger in den Markenmotiven wider. Wohlfahrtsmarken erschienen erstmals 1906 zugunsten der Tuberkulose-Fürsorge, 1923 folgten zwei Marken zugunsten der Künstlerhilfe. Ein Jahr später setzte sich der Niederländische Kinderschutzbund erfolgreich dafür ein, dass die Zuschläge der Wohlfahrtsmarken seinen Mitgliedsorganisationen zugute kommen. Die erste Wohlfahrtsmarke „Für das Kind" zeigt einen Kinderkopf umgeben von zwei Schutzengeln und folgte damit der Idee, auf den so genann-

3

4

5

ten Kindermarken auch tatsächlich Kinder abzubilden. Seither zeigen diese jährlich erscheinenden Marken Kinderporträts, Engel, Kinderfiguren in (nicht immer) passender Umgebung sowie Kinder bei Sport und Spiel. Besonders großen Anklang bei den Käufern fanden die Sätze mit historischen Kinderbildnissen, die 1955 bis 1957 an die Schalter kamen.

Von diesem Grundgedanken wurde jedoch mehrere Male abgewichen. So zeigen die Kindermarken der Jahre 1925 bis 1927 die elf Provinzwappen umgeben von Blumen- und Pflanzenmotiven; den Hinweis „Für das Kind" sucht man vergeblich. Erst 1929 fand die niederländische Post zu ihrer ursprünglichen Idee zurück. Heftigen Streit gab es dann 1931 über die Darstellung von kranken und behinderten Kindern. In den vergangenen Jahren hatte die Fotografie große Fortschritte gemacht, so dass die Kinder erstmals in einer Fotomontage abgebildet wurden. Diese realistische Darstellung kranker Kinder sei nicht verkaufsfördernd, lautete ein Vorwurf. Und der Kinderschutzbund forderte, die Gebrechen der Kinder nicht in der Öffentlichkeit zur Schau zu stellen. So kehrte die niederländische Post im folgenden Jahr zu „schönen" Kinderbildern zurück.

Unterbrochen wurde die Ausgabe von Kindermarken nur durch die Besatzung der bis dahin neutralen Niederlande durch die Deutschen ab 1940. Nach dem Zweiten Weltkrieg wurde im Dezember 1945 die Erfolgsgeschichte der Kindermarken fortgesetzt. Das Gleiche gilt auch für die ebenfalls prominenten Sommermarken. Von 1935 bis 1941 und seit 1947 präsentieren die Niederlande darauf ihr kulturelles Leben mit einer Vielfalt an Motiven. Mit den erhobenen Zuschlägen werden kulturelle Stiftungen unterstützt.

4 Niederlande MiNr. 192, 193, 194, 195 ✶. Ein Jahr später, am 1. Dezember 1926, wurde die Wohltätigkeitsserie mit den Blumenwappen fortgesetzt. Die farbenprächtige Gestaltung der einzelnen Marken nimmt deutliche Anleihen sowohl an Elementen des Jugendstils als auch an Gestaltungsprinzipien des Art Deco.

5 Niederlande MiNr. 246 ✶. Dieser Viererblock gehört zu der Wohltätigkeitsserie „Voor het Kind" vom 10. Dezember 1931. Der Entwurf von G. Kiljan zeigt in einem groben Fotorasterdruck das Bild eines geistig behinderten Kindes und kann für die Zeit seiner Entstehung mit gutem Grund als revolutionär bezeichnet werden. Es dürfte sich um eines der frühesten Beispiele handeln, bei dem ein einfaches Schwarz-Weiß-Foto der Gestaltung einer Briefmarke zugrunde gelegt wurde. Zudem mag die realistische Darstellung eines behinderten Menschen auf einer Briefmarke in den 30er Jahren auf die Betrachter sicherlich weitaus befremdlicher gewirkt haben als heute. Die Marke weist auf eine Modernität der Niederlande hin, die durchaus in Kontrast zu vielen gleichzeitigen Markenentwürfen des Deutschen Reichs steht.

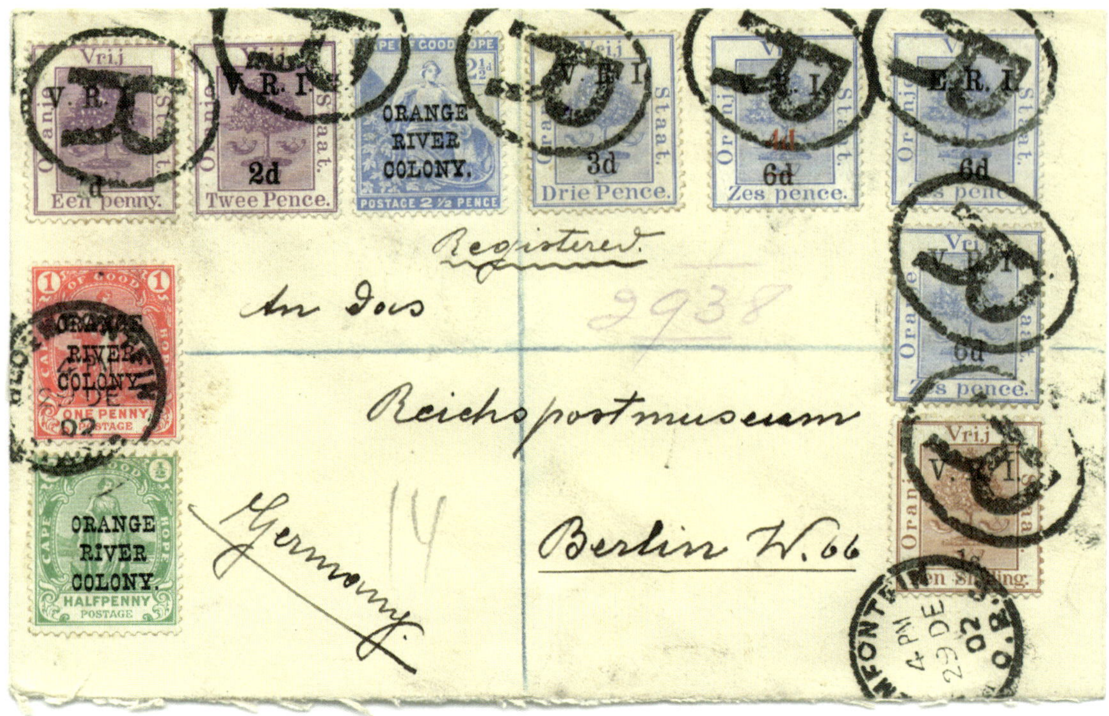

1

1 Oranje-Freistaat MiNr. 24, 25, 27, 30, 31, 33–36. Einschreibbrief aus dem Oranje-Freistaat unter Britischer Besetzung an das Postministerium in Berlin. Er wurde am 29. Dezember 1902 abgeschickt. Von den 10 Einzelmarken, mit denen der Brief frankiert ist, kommt nur ein Wert doppelt vor! Auf den Marken befinden sich sieben schwarze Ellipsenstempel mit dem Buchstaben „R" für Einschreiben. Frankaturen dieser Art wurden vermutlich von philatelistisch Interessierten gemacht.

Schwarzer Kontinent im Wandel

Afrika stand über Jahrhunderte im Mittelpunkt von Kolonialinteressen. Beträchtliche Rohstoffreserven, genügsame Arbeitskräfte und eine leicht erreichbare Küstenlinie mit erträglichem Klima ließen den „schwarzen Kontinent" als geeignetes Ziel etwa der Englander, Franzosen und Niederländer erscheinen. Der jeweilige staatliche Aufbau unterlag einem bis in die Neuzeit sichtbaren Wandel, der nicht selten durch Krieg erzwungen wurde. Die Philatelie dokumentiert solche Entwicklungen auf anschauliche Art und Weise.

Holländische Siedler waren die Ersten, die sich im 17. Jahrhundert am Südende Afrikas niederließen. Engländer verdrängten die Buren (Bauern), die auf einer Hochebene 1836 ihren eigenen Freistaat gründeten. Den nannten sie nach dem Königshaus Oranien im Heimatland Oranje-Freistaat. Für sechs Jahre besetzten ihn die Engländer. Sie zogen jedoch 1854 wieder ab. Wirtschaftlich ging es steil bergauf, denn Diamantenminen brachten eine hohe Ausbeute.

Erste Ansätze eines Postsystems fanden sich ab 1860 in einem Botendienst, für den man sich eingeborener Läufer bediente. 1868 kamen die ersten drei Briefmarken heraus, deren Motiv sich bis zum Ende des Freistaates 1910 nicht grundsätzlich ändern sollte. Es zeigt den „Freiheitsbaum" aus dem Staatswappen. Generalpostmeister Harry Sybouts soll es selbst entworfen haben. Trotz der Konflikte mit den Engländern wurden die Postwertzeichen in der Hauptstadt des Empire gedruckt. Um sich kurzfristig auf Portoänderungen einzustellen, wurden in Bloemfontein immer wieder Aufdruckprovisorien angefertigt. So druckte man 1877 einfach eine große 4 auf Sechs-Pence-Marken, als das Standardporto von sechs auf vier Pence gesenkt wurde. Erst im Jahr darauf hatte De la Rue aus dem fernen London aufdrucklose Vier-Pence-Marken geliefert. Deren Restbestände wurden später jedoch auch bedruckt. Die Ein-Penny-Marke von 1868 wechselte nach 26 Jahren nur einmal die Farbe, während der Sechs-Schilling-Wert in der gesamten Freistaatsperiode unverändert blieb.

2

2 Obock MiNr. 37. Das Briefstück zeigt eine so genannte Kamelpost-Marke der französischen Kolonie Obock. Die Form der Marke ist dreieckig wie die Kap-Ausgaben, allerdings ist das Dreieck hier sehr spitz. Eine Zähnung war nicht ausgeführt, sondern nur vorgedruckt! Der Name bezieht sich auf die Zeichnung, einen Soldaten auf einem Kamel, und auf eine damals noch übliche Art der Postbeförderung. Entwertet wurde die Marke durch einen schwarzen Abgangsstempel vom 22. Juni 1894, ein weiterer Abschlag befindet sich neben der Marke.

3

3 Obock MiNr. 38 ∗.

4

4 Obock MiNr. 55 ∗. Mit der letzten Markenausgabe Obocks von 1894 kam noch einmal eine dreieckige Kamelpost-Serie mit neuer Zeichnung und fünf verschiedenen Wertstufen heraus. Wieder war die Zähnung nur gedruckt. Die Ausgaben sind zweifarbig und haben unterschiedliche Maße. Die abgebildete 25-Francs-Marke in den Farben hellbraun/blau ist 49 : 42 mm groß. Sie zeigt im Hintergrund eine Kompanie Soldaten auf Kamelen. Im Vordergrund sieht man den ebenfalls berittenen Anführer sowie einen bewaffneten Mann zu Fuß.

Im Jahr 1900 besetzten die Engländer im Buren-Krieg den Freistaat. Also wurde „V.R.I." (Victoria Regina Imperatix) auf die alten Marken gedruckt. Es kamen nun auch Marken der englischen Kap-Provinz zum Einsatz, die den Aufdruck „Orange River Colony" erhielten. Diese staatliche Bezeichnung blieb bis 1910 bestehen. Dann entstand die Südafrikanische Union, in der für ein selbstständiges Postgebiet der Oranier-Erben kein Raum mehr war.

Im Einflussbereich einer anderen Kolonialmacht spielten sich die philatelistischen Besonderheiten ab, die hier ebenfalls vorgestellt werden.

Frankreich errichtete auf der afrikanischen Seite des Golf von Aden den Handelsstützpunkt Obock. Die damalige Hauptstadt des heute als Djibouti bekannten Kleinstaates am Horn von Ostafrika gab bis zur Gründung von Französisch Somaliland 1898 auch den Landesnamen. Die Gegend wurde überwiegend von den Nomadenstämmen Afar und Issa bewohnt. Affar und Issa ist der Name, den das Land vor seiner Selbstständigkeit 1977 trug. Philatelistisch trat Obock erstmals 1892 in Erscheinung, als am 1. Februar Aufdruckmarken herauskamen. Bemerkenswert sind mehrere Postwertzeichen von 1893 und 1894 weniger wegen ihrer dreieckigen Form als wegen ihrer unterschiedlichen Größe. Dieses von Münzen und Papiergeld bekannte Phänomen wurde jedoch nicht willkürlich, sondern dem Nennwert entsprechend angewendet. Die hohen Werte sind deutlich größer als die kleinen. „Wachsende Marken" nennen Philatelisten diesen Größenunterschied, den das altdeutsche Postgebiet Bergedorf 1861/67 erstmals anwendete. Die „Kamelpost", so der im Katalog angegebene Ausgabeanlass der Obock-Marken, weist gleichzeitig noch eine andere Besonderheit auf: Die Zähnung ist aufgedruckt. „Vorgetäuschte Zähnung" nennen Fachleute diese selten vorkommende Erscheinung, die durch einen speziellen gitterförmigen Eindruck erreicht wird.

1 Rumänien MiNr. 1, 3 und 4. Einschreibbrief um 1858 von Bakeu (Bacau) nach Jassy (Iasi). Der Brief ist mit den ersten rumänischen Briefmarken, den sogenannten „Ochsenköpfen" frankiert. Der Name hat seinen Ursprung in dem Motiv der Marken, einem Ochsenkopf mit Posthorn, der für den im Wappen der Moldau abgebildeten Auerochsenkopf steht. Die Gesamtfrankatur beträgt 324 Parale. Entwertet ist der Brief mit 5 blauen Zweikreisstempeln als Abgangsstempel „Bakeu Moldova 8/4", zusätzlich ist er mit einem blauen Einzeilenstempel „RECEPISSE" versehen. Die Rückseite ist mit einem ebenfalls blauen Ankunftsstempel (Zweikreisstempel) „Jassy Moldova 6/8" abgestempelt. Die rumänische Post richtete sich bis 1865 nach dem Julianischen Kalender (im Gegensatz zu dem in den westlichen Ländern gültigen Gregorianischen Kalender). Dies ergab eine Minusdifferenz von 12 Tagen zur westlichen Zeitrechnung. Der berühmte Brief mit gleich dreien der ersten rumänischen Briefmarken und vier einzelnen Exemplaren kann als der schönste Brief der rumänischen Philatelie gelten und gehört zweifelsohne zu den Weltseltenheiten.

1

Die Auerochsen aus den Karpaten

Auf der Balkan-Halbinsel lebten die Menschen jahrhundertelang an den Grenzen verschiedener Einflussbereiche. Trotz dieser Wirren entstand im frühen Rumänien 1858 unter dem Begriff „Ochsenköpfe" eine der bekanntesten Briefmarkenausgaben der Welt. Kaum eine der frühen Ausgaben konnte im Laufe der Jahrzehnte so detailliert erforscht werden. Rumäniens erste Markenausgaben weisen eine Reihe von Besonderheiten auf, die zum Teil erst nach dem Fall des „Eisernen Vorhangs" zusammengetragen werden konnten. Verschollen geglaubte Einzelheiten kamen ans Tageslicht, die heute eine Spezialisten-Gemeinde begeistern.

Nach den Römern, Hunnen und Slawen brachen Reitervölker aus dem Osten in das heutige Rumänien zwischen Donau, Schwarzem Meer und Karpaten ein. Nach jahrhundertelangem Einfluss der Türkei erließen die russischen Besatzer 1831/32 die erste Verfassung der Moldau, schlugen aber auch 1848/49 liberale revolutionäre Kräfte nieder. Nach dem Krim-Krieg und dem Frieden von Paris schwand 1856 der russische Einfluss wieder zugunsten der Türkei und Österreichs. Mit seinen ersten Briefmarken war das Fürstentum Moldau jedoch schneller als das große Osmanische Reich.

In der Moldau hatten der von den Großmächten abhängige Fürst Grigore Ghica und vier private Postpächter zuletzt 1852 neue Konditionen für die vier bestehenden Postrouten ausgehandelt. 13 Postämter, darunter das zentrale Postbüro in Jassy, nahmen Briefe an, die zweimal wöchentlich mit Postkutschen durchs Land transportiert wurden. Es galt ein gewichtsabhängiger Einheitstarif für das gesamte Fürstentum. Jedes Postamt führte Franko-Handstempel. Einschreibbriefe wurden ab Herbst 1857 mit dem Stempelabdruck RECEPISSE versehen. Zur entwickelten Organisation der Post gehörten einheitliche Uniformen, festgelegte Öffnungszeiten und ein Katalog von acht verschiedenen Signalen, die der Postillion auf dem Posthorn abgab, um etwa die Ankunft einer Postkutsche anzukündigen.

Am 30. Juni 1858 erließ Postdirektor Vasile Grigoru nach verschiedenen Reformbemühungen und einer weitgehenden Verstaatlichung des Postwesens schließlich eine allgemeine Verordnung über den Briefverkehr. Darin wurde die Frankierung von Briefen mit neuen

2

3

4

ZIMBRULU

ABONAREA SE FACE:

Iasi. La toate Librariile. Biuroulu administrat. strada Májilor.
Districte Vedí pagina a 4-a.
Bucuresci. Librar. DD. Roseti si Ioanidi.
Transilvania / Bucovina. La adminis. posteloru.
Paris. Capela Romana, Rue Racine No. 22

Principatele-Unite

5

Marken angekündigt, die zum Preis von 27, 54, 81 und 108 Parale in Geschäften und Postämtern gekauft werden konnten. Nur für unfrankierte Briefe waren die Briefkästen bestimmt. Frankierte Briefe hatte man direkt bei den Postämtern und Expeditionen abzugeben, wo die Richtigkeit der Frankatur geprüft wurde. Einen Tag nach der Veröffentlichung gab das Finanzministerium beim Markenatelier in Jassy den Druck von 24.000 Briefmarken in Auftrag, 6.000 Stück zu 27 Parale, 10.000 zu 54 Parale, 2.000 zu 81 Parale und 6.000 zu 108 Parale. Verkauft wurde davon im Laufe der Gültigkeit übrigens weniger als die Hälfte.

Zum nötigen Material, das die Druckerei kaufte, gehörten zirka zwei Oka (ca. 2,6 Kilogramm) Leinöl, Druckfarben Pariserblau und Indigo, Knochen zum Kochen der Farbe, zwei Blechkisten mit Schlössern zum Aufbewahren der Marken und nicht zuletzt Gummiarabikum. Von der Firma Georg Sigl in Wien stammten die Handdruckpressen, auf der bisher fürstliche Steuermarken hergestellt worden waren. In Paris wurden Rohlinge für die vier Druckstempel der Marken nach dem Vorbild der Steuermarken besorgt.

Möglicherweise schon vor dem offiziellen Druckauftrag hatte das Briefmarkenatelier mit der Anfertigung des Druckwerkzeuges begonnen. Als Vorbild dienten wohl alte Siegel der Moldau. In die heute bei der Post in Bukarest verwahrten Druckstöcke aus Eisen wurden per Hand der Kopf eines Auerochsen, ein Stern, die Schrift PORTO SCRISOREI in kyrillischen Buchstaben und die Wertziffer in einem Posthorn graviert. Eine genaue Betrachtung

2 Rumänien MiNr. 1 „Ochsenkopf", schwarz auf mattrosa ⊙. Die erste rumänische Marke von 1858 als waagerechtes Pärchen, abgestempelt mit zwei blauen Zweikreisstempeln aus Jassy. Die Ränder sind geschnitten. Die einzelne Marke ist 27 Parale wert. Das Markenbild der ersten vier rumänischen Marken ist kreisförmig, die späteren rechteckig.

3 Rumänien MiNr. 2 ⊙. „Ochsenkopf" von 1858 in den Farben grün auf blassgrün mit geschnittenen Rändern, 54 Parale. Gestempelt ist sie mit einem roten Zweikreisstempel aus Jassy.

4 Rumänien MiNr. 4 ⊙, 108 Parale, „Ochsenkopf-Pärchen" von 1858 in blauer Zeichnung auf blassrotem Papier mit geschnittenen Rändern, wobei hier die Ecken jeweils zusätzlich schräg abgeschnitten sind. Der blaue Zweikreisstempel aus Galatz ist genau in der Mitte der beiden runden Markenbilder platziert, so dass ein schönes Bild von drei Kreisen entsteht.

5 Rumänien MiNr. 5, 1858, ✶. Ungestempelte Freimarke von 5 Parale auf einer rumänischen Zeitung aus Jassy vom 12. November 1858. Mit dieser Marke beginnt die zweite „Ochsenkopf"-Serie. Mit einem insgesamt neuen Tarif wurde der Wert von 5 Parale als Zeitungsporto – Porto Gazetei – für Zeitungen mit gewöhnlichem Gewicht bestimmt. Für schwerere Druckschriften wurde die doppelte Gebühr, also 10 Parale, erhoben. Die schwarze Zeichnung auf weißem Papier ist jetzt rechteckig, die Ränder sind immer noch geschnitten.

6

7

8

9

10

11

6 Rumänien MiNr. 6. 3 Einzelmarken von je 40 Parale auf einem Briefstück aus Jassy ab 1858. Zwei davon sind kopfstehend aufgebracht. Die Entwertung erfolgte durch zwei blaue Zweikreisstempel.

7 Rumänien MiNr. 7. Waagerechtes Pärchen auf einem Briefstück von ca. 1858, gestempelt mit einem grünen Rechteckstempel.

der abweichenden Gravuren belegt, dass der Stecher nicht einen einzigen Urstempel anfertigte, den er mit technischen Mitteln vervielfältigte, sondern die vier Klischees einzeln herstellte. Gewisse Abweichungen zwischen den einzelnen Marken entstanden vor allem beim Druck selbst. Mit der Handdruckpresse wurde der eingefärbte Stempel 32 Mal einzeln auf den Druckbogen gedrückt. Zum Trocknen benötigte der Drucker Pausen. Die schwer zu verreibende Farbe wurde äußerst unterschiedlich auf das Papier übertragen. Zusammen mit dem Stempel-Abdruck ist praktisch jedes Stück ein Unikat, dessen „Werdegang" von Besitzer zu Besitzer protokolliert werden kann.

Ausgeliefert wurden die 24.064 bestellten Briefmarken in zwei Tranchen vom 11. und 21. Juli 1858. Als die zweite Teillieferung das Ministerium erreicht hatte, konnte noch am gleichen Tag mit der Verwendung der Marken begonnen werden. Selbst im zentralen Jassy wurden in der ersten Woche aber nur 55 Briefmarken verkauft. Das früheste bekannte Stempeldatum ist der 29. Juli 1858. Andere Postämter erhielten ihre Marken erst später. In den 15 Postämtern wurden bis zum 31. Oktober 1858 gerade mal 11.756 Briefmarken verkauft, also weniger als die Hälfte. Besonders selten sind Einzelfrankaturen, von denen insgesamt nur 80 Briefe registriert werden konnten, fand der Münchner Rumänien-Prüfer Fritz Heimbüchler nach jahrzehntelangen Forschungen heraus.

Als „Spitzenstück der rumänischen Philatelie" bezeichnet Heimbüchler einen Einschreibbrief vom 4. August 1858 aus Bakeu. Der dortige Postmeister hatte sich angewöhnt, die Marken rund zu schneiden. Es ist der einzige vollständig erhaltene Brief mit einer 81-Parale-Marke. Das Stück kam über den berühmten Briefmarkenhändler Philipp Kosack 1901 in den Besitz des damaligen Reichspostmuseums und gehört heute der Stiftung für Post und Telekommunikation. Es überstand – anders als viele andere Raritäten – die Wirren des Zweiten Weltkrieges unbeschadet.

12

13

8 Rumänien MiNr. 6. Waagerechtes Pärchen auf Briefstück um 1858. Entwertet sind die Marken mit einem kopfstehenden ellipsenförmigen Franco-Stempel aus Jassy. Auf dem Briefstück ist noch der Teilabdruck eines schwarzen Zweikreisstempels aus Jassy zu sehen.

9 Rumänien MiNr. 7 ⊙, 1858. Einzelmarke, die mit einem roten nicht mehr lesbaren Ellipsenstempel entwertet wurde.

10 Rumänien MiNr. 7 ✶, 1858, 80 Parale.

11 Rumänien MiNr. 6 ✶, 1858. Das Markenbild der 40-Parale-Marke ist blau auf weißem Papier.

12 Rumänien MiNr. 9. Die 6-Parale-Marke auf einem Brief ab 1862 von Braila nach Galatz wurde waagerecht halbiert, wodurch die Gebühr von 3 Parale für Zeitungen oder ein Blatt starke Druckschriften erreicht wurde. Entwertet wurde der Brief mit einem grünen Zweikreisstempel aus Braila. Die Markenzeichnung der Ausgabe des 1862 neu gegründeten Fürstentums Rumänien versinnbildlicht die Vereinigung von Moldau und Walachai. Dargestellt sind die Wappensymbole beider Länder, der Adler und der Auerochsenkopf. Es gab für das ganze Land einen gültigen Posttarif mit einer beachtlichen Herabsetzung der Gebühren sowie einer neu eingeführten Taxe für den Postverkehr innerhalb der Ortschaften.

13 Rumänien MiNr. 10. Brief, ab 1862, von Bakeu nach Galatz mit einer blauen 30-Parale-Marke als Gebühr für einfache Inlandsbriefe. Entwertet wurde er mit drei schwarzen Abgangsstempeln (Zweikreisstempel) aus Bakeu. Auf der Rückseite befindet sich ein schwarzer Ankunftsstempel (Zweikreisstempel) aus Galatz.

Der komplizierte Zonentarif und das nicht weniger hinderliche Rechnen mit den krummen Zahlen der ersten Ausgabe führte schon wenige Wochen nach deren Ausgabe zu Vorbereitungen einer Tarifreform, die am 1. November 1858 in Kraft trat: Ein Brief kostete nun nur noch 40, ein Einschreibbrief 80 Parale. Das sind die Haupt-Werte der am gleichen Tag herausgegebenen zweiten Ausgabe des Fürstentums. Für Zeitungen (GAZETEI) kam ein Wert von 5 Parale hinzu. Diese Marke auf einer Zeitung zählt zu den ganz großen Raritäten der europäischen Philatelie. Die zweite Ochsenkopf-Ausgabe hatte zwar eine deutlich längere Laufzeit als die erste, dennoch blieb ihre Auflage mit 189.144 Stück für die drei Wertstufen relativ gering. Die Marken wurden im Mai 1862 frankaturungültig. Doch schon 1859 wurden die Fürstentümer Moldau und Walachei vereinigt. Im Januar 1862 nahm der gemeinsame Staat den Namen Rumänien an. Nach der Fusion beider Postverwaltungen kamen 1862 noch Marken mit dem Adler der Walachei und dem Ochsenkopf der Moldau heraus. 1865 folgten endlich gänzlich neue Marken. Sie zeigen ein Porträt des Fürsten Cuza, des Staatsoberhauptes, der die Vereinigung beider Fürstentümer bewerkstelligte.

1

1 Einschreibbrief mit dem Absender-Stempel des Architekten und Sammlers Carl Schmidt, dessen weltberühmte Sammlung von Semstwo-Marken sich im Archiv für Philatelie erhalten hat.

2 Albumseite aus der Semstwo-Sammlung Carl Schmidt; die insgesamt 18 Bände umfassende Sammlung von Postwertzeichen der russischen Landschaftsämter (sog. Ruralmarken) hatte Carl Schmidt 1933 dem Reichspostmuseum gestiftet, um sie der Nachwelt zu erhalten. In der auf Grundlage dieser Sammlung von Schmidt herausgegebenen Publikation wurden die Albumseiten in Schwarz-Weiß-Abbildungen komplett abgebildet, das zweibändige Buch gilt heute als antiquarische Kostbarkeit und zählt noch immer zu den Standardwerken zum Thema „Semstwo". Die abgebildete Seite zeigt die für Semstwo-Marken ungewöhnlich aufwändig gedruckten mehrfarbigen Marken aus Totma (Wologdasches Gouvernement).

Marken-Vielfalt in den Landkreisen

Im Zuge einer Liberalisierung im ländlich geprägten Russland schlug Zar Alexander II. 1864 mit der Einrichtung selbstverwalteter Landschaftsämter ein gänzlich neues Kapitel auf. Es befreite die vorwiegend bäuerliche Bevölkerung in den Regierungsbezirken (Gouvernements) aus der Leibeigenschaft der Großgrundbesitzer, schuf erstmals öffentliche Schulen und Ansätze eines allgemeinen Gesundheitswesens. Von zentraler Bedeutung für die Volksbildung war deren postalische Erreichbarkeit auch in den entlegendsten Winkeln des Riesenreiches. Da die von St. Petersburg aus verwaltete Regierungspost diese Aufgabe noch nicht bewerkstelligen konnte, wurden die Landschaften ermächtigt, eigene ergänzende Postdienste einzurichten. Sie brachten im Laufe eines halben Jahrhunderts zusammen nicht weniger als 3.000 verschiedene Briefmarken heraus. Sie tragen zumeist den Schriftzug SEMSTWO (Selbstverwaltung).

Einer, der dieses höchst vielfältige Sammelgebiet mit äußerster Akribie und jahrzehntelanger Ausdauer erforschte, ist der Berliner Architekt Carl Schmidt (1866-1945). Beim Überwinden der außerordentlich großen Schwierigkeiten bei der Beschaffung der Briefmarken und der passenden Informationen stellte er fest, dass auf der ganzen Welt nicht eine umfassende Sammlung mit erschöpfendem Material vorhanden war. Ebenso wenig konnte er auf ein zentrales Archiv zurückgreifen, in dem er die gewünschten Unterlagen erwarten konnte. Was blieb ihm anderes übrig, als seinen Entdeckerdrang auf zahlreichen Reisen und durch umfangreichen Briefwechsel in alle Himmelsrichtungen zu befriedigen!

Anders als die russischen Behörden, die nach der Oktoberrevolution kein Verständnis für das philatelistische Interesse Schmidts an einer untergegangenen Epoche hatten, ließen sich prominente Philatelisten in ihre Alben gucken und trugen somit erheblich zum Erfolg des

T O T M A.

Wologdasches Gouv.

1897.(Juni).Vierfarb.Steindr.a.w.Pap.(0,13 mm.), gez.11½,Bogen 9 x 9 in 9 Gruppen zu je 9 Typen 3 x 3.

1901-02. Vierfarb.Steindr.a.w.Pap.(0,12 mm.),gez.11½. 2 Druckauflagen.

I.Dr.1901.(Mai).Bogen 5 x 5, Umdruckstein 5 x 1.

II.Dr.1902.(Jan.). Bogen 3+2 x 5, Umdruckstein 3+2.

Abart: ohne roten Dr.
Nur 1 Stück bekannt.

2

3

4

5

3 Im Juni 1880 wurden in Aleksandrija (im Chersonschen Gouvernement) die abgebildeten Ruralmarken auf ungezähnte Bogen in drei Reihen zu je sechs Marken gedruckt, die rechte Hälfte kopfstehend. Während die meisten Marken in blauer Farbe gedruckt wurden, waren die drei Marken unten rechts in grüner Farbe ausgeführt. Die untere Reihe eines solchen Druckbogens ist hier von Schmidt rekonstruiert worden.

4 Die 1-Kopeke-Marke aus Alatyr (Szimbirskisches Gouvernement) wurde 1867 in Bögen zu 20 Marken in schwarzem Buchdruck gedruckt. Jede dieser 20 Marken (1 und 2 Kopeken auf einem Bogen) ist einer eigenen Type zuzuordnen, die sich in der Stellung der Sterne unterscheiden. Bei der abgebildeten Marke handelt es sich um die Type 17, von der Schmidt nur drei bekannte Exemplare verzeichnet.

5 Brief mit einer Marke aus Arsamass (Gouvernement Nichnij Nowgorod).

begeisterten Sammlers bei. Zu den Helfern gehörte Agathon Karlowtisch Fabergé (1876–1951), der durch seine Fabergé-Eier Weltruhm erlangte und als bedeutender Philatelist über schier unerschöpfliches Material aus der beginnenden Markenzeit Russlands verfügte. Der Belgier Jean Baptiste Moens (1833–1908), einer der ersten Briefmarkenhändler überhaupt, öffnete ebenso bereitwillig seine Alben wie der Berliner Händler Philipp Kosack (1869–1938). Philipp La Renotière de Ferrary (1848–1917), in Paris lebender Besitzer der um die Jahrhundertwende kostbarsten privaten Briefmarkensammlung der Welt, gestattete Schmidt die Durchsicht und das Fotografieren seiner Schätze, zu denen auch russische „Semstwo“-Marken gehörten.

Die sollten eigentlich nach Ferrarys Tod vollständig im Reichspostmuseum Berlin landen. So verfügte es das Testament des Wohlhabenden, der seinerseits intensiven Kontakt mit Moens und Kosack pflegte. Doch die französische Regierung ließ die komplette Sammlung beschlagnahmen und zwischen 1921 und 1926 in einer Serie weltberühmter Briefmarkenauktionen versteigern. Anstatt im öffentlich zugänglichen Archiv des Berliner Museums aufbewahrt zu werden, wurden somit Ferrarys Schätze über die gesamte Welt verteilt. Trost

6

7

8

9

10

für die Deutschen: Der Versteigerungserlös in Höhe von 30 Millionen Francs wurde dem Konto der deutschen Kriegsverlierer gutgeschrieben.

Die Lücke im Archiv schloss Carl Schmidt. Im Jahr 1933 vermachte er durch Schenkung seine 18-bändige Semstwo-Sammlung zusammen mit allen Forschungsarbeiten dem Postmuseum Berlin, wo sie heute zur Museumsstiftung für Post und Telekommunikation gehört. Ungeteilt dient das einzigartige Material der Nachwelt zur „Forschung und Belehrung", wie es in einem Dankesschreiben des Reichspostministeriums zugesichert wurde. Nochmals zusammentragen könnte man eine solche Sammlung heutzutage sicherlich nicht. Sie umfasst eine Reihe von Seltenheiten, die von Fachleuten mit der höchsten Stufe RRRR (Kürzel für allergrößte Rarität) bezeichnet werden. Dazu gehören etwa die Nummer 1 von Atkarsk (Szaratowsches Gouvernement), von der nur ein einziges Exemplar bekannt ist, oder die Nummer 1 von Alatyr im gleichen Gouvernement, von der gerade mal drei Exemplare registriert sind. Die Russen hatten leider grundsätzlich wenig Neigung, die Postwertzeichen aufzuheben. Alles, was sich zwischen den Fingern drehen ließ, ging damals als Zigarettenpapier in Rauch auf, stellte Schmidt entsetzt fest.

6 Die Marken von Arsamass im Gouvernement Nichnij Nowgorod wurden 1874 im farbigen Steindruck auf verschieden dicke Papiere gedruckt. Das hier abgebildete Einzelstück war Carl Schmidt nur in sechs Exemplaren bekannt.

7 Auch die Marken aus Szoroki (Gouvernement Bessarabien) wurden zwischen 1878 und 1883 im vierfarbigen Steindruck auf verschieden dicke Papiere gedruckt. Zwischen dem ersten Druck im April 1878 und dem zweiten Druck im April 1879 fand eine Farbänderung des Markenbildes statt, 1880 wurde auch die Zeichnung geringfügig geändert. Von den Marken der ersten Druckauflage sind nur wenige Exemplare bekannt; um ein solches Exemplar handelt es sich hier.

8 Von der Marke aus Atkarsk (Szaratowsches Gouvernement), die 1871 in schwarzem Steindruck auf sehr dünnem, grauweißen Papier gedruckt wurde, war Schmidt nur ein einziges Exemplar bekannt. Es selbst betonte die höchste Seltenheit dieser Marke.

9 Die Marken von Bjelosersk (Nowgorodsches Gouvernement) stehen in ihrer gestalterischen Schlichtheit geradezu idealtypisch für eine Vielzahl der russischen Ruralmarken. Oft wurden sie mit einfachen Mitteln hergestellt (in diesem Fall im Typensatz), und bei ihrem Druck gab es viele Überschneidungen, Doppeldrucke, Kopfsteher etc. Auch von dem hier abgebildeten Stück, das vermutlich

1880 in schwarzem Buchdruck auf dünnem, farbigen Papier ausgeführt wurde, sind nur einige wenige Exemplare bekannt.

10 Brief von 1877, freigemacht mit zwei Marken der kaiserlich russischen Post zu 3 Kopeken (MiNr. 19) und zu 5 Kopeken (MiNr. 20) sowie mit einer Semstwo-Marke aus Atkarsk. Das Schreiben ging von Moskau nach Tambov bei Atkarsk.

11, 12 Der Brief aus dem Jahr 1913, der nach Berlin geschickt wurde, zeigt auf der Vorderseite nur die Anschrift, während die Rückseite mit einer 7-Kopeken-Marke der kaiserlich russischen Post (MiNr. 69) sowie einer Ruralmarke aus Tetjuschi (Kasansches Gouvernement; 1912) freigemacht ist. Vergleicht man diese späten Marken mit sehr frühen Marken etwa aus Bjeloserk, so fällt die exzellente und aufwändige Druckqualität ins Auge. Zähnung sowie farbiger Buchdruck genügen hohen Ansprüchen, doch wurden diese Marken eben nicht in irgendeiner Provinzdruckerei hergestellt, sondern stammten aus der Expedition zur Herstellung von Staatspapieren in St. Petersburg.

11

Das Gesetz zur Selbstverwaltung in den Regierungsbezirken wurde vom 1. Januar 1864 an Schritt für Schritt umgesetzt. Der Mehrzahl von 34 Bezirken folgten 1866 neun weitere. Die Liste der Selbstverwaltungen verlängerte sich 1867 um zwei Bezirke, im Jahr 1870 nochmals um drei. Die Umstellung wurde 1875 abgeschlossen, wobei einige Bezirke in der Zentralverwaltung verblieben. Mit Verzögerung wurden 1911 sechs weitere Gouvernements in die Selbstverwaltung entlassen, im Januar 1913 nochmals drei.

Mit der Einführung der neuen Landschaftspost in den Kreisen der jeweiligen Regierungsbezirke als wesentlicher Bestandteil der Kulturverwaltung wurde das weite russische Reich nach Schmidts Beobachtung aus seinem Winterschlaf geweckt. Da die Reichspost ihren Wirkungskreis nur sehr allmählich über das ganze Reich ausdehnen konnte, schlossen die Landschaftsposten abseits der Hauptverkehrsadern bis in die entlegensten Dörfer eine wichtige öffentliche Versorgungslücke. Dabei wachte die Reichspost jedoch eifersüchtig über ihre Rechte. Um Reichspost entgegen zu nehmen und im eigenen Wirkungskreis weiterzubefördern, musste lange Zeit einzeln eine Vollmacht vorgewiesen werden. Erst im Jahr 1888 hatte sich die Einsicht durchgesetzt, dass nicht einzelne Personen, sondern ganze Gemeinden eine Vollmacht ausstellen konnten. Das Posthorn der Reichspost durfte weder auf Uniformen noch auf Postsäcken der Landpost abgebildet werden. Streitig war lange Zeit auch, ob die Landschaftspost die Poststraßen des Reiches benutzen durfte. Ausdrücklich untersagt war die Landpost-Zustellung an Empfänger, die an Reichspost-Straßen wohnten. Auch die Korrespondenz von Landpostanstalten untereinander musste von der Reichspost befördert werden. Kostendeckend arbeiteten die Landposten übrigens nicht. Zum einen musste Behördenpost kostenlos zugestellt werden. Zum anderen erließ so manches Landpostamt in Zeiten schlechter Ernten seinen Kunden die Gebühr.

Die erste offizielle Erlaubnis, eigene Briefmarken herauszubringen, erhielt am 5. Mai 1867 das Landschaftsamt von Nowgorod. Wichtigste Bedingung: Die Marken der Landschaftspost durften keine Ähnlichkeit mit denen der Reichspost aufweisen. Durch Verordnung fest-

12

13

14

15

13–15 Von 1871–72 wurden in Tichwin (Nowgorodsches Gouvernement) einfache Ruralmarken mit einem Handstempel auf lange, schmale Papierstreifen gedruckt. Dieser Papierstreifen war zum Teil so schmal, dass die Marken in Längsrichtung gedruckt werden mussten. Die beiden abgebildeten Marken in blauer Farbe sind nur in wenigen Exemplaren bekannt, das lilafarbene Exemplar war laut Schmidt ein extrem seltenes Einzelstück.

gelegte Aufgabe der Landschaftspost war es, Post aus den Postabteilungen der Reichspost in das Innere der Kreise weiterzubefördern und zuzustellen. Gleichzeitig sollte Post von der Bevölkerung der Kreise, in denen die Reichspostanstalt noch nicht tätig war, zur Weiterbeförderung durch die „große" Post in die nächstgelegene Reichspostabteilung gebracht werden. Solche Briefe weisen dann Briefmarken beider Postanstalten auf. Auch innerhalb der Landkreise ohne Reichspost beförderten die Landposten Korrespondenz der zunehmend schreibfreudigen Menschen.

Eine Statistik aus dem Jahr 1898 belegt, wie erfolgreich die Landschaftspostämter damals waren. So wurden in den elf Landkreisen des Regierungsbezirks Nowgorod 260.000 Postsendungen befördert. Darunter waren zur Hälfte Zeitschriften und 64.000 Stück unbezahlte Briefe. In den elf Landkreisen des Bezirks Kursk wurden 293.000 Briefe, davon 131.000 unbezahlte befördert.

Wie groß Russland und wie weit der Zar von den Landkreisen entfernt war, zeigt sich an der Tatsache, dass in manchen Gegenden schon vor der offiziellen Erlaubnis Briefmarken zum Einsatz kamen. Erste Freimachungen sind aus dem Jahr 1866 in den Kreisen Borowitschi, Schlüsselburg und Werch-Dnjeprowsk bekannt. Es folgten 1867 die Kreise Cherson, Melitopol und Rjasan. Nowgorod folgte – mit der ersten offiziellen Erlaubnis – im Jahr 1868. Anfangs verlangte die Regierung in St. Petersburg die Einsendung der Marken und Umschläge zur Begutachung, um Verwechslungen mit den Briefmarken der Reichspost vorzubeugen. Doch nach den ersten Jahren schlief diese Praxis ein. Die Folge für heutige Forscher ist, dass auch in der früheren russischen Hauptstadt kein vollständiges Archiv aller Landschaftsmarken zu finden ist.

Zeichnung und Farbe der im Laufe eines halben Jahrhunderts rund 3.000 herausgegebenen Landschaftsmarken variieren sehr stark. Häufig wurde es der jeweiligen Druckerei überlassen, eine Zeichnung, das Papier und die Farbe auszuwählen. Nur die Marken, die in den

16

16 Brief mit einer seltenen Halbierung einer Semstwo-Marke. Bei den beiden Marken handelt es sich um die malvenfarbige 2-Kopeken-Marke aus Tscherdyn (Permsches Gouvernement), die im September 1894 gedruckt wurden. Um den Betrag von 3 Kopeken zu erzielen, wurden eine ganze und zusätzlich eine halbe Marke verklebt. Bei dem Inhalt des Schreibens scheint es sich um einen Antrag an eine lokale Behörde gehandelt zu haben.

Haupt- und Gouvernementsstädten hergestellt wurden, zeigen ein gewisses künstlerisches und kulturelles Niveau, das auch bei der Anfertigung anderer Staatspapiere festzustellen war. Manche Druckerei unterließ es auch, für die teils sehr geringen Auflagen frische Farbe anzurühren und brauchte lieber Restfarben ebenso auf wie angebrochene Papierstöße. Die Mannigfaltigkeit der Formen und Zeichnungen sowie der Druckvarianten sprengt deshalb jeden „normalen" Katalog russischer Postwertzeichen. Sie werden deshalb in Spezialveröffentlichungen registriert.

Sammler russischer Landschaftsmarken sollten wissen, dass deren Entwertung in der Regel mit einem Federstrich oder einem handschriftlichen Kreuz erfolgte. Doch sind gelegentlich auch Stempelabdrucke der russischen Staatspost anzutreffen, wenn neben der Landschaftspost- eine Reichspost-Marke verklebt wurde. Derartige Mischfrankaturen dienten für Postsendungen, die von der Reichspost zu einer Landschaftspost befördert wurden. Die Briefmarken von zwei verschiedenen Landschaftsposten neben einer Reichspostmarke weisen Briefe auf, die zunächst in einem Landkreis zur Postabteilung der Reichspost befördert wurden, bevor diese und anschließend eine weitere Landschaftspost die Transportkette in einen anderen Landkreis vervollständigten. In diesem Fall konnte der Absender lediglich die Briefmarken seines Landkreises und der Reichspost aufkleben. Die zweite Landpostmarke wurde bei der Übergabe von der Reichspost zur zustellenden Landschaftspost aufgeklebt. So hatte der Empfänger die Kosten für die abschließende Beförderung durch die Landschaftspost seines Gebietes zu tragen.

17

17 Die Rückseite des abgebildeten Briefes zeigt eine Semstwo-Marke aus Totma (Wologdasches Gouvernement) neben einer russischen Marke im Wert von 7 Kopeken (MiNr. 45). Die Semstwo-Marken aus Totma wurden von 1901–1902 im vierfarbigen Steindruck hergestellt und fallen besonders durch ihre ungewöhnliche, rhombenhafte Form auf. Die Entwertung der Marke fand durch Federzug statt.

Eine besondere Rolle nehmen die Briefmarken des Wendenschen Kreises ein. Die livländische Ritterschaft im heutigen Lettland besaß besondere Privilegien, die es ihnen bereits 1863 ermöglichten, im nahe gelegenen Riga die ersten Landschaftsmarken drucken zu lassen. Die ersten neun Ausgaben erfolgten sogar in deutscher Sprache. Die kleinen Auflagen wurden häufig geändert und im Jahr 1900 auf russische Sprache umgestellt. Die Arbeitsteilung zwischen der Kreispostbehörde und der Reichspost erlaubt es jedoch nach Auffassung von Carl Schmidt, die Postwertzeichen des Wendenschen Kreises „anstandslos unter die übrigen russischen Lokalmarken einzureihen".

Sie dürfen jedoch auf keinen Fall mit den russischen Lokalausgaben verwechselt werden, die nach der Oktoberrevolution infolge der galoppierenden Revolution verausgabt wurden. Die Sowjetregierung ordnete damals an, dass die Bewertung der Postwertzeichen 100 Mal höher zu erfolgen hatte. So wurden ab 1920 Briefmarken des russischen Kaiserreiches der Ausgaben 1909 bis 1922 sowie Postsparmarken auf Initiative einiger Postämter überdruckt. Sie sind – im Gegensatz zu den Semstwo-Marken – als „Russland-Lokalausgaben" katalogisiert.

Mit der Oktoberrevolution und der anschließenden Umgestaltung der gesamten nachzaristischen Verwaltung liefen die Landschaftsausgaben aus. Sie waren durch die Revolution von 1905/1906 ohnehin schon stark eingeschränkt. Nur bei wenigen entlegenen Landschaftspostämtern waren noch 1919 und 1920 die letzten eigenen Briefmarken in Gebrauch. Mit ihrem Ende schließt die Tätigkeit der selbst verwalteten Landschaftspostämter ab. Sie bilden damit ein abgeschlossenes Sammelgebiet. Auf die Briefmarken-Bühne trat die einheitliche Sowjetunion, die bis zu ihrem Zerfall 1991 Bestand hatte.

1

2

3

4

5

1 Zürich MiNr. 1 ✶. Als erster Schweizer Kanton und als erste Postverwaltung auf dem europäischen Festland führte Zürich am 1. März 1843 Briefmarken mit zwei Wertstufen zu 4 und 6 Rappen ein. Die beiden vom Kanton Zürich herausgegebenen Marken sahen den ersten Marken Englands in Größe und Zeichnung sehr ähnlich.

2 Zürich MiNr. 2 ✶. Zusammen mit der 4-Rappen-Ausgabe wurde die 6-Rappen-Ausgabe für die Kantonalpost herausgegeben. Sie unterscheidet sich nur in der Wertstufe und in der unteren Beschriftung, dort steht „Cantonal-Taxe" statt „Local-Taxe".

3 Genf MiNr. 1 ✶. Die erste Genfer Marke, die so genannte „Doppelgenf", wurde am 30. September 1843 eingeführt. Sie besteht aus zwei zusammenhängenden Marken zu je 5 Rappen, die einzeln als Lokalporto vorgesehen waren.

Schneller als die Deutschen

Schon früh entdeckten die Eidgenossen den Nutzen von Handel und Gewerbe. Waren es erst der gute Käse und die Schokolade, die sich gut in alle Herren Länder verkaufen ließen, kamen bald Banken ebenso dazu wie Maschinenfabriken und Arzneimittelwerke, die so präzise arbeiteten wie ein Schweizer Uhrwerk. Da kam es gerade recht, dass die Briten den Alpenländern vormachten, wie man mittels Briefmarken die Übermittlung von Nachrichten vereinfacht. Das erleichtert schließlich das Geschäft.

Der Regierungsrat des Kantons Zürich beschloss bereits im Januar 1843, eigene Briefmarken herauszugeben. Der Kanton war damit das erste Staatswesen auf dem europäischen Festland, das dem englischen Vorbild folgte. Der Wert zu 4 Rappen war für Briefe innerhalb eines Bezirks (Lokalrayon) bestimmt, der Wert zu 6 Rappen für Ziele im übrigen Kantonalgebiet. Beide erschienen am 1. März 1843, also sechs Jahre vor der ersten deutschen Briefmarke.

Das eher schlicht zu nennende Markenbild wurde in fünffacher Ausfertigung gezeichnet und dann 20 Mal auf den Druckstein übertragen. Aus diesen fünf verschiedenen Typen entstanden bei Orell, Füssli und Co. Bogen zu 100 Marken. Ein weiteres wichtiges Unterscheidungsmerkmal für Philatelisten sind waagerechte oder horizontale Unterdrucklinien in Rot, die allerdings nicht im gleichen Abstand angeordnet sind.

Doch die Neuerung kam längst nicht so gut an, wie deren Protagonisten glaubten. Die Schweizer zierten sich spürbar, die ohnehin nur innerhalb des Kantons geltenden Marken zu verwenden, denn die Vorausbezahlung des Portos durch den Absender könnte schließlich als Zweifel an der Zahlungsfähigkeit des Empfängers angesehen werden.

6

7 8 9 10

Auch im weltoffenen Genf brauchte es Zeit, bis Briefmarken akzeptiert waren. Diese am 30. September 1843 erschienenen Marken wiesen zudem eine Besonderheit auf: Sie bestanden aus zwei Teilen mit der gemeinsamen Überschrift „10. PORT CANTONAL Cent". Für den Druck übertrug man jedes Doppelstück 50 Mal auf den Druckstein. Entsprechend stark sind die Verschiebungen der Paare auf den Druckbogen. Für Briefe innerhalb des Stadtgebiets wurde die „Doppelgenf" vom Absender zertrennt und einzeln aufgeklebt. Dabei musste auch die Inschrift zerschnitten werden. Nur auf Briefen in den übrigen Kanton blieben die Marken zusammen.

Mit deutscher Hilfe stellte der Kanton Basel-Stadt seine ersten Briefmarken her. Eine weiße Taube mit einem Brief im Schnabel ziert das von einem Architekten namens Berry gestaltete Motiv, das im Prägedruck sehr gut zur Geltung kommt. Es wird heute liebevoll „Basler Täubchen" genannt. Die Druckerei Krebs in Frankfurt am Main erhielt 1845 den guten Auftrag, die Marke herzustellen. Dennoch blieb die Verbreitung der Kantonalmarken gering. Schon 1847 nahm die Verwendung des „Tübli" spürbar ab. Doch im Zuge der Bundesverfassung von 1848 schuf die Eidgenossenschaft ein einheitliches Postwesen. Bis zur Inkraftsetzung war es jedoch ein weiter Weg. Den auf eigene Belange achtenden Kantonen wurden großzügige Übergangsfristen eingeräumt. Ab 1. Januar 1849 galt zwar das eidgenössische Postregal, aber einheitliche Schweizer Briefmarken in allen 22 Kantonen waren noch nicht in Sichtweite. So erschienen in verschiedenen Städten Übergangsmarken, die immerhin schon das Schweizer Kreuz mit Posthorn trugen. Erst im Mai 1850 kam die erste einheitliche Ausgabe der Eidgenossenschaft an die Postschalter.

4 Genf MiNr. 1. Dieses Briefstück zeigt eine „Doppelgenf", die mit einem schönen roten Stempel, der Genfer Rosette, entwertet ist.

5 Genf MiNr. 1. Die „Doppelgenf" auf diesem Brief von 1844 nach St. Loup ist wieder mit der roten Genfer Rosette entwertet. Daneben befindet sich der ebenfalls rote Abgangsstempel (Zweikreisstempel) mit dem Datum vom 30. Mai 1844.

6 Basel MiNr. 1. Brief mit „Basler Täubchen". Als dritter und letzter Kanton ließ auch Basel eine Marke erstellen, die am 1. Juli 1845 an die Postschalter gelangte, das so genannte „Basler Täubchen".

7 Schweiz MiNr. 1 ✶. In der Übergangsperiode von der Kantonalpost zur schweizerischen Bundespost kam am 22. Oktober 1849 in Genf eine schwarz-rote Markenausgabe heraus, bei der das Kantonswappen schon durch das eidgenössische Kreuz ersetzt worden war. Sie galt nur für den Postkreis Genf.

8 Schweiz MiNr. 2 ✶. Im Januar 1850 wurde die vorherige Marke durch eine neue Wertstufe von 5 Centimes ersetzt.

9 Schweiz MiNr. 3 ✶. 1851 wurde in Genf noch eine 5-Centimes-Marke herausgegeben. Sie zeigt das Schweizer Wappen und trägt die Überschrift „Poste Locale".

10 Schweiz MiNr. 4 ✶. Der Postkreis Zürich gab am 12. März 1850 eine Marke von 2 1/2 Rappen heraus mit der Abbildung des Schweizer Kreuzes mit Posthorn. Unter dem Posthorn steht „Ortspost. Poste Locale".

1 Dänemark MiNr. 1 ✶. 1851 erschien die erste dänische Freimarke mit einem Wert von 4 Rigsbankskilling. Sie war braun und zeigte als Motiv die Kroninsignien im Lorbeerkranz.

2 Dänemark MiNr. 2 ✶. Die zweite dänische Marke erschien ebenfalls 1851. Sie hat eine blaue Farbe und ein ganz anderes Markenbild mit einem Wert von 2 Rigsbankskilling.

3 Schweden MiNr. 1 ✶. Die erste, schon gezähnte, schwedische Markenserie mit den MiNr. 1 bis 5 von 1855 ist die einzige in der Skilling-Banco-Währung. Die grüne Nummer 1 hat einen Wert von 3 Skilling Banco.

4 Schweden MiNr. 2 ✶. 4-Skilling-Banco-Marke, blau.

5 Schweden MiNr. 3 ✶. Diese 6-Skilling-Banco-Marke wurde ursprünglich in grauer bzw. graubrauner Farbe gedruckt. Der eher braun-violette Farbton dieser Marke könnte bedeuten, dass es sich um einen offiziellen Neudruck aus dem Jahr 1868 handelt.

6 Schweden MiNr. 4 ✶. Eine 8-Skilling-Banco-Marke in Orange.

7 Schweden MiNr. 5 ✶. 24-Skilling-Banco-Marke, rot.

8 Finnland MiNr. 1 ✶. Die ersten Briefmarken des Großfürstentums Finnland, das sich zu dieser Zeit in Personalunion mit Russland befand, erschienen 1856. Ihre Vorläufer waren Couvert-Poststempel. Der Couvert-Stempel der Nummer 1 ist blau auf hellem Grund, ihr Wert beträgt 5 Kopeken, die Ränder sind geschnitten.

9 Finnland MiNr. 2 ✶. 10-Kopeken-Marke, karminrot. Finnlands Nummer 1 und 2 sind, abgesehen von verschiedenen Wertstufen und Farben, auch in der Couvert-Stempel-Zeichnung unterschiedlich.

1 2

Handwerk und Kunst auf hohem Niveau

Die besten Marken-Macher der Welt sind herausragende Handwerker und Künstler in einer Person. Sie beschäftigen sich wochen- oder sogar monatelang mit dem Stich eines Druckstocks in Kupfer oder Stahl. Dabei kommt es in hohem Maße darauf an, feinste Graduierungen mit manuellem Geschick „gestochen scharf" in technischer Perfektion umzusetzen. Einer dieser begnadeten Marken-Künstler und Handwerker in einem war der Däne Martinus William Ferslew.

Der Sohn des königlich bestellten Uhrmachermeisters Peter Abraham Ferslew kam mit 18 Jahren nach Kopenhagen, wo er sich schnell für die Lithografie interessierte. Nach einem Aufenthalt in Paris wurde er 1839 zum Banknoten-Graveur bestellt, bevor er mit einem Partner eine eigene Lithografieanstalt gründete. Bereits 1849 entwickelte Ferslew die ersten Briefmarkenentwürfe, die jedoch nicht zur Ausführung gelangten. Erst mit dem Postgesetz, das König Frederik von Dänemark, Herzog von Schleswig, Holstein, Storman, Dithmarschen, Lauenburg und Oldenburg, am 11. März 1851 verkündete, wurde der Druck der ersten dänischen Briefmarken legalisiert, die für ihre damalige Zeit ein hohes künstlerisches und handwerkliches Niveau erreichten.

Ferslews Vorarbeiten an Dänemarks 4-Skilling-Marken hatten jedoch schon lange vor dem Erstausgabetag 1. April 1851 begonnen. Der Druckstock war bereits im Dezember 1850 gestochen. Der erste Druckgang galt aber nicht dem Markenmotiv, einer Krone mit gekreuztem Schwert und Zepter, sondern den wellenförmigen Unterdrucklinien auf dem mit Wasserzeichen versehenen Papier. Die ungezähnten Postwertzeichen waren übrigens schon gummiert. Dazu verwendete man eine Mischung aus in Wasser gelöstem Zucker und Gummipulver.

3 4 5
6 7

8 9

Als die erste Auflage von 38.000 Markenbögen gedruckt war, starb Ferslew im April 1852. Sein Nachfolger Thiele, dessen Firma bis 1933 für den Markendruck verantwortlich war, fertigte die nächsten drei Auflagen an, die allerdings nicht an die Gravur- und Druckkunst Ferslews heranreichten. Der Verkauf der Marken wurde übrigens dadurch angekurbelt, dass für bar bezahlte Briefe sechs statt vier Reichsbank-Skilling verlangt wurden. Noch im April 1851 produzierte Ferslew eine 2-Skilling-Marke. Das bildlich schlichte Postwertzeichen war für die Lokalpost bestimmt, die in der Vormarkenzeit privat betrieben wurde.

Das russische Großfürstentum Finnland hatte 1856 den Gipfel der Briefmarkenkunst noch nicht erklommen. Zwar fertige Carl Magnus Mellgren für die „Ovalmarken" eine durchaus gekonnte Druckvorlage, doch beim Druck selbst ging es eher einfach zu. Mit einer Handpresse wurden die einzelnen Druckstempel im finnischen Schatzamt auf das Papier gebracht. Der Abdruck variierte so stark, dass sich einzelne Marken sogar berührten. Der eigentlich rechtwinklige Beschnitt fiel entsprechend unregelmäßig aus. Eine deutliche Verbesserung brachte die zweite Ausgabe 1860. Bei der Perforation haperte es jedoch noch erheblich. Sie wurde mit einem Handrad in grober Wellenform ausgeführt. Erst nach dem Wechsel der Währung von Kopeken auf Pfennige (Penni) erreichte 1866 die Produktion in der finnischen Senatsdruckerei ein internationales Niveau.

Gleich fünf verschiedene Wertstufen umfasst die erste Freimarkenserie des Königreiches Schweden. Die Postwertzeichen mit drei kleinen Kronen im Reichswappen und einer großen Königskrone des regierenden Hauses Bernadotte darüber unterscheiden sich durch die Farbe und die am unteren Rand eingedruckte Wertangabe in Skilling Banco. Eine sensationelle Geschichte rankt sich um den 3-Skilling-Wert. Ein Schuljunge fand 1885 ein gelbes Exemplar der eigentlich in Grün gedruckten Marke. Er war enttäuscht, als ihm der Stockholmer Briefmarkenhändler Liechtenstein nicht den annoncierten Ankaufspreis von sieben Skilling zahlen wollte. Der sah in der gelben Marke eine plumpe Fälschung und verweigerte den Ankauf. Erst nach langen Bemühungen bekam der Junge doch noch seine sieben Skilling – und der Händler seine Marke. Der Farbfehldruck, wahrscheinlich durch die einmalige Verwechslung des Druckstocks der gelben 8-Skilling-Marke entstanden, stürmte geradezu den Philatelie-Markt und gehörte zeitweilig zur weltberühmten Sammlung von Philipp La Renotière Ferrary.

10 Finnland MiNr. 3 ✶. 1860 werden die beiden ersten provisorischen Marken ersetzt. Die Nummer 3 ist blau auf graublauem Papier und zeigt wiederum das Wappen mit Krone, diesmal jedoch in einem stehendem Oval, gerahmt von einem viereckigen Rahmen mit Wert von 5 Kopeken.

11 Finnland MiNr. 4 ✶. Diese Ausgabe der rosakarminfarbenen 10-Kopeken-Marke ist im Gegensatz zu anderen Ausgaben der Nummer 4 nicht auf rosa getöntem Papier gedruckt, sondern auf hellem Papier. Sie erschien erst 1865.

12 Finnland MiNr. 5 ✶. 1866 wurde bei Einführung einer neuen Geldwährung auch die Bezeichnung der Postwertzeichen geändert. Die Wertangabe erfolgte nun in finnischer Währung, nämlich Penni, ebenfalls wieder zweisprachig.

13 Finnland MiNr. 6 ✶. Die Zeichnung dieser Marke ist schwarz auf grünem Grund mit einer Wertangabe von 8 Penniä.

14 Finnland MiNr. 7 ✶. Die Zentrierung der einzelnen Marke ist hier schlecht gelungen.

15 Finnland MiNr. 8 ✶. Die blaue 20-Penniä-Marke zeigt ebenfalls einen unregelmäßigen Durchstich.

16 Finnland MiNr. 9 ✶. 40-Penniä-Marke, rosa.

10 11 12 13 14 15 16

1

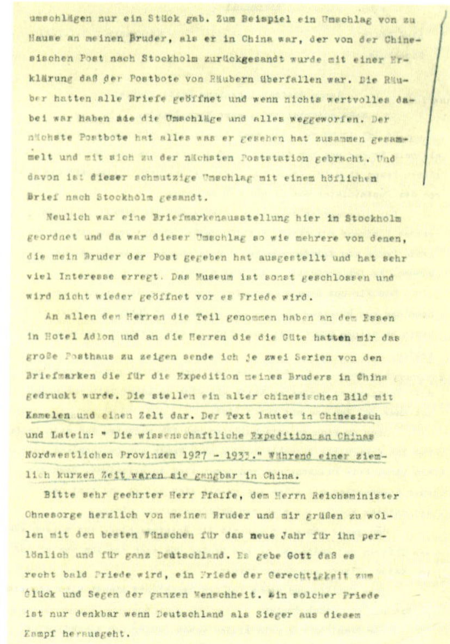

umschlägen nur ein Stück gab. Zum Beispiel ein Umschlag von zu Hause an meinen Bruder, als er in China war, der von der Chinesischen Post nach Stockholm zurückgesandt wurde mit einer Erklärung daß der Postbote von Räubern überfallen war. Die Räuber hatten alle Briefe geöffnet und wenn nichts wertvolles dabei war haben sie die Umschläge und alles weggeworfen. Der nächste Postbote hat alles was er gesehen hat zusammen gesammelt und mit sich zu der nächsten Poststation gebracht. Und davon ist dieser schmutzige Umschlag mit einem höflichen Brief nach Stockholm gesandt.

Neulich war eine Briefmarkenausstellung hier in Stockholm geordnet und da war dieser Umschlag so wie mehrere von denen, die mein Bruder der Post gegeben hat ausgestellt und hat sehr viel Interesse erregt. Das Museum ist sonst geschlossen und wird nicht wieder geöffnet vor es Friede wird.

An allen den Herren die Teil genommen haben an dem Essen in Hotel Adlon und an die Herren die die Güte hatten mir das große Posthaus zu zeigen sende ich je zwei Serien von den Briefmarken die für die Expedition meines Bruders in China gedruckt wurde. Die stellen ein alter chinesischen Bild mit Kamelen und einen Zelt dar. Der Text lautet in Chinesisch und Latein: " Die wissenschaftliche Expedition an Chinas Nordwestlichen Provinzen 1927 - 1933." Während einer ziemlich kurzen Zeit waren sie gangbar in China.

Bitte sehr geehrter Herr Pfaffe, dem Herrn Reichsminister Ohnesorge herzlich von meinem Bruder und mir grüßen zu wollen mit den besten Wünschen für das neue Jahr für ihn persönlich und für ganz Deutschland. Es gebe Gott daß es recht bald Friede wird, ein Friede der Gerechtigkeit zum Glück und Segen der ganzen Menschheit. Ein solcher Friede ist nur denkbar wenn Deutschland als Sieger aus diesem Kampf herausgeht.

2

1 Zeitgenössisches Foto des Asien-Forschers Sven Hedin an seinem Schreibtisch. Auf der Rückseite befindet sich die Anschrift des Foto-Ateliers Willott in Berlin.

2 Briefausschnitt an den Berliner Postrat Pfaffe von 1941. Hier erzählt Hedins Schwester, Alma Hedin, unter anderem von einem Brief von Stockholm nach China an ihren Bruder. Der Umschlag kam von der chinesischen Post zurück mit einer höflichen Erklärung, dass der Postbote von Räubern überfallen wurde, alle Briefe geöffnet und die leeren Umschläge weggeworfen worden seien. Der nächste Postbote habe diese dann gefunden und der nächsten Poststation übergeben. Sie weist auch auf chinesische Sonderpostwertzeichen hin, welche extra zu Sven Hedins Expedition in die nordwestlichen chinesischen Provinzen herausgegeben worden seien. Hierbei handelt es sich um vier Marken mit verschiedenen Werten, alle mit demselben Motiv nach einem alten Gemälde „Nomaden in der Wüste". Die Serie erschien 1932 und trägt die Jahreszahlen 1927-1933. Im Michel-Katalog sind sie unter China MiNr. 246-249 katalogisiert.

Sven Hedin: Der letzte große Landreisende

Mit dem Landreisenden und Forscher Sven Hedin (1865-1952) klang die Zeit der großen Entdecker aus. Der Schwede erkundete die damals weißen Flächen der Landkarten, die als „Terra incognita" galten. Vor allem kartierte er auf seinen Expeditionen weite Teile Zentralasiens. Sven Hedins vielfältige und interdisziplinäre Forschungen, die auch ethnologische und mineralogische Sammlungen umfassen, sind einzigartige Arbeiten und Zeugnisse der Wissenschaftsgeschichte.

Hedins Werk steht in einer Reihe mit denen von Entdecker-Legenden wie dem Australien- und Südsee-Forscher James Cook, dem ersten wissenschaftlichen Forschungsreisenden Alexander von Humboldt oder auch den drei Großen der skandinavischen Antarktis-Forschung Roald Amundsen, Erik Nordenskiöld und Fridtjof Nansen, mit dem Hedin lange befreundet war.

Für die einen war und ist Hedin Entdecker, Abenteurer, Geograf, Weltreisender oder Gelehrter, für andere nur eine „Persona non grata". Grund für solch eine Ablehnung sind Hedins politisches Engagement und seine öffentlichen Sympathiebekundungen für das nationalkonservative und später nationalsozialistische Deutschland

Unbestreitbar hat Sven Hedin ein bedeutendes und noch nicht umfassend ausgewertetes Werk geschaffen, das bis in die Gegenwart eine wichtige Quelle der Asien-Forschung ist. Er hielt in unzähligen Skizzen Landschaften, architektonische „Wunder" und Bewohner der Regionen fest. Bücher, Aufsätze, Notizen und Briefe belegen eine unermüdliche Schreibtätigkeit. Er versandte Briefe von den Expeditionen in die ganze Welt, die heute gleichsam eine philatelistische Reiselektüre von höchstem Rang darstellen. Mitte der 40er Jahre des vergangenen Jahrhunderts übergab seine Schwester Alma viele Briefumschläge an das Postministerium des Deutschen Reiches. Heute sind sie ein besonders spannender Bereich der Sammlung des Archivs für Philatelie. Weitere Teile seiner Korrespondenz hatte Sven Hedin selbst dem schwedischen Postmuseum übergeben. 1902 wurde Sven Hedin sogar vom schwedischen König für seine Verdienste geadelt. Er war die letzte Person, der diese Ehre in Schweden zuteil wurde.

3

3 Einschreibbrief von Budapest nach Stockholm an Sven Hedin um 1936. Frankiert wurde der Brief mit insgesamt 110 Fillér auf MiNr. 491 (zwei Einzelmarken) und je MiNr. 507, 523 und 525. Auf den drei schwarzen Abgangsstempeln ist das genaue Datum nicht zu erkennen.

4 Einschreibbrief des Vaters von Stockholm nach Peking an Sven Hedin, Mai 1916. Dieser in Französisch und Russisch adressierte Umschlag ist frankiert mit einer Marke MiNr. 45 und zwei Marken der MiNr. 47 mit insgesamt 80 Öre und entwertet mit drei schwarzen Kreisstempeln. Auf der Rückseite befindet sich ein Ankunftsstempel der kaiserlichen deutschen Post Tientsin.

4

Sven Hedin zog viele Male durch Zentralasien. Er sammelte Gesteinsproben, kartierte Landschaften und Bauwerke und schrieb meist nachts seine Eindrücke nieder, die ihm als Grundlage seiner Publikationen dienten. 1893 begann er eine vierjährige Expedition von Russland über das Pamir-Gebirge nach China. Doch die erste große wäre fast auch seine letzte Tour geworden. Denn bei der Durchquerung der über 300.000 Quadratkilometer großen chinesischen Takla-Makan-Wüste wäre er beinahe verdurstet. Von 1899 bis 1902 führte ihn eine Entdeckungsreise zum Tarim, dem mit 2.189 Kilometern längsten abflusslosen Strom Chinas. Er liegt in der heutigen Provinz Xingjiang. Dabei durchquerte Hedin die innerasiatische Wüste Gobi und entdeckte die antike Ruinenstadt Lou-lan, eine um das Jahr 200 nach Christus blühende Metropole an der so genannten Seidenstraße. Bei Ausgrabungen fand

5 Dieser Brief aus dem Jahr 1933 mit Absender „Deutsches Museum München“ an Sven Hedin ging nach Stockholm und wurde von dort aus nach Peiping (China) umadressiert. Freigemacht wurde er mit der MiNr. 522 des Deutschen Reiches, abgestempelt am 21.6.1933 in München. Auf der Rückseite finden sich die Ankunfts- und Abgangsstempel aus Stockholm vom 23.6. und 26.6. 1933. Wann der Brief in China ankam, ist aus den beiden chinesischen Ankunftsstempeln nicht zu ersehen.

6 Einschreibbrief von Sven Hedins Vater an seinen Sohn von Stockholm nach Ladakh via Britisch-Westindien, freigemacht mit vier 20-Öre-Marken (MiNr. 45). Auf den vier Abgangsstempeln kann man das Datum vom 13.12.1901 schwach erkennen.

5

man zahlreiche Buddha-Bilder, chinesische Urkunden und Texte. Sie belegten einen regen Handelsaustausch zwischen China und dem Römischen Reich.

Hedin scheute nicht vor ungewöhnlichen Methoden zurück. Um in das sagenhafte Lhasa im Herzen Tibets zu gelangen, das kulturelle und religiöse Zentrum im Land der „Heiligen Bücher“, verkleidete er sich als Mongole. Gemeinsam mit einem Kosaken und einem Bettelmönch versuchte er, sich in die für Ausländer verbotene Stadt einzuschleusen – vergeblich. Tibetische Krieger nahmen die Reisenden in Gewahrsam und schoben sie nach Indien ab. Mehr Erfolg hatte Hedin bei einer Asienreise zwischen 1905 und 1909. Er kam über Persien und Indien und trotz der Ablehnung der britischen Kolonialregierung nach Tibet und verbrachte 47 Tage in der Stadt Shigatse. Damit war er der erste Weiße, der dieses für Ausländer verschlossene Land wissenschaftlich erkundete. Er durchquerte den wenig später von ihm benannten Transhimalaja acht Mal und erkannte so als erster die Einheit dieses Gebirges. Hedin sammelte alle greifbaren Informationen über das „Dach der Welt“ und drang bis zu den Quellen der großen Flüsse Brahmaputra und Indus vor.

Mit 58 Jahren leitete der Schwede sein größtes Vorhaben, finanziell unterstützt unter anderem vom amerikanischen Großindustriellen Henry Ford. Auch die Deutsche Lufthansa half. Sie erhoffte sich von der Expedition Informationen für eine geplante Flugverbindung Berlin-Peking-Schanghai. Während Hedin bislang vielfach allein reisen musste, konnte er nun mit einer großen Gruppe von Forschern zwischen 1927 und 1935 durch Aufgabenverteilungen größere Regionen wissenschaftlich aufnehmen. Unter anderem wurden während dieser Reise unerforschte Gebiete im nördlichen und westlichen Tibet erkundet.

Hedin mischte sich auch in aktuelle politische Diskussionen ein. Bereits 1905 warnte er die schwedische Öffentlichkeit vor einer „Bedrohung durch Russland“. Er sympathisierte mit den national-konservativen Einstellungen des deutschen Bürgertums und betrachtete Deutschland und Schweden als germanische Brudervölker. Schon kurz vor dem Ersten Weltkrieg setzte sich Hedin für die Bewaffnung Schwedens und konkret den „Schwedischen Panzerkreuzer-Verein“ ein. Spenden der Bevölkerung machten daraufhin der Bau des Kriegsschiffes „Sverige“ möglich.

Er besuchte die West- und die Ostfront des Deutschen Reiches und verfasste Schriften, in denen er die deutschen Kriegsziele unterstützte. Den Ersten Weltkrieg interpretierte er als „Kampf der Germanen“ gegen Russland. Eine Haltung, die ihm auch scharfe Ablehnung

6

7

8

7 Im April 1933 schrieb Sven Hedin einen Brief an seine Schwester Alma nach Stockholm. Den Umschlag frankierte er auf der Vorderseite mit den vier Sondermarken, welche extra ihm zu Ehren und zum Gedenken an seine Expedition in die nordwestlichen chinesischen Provinzen herausgegeben worden waren, China MiNr. 246–249. Hedins Schwester weist in dem schon erwähnten Schreiben an den Berliner Postrat Pfaffe auf diese Marken hin. Entwertet sind die Marken in Peiping/Peking mit zwei schwarzen Kreisstegstempeln vom 5.4.1933. Die Rückseite frankierte Hedin mit einer blauen 25-Cents-Marke und gelbgrünen 5-Cents-Marke aus dem Jahr 1933. Beide, Mi. Nr. 274 und 275, sind ebenfalls in Peiping/Peking am 5.4.1933 abgestempelt. Am 7.4.1933 ging der Brief von Schanghai aus weiter nach Stockholm.

8 Ein sehr dekorativer Einschreibbrief Hedins an seine Schwester von Peiping/Peking über Sibirien nach Stockholm mit schöner Buntfrankatur.

entgegenbrachte. So schloss ihn die britische „Royal Geographic Society" daraufhin wegen der „deutschfreundlichen" Haltung aus.

Mit Repräsentanten des Dritten Reiches pflegte Hedin einen freundschaftlichen Umgang. 1935 traf er Adolf Hitler und diente den Nazis wiederholt als willkommener internationaler Unterstützer Deutschlands. So beispielsweise, als er während der Olympiade 1936 in Berlin eine Rede an die Athleten hielt oder später dem US-amerikanischen Präsidenten Franklin Delano Roosevelt die Schuld am Zweiten Weltkrieg zusprach.

Nach dem Ende des Zweiten Weltkrieges wurde Sven Hedin diese Deutschland-Nähe vor allem in Schweden übel genommen. Er musste sich aus dem öffentlichen Leben zurückziehen. Im Jahre 1949 veröffentlichte er die Rechtfertigungsschrift „Ohne Auftrag in Berlin", in der er seine politischen Aktivitäten als geheime schwedische Diplomatie begründete. Trotzdem wurde Hedin zu einer unerwünschten Person im eigenen Land. Er starb 1952 mit 88 Jahren in seiner Heimatstadt Stockholm.

1

2

3

1 Brief der Kaiserlich Chinesischen Post in Tibet mit Vorläufermarken, unter Verwendung von Marken der chinesischen Dauerausgabe. Dieser Brief wurde mit 2 Pärchen der Marke China MiNr. 60 frankiert. Insgesamt beträgt der Wert der ockerfarbenen Marken 4 Cent. Entwertet sind die Marken durch einen schwarzen Zweikreissteg-stempel aus Yatung/Tibet. Von 1909 bis 1911 befanden sich chinesische Truppen in Tibet, und infolgedessen unterhielt China vom März bis Oktober 1911 in mehreren tibetischen Städten eigene Postämter. Der Reitpost-verkehr war in den knapp acht Monaten des Bestehens dieser Ämter nur gering. Einige der China-Tibet-Briefe blieben trotz der Folgen der Oktoberrevolution von 1911 in China erhalten. Dieser Brief ist von extremer Seltenheit.

2 Tibet. Das Londoner Essay für den XIII. Gottkönig von Tibet in leuchtendem Karmin. Stahlstich von Waterlow & Sons, London, 1912. Ein Essay von großer Seltenheit.

3 Tibet. So genanntes Waterlow-Essay. Der Entwurf für die ersten tibetischen Postwertzeichen wurde 1912 in London von Waterlow & Sons hergestellt.

Marken vom „Dach der Welt“

Als im Jahr 1912 in Tibet die ersten eigenen Briefmarken erschienen, blickte der heute zu China gehörende Himalaya-Staat auf eine kurze Postgeschichte zurück. Das bereits seit 1751 unter chinesischem Protektorat lebende Mongolen-Volk lebte weit entrückt von aufstrebenden Kulturen und Wirtschaftsregionen. Die wenigen Briefe, die der Dalai-Lama in sein Riesenreich verschickte oder die von Kloster zu Kloster gebracht wurden, konnten per Boten transportiert werden. Zu Beginn des 20. Jahrhunderts brachten Britisch-Indien und China die ersten Briefmarken nach Tibet. Das im Durchschnitt 3.000 Meter hoch gelegene und bis heute kaum erschlossene Land, in dem nur zwei Millionen Menschen leben, verlor 1959 mit dem Anschluss an China seine 47 Jahre bestehende Posthoheit.

Im Jahr 1903 war es zu Streitigkeiten an der Grenze zu Britisch-Indien gekommen. Eine Verhandlungskommission unter der Leitung von Frank Younghusband sollte sich mit den Tibetern in Khamba-Dzong treffen. Im Juni 1903 erreichte der erschöpfte Treck mit Maultieren den Verhandlungsort, doch wer nicht kam, waren die Tibeter. Monatelang wartete die Delegation auf ihre Verhandlungspartner auf fremdem Territorium. Zur Nachrichtenübermittlung nach Indien wurde eine Postverbindung eingerichtet, doch an eine tägliche Beförderung war nicht zu denken. Um ihre friedliche Absicht zu dokumentieren, nannten die Briten ihre indisch-tibetanische Post nicht Feldpost. Die Briefe wurden mit indischen Postwertzeichen freigemacht und mit verschiedenen englischsprachigen Stempeln entwertet.

Im Dezember 1903 brach die Verhandlungskommission ihren Aufenthalt in Tibet erfolglos ab und kehrte nach Indien zurück. Nun wurden Truppen entsandt, die weit in den tief religiösen Priesterstaat eindrangen und den Tibetern große Verluste zufügten. Im August 1904

4

5

6

wurde die Hauptstadt Lhasa erreicht, im September der Friedensvertrag unterzeichnet. In dem wurde die Einrichtung über das Land verteilter britisch-indischer Handels- und Poststationen vereinbart. Sie sollten übrigens bis 1955 Bestand haben, also über die indische Unabhängigkeit hinaus. Zu den Stationen gehörte auch Pharijong 400 Kilometer südwestlich von Lhasa. Mit einer Höhe von 6.000 Metern über dem Meeresspiegel gilt es als das höchste Postamt der Welt!

Doch nach dem Rückzug der britisch-indischen Truppen kamen noch im Jahr 1909 chinesische Soldaten. Auch sie errichteten an verschiedenen Orten Postanstalten und verwendeten alle gültigen chinesischen Postwertzeichen, die mit kleinen Stempeln entwertet wurden, welche den Ort in Chinesisch, Englisch und Tibetisch angaben. Da der Posttransport auf dem Inlandsweg über die alte Seidenstraße nicht weniger als drei Monate in Anspruch nahm, sandte man Briefe über Indien nach China. Wegen des schwankenden Umrechnungskurses des chinesischen Dollars verlangte Indien nochmals eine Briefgebühr, zumal China noch nicht Mitglied des Weltpostvereines war. Eine gewisse Erleichterung brachten in Schanghai hergestellte Überdruck-Marken, doch das Postaufkommen blieb gering.

Nach der Rückkehr des 13. Dalai-Lama aus dem Exil und dem Rückzug der chinesischen Truppen dachte man 1912 an die Einführung eigener Briefmarken. Nach indischem Vorbild wurden in London bei Waterlow & Sons Entwürfe gefertigt. Statt des Königskopfes setzte man in die Mitte einer 1-Anna-Marke den „Weißen Löwen“, das Symbol Tibets. Mit einer Stahlplatte wurden die verschiedenfarbigen Essays angefertigt, die aber zunächst nicht die Billigung des Dalai-Lama fanden. In Lhasa setzte man lieber polierte Holzplatten ein, um einheimische Drucke herzustellen. Sie wurden im Bogen zu zwölf Marken auf einheimischem, handgeschöpftem Papier gedruckt. Deshalb konnte die Dicke des ungummierten Papiers sogar innerhalb des kleinen Druckbogens variieren. Als Druckfarbe wurde einheimische Tinte, teilweise aber auch importierte Farbe verwendet. Zwischen 1922 und 1932 kam glänzende Emailfarbe zum Einsatz.

Dass jede Druckpartie anders ausfiel, lag auch daran, dass die Briefmarken auf Anforderung der Postämter nach Bedarf gedruckt wurden. Die Briefmarkenserie von 1912 bestand aus fünf Marken. Der Wert zu 1 Khakang weist nicht weniger als 15 verschiedene Grün-Töne auf. Die Marke zu 1 Karmanga variiert in zahlreichen Blau-Tönen und die Farbe zu 1 Tschakey

4 Tibet. Ausgabe 1912, Markenbogen von je 1 Trangka, orangerot. Die Bögen wurden in Platten zu je 12 Marken gedruckt. Da die Klischees von Hand in die Platte geschnitzt wurden, weichen alle Marken geringfügig voneinander ab.

5 Tibet. Erstausgaben von 1912 ✶ in sechs einzelnen Exemplaren.

6 Tibet. Ausgabe 1912 ⊙. Hier handelt es sich um einen seltenen Fehldruck der 1-Trangka-Marke, karmin in Emailfarbe. Die Druckfarbe sollte Orangerot sein. Der Mönch in der Staatlichen Druckerei im Potala zu Lhasa verwechselte jedoch die Farbe des Handdrucks.

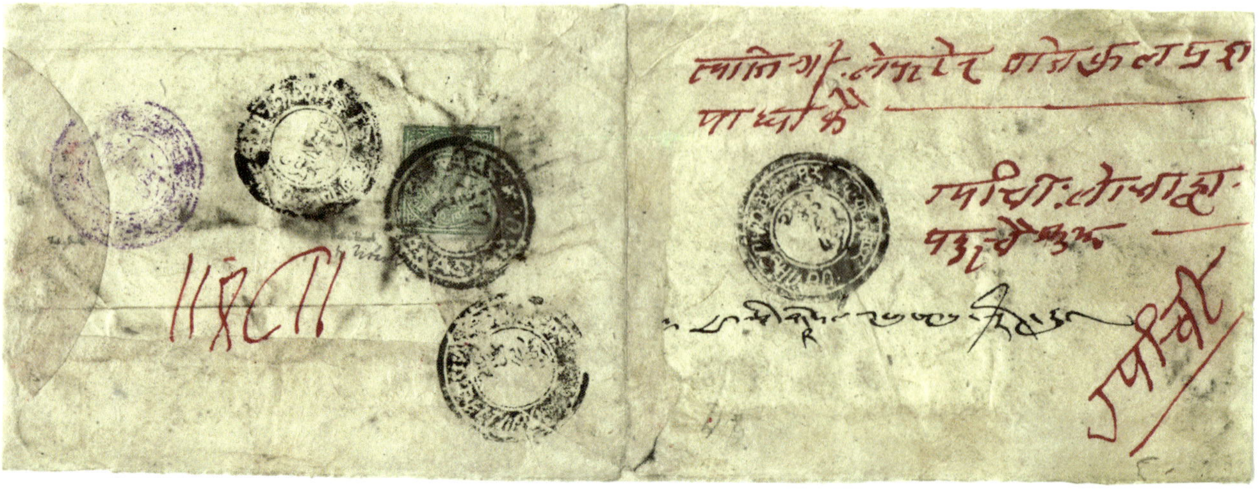

7

7 Tibet. Ausgabe 1912, 1 Khakang, grün auf einem Postläuferbrief von Lhasa nach Shushu-Tibet, versehen mit vier schwarzen und einem violetten Kreisstempel.

8 Tibet. Ausgabe 1912, 1 Shokang, rot auf einem Dalai-Lama-Faltbrief, entwertet mit einem schwarzem Zweikreisstempel und versehen mit dem großen roten Staatssiegel.

9 Tibet. 1950. Nachportobrief von Katmandu/Nepal nach Shyachesyo bei Gyantse/Tibet. Tibet gehörte nicht dem Weltpostverein an. Daher erfolgte die Nachfrankatur durch das tibetische Postamt in Gyantse. Verwendet wurden hierfür Marken der tibetischen Dauer- und Dienstserie.

10 Tibet. Probedruck des berühmten Bergsteigers und Tibet-Forschers Heinrich Harrer. Harrer, der aus einem englischen Gefangenenlager in Indien nach Tibet geflohen war und als einer der ersten Europäer die verbotene Stadt Lhasa betreten konnte, schrieb über seinen Aufenthalt in Tibet und seine Freundschaft mit dem Dalai-Lama später ein erfolgreiches Buch („Sieben Jahre in Tibet").

schwankt von Violett bis Grau-Lila. Die Marke zu 1 Shokang kommt in allen möglichen Tönen zwischen Rosa und Lachsrot vor, während der Wert zu 1 Trangka in Scharlachrot, Karminrot und Bläulich Rot bekannt ist. 1950 tauchte bei einem Briefmarkenhändler in Nepal eine zusätzliche Briefmarke zu 1 Sang in der Zeichnung von 1912 auf. Ob sie auch im Rahmen der ersten Serie herausgegeben wurde, ist eines der Rätsel, das sich wahrscheinlich nie ganz lösen lässt. Ursprünglich waren alle Briefmarken ungummiert und ungezähnt. Wenn dennoch gezähnte Marken existieren, so sind sie entweder von einzelnen Postmeistern oder auf private Initiative entstanden. So soll auch die Familie Tsa-rong an der Produktion solcher Erzeugnisse beteiligt gewesen sein. Shape Tsa-rong war damals Minister für die Münzanstalt Lhasa, in der die offiziellen tibetischen Briefmarken gedruckt wurden.

Im Jahr 1920, andere Quellen sprechen von 1924, wurde die Briefmarkenserie ergänzt. Die Marken weisen wieder den heraldischen Löwen auf, sind jedoch reichhaltiger verziert und größer. Der Nennwert der im Bogen von nur sechs Stück gedruckten Postwertzeichen ist mit 4 und 8 Trangka deutlich höher. Es wurden nur wenige Exemplare, wieder auf handgeschöpftem faserigen Papier, gedruckt. Entsprechend gering ist die Anzahl der Farbvarianten, aber der Katalogwert ist besonders hoch. Ab 1933 begann Tibet mit der Ausgabe neuer Freimarken. Das Postaufkommen war größer geworden, auch die Einrichtung neuer Postämter trug dazu bei, dass der Verbrauch von Briefmarken nach und nach anstieg. Als Motiv kam eine veränderte Löwenzeichnung zum Einsatz, die mit tibetischen Schriftzeichen umrandet ist. Darin ist auch das Symbol für Yin und Yang zu entdecken. Es drückt die ostasiatische Naturphilosophie aus, wonach die Beziehung beider Prinzipien ausgeglichen sein muss, damit der Mensch glücklich ist. Yin steht für das dunkle, böse, weibliche Prinzip, Yang für das helle, warme und männliche. Die Zeichen für Yin und Yang sehen aus wie zwei gegeneinander gekehrte Kommata und werden seit Urzeiten mit höchster Verehrung behandelt. Sie kommen auf allen möglichen Gegenständen, Häusern, Fahnen und eben auch Briefmarken Asiens vor.

Beim Druck der nun auch schon letzten tibetischen Briefmarkenserie zeigten die Druckplatten aus poliertem Holz erhebliche Abnutzungserscheinungen. Deshalb wurden einige der zwölf Klischees ersetzt. Als eins verloren ging, druckte man eben Bogen mit nur noch elf Briefmarken. 1951 wurde ein Klischee eingesetzt, das einen Millimeter größer war. Europäische Gründlichkeit war eben nicht angesagt. Das zeigt sich auch an der Vielfalt der Farbzwischentöne dieser Serie, die fünf Werte umfasste.

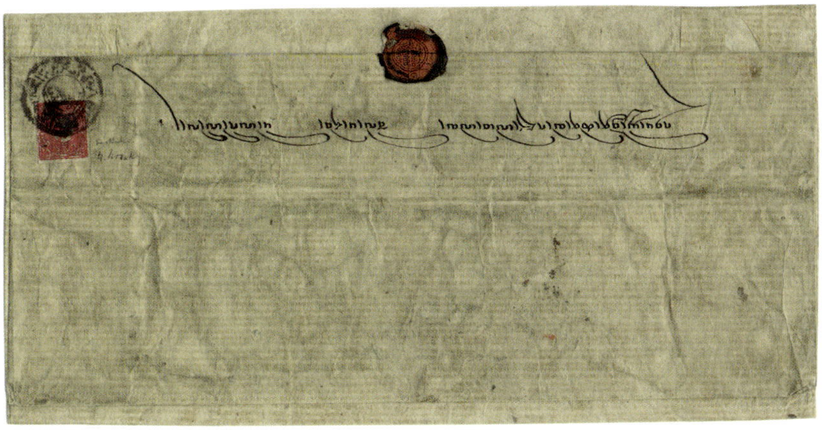

8

9

10

11

12

Nach seinen Entwürfen wurden 1949 in Lhasa Probedrucke im Holzdruck für neue tibetische Postwertzeichen in Dunkelbraun angefertigt.

11 Tibet. Probedruck von Heinrich Harrer in Dunkelgrün.

12 Tibet. Probedruck von Heinrich Harrer in Dunkelblau.

Mit der schrittweisen Besetzung Tibets durch chinesische Truppen begann 1950 die Endphase des eigenen Postwesens in Tibet. Bereits seit 1951 wurden chinesische Freimarken verwendet. Nur noch vier tibetische Postämter blieben in Betrieb, für die nur wenige Briefmarken benötigt wurden. 1955 musste auch die indische Post in Tibet ihre Postanstalten für den Auslandspostdienst schließen. Im März 1959 wurde das letzte tibetische Postamt aufgegeben. Der 14. Dalai-Lama floh aus dem Land. Damit ging die 47 Jahre umfassende Ära der Landespost zu Ende. In dieser Zeit kamen nur 13 verschiedene Postwertzeichen heraus, die jedoch über 200 Farbvarianten aufweisen. Daneben gab es sechs Dienst- und fünf Telegrafenmarken. Inwiefern sie als Briefmarken bedarfsmäßig verwendet wurden, konnte bisher nicht genau bewiesen werden, heißt es nüchtern im Katalog. Es bleibt also noch viel zu erforschen bei den Briefmarken vom „Dach der Welt", wie Tibet gerne genannt wird.

IMPRESSUM

Konzept:
Petra Broszeit
Andreas Hahn
Michael Hofbauer
Peter Platz

Redaktion:
Petra Broszeit
Andreas Hahn
Peter Platz

Umschlaggestaltung:
Andreas Haller (Ausgabe Museumsstiftung)
Michael Hofbauer (Ausgabe Deutsche Post AG)

Bildbearbeitung:
Peter Schmelzle

Buchgestaltung und Satz:
Hofbauer Design-Prozesse, Heidelberg

Druck und Bindung:
Fikentscher GmbH, Seeheim

Alle abgebildeten Objekte befinden sich im Sammlungsbestand der Museumsstiftung.

Die Deutsche Bibliothek –
CIP Einheitsaufnahme
Ein Titeldatensatz für den Katalog der Museumsstiftung ist bei der Deutschen Bibliothek erhältlich.

ISBN 3-980 8448-0-3 (Katalog der Museumsstiftung)

BADEN